深圳综合改革试点首批授权事项清单落实情况概述

中共深圳市委全面深化改革委员会办公室　编

深圳出版社

图书在版编目（CIP）数据

深圳综合改革试点首批授权事项清单落实情况概述 ／
中共深圳市委全面深化改革委员会办公室编. -- 深圳：
深圳出版社，2024. 9. -- ISBN 978-7-5507-4042-6

Ⅰ. F127.653

中国国家版本馆CIP数据核字第2024NA0254号

深圳综合改革试点首批授权事项清单落实情况概述

SHENZHEN ZONGHE GAIGE SHIDIAN SHOUPI SHOUQUAN SHIXIANG QINGDAN LUOSHI QINGKUANG GAISHU

出 品 人　聂雄前
策划编辑　韩海彬
责任编辑　敖泽晨
责任校对　熊　星
责任技编　郑　欢
封面设计　Design 腾策设计·成韵墨书　QQ:29203943

出版发行　深圳出版社
地　　址　深圳市彩田南路海天综合大厦（518033）
网　　址　www.htph.com.cn
订购电话　0755-83460239（邮购、团购）
设计制作　深圳市龙瀚文化传播有限公司（0755-33133493）
印　　刷　深圳市华信图文印务有限公司
开　　本　787mm×1092mm 1/16
印　　张　31
字　　数　688千
版　　次　2024年9月第1版
印　　次　2024年9月第1次
定　　价　168.00元

前言

　　深圳综合改革试点是新时代推动深圳改革开放再出发的又一重大举措，是建设中国特色社会主义先行示范区的关键一招，是创新改革方式方法的全新探索。2020年10月，习近平总书记在深圳经济特区建立40周年庆祝大会上指出，"党中央经过深入研究，决定以经济特区建立40周年为契机，支持深圳实施综合改革试点，以清单批量授权方式赋予深圳在重要领域和关键环节改革上更多自主权，一揽子推出27条改革举措和40条首批授权事项"。同年10月，中共中央办公厅、国务院办公厅公开发布《深圳建设中国特色社会主义先行示范区综合改革试点实施方案（2020—2025年）》（以下简称《实施方案》）。随后，国务院新闻办公开发布《深圳建设中国特色社会主义先行示范区综合改革试点首批授权事项清单》（以下简称《首批授权事项清单》）。《首批授权事项清单》共有6大类40条，其中要素市场化配置方面14条、营商环境方面7条、科技创新体制方面6条、对外开放方面7条、公共服务体制方面3条、生态和城市空间治理方面3条。

　　深圳综合改革试点实施以来，国家有关部委高位推进，广东省委、省政府大力支持，深圳坚定扛起主体责任，深入推进全面深化改革。2022年2月，国务院批复同意在深圳市暂时调整实施4部有关行政法规规定，这是深圳建市以来，国家首次在深圳暂时调整实施行政法规。2022年4月，国务院新闻办召开专题新闻发布会，宣布深圳综合改革试点首批40条授权事项已全面落地实施，重点领域和关键环节改革成效持续显现。2022年10月，国家发展改革委发布《关于推广借鉴深圳综合改革试点首批授权事项典型经验和创新举措的通知》，18条典型经验和创新举措向全国复制推广。2023年10月，国家发展改革委等部门印发《关于再次推广借鉴深圳综合改革试点创新举措和典型经验的通知》，再次向全国推广新一批22条创新举措及典型经验。

　　为系统梳理深圳综合改革试点首批授权事项清单落实情况，总结形成一批可复制可推广的重大制度成果，深圳首次公开出版《深圳综合改革试点首批授权事项清单落实情况概述》。该书除前言和后记外，还包括综述篇、实践探索篇、优秀案例篇、制度成果篇、附录、大事记六个部分。综述篇阐述深圳综合改革试点的时代背景与丰富内涵、推进机制、主要举措与成效。实践探索篇从要素市场化配置、营商环境、科技创新体制、对外开放、公共服务体制、生态环境和城市空间治理方面，系统介绍首批授权事项落实情况。优秀案例篇从机制创新、制度成果、示范意义、应用场景和风险防范方面，重点介绍由深圳综合改革试点突出贡献奖先进集体牵头的改革项目。制度成果篇收录 2020 年 10 月至 2022 年 12 月期间与深圳综合改革试点首批授权事项密切相关的制度创新成果，主要包括地方性法规、市政府制度成果、部门制度成果和其他制度成果。附录包括首批授权事项创造的 60 个"全国第一"，首批授权事项的制度创新成果清单，深圳市委、市政府关于表彰深圳综合改革试点突出贡献奖先进集体的决定。大事记列举了 2020 年 10 月至 2022 年 12 月深圳综合改革试点首批授权事项相关的重大事件。

实践发展永无止境，改革开放也永无止境。站在新的起点，深圳迎来了新的出发。我们要始终牢记习近平总书记的殷殷嘱托，牢记党中央战略部署，牢记深圳这座城市的初心使命，大力弘扬伟大的改革开放精神和特区精神，牢牢把握经济建设这一中心工作和高质量发展这一首要任务，永葆"闯"的精神、"创"的劲头、"干"的作风，以新时代经济特区建设、新征程中国特色社会主义先行示范区建设、粤港澳大湾区建设为牵引，坚定不移进一步全面深化改革、扩大高水平对外开放，敢闯敢试、敢为人先、埋头苦干，加快打造更具全球影响力的经济中心城市和现代化国际大都市，坚决在推进中国式现代化的伟大实践中走在前列、勇当尖兵，不断续写更多"春天的故事"。

目录
CONTENTS

综述篇

实践探索篇

要素市场化配置

公共服务体制

生态环境和城市空间治理

优秀案例篇

制度成果篇

地方性法规

市政府制度成果

部门制度成果

其他制度成果

附录

综述篇

深圳综合改革试点的时代背景与丰富内涵

2020 年 10 月 11 日，中共中央办公厅、国务院办公厅公开发布《深圳建设中国特色社会主义先行示范区综合改革试点实施方案（2020—2025 年）》，并发出通知，要求各地区各部门结合实际认真贯彻落实。深圳综合改革试点是习近平总书记亲自谋划、亲自部署、亲自推动的重大国家战略，是党中央因时因势、着眼"两个大局"作出的重大决策部署，既是理论创新，也是实践创新。

一、深圳综合改革试点是建设中国特色社会主义先行示范区的关键一招

（一）习近平总书记关于全面深化改革的一系列新思想、新观点、新论断

党的十八大以来，习近平总书记以巨大的政治勇气和智慧，坚定不移推进全面深化改革，提出一系列新思想、新观点、新论断。

一是坚持党中央集中统一领导，是全面深化改革的根本保证。习近平总书记旗帜鲜明指出："全面深化改革必须加强和改善党的领导，充分发挥党总揽全局、协调各方的领导核心作用""坚决维护中央权威，保证政令畅通，坚定不移实现中央改革决策部署"。改革开放 40 多年伟大实践深刻揭示，正是因为始终坚持党的领导，我们才能实现伟大历史转折、开启改革开放新时期和中华民族伟大复兴新征程，才能成功应对一系列重大风险挑战、克服无数艰难险阻，才能确保全党全国在改革开放问题上统一思想、统一意志、统一行动。

二是坚定不移走中国特色社会主义道路，确保改革开放沿着正确方向前进。习近平总书记明确提出："我们的改革开放是有方向、有立场、有原则的""我们的改革是在中国特色社会主义道路上不断前进的改革，既不走封闭僵化的老路，也不走改旗易帜的邪路"。方向决定前途，道路决定命运。习近平总书记强调，我国是一个大国，决不能在根本性问题上出现颠覆性错误。全面深化改革总目标是完善和发展中国特色社会主义制度、推进国家治理体系和治理能力现代化。我们的方向就是不断推动社会主义制度自我完善和发展，而不是对社会主义制度改弦易张。守正创新是改革的本质要求，要有道不变、志不改的强大定力，始终坚持正确政治方向。

三是勇于开拓创新，为中国式现代化建设提供不竭动力。习近平总书记指出："改革开放是决定当代中国命运的关键一招，也是决定实现'两个一百年'奋斗目标、实现中华民族伟大复兴的关键一招。"没有改革开放，就没有中国的今天，也就没有中国的明天。习近平总书记强调，创新是一个国家、一个民族发展进步的不竭动力。党的十一届三中全会是划时代的，开启了改革开放和社会主义现代化建设历史新时期。党的十八届三中全会也是划时代的，开启了

全面深化改革、系统整体设计推进改革新征程，开创了我国改革开放全新局面。中国式现代化是在改革开放中不断推进的，也必将在改革开放中开辟广阔前景。

四是牢固树立以人民为中心的价值取向，尊重人民主体地位和首创精神。习近平总书记深刻指出："为了人民而改革，改革才有意义；依靠人民而改革，改革才有动力。"人民是历史的创造者，是推动改革开放的主体力量。习近平总书记强调，全面深化改革必须以促进社会公平正义、增进人民福祉为出发点和落脚点，从人民整体利益、根本利益、长远利益出发谋划和推进改革，多推出一些民生所急、民心所向的改革举措，多办一些惠民生、暖民心、顺民意的实事，做到老百姓关心什么、期盼什么，改革就要抓住什么、推进什么。

五是突出问题导向，着力破除深层次体制机制障碍。习近平总书记鲜明提出："改革是由问题倒逼而产生，又在不断解决问题中得以深化。"当今世界百年未有之大变局加速演进，我国社会主要矛盾已转化为人民日益增长的美好生活需要和不平衡不充分的发展之间的矛盾。习近平总书记强调，改革开放越往纵深发展，发展中的问题和发展后的问题、一般矛盾和深层次矛盾、有待完成的任务和新提出的任务越交织叠加、错综复杂，改革开放中的矛盾只能用改革开放的办法来解决。要敢于啃硬骨头，敢于涉险滩，敢于向积存多年的顽瘴痼疾开刀，着力解决推进中国式现代化需要破解的重大体制机制问题。

六是进一步解放思想，不断推进理论创新、实践创新、制度创新。习近平总书记指出："没有解放思想，我们党就不可能在实践中不断推进理论创新和实践创新，有效化解前进道路上的各种风险挑战，把改革开放不断推向前进，始终走在时代前列。"习近平总书记强调，实现社会主义现代化，实现中华民族伟大复兴，最根本最紧迫的任务还是进一步解放和发展社会生产力。解放思想是前提，是解放和发展社会生产力、解放和增强社会活力的总开关。

七是沿着法治轨道推进改革，把制度优势转化为治理效能。习近平总书记指出："'改革与法治如鸟之两翼、车之两轮'，要坚持在法治下推进改革，在改革中完善法治""凡属重大改革都要于法有据"。新时代改革开放具有许多新的内涵和特点，其中很重要的一点就是制度建设分量更重。习近平总书记强调，在整个改革过程中，都要高度重视运用法治思维和法治方式，对于实践证明行之有效的改革成果，及时上升为法律制度；实践条件还不成熟、需要先行先试的，按照法定程序作出授权；对不适应改革要求的法律法规，及时修改或废止。

八是自觉运用科学方法论，增强改革的系统性、整体性、协同性。习近平总书记指出："改革开放是一个系统工程，必须坚持全面改革，在各项改革协同配合中推进。"全面深化改革涉及经济社会发展各领域，任务之全面、内容之深刻、影响之广泛前所未有。习近平总书记特别强调，注重系统性、整体性、协同性是全面深化改革的内在要求，也是推进改革的重要方法。在推进改革中，要解放思想、实事求是、与时俱进、求真务实，处理好整体推进和重点突破的关系、全局和局部的关系、顶层设计和基层探索的关系、胆子要大和步子要稳的关系、改革发展稳定的关系；处理好经济和社会、政府和市场、效率和公平、活力和秩序、发展和安全等重大关系。

九是以开放促改革促发展，统筹推进深层次改革和高水平开放。习近平总书记指出："以开放促改革、促发展，是我国改革发展的成功实践。"面对纷繁复杂的国际国内形势，习近平总书记强调，要坚持以扩大开放促进深化改革、以深化改革促进扩大开放。坚定不移实施对外开放的基本国策、实行更加积极主动的开放战略，坚定不移提高开放型经济水平，建设更高水平开放型经济新体制。

十是以党的自我革命引领伟大社会革命，用钉钉子精神抓好改革落实。习近平总书记指出："要针对伟大社会革命实践的新要求来谋划党的自我革命，用伟大社会革命发展的新成果来检验党的自我革命的实际成效，努力实现以党的自我革命引领伟大社会革命、以伟大社会革命促进党的自我革命。"全面深化改革越向纵深推进，越要把稳方向、突出实效、全力攻坚。习近平总书记强调，坚持全面从严治党，不断提高党的领导水平，是改革开放取得成功的关键。放眼全世界，没有哪个国家和政党，能有这样的政治气魄和历史担当，敢于大刀阔斧、刀刃向内、自我革命，也没有哪个国家和政党，能在这么短时间内推动这么大范围、这么大规模、这么大力度的改革，这是中国特色社会主义制度的鲜明特征和显著优势。

（二）习近平总书记对深圳全面深化改革的实践要求

党的十八大以来，习近平总书记多次亲临深圳视察并发表系列重要讲话、作出系列重要指示，为深圳的改革开放、创新发展定向导航，指引深圳在新时代伟大征程中迎冲击、化危机，应变局、开新局。

2012年12月，党的十八大闭幕不久，习近平总书记离京考察第一站就来到深圳，向世界郑重宣示坚持改革开放、继续发展中国特色社会主义的坚定决心，对深圳提出了新要求。习近平总书记指出，这次调研之所以到深圳来，就是要到在我国改革开放中得风气之先的地方，现场回顾我国改革开放的历史进程，将改革开放继续推向前进。改革开放的决定是正确的，改革开放是正确之路、强国之路、富民之路，我们要坚定不移地走下去，而且要有新开拓，要上新水平。习近平总书记重要讲话对深圳经济特区形成巨大鼓舞和鞭策，为全市承担新使命、将经济特区的事业推上新水平进一步指明了方向。

2015年1月5日，习近平总书记对深圳工作作出重要批示，充分肯定党的十八大以来，深圳市委市政府认真贯彻中央决策部署，团结带领广大干部群众，继续发扬敢为人先的精神，锐意改革、扎实工作，各项事业发展取得了新的成绩，为经济特区发展注入新的活力和动力。批示指出，当前我国改革进入攻坚期和深水区，经济发展进入新常态，国内外风险挑战增多。深圳市要牢记使命、勇于担当，进一步开动脑筋、解放思想，特别是要鼓励广大干部群众大胆探索、勇于创新，在全面建成小康社会、全面深化改革、全面依法治国、全面从严治党中创造新业绩，努力使经济特区建设不断增创新优势、迈上新台阶。习近平总书记对深圳工作的重要批示，首次赋予一座城市在"四个全面"中创造新业绩的光荣使命，充分体现了对深圳的厚望重托，为深圳改革开放持续注入强大动力。

2018 年 10 月，在中国改革开放 40 周年之际，习近平总书记再次来到深圳视察，对深圳各项工作给予充分肯定，同时要求深圳大胆探索、大胆实践，拿出更多务实创新的改革举措，探索更多可复制可推广的经验，朝着建设中国特色社会主义先行示范区的方向前行，努力创建社会主义现代化强国的城市范例，在共建"一带一路"、推进粤港澳大湾区建设、高水平参与国际合作方面发挥更大作用。这是党中央首次赋予深圳建设中国特色社会主义先行示范区的崇高使命，寄望深圳进一步发挥对全国的引领示范作用，充分体现了以习近平同志为核心的党中央对深圳经济特区的厚重期望，为深圳新时代改革开放再出发指明了前进方向。

2018 年 12 月，习近平总书记再次对深圳工作作出重要批示，充分肯定深圳经济特区作为我国改革开放的重要窗口，各项事业发展取得了显著成绩。批示指出，深圳市委、市政府要始终牢记中央创办经济特区的战略意图，广大干部群众要继续解放思想、真抓实干，认真总结改革开放 40 年成功经验，改革开放再出发，朝着建设中国特色社会主义先行示范区的方向前行，努力创建社会主义现代化强国的城市范例，不断推动深圳工作开创新局面、再创新优势、铸就新辉煌，在新时代走在前列、新征程勇当尖兵。习近平总书记对深圳工作的重要批示高屋建瓴、内涵丰富，明确赋予了深圳新的目标定位，具有很强的思想性、战略性、指导性。

2020 年 10 月，习近平总书记在深圳经济特区建立 40 周年庆祝大会上提出要求，"与时俱进全面深化改革。改革永远在路上，改革之路无坦途""必须以更大的政治勇气和智慧，坚持摸着石头过河和加强顶层设计相结合，不失时机、蹄疾步稳深化重要领域和关键环节改革，更加注重改革的系统性、整体性、协同性，提高改革综合效能"。同时郑重宣布，"深圳经济特区要扛起责任，牢牢把握正确方向，解放思想、守正创新，努力在重要领域推出一批重大改革措施，形成一批可复制可推广的重大制度创新成果。要着眼于解决高质量发展中遇到的实际问题，着眼于建设更高水平的社会主义市场经济体制需要，多策划战略战役性改革，多推动创造型、引领型改革，在完善要素市场化配置体制机制、创新链产业链融合发展体制机制、市场化法治化国际化营商环境、高水平开放型经济体制、民生服务供给体制、生态环境和城市空间治理体制等重点领域先行先试"。

二、深圳综合改革试点是党中央因时因势着眼"两个大局"作出的重大决策部署

（一）深圳综合改革试点的现实背景

面对纷繁复杂的国际国内形势，深圳综合改革试点因应形势而来。深圳综合改革试点是应对重大风险挑战、推动党和国家事业行稳致远的必然要求，是推动构建人类命运共同体、在百年变局加速演进中赢得战略主动的必然要求。从国际形势来看，当今世界正经历百年未有

之大变局，国际经济、科技、文化、安全、政治等格局发生深刻调整，世界进入动荡变革期。就国内形势而言，目前我国处于实现中华民族伟大复兴的关键时期，中国特色社会主义进入新时代，形成以国内大循环为主体、国内国际双循环相互促进的新发展格局。深圳综合改革试点是党中央因应时势着眼"两个大局"作出的战略决策，必须自觉把改革摆在更加突出位置，紧紧围绕推进中国式现代化进一步全面深化改革。

面对新一轮科技革命和产业变革，深圳综合改革试点因应时代而来。当今时代，科技是第一生产力，人才是第一资源，创新是第一动力。科技创新靠人才，人才培养靠教育。世界百年变局加速演进，新一轮科技革命和产业变革深入发展，围绕高素质人才和科技制高点的国际竞争空前激烈。这就迫切要求我们走好人才自主培养之路，实现高水平科技自立自强。深圳综合改革试点是党中央赋予深圳的又一重大战略任务，是深圳经济特区改革开放再出发的全新起点，是深圳建设中国特色社会主义先行示范区面临的崭新考卷，具有非常重大的里程碑意义。

面对人民群众新期待，深圳综合改革试点因应需求而来。深圳综合改革试点是坚持以人民为中心、让现代化建设成果更多更公平惠及全体人民的必然要求。深圳综合改革试点以经济体制改革为牵引，以促进社会公平正义、增进人民福祉为出发点和落脚点，更加注重系统集成，更加注重突出重点，更加注重改革实效，推动生产关系和生产力、上层建筑和经济基础、国家治理和社会发展更好相适应，为中国式现代化提供强大动力和制度保障。深圳综合改革试点不是修修补补的一般性改革，不是全国"齐步走"，旨在推动深圳继续当好改革开放的窗口、试验田、排头兵和示范区。

（二）党中央赋予深圳综合改革试点的重大意义

实施深圳综合改革试点是新时代推动深圳改革开放再出发的又一重大举措。综合改革试点给予深圳充分的改革探索空间，昭示着深圳改革开放的使命更崇高、责任更重大。一是中国特色社会主义进入新时代要求深圳赓续历史使命。深圳是改革开放后党和人民一手缔造的崭新城市，是中国特色社会主义在一张白纸上的精彩演绎，进入新时代，在中央顶层设计下实施综合改革试点，一以贯之的是为党和国家事业开路探路的崇高使命。二是坚定不移深化改革开放要求深圳当好重要窗口。深圳是中国改革开放的重要起源地和新时代全面深化改革的重要宣示地，必须持续向改革要动力、向开放要活力，继续当好向世界展示我国改革开放成就和国际社会观察我国改革开放的重要窗口。三是应对外部风险挑战要求深圳提高斗争本领。深圳处在改革开放最前沿，必须切实提高改革的战略性、前瞻性、针对性，在各种可以预见和难以预见的惊涛骇浪中增强生存力、竞争力、发展力、持续力。

实施深圳综合改革试点是建设中国特色社会主义先行示范区的关键一招。深圳先行示范区建设是中国特色社会主义进入新时代的全新课题，要求深圳用好用足综合改革试点这一重要法宝率先破题。一是实现深圳先行示范区"五个率先"目标需要综合改革试点攻坚突破。紧紧围绕高质量发展高地、法治城市示范、民生幸福标杆和可持续发展先锋等战略定位，系统性破解改革问题，充分释放城市发展潜力活力动力。二是展示中国特色社会主义制度优势需要综合改革试点深化探索。着眼于进一步解放和发展社会生产力、充分释放全社会创造活力，通过试点不断探索完善各项行之有效的制度安排，更加有力地彰显中国特色社会主义制度的强大优势。三是创建社会主义现代化强国城市范例需要综合改革试点先行先试。面对各类资源要素约束更紧等现实挑战，必须聚焦社会主义现代化强国目标，提高试点的综合效能，加快成为竞争力、创新力、影响力卓著的全球标杆城市。

实施深圳综合改革试点是创新改革方式方法的全新探索。深圳综合改革试点采用"方案＋清单"滚动推进等新模式，没有先例可循，这要求深圳自觉担当为改革蹚出新路子的使命。一是路径上坚持摸着石头过河和加强顶层设计相结合。在《实施方案》总体框架下，广泛征集论证改革项目，解放思想、守正创新，既确保改革始终沿着正确的方向和道路前进，又敢于越过因循守旧的"大山"、跨过思维定式的"沟壑"。二是策略上坚持改革的系统集成协同高效。突出改革系统性、整体性、协同性，先立后破、有序推进，让各项改革前后呼应、相互配合、积厚成势，实现改革目标集成、政策集成、效果集成。三是保障上坚持在法治轨道上推进改革。做好试点与法律法规规定调整适用的衔接，在法治下推进改革、在改革中完善法治，努力为改革和法治相辅相成提供经验借鉴。

三、深圳综合改革试点既是理论创新也是实践创新

（一）深圳综合改革试点的基本内涵

深圳综合改革试点站位在于国家。综合改革试点着眼于解决高质量发展中遇到的实际问题，着眼于建设更高水平的社会主义市场经济体制需要，多策划战略战役性改革，多推动创造型、引领型改革，在完善要素市场化配置体制机制、创新链产业链融合发展体制机制、市场化法治化国际化营商环境、高水平开放型经济体制、民生服务供给体制、生态环境和城市空间治理体制等重点领域先行先试。

深圳综合改革试点内涵在于综合。综合改革试点强调领域综合，不仅是经济领域改革，而且是"五位一体"的改革方法联动。综合改革试点要求方法综合，坚持改革决策和立法决策相统一、相衔接，主张改革和法治同步推进，增强改革的穿透力。综合改革试点坚持效果集成，更加注重改革系统性、整体性、协同性，提高改革综合效能。

深圳综合改革试点核心在于授权。综合改革试点是党中央一次性给予的最高规格授权，是清单式批量授权，坚持摸着石头过河和加强顶层设计相结合，赋予与改革相配套的中央事权和省级经济社会管理权限。

深圳综合改革试点目标在于示范。综合改革试点不是修修补补的一般性改革，而是创造型、引领型改革；不是全国"齐步走"，而是为全国制度建设作出重要示范；不是要打造政策

的洼地，而是要形成可复制可推广的经验。

（二）深圳综合改革试点的主要特点

深圳综合改革试点授权力度之大前所未有。综合改革试点一揽子推出27条改革举措和40条首批授权事项，10次提到"赋予"，21次提到"创新"，37次提到"支持"，55次提到"改革"，具体可以分为深化健全类、支持赋予类、探索创新类三种类型。

深圳综合改革试点改革任务之艰巨前所未有。综合改革试点时间紧，明确2020至2025年完成《实施方案》，2022年前完成首批授权事项。综合改革试点要求高，很多改革涉及"无人区""深水区"。综合改革试点任务重，每一项改革任务都要理清改革内涵，明确改革思路，细化改革路径，确保改革成效。

深圳综合改革试点修法力度之大前所未有。在首批清单40个授权事项中，20多项需要突破现有法律法规和政策规定，涉及近百项具体法律法规和政策条款的调整，具有很强的创新性、突破性，体现了改革的力度和深度，将为推动高质量发展释放巨大改革红利。

深圳综合改革试点模式之新前所未有。党中央首次为一座城市量身定做新时代的改革总纲领，首次采取"实施方案＋授权清单"滚动推进的全新方式授权改革，首次以清单式批量授权方式赋予地方在重要领域和关键环节改革上更多自主权。

深圳综合改革试点首批授权事项清单

序号	事项	主要内容
一、要素市场化配置方面		
1	授权和委托用地审批权	将国务院授权广东省批准的永久基本农田以外的农用地转为建设用地审批事项，由广东省委托深圳市批准。
2	完善自然资源资产交易及监管机制	建设自然资源资产交易平台，建立土地二级市场信息发布机制。完善土地二级市场规则，逐步完善一二级市场联动的土地市场服务监管体系。
3	开展土地二级市场预告登记转让制度试点	充分利用市场机制盘活存量和低效用地。经全国人大常委会授权后，重点做好未完成开发投资总额25%的闲置工业用地的处置工作，可以采取提供交易鉴证、预告登记等方式，优化土地要素市场化配置，保障交易安全。未经批准，工业用途不得改变。
4	开展特殊工时管理改革试点	允许修订促进和谐劳动关系的相关经济特区法规，扩大特殊工时制度适用行业和工种岗位范围，探索适应新技术、新业态、新产业、新模式发展需要的特殊工时管理制度。
5	支持在资本市场建设上先行先试	推进创业板改革并试点注册制落地，建立新三板挂牌公司转板上市机制。
6	推出深市股指期货	推出深市股票股指期货，不断丰富股票股指期货产品体系。
7	开展创新企业境内发行股票或存托凭证（CDR）试点	完善创新企业境内发行上市制度，推动具有创新引领示范作用的企业发行股票或存托凭证（CDR）并在深交所上市，强化创新企业信息披露，保护投资者合法权益。
8	优化私募基金市场准入环境	推动从事私募基金业务的公司或合伙制企业实行统一的注册名称和经营范围字样，登记注册后限期备案，建立完善市场监管、金融监管等部门私募基金登记注册信息互联互通机制。完善私募基金管理人及私募基金产品登记备案流程，为符合条件的管理人和基金产品开辟绿色通道，提升准入、募资、退出等环节便利化程度。建立私募基金分级分类监管机制，完善私募基金托管制度，加强账户行为监管，解决影响出资人权益保护的障碍和问题，提高违法违规成本，不断完善风险防控机制，借鉴可变资本公司等先进经验，试点探索私募基金新形态，推动私募基金行业规范健康发展。

序号	事项	主要内容
9	优化创业投资企业市场准入和发展环境	（1）完善创业投资发展的法治环境，鼓励深圳制定促进创业投资发展的地方性法规。优化创业投资发展的政策和市场环境，拓宽创业投资资金来源和市场化退出渠道，推动创业投资双向开放，营造有利于创业投资发展的生态环境。 （2）规范从事创业投资业务的公司或合伙制企业的注册名称和经营范围要求，创业投资企业商事登记注册后限期完成备案。健全市场监管、金融监管和行业发展等部门对创业投资企业登记注册信息实时共享和互联互通机制。 （3）支持深圳创建具有国际影响力的创业投资中心。
10	依法依规开展基础设施领域不动产投资信托基金试点	（1）在交通、水利、物流仓储、产业园区等基础设施领域推出公募不动产投资信托基金。 （2）探索国有企业参与不动产投资信托基金的有效方式和路径。
11	探索完善知识产权和科技成果产权市场化定价和交易机制	建立连接技术市场与资本市场的全国性综合服务平台，为科技成果交易、转移转化提供一站式服务。完善确权、登记和公示等基础功能，形成知识产权和科技成果产权市场化定价和交易机制，优化科技成果信息管理、检索和分析。
12	分类分步放开通信行业	（1）安全有序放开基础电信业务。加快放开增值电信业务，逐步取消外资股比等限制。赋予深圳外商投资电信企业的审批权限。 （2）支持深圳在本地运营商建立预警、监测、分析、处置平台。
13	推进大数据平台及相关机制建设	支持建设粤港澳大湾区大数据中心，研究论证设立数据交易市场或依托现有交易场所开展数据交易。
14	深化国资国企综合改革	（1）支持深圳开展区域性国资国企综合改革试验，赋予更大改革自主权，鼓励结合实际推行更为灵活、更具创新性的改革举措。 （2）支持完善区别于党政领导干部、符合市场经济规律和企业家成长规律的国有企业领导人员管理机制，探索与企业市场地位和业绩贡献相匹配、与考核结果紧密挂钩、增量业绩决定增量激励的薪酬分配和长效激励约束机制。
二、营商环境方面		
15	创新国际性产业与标准组织管理制度	对于住所设在深圳的国际性产业与标准组织，申请成立登记时，简化注册流程，缩短注册时间，同时建立综合监管机制，加强监管。
16	开展破产制度改革试点	（1）试行破产预重整制度。 （2）允许探索跨境破产协作机制，完善财产处置配套制度。 （3）探索政府有关部门与法院联动制度，建立信用修复机制。 （4）率先试行自然人破产制度，支持制定深圳经济特区个人破产相关规定。 （5）完善商事主体退出机制，创新企业注销制度。
17	开展新型知识产权法律保护试点	（1）实施新型知识产权法律保护制度，完善互联网信息等数字知识产权财产权益保护和公平竞争制度。 （2）建立惩罚性赔偿制度，先行探索依法降低商业秘密侵权行为刑事立案门槛。 （3）依法降低行政执法打击侵犯商业秘密行为的证据要求。引入证据披露、证据妨碍排除和优势证据规则，推进区块链技术在审判中的广泛应用，设立技术调查官，归纳明确"恶意"情形，将"情节严重"视作确定惩罚性赔偿金倍数的依据，赔偿数额充分反映知识产权市场价值。
18	创新编制管理方式	（1）中央和国家机关为支持深圳建设中国特色社会主义先行示范区，可以安排干部到深圳挂职，从实安排职务，明确职责分工，确保真挂实干，并按规定程序办理挂职备案手续。 （2）允许深圳探索激励干部担当作为的薪酬体制改革。 （3）支持深圳按照协同高效原则不断优化组织机构，形成高效率组织体系。 （4）支持深圳积极探索统筹使用各类编制资源。
19	支持深圳开展行政复议体制改革	县级以上一级地方政府只保留一个行政复议机关，由本级政府统一行使行政复议职责。
20	支持深圳开展行政诉讼体制改革	部分县级政府为被告的行政案件，由基层法院集中管辖。
21	支持深圳用好用足经济特区立法权	扩宽深圳经济特区立法空间，赋予深圳在人工智能、无人驾驶、大数据、生物医药、医疗健康、信息服务、个人破产等领域的先行先试权，支持深圳充分利用经济特区立法权进行探索。支持深圳在无人机管理等领域先行先试，并制定相应配套措施。
三、科技创新体制方面		
22	探索完善大科学计划管理机制	探索创新大科学计划的发起、组织、建设、运行、管理等机制。

序号	事项	主要内容
23	优化科研机构技术转移机制	推动高校、科研机构设立技术转移部门,将科技成果转化情况纳入分类考核评价体系。建立高校、科研院所和国有企业科技成果向社会公开机制。在探索赋予科研人员职务科技成果所有权或长期使用权、成果评价、收益分配等方面先行先试。探索政府资助项目科技成果专利权向发明人或设计人、中小企业的转让和利益分配机制。
24	完善金融支持科技创新的体制机制	(1)鼓励深圳银行业金融机构在风险可控、商业可持续的前提下,与外部投资机构加强合作,积极探索多样化的科技金融服务模式。 (2)支持深圳积极发展绿色金融与金融科技,申建绿色金融改革创新试验区。 (3)支持构建绿色技术市场导向创新体系。 (4)探索完善绿色金融组织体系、标准体系、信息化管理体系,推动金融科技和绿色金融融合发展。
25	推进外籍人才签证便利化	(1)支持深圳探索制定外籍"高精尖缺"人才认定标准,为符合条件的外籍人员办理R字签证。 (2)赋予深圳外国高端人才确认函权限,探索优化外国人来华工作许可和工作类居留许可审批流程。 (3)对外籍高层次人才投资创业、讲学交流、经贸活动提供出入境便利。
26	探索完善外籍高层次人才居留便利和紧缺人才职业清单制度	为外籍高层次人才提供永久居留便利。制定紧缺人才职业清单,简化外国人才来华工作手续,提高外国人才来华工作便利度。
27	实施高度便利化的境外专业人才执业制度	赋予深圳在有关部门指导下制定境外专业人才执业管理规定权限,明确职业条件、业务范围等,允许具有境外国际通行职业资格的金融、税务、建筑、规划等专业人才按相关规定在深提供专业服务。放宽境外人员(不包括医疗卫生人员)参加各类职业资格考试的限制。
四、对外开放方面		
28	完善涉外商事纠纷诉讼管辖制度	最高人民法院加强对重大疑难涉外商事案件的业务指导,提升审判质效。
29	完善国际法律服务和协作机制	以经济特区国际仲裁机构为基础建设粤港澳大湾区国际仲裁中心,健全国际法律服务和纠纷解决机制,支持经济特区国际仲裁机构牵头建设国际投资联合仲裁中心,通过合作方式引进相关国际组织和世界知名仲裁机构,建立国际调解组织和调解服务交流协作机制。
30	开展本外币合一跨境资金池业务试点	建立本外币合一资金池主账户,整合本外币资金调剂归集功能,双向宏观审慎管理资金池跨境资金流动,允许主账户内资金办理结售汇和相关的套期保值衍生品交易,跨境调出入资金币种保持一致,资金池资金使用实行负面清单管理。
31	先行先试地方政府债券发行机制	授权深圳在国家核定地方债额度内自主发行。创新地方政府举债机制,允许深圳到境外发行离岸人民币地方政府债券。
32	扩大港口、航运业务对外开放	研究实施经邮轮母港入境的外籍游客144小时过境免签及邮轮团体乘客15天免签的政策。支持深圳在客运码头设置旅客国际中转区、优化出入境手续,以及延长口岸通关时间。取消游艇自由行海关担保金。
33	深化国际船舶登记制度改革	允许在深圳依法设立的企业,对其所有的船舶在深圳进行国际船舶登记,企业的外资股比不受限制。船籍港名称结合深圳实际需要依法由主管机关另行确定并公布。允许依法获批的外国验船公司对在深圳进行国际船舶登记的船舶开展入级检验和法定检验。允许外籍船员在深圳进行国际船舶登记的船舶任职高级船员,且所有船员免办就业证。
34	赋予国际航行船舶保税加油许可权	在深圳水域试点开展国际航行船舶保税液化天然气加注业务。允许设立海上保税燃料油供应仓库。开展保税燃油使用人民币计价、结算试点。
五、公共服务体制方面		
35	放宽国际新药准入	允许在粤港澳大湾区内地9市开业的指定医疗机构(港澳医疗卫生服务提供主体在珠三角9市按规定以独资、合资或合作等方式设置医疗机构)使用临床急需、已在港澳上市的药品。
36	探索完善医疗服务跨境衔接机制	探索建立与国际接轨的医学人才培养、医院评审认证标准体系。
37	扩大企业博士后站办学自主权	赋予深圳对企业博士后科研工作站分站的设立和撤销权限。
六、生态环境和城市空间治理方面		
38	优化生态环境管理机制	(1)授权深圳实施环评制度改革,通过调整建设项目环境影响评价分类管理名录等形式,在已经开展区域空间生态环境评价的区域,按照生态环境准入清单要求,制定需要开展环评的重点项目名录,未纳入名录的建设项目简化或豁免环评。 (2)赋予对单位注册所在地在深圳的地质灾害防治单位甲级、乙级资质审批权限。 (3)授权深圳引进境外各类资金投资国内气候项目,允许深圳投资于国内气候项目的境外资金有序退出。

序号	事项	主要内容
39	探索优化建设项目用地用林用海审批机制	允许深圳统筹用地用林规模和指标，在国土空间规划编制完成后，探索按规划期实施的总量管控模式。开展用地用林用海"统一收文、统一办理、统一发文"审批机制改革，加快实现"多审合一、多证合一"。赋予深圳占用林地省级审核权限。
40	开展航空资源结构化改革试点	(1)支持深圳机场在满足条件下，进一步提升机场容量。 (2)支持深圳在国家发展改革委指导下设立民航业发展混合所有制改革基金，积极参与民用航空业改革发展。

（三）深圳综合改革试点的主要内容

一个关键改革。即"综合授权"改革，就是在中央改革顶层设计和部署下，按照全面深化改革的总体要求，以清单式批量授权方式，赋予深圳在重点领域和关键环节改革上更多自主权，支持深圳在更高起点、更高层次、更高目标上推进改革开放。

三个阶段目标。2020年，在要素市场化配置、营商环境优化、城市空间统筹利用等重要领域推出一批重大改革措施，制定实施《首批授权事项清单》，推动试点开好局、起好步。到2022年，各方面制度建设取得重要进展，形成一批可复制可推广的重大制度成果，试点取得阶段性成效。到2025年，重要领域和关键环节改革取得标志性成果，基本完成综合改革试点任务，为全国制度建设作出重要示范。

五大工作原则。一是坚持解放思想、守正创新。坚持和加强党的全面领导，坚持中国特色社会主义道路，坚持以人民为中心的发展思想，在守正的基础上创新，解放思想、实事求是，固根基、扬优势、补短板、强弱项。二是坚持市场化、法治化、国际化。充分发挥市场在资源配置中的决定性作用，更好发挥政府作用，推进改革与法治双轮驱动，实施更大范围、更宽领域、更深层次的全面开放。三是坚持系统集成、协同高效。突出改革系统性、整体性、协同性，聚焦重点领域和关键环节，推动各方面制度更加衔接配套、成熟定型，实现改革目标集成、政策集成、效果集成。四是坚持先行先试、引领示范。坚持问题导向、目标导向、结果导向，在改革探索中给予充分空间，在遵循宪法和法律、行政法规基本原则的前提下，允许深圳立足改革创新实践需要，根据授权开展相关试点试验示范。鼓励大胆创新、真抓实干，注重经验总结，及时规范提升，为全国提供示范。五是坚持底线思维、稳步实施。提前预设底线情形，在风险总体可控前提下，科学把握时序、节奏和步骤，分期分步、稳妥有序推进改革。

六大领域改革。一是完善要素市场化配置体制机制，《实施方案》涉及6条，《首批授权事项清单》涉及14条。二是打造市场化法治化国际化营商环境，《实施方案》涉及3条，《首批授权事项清单》涉及7条。三是完善科技创新环境制度，《实施方案》涉及2条，《首批授权事项清单》涉及6条。四是完善高水平开放型经济体制，《实施方案》涉及2条，《首批授权事项清单》涉及7条。五是完善民生服务供给体制，《实施方案》涉及4条，《首批授权事项清单》涉及3条。六是完善生态环境和城市空间治理体制，《实施方案》涉及2条，《首批授权事项清单》涉及3条。总的说来，六大领域的40条首批授权事项，《实施方案》涉及19条。

深圳综合改革试点的推进机制

深圳综合改革试点实施以来，深圳强化"协同推进、改革攻坚、正向激励、法治保障、风险评估"五个机制，全力推动综合改革试点系统集成、协同高效。

一、强化"协同推进机制"，奋力在创新改革方式方法上先行示范

习近平总书记强调，注重系统性、整体性、协同性是全面深化改革的内在要求，也是推进改革的重要方法。综合改革试点由中央设计改革方案、地方积极主动抓落实，既强调改革方案协同，也强调改革落实协同，更强调改革效果协同。深圳坚持摸着石头过河和加强顶层设计相结合，提高改革综合效能，实现了改革目标集成、政策集成、效果集成。

（一）开创"方案＋清单"滚动推进综合授权新方式

在中央改革顶层设计和战略部署下，建立实施方案和授权清单有机统一的综合授权体系。"方案"是一揽子授权。《实施方案》是党中央首次为一座城市量身定做新时代的改革总纲领，有别于此前改革试点通常实行的"一事一议、层层审批、逐项审核"授权方式。《实施方案》在六大改革领域一揽子推出27项改革举措，这是改革方法论的全新实践。"清单"是批量授权。《实施方案》以附件的形式列出首批40条授权事项清单，授权清单是批量授权的重要载体，对列入清单的事项实施备案管理，除明确要报批的事项，其他不再逐项报批。这种方法本身就是重要的改革，为地方先行先试、因地制宜、创造性落实国家有关改革举措提供更大空间。"方案＋清单"滚动推进。实施方案重在明确重点领域、改革方向和构建机制，授权清单重在具体落实，二者前后呼应、互为支撑。在五年改革试点的总体框架下，国家发展改革委拟推出3批授权清单，滚动接续、压茬前行，推动深圳综合改革试点不断向纵深发展。

（二）构建"部省市"高效联动协同推进新模式

以系统思维和全局观念谋划推进综合改革试点工作，推动构建中央部委、广东省和深圳市上下联动、协同高效的工作格局。中央部委加强统筹协调。完善部门、地方共同参与的工作小组和周例会制度，强化部门、司局的分层对接协调，组织两场部委层面的工作推进会，协调解决跨部委事项。最高人民法院、科技部、国务院国资委等先后出台系列政策支持。广东省全省动员全域参与。省委、省政府召开全省支持深圳综合改革试点工作部署推进会，出台省级层面任务分工方案、支持深圳综合改革试点若干措施等文件，将103项省级行政职权事项委托下放深圳市实施，建立健全省级部门特事特办机制和绿色通道制度。深圳市倒排工期挂图作战。将深圳综合改革试点列为全市"一号改革工程"，高规格召开市委全会和攻坚推进大会，全面

部署改革任务工作机制、推进方式和"时间表""路线图"。市领导牵头及时向上对接协调，全力推动解决各项改革堵点。组织召开各类研究工作会议、推进工作会议、调法调规视频会议、督查落实会议等100余次，确保改革有序推进。

（三）探索"制度＋案例"动态总结滚动推广新方法

以制度成果和应用案例相结合的方式推广深圳综合改革试点经验，推动试点工作综合效能充分彰显。注重提炼改革成果。制度成果是中央部委、广东省和深圳市在推进改革事项中出台形成的各类规范性文件，应用案例是改革事项落地实施的具体应用场景。深圳重点围绕示范效应突出的改革事项，汇总形成制度清单，梳理凝练应用案例，努力使改革实践上升为制度规范，便于后续复制推广。注重动态总结宣传。对改革试点典型经验，分批次挑选形成复制推广清单，做到边试点、边总结，成熟一批、提炼一批、上报一批。2021年10月，国务院新闻办举行深圳综合改革试点实施一周年进展成效发布会，重点介绍四个"一批"阶段成效；2022年4月，国家发展改革委召开新闻发布会，宣布首批40条授权事项全面落地实施，进一步扩大深圳综合改革试点受益面。注重滚动推广实践。国家层面，深圳综合改革试点一周年总结得到中央改革办肯定，并在中央改革办主办的《改革工作简报》上刊发推广；在国家发展改革委指导下，采用"制度＋案例"形式分阶段滚动上报改革经验，提请争取从国家层面高规格、常态化复制推广。大湾区层面，已有多个首批清单事项成功复制推广，如"放宽国际新药准入"扩展至大湾区内地9市，"国际航行船舶保税燃油加注"在广州南沙复制，"完善国际法律服务和协作机制"扩展至珠海、江门等地。

二、强化"改革攻坚机制"，奋力在压实主体责任出实效上先行示范

习近平总书记强调，改革任务越是繁重，越要把稳方向、突出实效、全力攻坚。深圳综合改革试点任务重、责任大，必须把"快落地、见实效"摆在更加突出位置。深圳坚持在党的全面领导下推进改革，积极构建责任链条，细化制定落地标准，严格开展改革督查，提前完成综合改革试点阶段性目标。

（一）构建"三级联动"责任链条

坚持和加强党对深圳综合改革试点的领导，构建"市委深改委—改革办—各涉改单位"工作架构，"一盘棋"整体推进试点任务。强化市委全面深化改革委员会统筹责任。明确重要改革任务、文件在完成其他审议程序后，均须提请市委全面深化改革委员会会议审议，强化改革的系统性、整体性、协同性。强化市委改革办协调责任。市委改革办积极配合全国人大常委会法工委、国家发展改革委、司法部等做好相关协调工作，贯彻落实市委全面深化改革委员会有关要求，督促各涉改单位按照工作部署扎实有序推进，协调解决推进中存在的问题和困难。强化各涉改单位主体责任。各涉改单位坚持把深圳综合改革试点作为重大政治任务和"一把手"工程，明确和细化二级、三级责任主体，形成层层压实的责任体系；列出施工图和进度

表，明确各阶段目标；对照工作方案、操作规范、应用场景和评估体系的落地要求，压茬推进各项改革任务。

（二）执行"四个一"落地标准

明确深圳综合改革试点每个改革事项，分别对应制定一个方案、一套操作规范、一批应用场景和一套评估体系。"一个方案"即制定一个专项落地方案，明确具体的改革内容、实施路径、责任主体、完成时限等。"一套操作规范"即为改革事项落地制定具体的制度规范，如实行建设项目用地用林用海"多审合一、多证合一"改革后的相关审批流程等。"一批应用场景"即各项改革从纸上落到实处的具体情形，如创业板注册制改革要以首批符合条件的企业按照改革后的制度成功上市为应用场景，有了应用场景才能认定落地。"一套评估体系"即对落地成效是否符合改革本意、是否达到预期目标等情况进行评判的定性或定量要求。"四个一"落地标准环环相扣，形成对改革攻坚的有效指引。

（三）开展"三个全"改革督查

坚持任务、进度和成效一体督查，促进试点任务落实落细。全覆盖督任务。制定专项督查计划，对深圳综合改革试点六大领域分别明确专人负责跟进，如试行二三产业混合用地改革，做到清晰掌握"单一用地性质的混合使用""混合用地的混合使用"等多种用地模式情况，构建配置更精准、调节更灵活的土地要素资源配置机制。全过程督进度。实行台账式管理、项目式实施、节点式推进，如国际航行船舶保税燃料油改革，在《首批授权事项清单》谋划之初即与涉改单位开展多轮论证，推进过程实行"双周报"台账管理制度并赴实地督查，最后验收项目时，赴盐田港现场参与首单保税燃料油加注仪式，做到全程掌握各项改革任务形势。全方位督成效。既看改革事项对深圳的意义，也看对全省、全国的意义；既看是否达到单项改革目标，也看是否符合改革系统集成、协同高效要求。如对个人破产制度这一创造型引领型改革，要求在创造"四个全国第一"（即个人破产的首部法规、首家管理机构、首个一体化办理平台、首批受理案件）基础上，进一步强化与优化营商环境其他改革的系统集成。

三、强化"正向激励机制"，奋力在营造良好改革氛围上先行示范

习近平总书记强调，要把激发创新活力同凝聚奋进力量结合起来，充分调动各方面推进改革的积极性。综合改革试点是对改革方式方法的全新探索，迫切需要运用正向激励来疏导畏难情绪，激发干事激情。深圳把强化激励机制作为推动综合改革试点的重要举措，采取设立改革突出贡献奖、"揭榜挂帅"破难题、建立改革容错纠错机制等方式，推动形成改革动力充分激发的良好氛围。

（一）设立"深圳综合改革试点突出贡献奖"，充分调动涉改单位积极性

首次设立市级改革表彰奖励项目，用"看得见、摸得着"的激励制度鼓励改革者敢于突破、主动作为。高规格设立奖励项目。经广东省委、省政府批复同意，专项设立"深圳综合改

革试点突出贡献奖"，以深圳市委、市政府名义通报表彰先进集体，在全社会大力弘扬改革精神。高标准开展评奖表彰。按照授权事项"把得准"、权限下放"接得住"、立法变通"衔接好"、改革任务"见成效"、改革经验"可复制"、改革风险"控得住"等评选标准，经专家评审、市领导评价等程序，对深圳综合改革试点首批40条授权事项责任单位所承担的改革事项进行全面评估，形成初步提名对象，经市委全面深化改革委员会会议审定产生最终获奖名单。高质量突出实效导向。表彰评选结果作为向上级部门推荐、年度改革绩效考核等工作评价的重要参考，大胆提拔使用在深圳综合改革试点中表现突出、发挥重要作用的干部。

（二）开展"百名干部破百题"行动，鼓励广大干部攻坚克难

吹响深圳综合改革试点"集结号"，鼓励广大干部特别是年轻干部"揭榜挂帅"破难题。围绕深圳综合改革试点梳理难题任务。按照最小颗粒度原则，从《实施方案》和《首批授权事项清单》中梳理分解出122个改革难题，明确各个改革难题的实施单位和分工职责，科学制定预期目标和完成时限等"作战图"，以"包干到户"的形式强化牵头部门主体责任。组织各级干部尽锐出战、合力攻坚。强化头雁引领，发挥改革骨干作用，组织31名局级干部牵头攻坚、152名正处级以上干部领衔攻坚、174名副处级和科级干部协助攻坚，形成"一级抓一级，层层抓落实，责任全覆盖"的工作格局，集中专业骨干力量破解深圳综合改革试点难题，全面兑现改革"军令状"。运用"知事识人"科学评判检验。开发"百名干部破百题"小程序实现科技赋能改革，各部门可实时查看改革事项进展、及时通报相关情况、宣传先进案例，促进各攻坚责任人比学赶超。行动结束后，运用"知事识人、序事辨材"工作方法，深化以事察人、以事励人，对行动中表现突出且一贯优秀的干部予以表扬，对优秀年轻干部进行跟踪培养，在评优评先和提拔任用中适当倾斜。

（三）健全改革创新容错纠错机制，激励广大干部勇于担当

建立健全容错纠错机制，对干部在改革创新中的失误错误进行综合分析，该容的大胆容，不该容的坚决不容。为容错纠错建章立制。认真贯彻落实习近平总书记关于"三个区分开来"重要要求，出台关于支持改革建立容错纠错的有关规定，明确在推进制度创新、优化资源配置、推动重大民生项目等8个方面开展探索性试验或为推动改革发展造成的无意过失予以容错；专门制定不实举报澄清正名办法，消除干部干事创业的后顾之忧。为干部创新撑腰鼓劲。深圳市南山区制定支持改革创新落实容错纠错机制实施办法，聚焦创新驱动发展战略、重点项目建设、拓展产业发展空间等3个重点领域，推出首批20条容错纠错正面清单，明确认定为符合容错免责情形的干部在提拔任用、职级职称晋升以及工资、绩效、奖金等方面不受影响，激励干部锐意进取、主动作为。

四、强化"法治保障机制"，奋力在促进改革与立法衔接上先行示范

习近平总书记强调，改革与法治如鸟之两翼、车之两轮，要坚持在法治下推进改革，在改

革中完善法治。深圳综合改革试点不少事项需要突破现有法律法规和政策规定，必须更加注重运用法治为改革提供保障。深圳积极推动法律法规调整适用，用足用好特区立法权，推动改革与立法紧密衔接。

（一）积极推动法律法规调整适用

根据深圳综合改革试点需要，积极配合全国人大常委会法工委、司法部大力推进法律法规调整工作。同步研究改革事项和法律法规调整。研究制定授权事项清单时即着手考虑所涉及的调法调规问题，探索立法、司法部门参与前期授权事项清单涉法事项论证的有效路径。2021年初，分别梳理形成需暂时调整适用的法律规定、行政法规规定2个建议目录（涉及9个事项、15部法规），按程序报批。积极推动法律法规调整批复同意。配合组织召开12场央地调法调规专题会，聚焦现行法律、行政法规、国务院文件和经国务院批准的部门规章，严格遵循"非必要不调整"原则，科学论证调整法律法规的必要性、精准性、实用性，对拟调整适用情况和实施范围等进行逐项反复论证。从2020年10月申请到2022年2月同意批复，共历时17个月，调法调规事项最终确定为3个事项（涉及4部法规中的5个条款）。定期开展法律法规调整事项成效评估。配合国家发展改革委建立健全涉及调法调规事项的风险识别和防范机制，确保改革在法律法规的一般规定或授权范围内进行。对实践证明已经比较成熟的改革经验和行之有效的改革举措，及时上升为法律法规，弥补法律制度空白；对不适应改革要求的现行法律法规，向立法机关提出立改废释请求，及时修改或废止；对实践证明法律法规不宜调整的，恢复施行原有规定。

（二）用足用好特区立法权

坚持把深化改革创新与用足用好特区立法权有机结合起来，在改革"深水区""无人区"推进配套立法工作，将试点中的创新成果予以固化，目前已制定地方性法规17部、修改10部，作出法规性决定1项，绿色金融条例、城市更新条例、养老服务条例等8部法规填补了国内相关领域立法空白，促进改革与立法有效衔接、相得益彰。如完善数据要素管理制度改革，同步制定实施《深圳经济特区数据条例》，率先提出"数据权益"概念，明确数据的人格权益和财产权益，成为全国数据领域首部基础性综合性立法。

（三）制定配套制度有效承接

2022年2月，国务院正式下发《关于同意在深圳市暂时调整实施有关行政法规规定的批复》（以下简称《批复》）。深圳召开专题工作会议对行政法规调整落地的后续工作进行部署，制定与深圳综合改革试点任务相适应的管理制度，确保行政法规调整适用与改革具体工作无缝接轨。如根据《批复》要求，国家赋予深圳地质灾害防治单位甲、乙级资质审批权，深圳在与自然资源部、广东省自然资源厅做好对接工作的基础上，积极开展《甲级地质灾害危险性评估单位资质新设（升级）全流程网办规则》等10部新增规则的制定工作，涉及甲级地质灾害危险性评估资质变更、延期、注销等多方面的内容，力争在地质灾害防治方面进行更具整体性的制度创新。

五、强化"风险评估机制",奋力在科学防范改革风险上先行示范

习近平总书记强调,要把推进改革同防范化解重大风险结合起来,科学谋划推动落实改革的时机、方式、节奏。深圳综合改革试点没有先例可循,更加需要坚持底线思维,注重防范改革风险。深圳采取将改革方案和风险评估同步研究、同步制定、同步实施的方式,形成改革方案和风险预案的配套对接,在改革内容上把好政治关,在对外宣传上把好舆情关。

（一）预先评估风险把握改革时机

专门制定重大改革决策风险评估办法,明确改革方案制定单位应当评估改革风险,并将风险评估报告和改革方案一并呈报。对于群众利益攸关、社会关注度高的改革事项,广泛听取意见,通过风险评估动态调整改革方案的推进实施。如为推进特殊工时制度改革,深圳在全市"四新"企业中,选取 300 家已经批准实施特殊工时制度的企业及 1000 名员工开展调研,深入了解生产经营、工种岗位、工作时间等情况,但由于特殊工时制度属于劳动基准,涉及用人单位和劳动者切身利益,加之近年受疫情影响,推进改革的社会风险较大,最终决定暂缓实施。

（二）准确研判形势确定推进方式

完善高水平开放型经济体制是深圳综合改革试点的重点领域之一,面对复杂国际形势,深圳切实抓好涉外风险评估应对,确保相关改革顺利推进。如"先行先试地方政府债券发行机制"改革,是内地地方政府首次赴境外发债,对丰富地方政府举债融资渠道、助力深港金融合作、推动人民币国际化进程等方面具有重要意义。为做好赴香港发行离岸人民币地方政府债券相关工作,深圳深入研判境外金融市场环境与变化,选择有国际背景的承销方,最终获得国际知名投资机构的普遍关注和踊跃认购。

（三）分期分步实施把控改革节奏

深圳综合改革试点不是修修补补的一般性改革,不少试点任务具有超前性、开拓性、试验性。对于缺乏经验借鉴、难以事先全面评估改革风险的事项,要求相关涉改单位把握好推进改革的时机和力度。如无人机管理尚无成熟制度规定,且涉及空防安全、公共安全和运行安全等风险,深圳在多个国家部委支持下,选取代表性企业进行无人机物流产业化应用测试,截至 2022 年 12 月 31 日,深圳已累计开通无人机航线 83 条,实现无人机载货及综合应用飞行量约 30 万架次,规模位居国内第一。丰翼科技（深圳）有限公司已于 2020 年 12 月 1 日获批在粤港澳大湾区开展"低空无人机物流配送体系试点",累计获批开通航线 70 条（其中深圳市内 66 条、跨海 4 条）。美团无人机城市低空物流解决方案通过民航局审定,获颁特定类无人机试运行批准函通用航空企业经营许可证,取得了深圳无人机物流配送试运行许可,目前已在深圳开通 13 条城市场景常态化试运行航线,为周边商户及居民提供无人机餐食配送服务。测试风险总体可控,为进一步全面推进无人机管理试点和完善国家法律法规、政策规定积累了宝贵经验。

深圳综合改革试点的主要举措与成效

深圳综合改革试点实施以来，各项改革任务顺利推进。目前首批 40 条授权事项全面落地实施，重点领域和关键环节改革成效持续显现。2022 年 4 月，国家发展改革委以新闻发布会形式向社会宣布这一重大成果。2022 年 10 月，国家发展改革委印发《关于推广借鉴深圳综合改革试点首批授权事项典型经验和创新举措的通知》，向全国推广 4 方面 18 条创新举措。2023 年 10 月，国家发展改革委等部门印发《关于再次推广借鉴深圳综合改革试点创新举措和典型经验的通知》，在全国推广新一批 22 条创新举措及典型经验。

深圳综合改革试点首批授权事项典型经验和创新举措（第一批）

序号	改革事项名称	主要创新举措
1	建立土地联动高效审批机制	聚焦提升用地审批效率，深化用地审批和综合监管机制改革，一是根据委托建立永久基本农田以外的农用地转为建设用地审批联席会议机制，严格监督考核和通报；二是建立计划指标分级分类管理机制，提升重大项目自然资源要素服务保障；三是对符合用地类型要求和规定条件的项目实施批供合一，解决建设项目"落地难、落地慢"等问题；四是完善用地使用权转让、土地二级市场信息发布等制度，推动一二级市场协调规范有序发展、资源利用集约高效；五是实施全流程监管，按照"谁审批、谁监管"原则，采取"日常检查+定期评估"方式对建设用地审查职权进行监督管理。
2	实施私募基金商事登记服务创新和全流程一体化监管	为有效破解私募基金登记程序复杂、监管难等问题，探索优化商事登记服务程序，将中国证券投资基金业协会标准嵌入商事登记环节，统一规范注册名称和经营范围，开展契约型私募基金投资企业商事登记改革，提高登记注册便利性；搭建"好人举手"私募创投监管信息平台，构建"线上工商—信息披露—电子合同—在线网签—公示及信用惩戒"一体化信息管理体系，实现私募登记注册信息实时共享和互联互通。
3	推出创业板注册制改革	聚焦优化企业上市发行程序，提升资本市场效率，一是建立多元公开的审核发行机制，聚焦板块定位制定行业负面清单，设置多元包容的上市标准，简化发行上市条件，建立以机构投资者为主体的询价、定价、配售机制。坚持以信息披露为中心，推进审核标准、进程、结果、监管"四个公开"；二是建立更加市场化的融资交易机制，再融资和并购重组同步实施注册制，放宽涨跌幅限制，优化盘中临时停牌机制，建立"价格笼子"机制，明确异常交易监控标准；三是建立全流程的廉政监督机制，完善司法保障措施，将廉政风险防范和内控合规要求嵌入审核业务规则、工作流程和技术系统，压严压实中介机构责任，大幅提高违法违规成本；四是建立优胜劣汰的市场退出机制，优化退市标准，简化退市流程，完善风险警示制度，力求实现精准出清。
4	建立境内外双向投资新机制	探索畅通境内外双向投资渠道的新机制新模式，推动合格境外有限合伙人（QFLP）试点企业投资一级或一级半定增市场，率先开放"外资管内资"（外资发起设立管理人同时向境内外募资）、"内资管外资"（内资发起设立管理人同时向境外募资）等模式；推动合格境内投资企业（QDIE）试点允许持牌金融机构直接申请出境投资额度，无须下设股权投资主体。
5	推动基础设施领域不动产投资信托基金（REITs）畅通资金循环	聚焦盘活存量资产、强化金融服务实体经济新动能，创新机制推动基础设施领域不动产投资信托基金（REITs）更好发挥优化资源配置功能，一是打通"投资—运营—退出—再投资"循环链条，鼓励符合条件的存量项目通过发行基础设施REITs进行盘活并将回收项目资金用于再投资，推动存量资产和增量投资良性循环，提升企业再投资能力；二是完善规划土地、产权登记、资产转让、人才等支持配套政策，合法合规发行REITs，打造不动产金融创新产业体系，有效拓宽社会资本投融资渠道；三是建立健全国有资产交易、土地分宗、资产确权等操作指引，探索盘活国有资产新路径，推动成熟度高的资产发行REITs，回收资金用于项目建设，进一步扩大有效投资。

序号	改革事项名称	主要创新举措
6	建立新兴领域知识产权保护新机制	率先在新兴领域探索建立国际一流的知识产权保护体系,优化激励创新发展的知识产权市场化运行机制,一是创新数字知识产权保护机制,构建网络知识产权保护云平台、区块链据核验平台,建设商业秘密保护基地,加大新领域新业态知识产权系统保护力度;二是健全技术调查官全流程、嵌入式办案模式,严格选任标准,明确履职规范,强化职业保障,建设智慧知识产权系统,全面提升技术事实查明的准确性和实效性;三是在涉互联网、商业秘密等多类型知识产权纠纷审判中,准确界定类型化纠纷的证据披露范围,明确证据妨碍排除的适用条件和责任后果,细化优势证据的审查运用标准,形成破解知识产权"举证难"的系统性方案;四是率先实施知识产权惩罚性赔偿制度,进一步细化知识产权侵权纠纷、侵害商业秘密纠纷等惩罚性赔偿的具体适用情形、惩罚性赔偿基数计算方式、赔偿倍数考量因素;五是创新知识产权信用承诺机制,建立以信用为基础的分级分类监管体系。
7	创新基层编制资源统筹管理	聚焦提升编制资源利用效率,强化制度保障,允许街道统筹使用各类编制资源,根据目标任务组建工作团队,实现人员统一使用、编制分类管理;创新高效使用中小学编制预核机制,实行"单列管理、专编专用",允许中小学在预核编制限额内先行招聘教师,根据实际到岗教师人数下达编制,解决"空编等人"问题。
8	实行大科学计划全链条综合管理机制	探索大科学计划的发起、组织、建设、运行等有效管理机制,依托已布局建设的大机构、大平台、大设施,探索大科学计划发起机制,牵头发起系列人类时空组学大科学计划;实行共有共享共为管理,发挥牵头发起人和发起单位主体作用,整合各方资源,邀请国内外科研机构、高校、科技社会团体、企业及国际组织等参与大科学计划的建设、运营及管理;建立纵横联动的融入机制,支持创新主体参与国家和省、各地市以及其他单位发起的大科学计划,构建互为补充、相互支撑、有效联动的工作格局。
9	建立金融支持绿色发展和科技创新模式	围绕推动金融资源高效支持绿色发展与科技创新,一是编制绿色治理指数、绿色金融指数,开展绿色投资评估,探索建立商业银行环境信息披露、投融资活动碳足迹环境信息报告制度;二是打造金融支持科技创新模式,开展"银担"线上批量融资担保金融合作,推动社会资本成立创业投资引导基金和市场化运作的早期创业投资子基金,建设国际风投创投中心,发行国内多笔知识产权证券化产品,为科技企业提供增信、融资服务;三是创新绿色技术市场导向机制,引导金融机构持续多元创新,优化投资框架,推动建立碳中和生态圈。
10	推出外籍人才认定机制创新和工作居留一站式服务	为针对性解决外籍科学家、科技领军人才、企业家、专门人才和高技能人才等经济社会发展急需人才的出入境和停居留便利问题,一是按授权制定符合深圳实际需要的外籍高精尖缺人才认定标准,创新外国高端人才认定服务机制,在有效承接口岸出入境证件签发权限的基础上,推动人才名单共享,为外籍高层次人才提供出入境便利;二是为吸引更多外国人才来深圳创新创业,创新工作居留便利化举措,制定符合深圳需求的高端紧缺人才目录,对产业发展急需紧缺的外国人才适当放宽办理外国人来华工作许可条件;三是健全在深工作居留一站式服务模式,强化数据共享、优化系统流程,将外国人来华工作许可、外国人工作居留许可两项业务整合为"外国人在深工作居留事务",实现一套材料、一套表单、一次申请、一窗受理、一网通办、一次办结。
11	构建高度便利化的境外专业人才执业制度	为破除国际人才流动壁垒,便利境外专业人才在深圳执业,一是放宽跨境执业限制,探索认可境外人才的专业能力和执业经历,化解人才引进中资格互认难题,为各领域境外人才执业便利化提供制度基础;二是深化深港澳三地跨境执业合作模式,允许取得香港注册专业规划师、澳门城市规划师资格的港澳籍专业人士办理执业备案后到深圳执业;三是推动港澳涉税专业人士办理执业登记后到前海执业,引入内地税务师事务所作为港澳涉税专业人士发起设立税务师事务所的合伙人或股东;四是探索简化港澳医疗服务提供主体准入审批程序,精简申办材料,缩减港澳来深办医登记审查与决定时限,将港澳服务提供者机构设置审批、执业登记审批和人员执业办理时限分别由45天、30天和20天压缩至5个工作日、12个工作日和15个工作日。 此条先行在特定范围内推广。
12	建立跨境仲裁协作和国际仲裁合作新机制	聚焦推动跨境法律服务领域的规则衔接、机制对接,率先探索跨境仲裁协作机制,搭建粤港澳大湾区国际仲裁中心交流合作平台,吸收专业法律服务机构签约进驻。发挥国际仲裁"跨境管辖"和"跨境执行"特殊作用,引进国际组织和世界知名仲裁机构,创新"境外调解+境内仲裁"争议解决模式,完善国际调解组织和调解员交流协作机制。 此条先行在特定范围内推广。
13	创新口岸国际中转便捷通关模式	聚焦提高通关效率,创新口岸管理模式,参照空港口岸通行做法,设置具备旅客国际中转查验的功能区域,配套制定现场管理制度,建设具备旅客国际中转功能的新型海港客运口岸;创新口岸查验监管模式,实施中转旅客便利通关和邮轮通关常态化保障措施,加强海关、边检、海事等查验单位信息共享,为不持有来华签证的国际邮轮旅客在蛇口邮轮母港提供便捷中转过境通道。

序号	改革事项名称	主要创新举措
14	推动国际船舶登记入级管理集成创新	探索国际船舶登记入级、船员任职及配套服务机制，一是放宽自贸区国际船舶登记制度实施范围，允许在深圳依法设立的企业，对其所有的船舶在深圳进行国际船舶登记，企业的外资股比不受限制，船籍港登记为"中国前海"；二是放开外国船舶检验机构入级检验资质，允许依法获批的外国验船公司开展入级检验；三是优化外籍船员在深圳国际登记船舶上的任职程序，开展外籍人员在深圳参加船员培训、考试和发证工作，便利外籍船员在深圳签发船员适任证书承认签证。
15	实施国际航行船舶保税加油全链条服务和并联审批新模式	聚焦提升保税燃料油出仓、入仓、核销申请等各环节综合服务能力，在承接国际航行船舶保税加油许可权限的基础上，推动保税油入仓环节实施"先放后检"机制，出仓供油环节实施"一船多供"等机制，实行"即到即供""即加即走"加注新模式；开发"一口办理"统一申报和审批新平台，打通出仓、入仓、核销申请等各加注环节监管审批信息壁垒，推动海关、海事、边检等部门并联受理审批，全面实现保税燃料油经营服务船舶备案异地互认。 此条先行在特定范围内推广。
16	建立与国际标准衔接的医院评审认证体系	为探索医院评审认证标准和评价机制与国际衔接的有效路径，结合国际通行规则和国内评审标准，编制医院质量国际认证标准，获国际医疗质量协会外部评审会(IEEA)权威认证。推动评审机构实体化，注册成立非营利性第三方医院评审评价研究中心，建立获国际评审组织认可的培训评审制度和与国际接轨的评审员队伍。
17	建立急需药械准入和全流程监管新机制	为解决跨境找药难等问题，探索急需药械审批管理新机制，一是创新药品审评审批机制，由省级药品监督管理部门负责审核批准急需药械的进口使用，省级卫生健康部门负责审核确定使用急需药械的医疗机构，香港大学深圳医院作为首家实施"港澳药械通"试点医院。二是完善进口药械使用管理，建立临床急需进口药械的品种遴选、跨境采购、进口验收、储存使用等机制，细化进口药品器械范围和申请医疗机构资质条件，实行目录管理并动态调整(不含大型医用设备)。三是加强进口药械监督管理，建立急需药械监管制度，明确对医疗机构、采购企业在各个环节的监管责任，对急需药械申请、采购、进口、配送、使用和不良反应(事件)监测等实现全流程追溯、全链条监管。 此条先行在特定范围内推广。
18	打造气候项目市场化投融资服务新模式	通过深化气候投融资机制改革，探索气候项目市场化投融资的有效路径，一是创新气候项目筛选和管理模式，开拓征集途径，规范筛选方法，强化动态管理，辅助开展产融对接，强化减排数据披露，实施数字化管理；二是创新境外资金投资入库项目管理，按照实需原则支持入库项目境外融资，向国际气候金融机构、多边开发银行和商业投资机构推荐，鼓励银行跨境融资资金投向入库项目；三是创新境内金融产业财政政策，鼓励银行就入库项目信贷出台"尽职免责"制度，为入库项目及实施主体上市辅导验收提供便利通道，将入库项目碳减排量纳入深圳碳排放权交易体系，运用市场机制提高入库项目收益。

深圳综合改革试点首批授权事项典型经验和创新举措(第二批)

序号	经验举措名称	创新做法	典型应用场景和实施效果
1	科技成果转移全链条服务	(1)依托深圳证券交易所科技成果与知识产权交易中心，打通信息展示、匹配推送、合同存证、资金交收等关键环节，汇聚优质买方及卖方资源，建设连接技术市场与资本市场的综合服务平台。 (2)强化技术对接资本信息服务，推动知识产权投融资双方对接联系，引入专业服务机构为知识产权质押融资业务提供相关信息服务，推动解决科技项目和早期科技企业融资缺口问题。 (3)建设全国职务科技成果服务专区，提供权属存证、应用前景评估、支持早期研发等综合服务，创新利用区块链技术完成赋权权属关系登记存证。	2022年11月，深圳证券交易所科技成果与知识产权交易中心成立以来，为多项科技成果颁发证书存证，推动科技部等九部门联合出台的《赋予科研人员职务科技成果所有权或长期使用权试点实施方案》落地实施。截至2023年6月底，累计服务各类科技成果、知识产权和科技企业项目1200余项，服务私募股权基金、创业投资基金等投资机构1000余家，促成技术交易金额合计2.64亿元，助力加速科技成果产业化。
2	新领域新业态知识产权保护	(1)率先出台数字经济知识产权司法保护意见，制定大数据、直播电商等新领域新业态知识产权保护指引，完善新领域新业态知识产权保护制度。 (2)强化知识产权保护行政司法衔接，打造全链条知识产权协同保护的数字化底层标准，建立知识产权行政与司法部门证据格式统一、数据接口统一、案件类型及管辖确定等制度。	2022年，深圳市法院共新收知识产权案件16594件，审结18945件。其中，审结包括涉芯片、算法、5G通信等在内的技术类案件1541件，占全省技术类案件的40%。同时，依托"鸿蒙协同云平台"，完成200余个侵权产品链接下架处置推送，处理知识产权维权行政案件200余宗，打造智慧高效保护体系。

序号	经验举措名称	创新做法	典型应用场景和实施效果
3	知识产权与征信担保信息互联互通	推动人民银行征信中心动产融资统一登记公示系统与知识产权等担保登记主管部门的电子数据库互联互通，上线机动车、船舶、知识产权相关担保登记信息统一查询服务。	截至2023年9月底，累计向20951家用户提供机动车、船舶、知识产权相关担保登记信息查询服务437454次，其中，知识产权质押登记信息查询99175次。
4	商业秘密规范保护	（1）率先制定企业商业秘密保护地方标准，将算法作为商业秘密进行保护，发布《商业秘密刑事保护体系合规建设指引（试行）》。 （2）建立商业秘密保护联席会议制度，在产业园区、行业协会设立商业秘密保护工作站，成立志愿服务组织，完善商业秘密保护服务体系。	深圳市南山区从构建服务体系、组建人才队伍、形成制度标准等方面进行探索，形成的商业秘密保护地方标准在15个行业的48家企业试用，取得积极成效。深圳市南山区、光明区、坪山区入选广东省"黄金内湾商业秘密保护创新工程"先行区。
5	二三产业混合用地新模式	（1）创新单宗土地混合利用政策，优化可配建的用地功能类型及比例，提高土地利用效益。 （2）将二三产业混合用地由单宗地向片区拓展，鼓励均衡配置产业、商业、保障性住房和公共服务设施等用地类型，保障新产业、新业态多样化空间需求。 （3）更精准、更灵活调节空间资源配置，更好满足产城融合发展需求。	深圳市龙岗区宝龙街道推出二三产业混合用地试点项目，于2022年3月挂牌成交并启动建设，打造集"工业+商业+文体设施+公园绿地"于一体的产城融合示范新标杆。深圳市宝安区大铲湾积极探索片区尺度下的二三产业混合用地，建设"互联网+"未来科技城项目，均衡配置产业、商业、宿舍以及相关配套服务设施，促进研发生产功能与服务功能协同发展，提升片区土地综合利用效益。
6	地上地表地下分层设立建设用地使用权	（1）开展地下空间现状调查和评估，将地上、地表、地下空间自然状况、利用现状、空间规划、综合管廊、轨道交通等信息纳入统一管理。 （2）制定实施《深圳市地下空间开发利用管理办法》，完善地下空间整体规划设计及供地体系，创设地上地下一体化开发、地表地下空间分层出让，赋能土地节约集约利用和地下空间科学规范开发。	深圳湾超级总部基地、西丽高铁新城、福田皇岗交通枢纽、龙岗大运交通枢纽、光明城站综合体等项目实施建设用地分层设权，构建立体化城市建设新模式。深圳前海综合交通枢纽探索站城一体化开发新模式，分层设立建设用地使用权，通过立体确权厘清地下空间边界关系，整体规划设计、供应交通枢纽和上盖物业用地，实现高度复合集约利用。
7	产业用地提容增质	（1）制定标准指引，分行业明确"工业上楼"的建筑形态、空间尺寸、楼面荷载、垂直物流、安全环保等指标要求，适度提高现有工业园区容积率。 （2）建立工业厂房供需对接平台，主要面向轻量化生产制造、定制化小批量生产、柔性化研发设计等需求，由深圳市各区结合实际制定差异化的"工业上楼"项目入驻企业遴选规则。 （3）发挥功能性国企优势，按照"低成本开发+高质量建设+准成本提供"模式加大工业厂房建设力度。统筹推进项目实施、产业招商、运营管理工作。	首批启动"工业上楼"项目72个，围绕土地出让、规划设计、厂房供给、招商运营、产业监管等开展综合改革，探索以需定供、定制化设计出让方式，打造新时代高标准厂房。推进先进制造业园区土地整备，年开工建设2000万平方米，提供高品质、低成本、定制化产业空间，叠加产业链补链强链功能，在有效破解发展空间不足问题的同时，助力培育先进制造业集群。
8	国际职称视同认可	印发《深圳市国际职业资格视同职称认可目录》，允许持有目录内国际职业资格的专业人才（不限国籍、户籍），视同为取得工程系列相应职称，可按有关规定申报高一层级职称评审。	截至2023年6月底，香港大学深圳医院多名香港医生在深圳取得正高级职称，境外专业人才执业便利化水平不断提高。
9	跨国公司本外币一体化资金池	（1）允许跨国集团在境内办理境外成员企业本外币集中收付业务，实现自主选择币种、自主调配境内外资金。 （2）赋予企业一定意愿购汇额度，允许主账户结汇资金无须通过结汇待支付账户，境外放款额度增加0.8倍。	深圳市15家大型实体跨国集团参与试点，业务金额达869亿美元，助力企业实现"两增两减一打通"，即增加收入、增大归集、减少费用、减少人工、打通意愿购汇路径。
10	契约型私募基金投资企业商事登记试点	率先对私募基金管理人运用"非法人产品"的契约型私募基金、投资有限责任公司或者合伙企业的，允许以"担任私募基金管理人的公司或合伙企业（备注：代表'契约型私募基金产品名称'）"的形式登记为被投资企业公司股东或合伙企业合伙人。	深圳市于2022年4月1日试点契约型私募基金投资企业商事登记，使契约型私募股权基金的对外投资有据可查，有助于解决股东"代持"、IPO穿透核查等问题，有利于加强对投资者合法权益的保护，有益于契约型私募基金进一步发挥其优势和特点。

续表

序号	经验举措名称	创新做法	典型应用场景和实施效果
11	绿色金融监管服务机制	（1）率先出台绿色金融法规《深圳经济特区绿色金融条例》，赋予地方金融监管部门在绿色金融领域部分行政处罚权限。 （2）深圳市绿色金融公共服务平台于2023年6月上线运营，为金融机构、实体企业提供环境信息披露、绿色投资评估、绿色金融统计、绿色融资主体申报等服务，并向社会公众免费开放。 （3）建设气候投融资项目库，创新市场化机制，多渠道引导各类资金投向应对气候变化领域项目。	截至2023年6月底，深圳74家银行、保险、证券、基金、信托、租赁等业态金融机构发布了2022年度环境信息披露报告。探索发行乡村振兴绿色金融债券、银行间"粤港澳大湾区蓝色债券"、离岸人民币地方政府绿色债券。
12	创新低空经济发展新机制	（1）出台《深圳市低空经济产业创新发展实施方案（2022—2025年）》。 （2）推进低空智能基础融合设施建设，推动构建支撑低空经济的设施网、空联网、航路网、服务网"四张网"。 （3）支持企业开展无人机末端智能配送、旅游景区航线、生物制剂运输服务等试点，同步建设无人机空管服务系统。	截至2023年6月底，深圳市累计开通无人机航线118条，完成载货无人机飞行量11.3万架次，无人机产值不断提高，无人机应用场景逐步拓展。
13	点融合飞行程序提升机场容量	（1）实施深圳机场点融合飞行程序，建立空域协同联动机制，提高空域使用效率。 （2）创新应用航空器尾流重新分类技术，对航空器尾流进行精细化分类，缩短飞行间隔，容纳更多航班，提升机场运行效率。	深圳宝安国际机场高峰小时容量标准从55架次/小时提升到65架次/小时，按照每天16个高峰小时计算，航班时刻保障资源预计增加160架次/天。
14	破产制度突破创新	（1）出台个人破产管理人名册管理办法、个人破产申请与审查工作实施意见、审理个人破产重整案件工作指引，建立个人破产申请前辅导机制。 （2）构建府院联动在线"一网通办"通道，便利法院与公安、工商、税务、不动产登记、人民银行及破产管理协会等共享数据。建设全国首个全面整合企业和个人破产信息、实现破产事务"一站式"办理的综合服务平台。 （3）成功审结首例认可协助香港破产程序案件，裁定认可所涉香港破产程序及其清盘人身份，明确香港清盘人在内地履职范围，实现跨境破产协作。	截至2023年9月底，累计收到个人破产申请2124件，依法立案674件，其中，189件已正式进入破产程序，审结117件，助力营造鼓励创新、宽容失败的创新创业氛围。深圳中院破产制度改革获得最高人民法院"首届人民法院改革创新奖"。
15	商事主体歇业机制	（1）针对存续期间遇到经济危机等不可抗力或因其他困难暂时无法开展经营活动，但仍有持续经营意愿和能力的经营主体，允许其向商事登记机关申报歇业登记，在歇业期间开展经营活动的，视为恢复营业。 （2）在商事登记系统开发上线歇业登记功能，经营主体可通过"线上申请"＋"线下办理"方式办理歇业，降低歇业成本。	截至2023年6月底，91家经营主体成功办理歇业登记，14家经营主体成功重新启动经营，助力企业降低经营成本。
16	国有企业"阳光采购"智慧监督平台	（1）完善市属国有企业采购管理机制，指导企业建立决策、组织、技术和监督分离机制，采购需求提出、组织实施、事项审批由不同岗位承担。 （2）对采购全链条关键环节加强风险分析和监控，设置智能分级风险指标，实现分类分级精准管控。 （3）通过监督平台揭示交易全过程风险，禁止人为修改、删除预警信息，杜绝选择性监督。 （4）整合深圳联合产权交易所、国际招标公司等搭建专业交易平台，实现市场化高效运作。	"阳光采购"智慧监督平台成为深圳市属国有企业采购的主要方式，累计成交项目23.06万宗，总成交金额7300.7亿元，节约资金超过900亿元，实现采购更高效、竞争更充分、价格更合理。平台上线以来，深圳市属国有企业预警信息下降78.6%，规范效果显著。
17	医疗服务跨境衔接便利	（1）率先允许港澳医师多点执业。率先开展港澳医师职称评价和职业资格认可。 （2）推动医疗资源便捷流动，建立深港跨境转诊合作机制、紧急医疗救援联动机制，创新商业保险模式，香港大学深圳医院可实行香港公费医疗结算。	促进多家港资独资合资医疗机构在深圳办医，400多名涉外医师获得内地医师执业资格，多名港籍名医获评正高级职称。9家医院成为深港转诊转介定点医院，11万余人次在粤港人享受跨境医疗结算。

续表

序号	经验举措名称	创新做法	典型应用场景和实施效果
18	生态环境案件办理机制创新	（1）编撰完成大气、水、土壤、固体废物、噪声污染责任纠纷类案审理指南，统一法律适用、裁判尺度，打造审判质量标准化体系。 （2）完善环境公益诉讼制度，制定地方性法规《深圳特区生态环境公益诉讼规定》。设立生态环境公益基金，实行慈善信托管理。	成功审理多件环境资源民事公益诉讼案件，判决一批污染企业承担损害水域、大气、土壤污染赔偿金额2830余万元。在地方性法规中对公益诉讼起诉人可以免交诉讼费、设立生态环境公益基金进行积极探索，依法准许提起民事公益诉讼的社会组织缓、减、免交诉讼费用，依法判决侵权人实际缴纳超过1300万元款项至公益基金账户，为修复生态环境提供资金支持。
19	行政复议职责统一行使	（1）实行一级政府只保留一个行政复议机关，市政府职能部门不再承担行政复议职责。 （2）推进行政复议案件审理信息化，推动建立行政执法、行政复议、人民法院、人民检察院信息联通共享机制，在"i深圳"App推出"掌上复议"，让群众足不出户即能申请复议、查询进度、参加听证、参与案件调查等。 （3）出台行政复议领域地方标准，统一办案程序、文书格式、服务保障标准、案件管理和行政复议咨询专家库。	深圳市行政复议机关由71家精简至10家，从事复议的工作人员由原来266名以兼职为主的人员调整为约80名专职复议人员，专业化办案能力显著提升。跨部门数据共享和"掌上复议"功能显著降低了群众申请行政复议的时间成本。2022年，行政复议首选率为75.66%，90%的复议案件在复议阶段得到有效化解，行政复议办理质量明显提升。
20	完善国际法律服务和协作机制	（1）深化跨境商事法律规则衔接，构建体系化的域外法查明与适用制度，搭建"法官+法律专家+香港地区陪审员"查明互补机制。 （2）建立跨境仲裁协作机制，搭建粤港澳大湾区国际仲裁中心交流合作平台。完善国际仲裁合作机制，以合作方式引进多家国际组织和世界知名仲裁机构。	深圳市两级法院共适用国际条约及域外法审理涉外涉港澳台案件233件，其中，前海法院适用域外法审理案件167件，包括适用香港法审理118件。2022年，深圳国际仲裁院化解商事矛盾纠纷所涉金额居亚洲第一、全球第二。
21	"@深圳—民意速办"民生诉求综合服务	（1）依托"@深圳—民意速办"平台统一归集受理"12345"热线、"i深圳"等18个市、区线上线下渠道民生诉求，实现统一受理、统一分拨，全流程可视、全过程追踪，100%响应、100%闭环。 （2）将民生诉求细化为18大类4332项，最大限度厘清职责边界，建立动态更新、争议快裁等机制，确保"事事有人管、件件有人办"。 （3）建立限时办理、定期调度、诉求速办、源头治理等机制，实行首接负责、并行派单、不满意重办，推动诉求"真办理、真办结"。 （4）开展预付式消费等高频、复杂问题专项治理。	通过实行深圳市域民生诉求"收集—分拨—办理—监督—评价"全周期闭环管理，厘清诉求办理职责边界，推进科学规范运行、"智慧高效"民意速办、"全程可视"民意反馈、"主动分析"民情趋势、"未诉先解"矛盾隐患。
22	健全改革正向激励机制	（1）开展"百名干部破百题"行动，梳理分解重大改革难题，鼓励干部揭榜挂帅、攻坚克难。 （2）设立"深圳综合改革试点突出贡献奖"，鼓励涉改单位敢于突破、主动作为。 （3）试点编制容错纠错正面清单。	152名正处级以上干部领衔攻坚改革难题，19个先进集体获"深圳综合改革试点突出贡献奖"，树立"以改革论英雄"的鲜明导向，改革动力充分激发。

一、要素市场化配置改革不断深化，要素协同配置效率全面提高

聚焦要素市场建设的关键环节和市场反映最强烈的问题，完善要素市场化配置体制机制，为推动高质量发展提供强劲动力。一是提高土地要素配置效率。承接国务院授权的永久基本农田以外农用地转为建设用地审批权并实行"批供合一"，推动审批效率显著提升。推进二三产业混合用地，打造腾讯"互联网＋"未来科技城等产城融合新标杆。探索"工业上楼"模式，容积率上限提高至6.5，将连续5年每年推出不少于2000万平方米低成本、高品质产业空间。二是促进劳动力要素畅通有序流动。率先建立快递行业职业技能等级认定制度，建立灵活用工

纠纷争议快速调处机制，新就业形态劳动者保障更加充分。按照"人员统一使用、编制分类管理"原则，赋予街道更加灵活的用人自主权，加快从身份管理向岗位管理转变。三是推动资本要素服务实体经济。创业板改革并试点注册制落地实施，新三板转板上市机制顺利实施。深圳证券交易所主板与中小板合并，时隔21年主板恢复发行上市功能，深圳证券交易所成交金额位居亚洲第一、全球第三。率先开展不动产投资信托基金（Real Estate Investment Trust，以下简称 REITs）试点，全国首批 9 个基础设施 REITs 项目深圳市涉及 3 个，数量位居全国第一。建立"照前会商"工作机制和服务平台，优化和规范私募基金准入环境。四是加快技术要素向现实生产力转化。成立全国首家科技成果与知识产权交易中心，构建连接技术市场与资本市场的全国性综合服务平台，初步建立知识产权和科技成果产权市场化定价和交易机制，促进资本市场与技术市场进一步联通。创新知识产权证券化模式，相关产品累计发行 125.5 亿元，成为全国唯一累计发行规模破百亿城市，有效推动"知产"变"资产"。五是探索数据要素流通规则。制定出台全国首部数据条例，率先开展数据要素统计核算试点，在 4 个区、8 个市直单位试点设立首席数据官，在报表制度、核算方法等方面创新突破。挂牌成立深圳数据交易所，推出 9 项技术标准规范、61 个交易场景，率先开展国内首批场内跨境数据交易，运行以来至 2022 年 12 月 31 日，总交易额突破 12 亿元。建设粤港澳大湾区大数据中心，依托中心搭建粤港澳大湾区算力调度平台，为数据交易提供支撑。六是加快推进区域性国资国企综合改革试点。努力在功能布局、职能转变、监管优化、党建引领上做到"四个先行示范"，打通产权改革、公司治理、选人用人、激励约束"四个关键环节"，深圳市国有企业总利润、净利润、成本费用利润率等指标排名全国第二。

二、市场化法治化国际化一流营商环境建设深入推进，市场活力和社会创造力不断迸发

以市场主体需求为导向，以转变政府职能为核心，对标国际先进水平，全方位、各领域、深层次营造国际一流营商环境，商事主体总量和创业密度保持全国第一。一是纵深推进市场准入制度改革。国家发展改革委、商务部支持深圳在科技、金融、医疗、教育、文化、交通等六大领域放宽市场准入，具体包括实施 24 条特别措施。二是建立健全法治保障机制。国务院批复同意在深圳市暂时调整实施 4 部法规 5 个条款，为深圳相关改革落地提供法治保障，这是建市以来国家首次在深圳调整实施行政法规。统筹改革创新与经济特区立法，制定人工智能产业促进条例、细胞和基因产业促进条例、数字经济产业促进条例、智能网联汽车管理条例等地方性法规，深圳经济特区个人破产条例等填补了立法空白，为国家层面立法提供鲜活实践。三是率先实施个人破产制度。出台全国首部个人破产法规，成立全国首家个人破产事务管理机构，上线全国首个个人破产一体化办理平台，办结全国首单个人破产案件，弥补了我国长期只有"半部破产法"的法治空白。四是加快构建知识产权综合保护体系。推动知识产权领域实施惩

罚性赔偿制度，以重罚打击知识产权侵权行为，提振知识产权研发和申请热情，破解知识产权保护领域侵权成本低、维权成本高的困局。建立新兴产业知识产权保护新机制，探索数字知识产权保护新模式，在全国率先认定人工智能生成文章构成作品，明确权利人依法享有著作权。

三、科技创新制度环境加快完善，产业科技创新中心建设纵深推进

抢抓新一轮科技革命和产业变革机遇，健全从科技强到企业强、产业强、经济强的体制机制，加快建设具有全球重要影响力的产业科技创新中心，在粤港澳大湾区国际科技创新中心、高水平人才高地、综合性国家科学中心建设上展现更大担当。一是创新大科学计划全链条综合管理机制。支持深圳华大生命科学研究院等主体作为主发起人，发起大科学计划，整合相关领域全世界高端资源，进行跨学科跨领域超前研究。二是完善科技创新平台建设管理机制。鹏城实验室通过国家实验室"入轨"考评，深圳湾实验室进入高质量运行阶段，鹏城云脑等大科学装置全球领先。三是强化关键核心技术攻关。发挥央地协同新型举国体制优势，创新"揭榜挂帅""赛马制""项目经理人制"等项目遴选和组织方式，支持创新主体承担国家和省重大科技项目。四是推进创新链产业链资金链人才链深度融合。搭建创新项目与创投资本对接平台，截至 2022 年 12 月 31 日，深圳市引导基金投资子基金管理人达 107 家。在 37 家单位试点赋予科研人员职务科技成果所有权或长期使用权，完成分割确权 370 余件。五是实施更加积极、更加开放、更加有效的人才政策。在全国率先探索制定"深圳版"外籍"高精尖缺"人才认定标准，为符合条件的外籍人才办理 R 字签证和提供出入境便利。开展外籍人才工作居留一站式服务，外国人在深工作居留事务审批时限由 15 个工作日缩至 7 个工作日。建立国际职业资格证书认可清单制度，覆盖 7 领域 22 类境外专业资质。率先制定外籍"高精尖缺"人才认定标准，引进沈向洋、薛其坤、颜宁等战略科学家，全球英才加快集聚深圳。

四、对内辐射对外开放持续深化，高水平开放型经济新体制构建取得新进展

聚焦"一点两地"战略定位，更好发挥经济特区辐射带动作用，全面提升"引进来"的吸引力和"走出去"的竞争力，为构建以国内大循环为主体、国内国际双循环相互促进的新发展格局提供强大动力。一是稳步扩大规则、规制、管理、标准等制度型开放。率先构建体系化的域外法查明与适用制度，前海合作区法院适用香港法律审理案件数量居全国基层法院第一（不含港澳台地区）；搭建粤港澳大湾区国际仲裁中心交流合作平台，创新"境外调解＋境内仲裁"争议解决模式，深圳国际仲裁院化解商事矛盾纠纷所涉金额居全球第二；推动世界无线局域网应用发展联盟（WAA）等落户深圳，提升我国相关领域国际标准制定话语权。扩大金融等重点领域开放，连续两年在香港发行各 50 亿元离岸人民币地方政府债券；开展跨境公司本外币一体化资金池试点，全市已有 15 家跨国集团参与试点，数量占全国 30%。二是扩大港口、航运业务对外开放。取消游艇自由行海关担保金，对深圳市内游艇自由行实行免担保政策。创建国内独有的新类型海港客运口岸，在客运码头设置旅客国际中转区、优化出入境手续。

放宽国际船舶登记制度实施范围，放开外国船舶检验机构资质，吸引更多中资"方便旗"船舶和外资国际船舶来深登记。开展华南首单国际航行船舶保税液化天然气（LNG）加注试点，深圳港成为全球第四个具备 LNG 加注服务能力的枢纽港。三是加快建设重大开放合作平台。加快构建新型交易平台体系，前海联合交易中心首次实现跨境大宗商品交易以人民币计价结算，大豆离岸现货交易平台、国际珠宝玉石综合贸易平台等上线运行。全面深化前海深港现代服务业合作区改革开放，在深港金融合作等领域先行先试，累计形成制度创新成果 755 项，其中全国复制推广 75 项，全国各地自发复制推广 465 项以上，成为新时代重要的制度创新策源地。高标准规划建设河套深港科技创新合作区，积极推进科技管理体制机制改革创新。联动香港规划建设沙头角深港国际消费合作区，大力提升出入境便利程度和跨境消费能级。

五、民生服务供给体制不断优化，民生幸福标杆城市建设步伐加快

坚持以人民为中心的发展思想，用心用情办好群众身边大大小小的事，建立健全民生服务供给新机制，提升基本公共服务水平。一是放宽国际新药和医疗器械准入。实施"深港药械通"，2021 年 4 月，首个通过该政策进口的药品"抗 D 免疫球蛋白注射液"和医疗器械"磁力可控延长钛棒"运抵香港大学深圳医院投入临床使用。截至 2022 年 12 月 31 日，"港澳药械通"已扩大到 4 家医疗机构 34 种进口药械，分别占大湾区、内地（不含大湾区）的 21% 和 89%，首批次 37 位港籍医生在深获得正高级职称。二是完善医疗服务跨境衔接机制。编制实施全国首个获国际医疗质量协会外部评审会（IEEA）权威认证的医院评审标准，目前北京、广州、香港等 5 个城市 13 家医院已应用该标准进行首批评审认证。三是推动企业博士后科研工作站分站设立和撤销权下放落地。2020 年 12 月，TCL 华星光电技术有限公司等 5 家单位获得授牌，成为首批由市人力资源保障局批准设立的企业博士后工作站分站。2022 年 1 月，新增 7 家企业通过评审获批企业博士后工作站分站。2022 年 8 月，市人力资源保障局开展第三批深圳企业博士后工作站分站申报工作。

六、生态环境和城市空间治理机制不断完善，可持续发展水平迈上新台阶

牢固树立和践行绿水青山就是金山银山的理念，创新超大城市生态和空间治理路径，率先打造人与自然和谐共生的可持续发展先锋。一是优化生态环境管理机制。出台绿色金融条例，构建全国首个完整的生态系统生产总值（GEP）核算制度体系，在全国率先开展城市 GEP 核算，将无价的生态系统各类功能通过"有价化"来核算"生态账"。率先建立以"三线一单"（生态保护红线、环境质量底线、资源利用上线和生态环境准入清单）为核心的生态环境分区管控体系，为美丽深圳打造"绿色标尺"。二是深入推进环境污染防治。在全国率先开展区域空间生态环境评价改革，全市 90% 以上的建设项目可免办环评审批手续，建设项目办理手续从 6 个环节精简到 2 个。三是构建生态系统保护修复机制。全球首个国际红树林中心落户深圳，国际湿地城市建设深入推进。完善陆海统筹的海洋生态环境保护修复机制，形成入海污染总

量控制、入海排放口长效管理、海洋垃圾清理、海洋环境监测、联合执法等五大制度体系。四是积极稳妥推进碳达峰碳中和。实施气候投融资改革，高标准建设深圳气候投融资项目库。深圳排放权交易所率先面向个人投资者开放和引进境外投资者；推出国内首只"碳中和"专业投资基金，金融对"双碳"目标的支撑不断增强。五是优化建设项目用地用林用海审批机制。探索按规划期实施的总量管控模式，开展用地用林用海"统一收文、统一办理、统一发文"审批机制改革，加快实现"多审合一、多证合一"。六是开展航空资源结构化改革试点。推进点融合等航行新技术应用，完成机场时刻容量评估，深圳机场高峰小时容量标准增加至65架次，是国内双跑道机场时刻容量标准之首。

实践探索篇

◆ 要素市场化配置

推动获得授权和委托用地审批权

一、改革背景

为贯彻落实党的十九届四中全会、中央财经委员会第五次会议、中央经济工作会议"改革土地管理制度，增强土地管理灵活性，建设用地资源向中心城市和重点城市群倾斜，使优势地区有更大发展空间"要求，深圳加快完善土地要素市场化配置体制机制，积极探索符合超大型城市特点和规律的高质量发展道路。

2019 年以来，广东省政府印发《关于将一批省级行政职权事项调整由广州、深圳市实施的决定》，支持深圳承接永久基本农田（永久基本农田是指按照一定时期人口和经济社会发展对农产品需求确定的不得擅自占用或改变用途的耕地）以外的农用地转为建设用地（以下简称"农用地转用"）审批权。该项改革是支撑农用地转用审批制度重构、探索深化自然资源领域"放管服"改革的重要举措，有利于促进建设项目审批提质增效，切实破解建设项目"落地难、落地慢"等审批效率"卡脖子"问题，进一步改善营商环境，助推城市高质量发展。

二、改革举措

市规划和自然资源局聚焦重大战略任务，把"国土空间提质增效"作为根本目标，始终坚持用地审批"质效"双提升，对于契合深圳城市高质量发展方向的项目用地，全力提升国土空间用途管制能力，统筹运用好各类自然资源要素保障政策，在自然资源要素保障方面"应保尽保"，在审批效能方面"能快则快"，进一步提高建设项目用地服务保障水平。一是提升国土空间用途管制能力。按照"审批制度优化 + 要素总量管控"的改革思路，统筹推进农用地转用审批制度以及用地用林指标总量管控机制改革工作。二是坚持底线思维。严守永久基本农田红线、生态保护红线、城镇开发边界三条控制线，确保各类建设项目用地手续按照深圳法定规划依法审批。三是推进建设项目批供合一。依托承接永久基本农田以外的农用地转为建设用地审批权，对符合条件的建设项目，同步开展农用地转用和用地供应审批，进一步提高建设项目审批效率。四是完善全流程监管。按照"谁审批、谁监管"的原则完善全链条监管机制，采取"日常检查 + 定期评估"的方式对建设用地审批进行监督管理。

三、改革成效及推广价值

2021 年 12 月，市规划和自然资源局印发《深圳市承接永久基本农田以外的农用地转为建设用地审批工作指引（试行）》（以下简称《工作指引》）。《工作指引》共十四条，主要包括适用范围、职责分工、审查程序、审查要点以及备案监管等内容。《工作指引》以优化、简化为原则，以推动城市高质量发展为目标，全面理顺深圳农用地转用审批工作机制，有利于进一步缩减审批层级、简化审批流程，为自然资源领域"放管服"改革向纵深发力、营造优良营商环境提供可推广、可复制的实践经验。在此基础上，市规划和自然资源局主动研究总结长期以来深圳市重大项目建设推动过程中遇到的堵点、难点、痛点，制定并印发《深圳市关于进一步强化资源要素支撑全力保障重大项目开工建设的实施方案》，按照从项目立项到用地审批的全流程走向，归类整理出 10 个方面的难点堵点问题，提出适用于全市的 14 条创新做法，从而进一步理顺深圳重大项目服务支撑体制机制。

自国务院、省政府授权委托用地审批权以来，深圳重大建设项目用地审批流程进一步简化、审批时限进一步压缩，在实践中加快推动了一批国家、省、市重大建设项目落地实施，整体审批效率提升 50% 以上。2022 年以来，深圳全力推进开展深圳至江门铁路、机荷高速改扩建、惠盐高速改扩建、深惠城际大鹏支线、罗田水库—铁岗水库输水隧洞工程等 5 个政策性开发性金融工具项目用地审查，开展丽康路、深汕大道、科教大道、宜城大道、深汕环境园配套道路等 7 个市级重大项目用地审查，提前介入服务公明水库—清林径水库连通工程、广州至汕尾铁路、沙湾二水厂等 27 个处在相关部门稳定用地红线、项目单位前期组卷阶段的重大项目，为重大项目依法开工建设、固定资产投资持续发力创造有利条件。

完善自然资源资产和土地二级市场建设

一、改革背景

2018 年以来,在习近平生态文明思想指导下,党中央、国务院深入实施自然资源管理制度改革,在全国各级政府设立自然资源管理部门,赋予"统一行使全民所有自然资源资产所有者职责,统一行使所有国土空间用途管制和生态保护修复职责""自然资源市场监管职责",要求牢固树立"山水林田湖草"生命共同体理念,着力推进自然资源全要素全链条保护管理,并出台一系列文件要求建设自然资源资产交易平台。2018 年 11 月,《中共中央 国务院关于建立更加有效的区域协调发展新机制的意见》提出"进一步完善自然资源资产有偿使用制度,构建统一的自然资源资产交易平台"。2019 年 4 月,中共中央办公厅、国务院办公厅印发的《关于统筹推进自然资源资产产权制度改革的指导意见》提出"统筹推进自然资源资产交易平台和服务体系建设"。因此,建设完整统一的自然资源资产交易平台,是自然资源主管部门的法定职责,也是落实中央文件的政治责任。

《中华人民共和国城市房地产管理法》第三十九条规定,以出让方式取得土地使用权的,转让房地产时,应当按照出让合同约定进行投资开发,属于房屋建设工程的,完成开发投资总额的 25% 以上。在长期实践操作中,对 25% 的开发投资额如何计算、由什么部门审核计算等缺少依据,实际操作难度大,同时造成交易门槛过高,制约土地流转,不利于存量土地的盘活利用。通过改革,将突破政策壁垒,促进土地要素流通顺畅,显著提高土地资源配置效率。改革开放以来,深圳在全国率先举起土地有偿使用制度改革的大旗,是全国土地一级市场的改革先锋和标杆,同时自 2001 年起就开展土地使用权转让二级市场建设,积累了丰富的土地二级市场(土地二级市场是指土地使用权人将建设用地使用权转让、出租、抵押等交易行为的总称)制度和规则体系建设经验,具备非常扎实的土地要素市场化配置制度基础和市场底蕴。基于深圳在土地一、二级市场构建的良好基础,深圳在全国自然资源资产市场建设和土地二级市场建设领域,可以发挥先行示范作用,推动形成土地一、二级市场协调发展、规范有序的良好局面。

二、改革举措

为落实《首批授权事项清单》的改革要求,深圳在完善自然资源资产交易及监管机制、实施土地二级市场预告登记转让制度试点两项改革中,实施系列改革措施。

2021 年 11 月,建成并上线了"深圳自然资源资产市场网",依托该网站分别搭建了"深圳自然资源资产交易平台""深圳土地二级市场信息化平台"。"深圳自然资源资产交易平台"实现了土地及矿业权、海域、无居民海岛、国有农用地、林地等自然资源使用权的招拍挂方式供应。"深圳土地二级市场信息化平台"汇集土地二级市场供需信息,提供政策咨询、公开竞价交易、转让合同备案等服务,开展土地二级市场统计、监测等。

深圳自然资源资产市场网

2021年12月,市规划和自然资源局出台《深圳市工业用地使用权转让工作规则》,并通过"深圳自然资源资产市场网"发布《深圳市土地二级市场信息发布规则(试行)》。2022年5月,出台《深圳市工业用地使用权转让暂行办法》(以下简称《暂行办法》),明确了适用范围和转让条件;允许转让人选择自行协商交易和公开交易两种交易方式转让工业用地使用权;实行转让备案制度,将土地二级市场交易纳入行业监测监管范围;探索实行预告登记转让制度,对未完成开发投资总额25%的工业用地,按照"先投入后转让"的原则,允许转让双方签订工业用地使用权转让合同后,依法办理预告登记,待开发投资达到转让条件时,再办理不动产转移登记手续。为保障预告登记权利人的开发建设权利,《暂行办法》规定预告登记权利人可作为申报主体,凭不动产预告登记证明及其他必要材料,向发展改革、规划和自然资源、生态环境、住房建设等部门申请办理建设项目相关报建手续。同时,为保障产业发展,《暂行办法》要求落实产业监管,确保转让后的工业用地真正用于产业发展,要求转让后由区产业主管部门与受让人签订产业发展监管协议，并对产业发展进行监管，实现了产业用地一、二级市场政策联动和统一监管。

三、改革成效及推广价值

深圳自然资源资产交易平台上线后，深圳试点开展了国有农用地租赁公开招标。2021 年 12 月，《深圳市光明区迳口社区部分永久基本农田租赁权招标公告》在深圳自然资源资产交易平台发布，采用综合评标法，公开招标深圳市光明区迳口社区 36.07 亩已转为国有的永久基本农田 8 年租赁期的租赁权。2022 年 1 月 11 日，深圳光明集团有限公司等 4 家企业参与投标，经综合评标，深圳洁田模式生物科技有限公司以最高分中标，首宗国有农用地租赁试点完成。深圳自然资源资产交易平台建设及相关配套文件，得到自然资源部高度肯定，为国家层面完善自然资源资产交易市场建设提供实践支撑，实现了土地资源的优化配置和集约利用，促进闲置用地和低效用地流转盘活，进一步释放产业空间，助力实体经济发展和现代产业体系建设。

完成创业板改革并试点注册制

一、改革背景

推进创业板改革并试点注册制是习近平总书记亲自研究、亲自部署的资本市场重大改革举措，是以增量带动存量改革、完善资本市场基础制度的重要安排，是资本市场全面深化改革承上启下的重要环节，为下一步全面实行股票发行注册制改革积累了经验、奠定了基础，对于完善我国资本市场体系、助力粤港澳大湾区和中国特色社会主义先行示范区建设、促进国民经济整体良性循环和高质量发展具有重大意义。2020 年 4 月 27 日，中央全面深化改革委员会第十三次会议审议通过《创业板改革并试点注册制总体实施方案》（以下简称《创业板改革方案》），正式启动创业板改革并试点注册制。

二、改革举措

中央全面深化改革委员会审议通过《创业板改革方案》后，深圳证券交易所迅速召开专题会议，深入学习领会中央全面深化改革委员会会议精神，研究部署推进落实工作。本轮改革面临疫情、复杂外部环境、存量加增量改革带来的多重考验，难度大且挑战多。深圳证券交易所认真践行"建制度、不干预、零容忍"方针和"四个敬畏、一个合力"监管理念，将"稳字当头、稳中求进"作为改革第一要务，坚持"开明、透明、廉明、严明"的工作思路，召开十余场规则征求意见座谈会和媒体沟通会，扎实推进市场组织、系统改造、推广服务、投资者教育、廉政建设、新闻宣传等工作。2020 年 8 月 24 日，深圳证券交易所举行创业板改革并试点注册制首批企业上市仪式，创业板改革并试点注册制成功落地。两年来，深圳证券交易所全力维护创业板注册制高质量运行，各项工作平稳有序，运行效率稳步提升，市场各方积极支持，舆论观点总体正面，吸引了一批优质高新技术企业和成长型创新创业企业登陆创业板。

三、改革成效及推广价值

创业板改革并试点注册制贯彻落实新证券法要求，进一步完善资本市场基础制度，提升资本市场功能，明确了市场预期。市场各方改革获得感明显，为切实服务创新驱动发展战略，深化金融供给侧结构性改革，增强深圳金融改革创新先行示范效应，推动粤港澳大湾区和中国特色社会主义先行示范区建设，注入了强劲动力。

（一）为高新技术企业、成长型创新创业企业发展注入"源头活水"

改革后的创业板大大激发了市场热情，加速推动科技与资本结合，促进风险投资发展，为企业发展提供强有力的直接融资支持。截至 2022 年 12 月 31 日，深圳证券交易所受理创业板首发申请1060家、再融资申请588家、重大资产重组申请38家；完成首次公开发行并上市公司410家，合计募集资金3932亿元；创业板上市公司再融资发行完成374家，合计融资4030亿元，其中近九成为高新技术企业，近六成为战略性新兴产业企业，新一代信息技术、高端装备制造、节能环保和生命健康等五大产业成为新上市公司的主力军，集群化发展趋势明显。同时，不断调动和引导社会资本向创新领域聚集，有效激发私募基金、风险投资等机构投资高科技企业、支持科技创新的热情。

（二）为中国特色社会主义先行示范区建设提供强劲动能

粤港澳大湾区"三创""四新"企业数量多、覆盖广、质量优，是湾区经济转型升级、高质量发展的重要"生力军"。改革后的创业板能够在更大范围、以更大力度支持优质企业上市发展，助力大湾区国际科技创新中心建设和深圳全球标杆城市建设。截至2022年12月31日，深圳证券交易所创业板共受理广东企业237家，含深圳企业122家；完成首次公开发行并上市公司410家，其中广东企业93家（含深圳企业50家）；合计募集资金3932亿元，其中广东企业募资964亿元（含深圳企业募资564亿元）；总市值2.4万亿元，其中广东企业总市值5453亿元（含深圳企业市值3050亿元）。

（三）形成一批可复制可推广的改革成果

创业板改革并试点注册制，坚持系统性、全面性、协同性，统筹推进发行上市、信息披露、交易、再融资、并购重组、退市等一系列基础制度创新，建立了公开透明的审核机制和审核程序，改进了各领域各环节的监管。发行上市条件包容度显著增强，上市的可预期性得到提升，发行上市实现常态化，新股发行市场化水平逐步提高，交易制度不断优化，市场博弈更加充分。再融资、并购重组同步实施注册制，股权激励灵活性增强，常态化退市机制逐步形成，市场优胜劣汰功能不断发挥，以增量带动存量改革成效逐步显现。

（四）构建有利于注册制高质量运行的良好生态

2020年以来，《中华人民共和国刑法修正案（十一）》以及中共中央办公厅、国务院办公厅《关于依法从严打击证券违法活动的若干意见》先后出台，大幅提高违法违规成本，最高人民法院、广东省高级人民法院、市中级法院关于创业板注册制的司法保障措施逐步落地见效，法治环境日趋完善。中国证监会、深圳证券交易所充分发挥行政监管和自律监管的职能，在审核注册、发行上市、持续监管等各环节强化对中介机构履职的全程监管，依法从严打击证券违法活动，对违法违规行为"零容忍"，有力强化了市场相关主体的权责意识。

建立新三板挂牌公司转板上市机制

一、改革背景

建立新三板（新三板即全国中小企业股份转让系统，是经国务院批准设立的全国性证券交易场所，为接受中国证监会监管的非上市公众公司提供股份转让服务。全国中小企业股份转让系统有限责任公司为其运营管理机构）挂牌公司转板上市（转板上市是指符合条件的新三板挂牌公司申请转板至上海证券交易所科创板或深圳证券交易所创业板上市）机制，是贯彻落实党中央、国务院重大决策部署，以及推进落实全面深化资本市场改革任务的重要举措，有助于提升创业板市场包容性，实现多层次资本市场互联互通。《国务院关于全国中小企业股份转让系统有关问题的决定》明确提出"在全国股份转让系统挂牌的公司，达到股票上市条件的，可以直接向证券交易所申请上市交易"。《国务院关于大力推进大众创业万众创新若干政策措施的意见》指出"加快推进全国中小企业股份转让系统向创业板转板试点"。

二、改革举措

2021年2月，深圳证券交易所制定发布《关于全国中小企业股份转让系统挂牌公司向创业板转板上市办法（试行）》（以下简称《转板办法》），明确新三板挂牌公司转板上市相关事宜。2021年7月，深圳证券交易所制定发布转板上市报告书内容与格式、转板上市申请文件、转板上市股份相关事项3项转板上市配套业务指引，并同步修订创业板发行上市申请文件受理和上市保荐书内容与格式2项指引，对转板上市信息披露行为和申报相关事项作出明确规定，为转板上市进入落地实施阶段，进一步明晰实操路径、做好制度衔接。2022年3月，根据深化新三板改革、设立北京证券交易所的总体要求，原精选层挂牌公司整体平移至北京证券交易所，成为北京证券交易所上市公司，"新三板挂牌公司转板上市机制"相应变更为"北交所上市公司转板机制"（以下简称"转板机制"）。据此，深圳证券交易所对《转板办法》中的相关条款表述进行修订，形成《深圳证券交易所关于北京证券交易所上市公司向创业板转板办法（试行）》。

转板机制在充分借鉴创业板首发上市制度的基础上，对转板程序、转板保荐要求、转板信息披露等方面提出了差异化要求，切实降低市场主体负担，提升转板效率，有效提升深圳证券交易所服务创新创业企业的能力。相关制度发布后，深圳证券交易所平稳推进受理、审核工作，于2021年11月受理瀚博高新材料（合肥）股份有限公司（以下简称"瀚博高新"）、十堰市泰祥实业股份有限公司（以下简称"泰祥股份"）2家新三板原精选层挂牌公司的转板申请，并分别于2022年6月17日、7月5日作出同意泰祥股份、瀚博高新转板的决定。协调做好转板业务保障工作，与北京证券交易所、中国证券登记结算有限责任公司等保持密切沟通协调，同步做好技术系统改造、舆情监测及引导等工作，积极防范各类风险发生，保障转板业务顺畅衔接。2022年8月，泰祥股份、瀚博高新2家公司正式转板至创业板上市交易，改革顺利落地。

三、改革成效及推广价值

转板机制的建立，是完善多层次资本市场体系的重要安排，有利于更好发挥各板块的市场功能，为优质企业提供多元的发展路径和上市地选择，切实增强资本市场服务实体经济的能力，助力构建支持创新创业和高质量发展的生态体系。

（一）建立跨市场联通机制

转板机制是建立多层次资本市场的重要一环，是资本市场的重大制度创新，创造性实现不同市场、不同板块间企业直接转换交易场所的需求，有效促进深圳证券交易所与北京证券交易所、新三板的互联互通、功能互补，为后续进一步完善多层次资本市场建设，加强多层次资本市场有机联系，积累了先行先试经验。

（二）提升资本市场服务创新能力

转板机制打通了中小企业成长壮大的上升通道，差异化的制度安排切实减轻市场主体负担，提升制度吸引力，有助于完善全链条、全周期的综合创新生态体系，激发多层次资本市场服务创新的活力，扩大多层次资本市场对创新企业和高新技术产业的包容性和覆盖面，有助于进一步畅通投资机构的退出渠道，形成符合投融资双方需求的良好市场生态。

推动深市主板与中小板合并成功落地

一、改革背景

2004年5月，深圳证券交易所在深市主板内设立中小板，作为分步推出创业板的重要步骤，为创业板顺利推出创造条件、积累经验，也为中小企业、民营企业进入资本市场开辟了新渠道。多年来，作为主板内设的板块，中小板在主板制度框架下平稳运行，公司数量不断增加，在市值规模、经营业绩、交易特征等方面逐渐与主板趋同。考虑到中小板已较好地完成为多层次资本市场建设探路的使命任务，合并深市主板与中小板（以下简称"两板合并"）是顺应市场发展规律的客观需要，也是构建简明清晰市场体系的内在要求。

高质量完成两板合并，是深入贯彻落实党中央、国务院重大决策部署的生动实践，是深化金融供给侧结构性改革的重要举措，是全面深化资本市场改革、充分发挥资本市场枢纽功能的重要环节，是资本市场支持粤港澳大湾区和深圳先行示范区建设的重要安排，对于提高直接融资比重，促进完善资本要素市场化配置，推动提高上市公司质量，增强资本市场服务实体经济能力，具有重要意义。

二、改革举措

2021年2月5日，深圳证券交易所正式启动两板合并工作。两板合并影响面较广，涵盖规则制度、技术系统、市场指数、基金产品、发行上市等多个方面，涉及上市公司、券商、基金公司、行情商、结算参与人等多个主体，需要综合权衡各方面因素，充分考虑对不同市场主体的影响，稳妥做好各项工作。在中国证监会和深圳市委、市政府的大力支持下，深圳证券交易所认真践行"四个敬畏、一个合力"监管理念，以改革"有感"、操作"无感"为目标，坚持稳字当头、稳中求进，按照"两个统一、四个不变"思路，强化统筹安排，做好协调对接，成立工作专班，严格按照时间表、路线图和任务书，对号销账、抓好落实，按时保质推进改革稳妥落地，着力打造改革精品工程。

（一）全面统一两板制度规则

2020年2月以来，深圳证券交易所逐步统一主板与中小板上市公司退市规则、规范运作指引、业务办理指南等，两板业务规则在合并启动前已实现基本统一。2021年3月31日，深圳证券交易所修订发布交易规则、融资融券交易实施细则等7件规则，废止2个通知，推动制度规则全面统一，形成以上市规则为核心、指引为主干、指南为补充的简明高效的上市公司自律监管规则体系。

（二）稳妥完成技术系统改造

两板合并涉及上市公司业务管理系统等多个深圳证券交易所内部系统调整，以及市场相关各方行情展示、数据接口等方面的适应性改造。深圳证券交易所组织召开市场机构技术沟通协调会，充分调研各方技术改造情况，联合市场各方开展多轮全市场业务与技术测试，保证技术系统顺利切换、平稳启用。

（三）统筹协调市场产品调整

两板合并涉及中小板相关指数 30 条、基金产品 12 只。2021 年 2 月 5 日，深圳证券交易所发布 28 条相关深市指数调整公告；3 月 17 日，中证指数有限公司修订发布 2 条跨市场指数编制方案。相关调整仅对指数名称和指数选样空间的描述作适当修订，不涉及跟踪相关指数的基金产品投资标的调整，确保相关指数及基金产品平稳运作。

（四）有序衔接发行上市工作

两板合并后深市主板恢复上市融资功能，原中小板证券代码及相关业务代码区间并入主板使用，发行上市条件、投资者门槛和交易机制、证券代码和证券简称均不变。

（五）积极营造良好舆论氛围

深圳证券交易所主动发布新闻稿、答记者问，第一时间召开媒体通气会，把两板合并的政策讲透、理念讲清、情况讲明，营造理解改革、支持改革、参与改革的良好舆论环境。

三、改革成效及推广价值

2021 年 4 月 6 日，两板合并平稳落地、顺利实施，深市主板时隔 21 年恢复发行上市融资功能，市场运行总体平稳，各方获得感普遍增强，改革取得良好成效。

（一）深市市场功能更加健全

两板合并后，深市主板新增首发上市公司 62 家，累计 IPO 融资金额约 494 亿元，主板公司总市值超 20 万亿元，营业收入、净利润保持持续增长，"稳定器""压舱石"作用凸显，服务实体经济能力持续增强。

（二）深市市场体系更加优化

深圳证券交易所形成以主板、创业板为主体的市场格局，深市主板突出"大盘蓝筹"特色，重点支持业务模式成熟、经营业绩稳定、具有代表性的战略支柱产业；创业板突出"优创新、高成长"特色，围绕"创新、创造、创意"定位，加速形成战略性新兴产业发展高地，市场结构更简洁、特色更鲜明、定位更清晰，能够为不同发展阶段、不同类型的企业提供更好的融资服务，进一步提升资本市场活力和韧性。

（三）深市服务高质量发展更加有力

深市主板汇聚大量竞争性领域领军企业和细分行业龙头企业，行业分布更加多元，产业链更加完整，充分服务企业差异化发展需求，不断提升监管服务的有效性、针对性，以更大力度和更高效率支持优质企业融资发展，促进打造体现高质量发展要求的上市公司群体，为全面实行股票发行注册制改革奠定了坚实基础，进一步深化资本市场服务国家战略能力，更好地服务经济高质量发展。

丰富深市股票期权产品体系

一、改革背景

丰富深市股票期权产品体系是贯彻落实党中央、国务院重大决策部署，推进实施深圳综合改革试点的具体举措，对于全面深化资本市场改革、提升深圳金融中心城市发展能级、更好地服务经济高质量发展具有重要意义。2004 年，深圳证券交易所开始研发金融衍生品。2015 年，深圳证券交易所启动股票期权全真业务演练，加快业务筹备，启动市场组织工作。2019 年 12 月，深圳证券交易所推出深市首只标准化衍生品 —— 沪深 300ETF 期权，实现深市衍生产品零的突破。近年来，深圳证券交易所持续深入落实中国证监会关于丰富深市股票期权产品体系的部署要求，逐步构建覆盖创新成长、中小市值、大盘蓝筹特征的深市 ETF 期权产品体系。

二、改革举措

自 2019 年以来，深圳证券交易所在保障市场平稳运行的同时，持续完善制度机制，优化市场服务，积极推进产品体系建设，为推出创业板 ETF 期权和中证 500ETF 期权奠定了坚实基础。2022 年 9 月，中国证监会启动深市两只 ETF 期权品种上市工作。深圳证券交易所会同市场主体，扎实高效完成业务报批、系统测试、市场组织等各项准备，于 2022 年 9 月 19 日成功上市创业板 ETF 期权和中证 500ETF 期权。其中，创业板 ETF 期权是首只深市单市场 ETF 期权，也是首只面向创新成长类股票的风险管理工具；中证 500ETF 期权是首只基于中证 500 指数的场内期权产品，是管理中小市值股票风险的有效工具。2022 年 11 月 25 日，中国证监会启动深证 100ETF 期权上市工作。2022 年 12 月 12 日，深圳证券交易所成功上市深证 100ETF 期权，标志着深市股票期权产品体系进一步丰富，资本市场支持深圳建设先行示范区取得又一重大进展。

三、改革成效及推广价值

深市股票期权的推出，满足了市场投资交易和风险管理需求，促进了资本市场的平稳健康发展，取得了良好的改革成效。截至 2022 年 12 月 31 日，深市期权日均成交 118.47 万张，日均持仓 115.13 万张，投资者开户数累计 25.95 万户，成交量累计 2.83 亿张，在全球同类期权中位居前列，市场吸引力和竞争力持续提升。

（一）稳步发挥期权对冲风险和稳定现货市场作用

一方面，股票期权产品满足了投资者的风险对冲需要，发挥了保险功能。截至 2022 年 12 月 31 日，参与避险交易的投资者累计 1.4 万余户，近 1 个月日均受保市值 60.71 亿元。另一方面，股票期权产品促进了 ETF 市场发展，增强现货市场稳定性。产品的推出激发了 ETF 市场配置需求，创业板 ETF 期权和中证 500ETF 期权上市后，标的 ETF 份额分别增长 38% 和 51%，为现货市场引入近 80 亿元增量资金，现货市场进一步稳定，深市股票期权市场进一步健康发展。

（二）积极提升深圳金融中心城市发展能级

丰富深市股票期权产品体系，是丰富粤港澳大湾区和深圳先行示范区金融品种和金融业态的具体举措，有利于完善资本市场生态体系。同时，3 只股票期权的推出，创造了国内资本市场的多个"首次"，有效提高了深市的影响力，为做市商、期权经营机构、投资机构等金融机构，创造了新的业务发展空间和新的利润增长点，促进了深圳本地金融产业发展，对于提升深圳金融中心城市发展能级具有重要意义。

（三）更好服务经济高质量发展

丰富深市股票期权产品体系，有利于健全风险管理机制，进一步引导资金增加对应 ETF 产品配置，助力优质上市公司吸引稳定的中长期投资群体，获得更好的成长发展机会。创业板 ETF 期权的推出，将增强创业板内在稳定性，激发创新成长活力，进一步促进科技、资本和实体经济高水平循环，助力创业板成为中国经济创新发展的新高地。

实施私募基金商事登记服务创新和全流程一体化监管

一、改革背景

为有效破解私募基金注册难、备案难、监管难等问题,优化私募基金市场准入机制,2020 年 10 月,"实施私募基金商事登记服务创新和全流程一体化监管"被列入《首批授权事项清单》。市委金融办(原市地方金融监管局)坚持"发展与监管并重,创新与规范并重"的原则,会同深圳证监局、市市场监管局等单位,探索私募基金准入"照前会商"、分类监管和长效治理工作机制,为全国范围内推动私募基金高质量发展提供"深圳样本"。

二、改革举措

(一)印发一个试点意见,建立"照前会商"工作机制

市委金融办会同深圳证监局联合印发私募基金规范发展及监管协作的试点意见,明确提出完善属地私募基金商事登记与登记备案前期服务协调衔接机制,优化私募基金登记备案流程,理顺与市场监管等相关单位职责分工,建立协作有效、保障有力的常态化工作机制。

(二)制定一套规范制度,明确"照前会商"服务标准

市委金融办联合深圳证监局共同印发深圳私募基金会商工作指引,会同市场监管部门统一规范机构名称、经营范围,同时将一般事项和重大事项变更全部纳入"照前会商"联合评审范围,实现业务办理全覆盖。对接中国证券投资基金业协会最新标准,做到审核标准、审核范围与相关要求保持一致。

(三)搭建一个平台,科技赋能行业准入管控

在全国率先搭建深圳市私募投资综合化信息服务平台,申请主体通过平台上传申请材料,"照前会商"联合评审小组各成员单位通过平台反馈评审意见。各审核环节严格限制审核时限,保证审核效率。申请机构可随时查看申请事项的审核进度和结果,实现机构少跑腿、数据多跑路。

(四)建立一套审核标准,营造"扶优限劣"的准入环境

充分结合中国证券投资基金业协会通报的机构异常信息,以及监管部门在风险处置和日常监管中掌握的风险、诚信信息等数据,对申请机构和高管人员进行综合研判。通过约谈、现场走访等方式,对审议存疑事项进行线下核验,严格限制存在重大风险隐患的问题机构变更相关事项。从源头约束有不良记录、专业能力不足的机构和个人持续展业,满足符合要求的机构登记变更需求,通过扶优限劣,营造良性竞争环境。

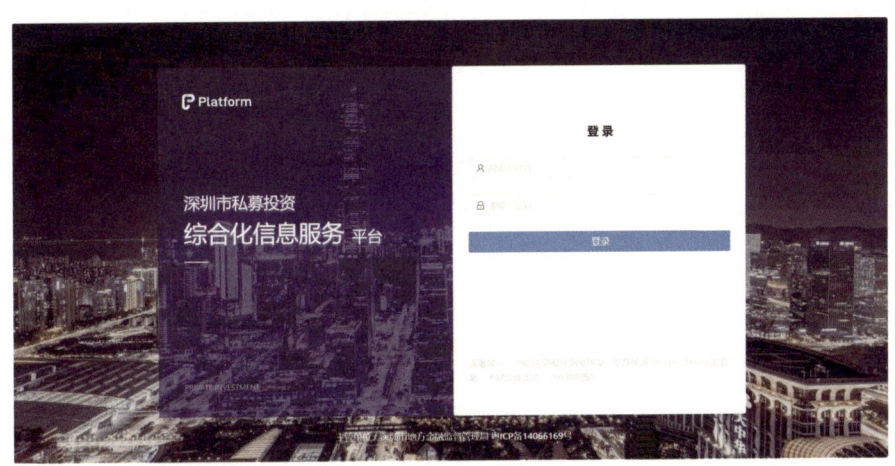

深圳市私募投资综合化信息服务平台－登录界面

（五）探索一项试点业务，争取先行创新试点

2021 年 12 月 21 日，国家发展改革委致函中国证监会办公厅，正式明确支持深圳率先试点契约型基金商事登记改革，探索优化契约型基金商事登记流程。在国家发展改革委体制改革司的指导下，自 2022 年 3 月以来，市委金融办探索研究契约型私募基金（契约型私募基金是指未成立法律实体，而是通过契约的形式设立私募基金，基金管理人、投资者和其他基金参与主体按照契约约定行使相应权利，承担相应义务和责任）市场准入的试点工作，率先提出在深圳试点允许以"担任私募基金管理人的公司或合伙企业"的形式登记为被投资公司股东或合伙企业合伙人，并可在国家企业信用信息公示系统查询相关信息。

三、改革成效及推广价值

该改革覆盖深圳已登记的近 3800 家私募基金管理人，涉及约 2.15 万只备案基金，还面向所有拟在深新设、拟变更业务的私募基金管理人和私募基金产品，覆盖面广，影响大。改革实施以来，深圳私募基金准入效率进一步提升，风投创投发展环境持续优化。截至 2022 年 12 月 31 日，私募"照前会商"机制累计为机构提供各类服务近 1400 家次，服务数量为改革前 10 余倍；已通过"照前会商"机制的机构中，工商登记率达 98%，中国证券投资基金业协会登记备案率从改革前不到 10% 提升至 85%；推动深圳引入一批新的优质私募机构，引入基金总规模约 642 亿元。

建立境内外双向投资新机制

一、改革背景

为立足经济全球化，主动融入国家开放大局，打通境内外资本双向"循环"渠道，市地方金融监督管理局会同国家外汇管理局深圳市分局等相关部门，扎实推进 QFLP（Qualified Foreign Limited Partnership，即合格境外有限合伙人，指境外机构投资者在通过资格审批和其外汇资金的监管程序后，将境外资本兑换为人民币资金，投资于国内的私募股权投资以及风险投资市场）、QDIE（Qualified Domestic Investment Enterprise，即合格境内投资者，指经境外投资主体管理企业审核通过的参与投资设立境外投资主体的境内自然人、机构投资者等）（以下简称"双 Q"）两项试点工作，形成了一批具有特色优势和标杆效应的试点企业。随着全球经贸规则调整，金融体系亦面临重构，为进一步推进金融开放创新，深化内地与港澳金融合作，加大金融支持粤港澳大湾区建设力度，提升粤港澳大湾区在国家经济发展和对外开放中的支撑引领作用，深圳需要吸引更多具有国际影响力的投资机构，以支持经济社会发展。

二、改革举措

探索畅通境内外双向投资渠道的新机制新模式，推动 QFLP 试点企业投资一级或一级半定增市场，率先开放"外资管内资"（外资发起设立管理人同时向境内外募资）、"内资管外资"（内资发起设立管理人同时向境外募资）等模式；推动 QDIE 试点允许持牌金融机构直接申请出境投资额度，无须下设股权投资主体。

三、改革成效及推广价值

自 2021 年双 Q 新政实施以来，市委金融办会同国家外汇管理局深圳市分局，在"促发展、防风险"的基础上，进一步放宽外商投资准入要求，扩大投资品种和范围，有序推进境内外资本双向流动。与其他城市相比，深圳双 Q 新政具有系列推广价值。

（一）试点制度引领示范

与其他地区相比较，深圳双 Q 试点政策具有准入宽松、架构丰富、投资领域广泛等特点，具有较高的开放度和可操作性，与地方实际结合紧密，外商投资和内资出境投资灵活方便，外汇、税务、金融监管服务相对专业成熟。除了最基本的"外资管外资"（即作为管理人的 GP 和被管理的 LP 都属外资）模式外，深圳率先开放"外资管内资""内资管外资""双 GP"等模式，其他试点城市陆续效仿实施，已成为目前国内试点城市普遍适用模式。此外，深圳作为全国仅有的 9 个 QDIE、QDLP（Qualified Domestic Limited Partner，即合格境内有限合伙人）试点之一，与 QFLP 试点并行实施双 Q 试点政策，同一主体在深圳可同时兼备双试点资格，不仅方便外资"引进来"，而且方便内资"走出去"。

深圳 QFLP/QDIE/WFOE PFM 投资指南 2022

（二）试点规模国内领先

深圳现有私募股权机构数量居全国第二，规模居全国第三，在境内拥有仅次于北京、上海的金融综合竞争力。凭借相对雄厚的市场基础，自 2012 年启动 QFLP 试点及 2014 年启动 QDIE 试点以来，截至 2022 年 12 月 31 日，深圳市共吸引外资企业设立 QFLP 管理企业 199 家，发起 QFLP 基金 60 家，基金规模 496.66 亿元，允许其投资境内实体产业股权投资项目以及定向增发、协议转让以及债券等投资；试点同意 QDIE 管理企业 79 家，出境投资总额 20.8 亿美元，投资范围包括境外企业股权及境外二级证券市场，双 Q 整体规模远超大部分试点地区。

（三）港资企业占比多数

得益于深港金融合作的深入发展，一批具有特色优势和标杆效应的港资股权投资企业入驻深圳。在 186 家外商投资股权投资管理企业中，港资管理企业占八成，涉及港资背景的 QDIE&QFLP 试点企业占九成。

（四）服务监管同时推进

开放双 Q 试点以来，较大的外资规模提升了深圳金融风险管控难度，导致存在一些"空壳公司""僵尸企业"有待清理。面对各类金融风险，深圳审慎处理利用外资和安全审查的关系，不盲目追求"零门槛"、无条件准入、速批秒批，建立了由市委金融办会同各部门各单位的联审监督机制，同时落实好试点企业和托管银行的信息报送制度，逐步构建规范标准、高效有序的外资私募基金治理体系，企业提交申请、各部门联合会商办理时间基本控制在 20 个工作日之内。

推进基础设施领域不动产投资信托基金试点

一、改革背景

2020 年 4 月，中国证监会、国家发展改革委联合发布《关于推进基础设施领域不动产信托基金（REITs）试点相关工作的通知》，正式启动了基础设施不动产信托基金（REITs）（不动产信托基金是指在证券交易所公开发行交易，通过证券化方式将具有持续、稳定收益的基础设施资产或权益，转化为流动性较强的、可上市交易的标准化、权益型金融产品，其实质是成熟基础设施项目的上市）试点工作。基础设施 REITs 自推出以来，已经成为我国盘活存量资产、扩大有效投资、落实金融供给侧结构性改革的重要着力点。

2021 年 12 月，国家发展改革委同意深圳市开展基础设施高质量发展试点，支持深圳打造基础设施不动产投资信托基金（REITs）平台。为进一步推动基础设施领域不动产投资信托基金（REITs）畅通资金循环，深圳聚焦盘活存量资产、扩大有效投资、强化金融服务实体经济新动能，积极推动基础设施领域不动产投资信托基金（REITs）健康发展。

二、改革举措

深圳在申报发行基础设施 REITs 产品，持续完善规划土地、产权登记、资产转让、人才等支持配套环境，探索盘活存量资产新路径，进一步扩大有效投资等方面均进行了有益探索。

（一）加强市区联动，建立 REITs 项目储备、申报、发行全链条服务机制，着力解决 REITs 申报发行过程中的重点难点问题

深圳通过开展政策培训，动员市、区政府部门，认真梳理、谋划、储备、申报优质基础设施资产，积极推动解决项目申报面临的堵点问题，持续将符合条件的项目纳入全国基础设施 REITs 试点项目库；项目实施专人对接机制，加强培育辅导，促进项目尽快达到申报条件。各有关部门在发行 REITs 涉及的免进场交易、资产转让、资产认定、证照办理、税收等方面先行先试，确保满足 REITs 发行的各项条件。目前已基本形成"发行一批、储备一批、谋划一批"的滚动实施机制。

（二）加强制度保障，在土地分层确权、税收优惠、国有资产转让等方面持续进行制度创新

在土地分层确权方面，2021 年 6 月，深圳市制定《深圳市地下空间开发利用管理办法》，形成分层确权机制，为综合管廊等资产参与基础设施 REITs 试点落实项目权属。在税收优惠方面，深圳就基础设施 REITs 涉及的资产重组、产品发行、资产运营、收益分配等提出税收优惠建议，在财政部、国家税务总局联合出台的《关于基础设施领域不动产投资信托基金（REITs）试点政策的公告》中得到采纳。在政策和资金支持方面，推动国家发展改革委、商务部出台《关于深圳建设中国特色社会主义先行示范区放宽市场准入若干特别措施的意见》，积极争取优化政策环境。

（三）探索盘活资产新路径，推动盘活领域和盘活模式创新，激发高质量发展新动能

深圳积极推进基础设施 REITs 试点，率先在能源、生态环保、仓储物流、产业园区、保障性租赁住房等领域开展基础设施 REITs 试点，创下了首批试点数量最多、覆盖领域最广的纪录。此外，积极对接国家发展改革委，结合深圳基础设施发展实际情况，推动国家发展改革委将能源基础设施、保障性安居工程项目纳入基础设施 REITs 试点范围，并成功推动鹏华深圳能源 REIT、红土深圳安居 REIT 发行上市，成为我国清洁能源和保障性租赁住房首单。

深圳积极开展全国首批扩募试点，进一步发挥国有企业资产盘活的蓄水池功能。世纪物流园项目和光明科技园项目分别通过红土盐田港 REIT 和博时蛇口产园 REIT 扩募。国有资产在基础设施 REITs 领域的先行先试，有效盘活了存量"净资产"，有助于加快构建市场化、现代化、制度化的国企运营平台，形成"投资国有资产—REITs 盘活资产—回收资金再投资"的良性发展格局，推动国资国企从"管资产"向"管资本"转型，不断提升资产管理和运营能力。

三、改革成效及推广价值

基础设施 REITs 是我国资本市场一项重大改革探索，总体来看，深圳基础设施 REITs 工作取得了良好成效。

（一）实现"四个第一"，示范意义大

深圳积极推进基础设施 REITs 试点，推出了红土盐田港 REIT、博时蛇口产园 REIT、富国首创水务 REIT 等基础设施 REITs，创下了首批试点数量和覆盖领域的双第一。随后，积极对接国家发展改革委，拓宽试点领域，创新性地争取到了清洁能源和保障性租赁住房基础设施 REITs 试点，成功推动鹏华深圳能源 REIT、红土深圳安居 REIT 发行上市，成为我国清洁能源和保障性租赁住房首单，在全国基础设施 REITs 市场中占据领先位置。深圳基础设施 REITs 实践中的多个第一，为全国基础设施 REITs 试点工作提供了宝贵的经验。

（二）产品发行规模大，发行领域广

深圳已发行的基础设施 REITs 产品数量和规模均居全国前列。截至 2022 年 12 月 31 日，深圳已发行基础设施 REITs 共 5 个，发行规模共 105.5 亿元，发行项目数量占全国的 25%。此外，深圳还积极推动博时蛇口产园 REIT（14.32 亿元）和红土盐田港 REIT（3.7 亿元）扩募。

（三）示范效应显著，市场认可度高

已上市发行的深圳基础设施 REITs 产品均受到市场广泛认可。以红土深圳安居 REIT 为例，其创造了机构投资者网下询价倍数全国最高（133 倍）、公众认购倍数全国最高（254 倍）等多项新纪录，上市当日开盘即 30% 涨停，充分体现了广大投资者对于深圳市基础设施 REITs 产品的高度认可。《人民日报》、中央广播电视总台、新华网、《经济参考报》、《经济观察报》、《上海证券报》等多家媒体及有影响力的自媒体平台、网站，对红土深圳安居 REIT 等产品争相报道。

搭建科技成果与知识产权交易中心

一、改革背景

2021 年 1 月，中共中央办公厅、国务院办公厅印发《建设高标准市场体系行动方案》，进一步明确支持深圳证券交易所"建设国家知识产权和科技成果产权交易机构"。搭建科技成果与知识产权交易平台，是贯彻落实党中央、国务院重大决策部署的重要举措，有利于进一步匹配科技成果与市场需求，加大金融支持科技力度，推动科技成果向现实生产力顺畅转化，提升科技创新体系整体效能，进一步增强深圳粤港澳大湾区核心引擎功能，更好发挥高新技术产业的旗帜作用。

二、改革举措

深圳证券交易所成立科技成果与知识产权交易中心（以下简称"深交所科交中心"）筹建领导小组和工作组，对市场主体进行系统调研，对照市场主体的需求和痛点，全面分析深交所科交中心面临的机遇和挑战，积极向中国证监会、相关部委及深圳市政府请示汇报，逐渐凝聚各方共识，制定深交所科交中心总体建设方案，明确深交所科交中心建设的总体思路、目标定位、展业范围、业务规则、风险防控机制等。

深交所科交中心围绕"构建一个市场、建设一个体系、设立一个中心、发展一条龙服务"的"四个一"目标定位，开展技术交易、技术对接资本相关信息服务业务，支持科技成果与资本市场深度融合，努力打造科技成果转移转化全链条服务体系和科技创新各要素市场化配置的生态体系。

在技术交易方面，主要聚焦成果转化堵点痛点，致力于打通成果展示、评估、交易等关键环节，提供从需求采集、成果筛选、匹配推送、交易撮合、跟踪对接到交易存证的"一条龙"服务。具体包括：开展专利权、软件著作权、技术秘密等科技成果或知识产权转让及许可交易，技术供需匹配等产学研对接服务。

在技术对接资本服务方面，充分发挥资本市场作用，将科技成果转化和知识产权运营与技术入股、创业投资、技术并购、知识产权证券化等服务相结合，通过市场化方式提高可交易性和转化效率。具体包括：成果转化投融资对接、技术入股、知识产权证券化信息服务、知识产权质押融资信息服务。

三、改革成效及推广价值

2022 年 7 月，在中国证监会的领导和深圳市的支持下，深交所科交中心在深圳注册成立。

11月8日，深交所科交中心正式揭牌，与科技部科技评估中心、中国科技评估与成果管理研究会等16家机构签署战略合作协议，签约机构包括政府部门、高新园区、高校院所、技术转移机构、股权交易中心、商业银行、投资机构等，与3家高校院所签署科技成果转化合作协议，吸引15家知识产权运营代理、融资评估、法律仲裁等专业服务机构入驻。揭牌当日，深交所科交中心促成8单技术交易，金额合计约7600万元。

深交所科交中心积极服务国家战略、促进提高上市公司质量、支持深圳先行示范区建设，推出全国职务科技成果服务专区、上市公司服务专区和深圳服务专区。全国职务科技成果服务专区为高校院所、成果持有人提供职务科技成果区块链权属登记存证、应用前景分析、早期研发支持等业务功能，打造职务成果赋权确认、成果评价、产融对接的一站式服务平台，助力科技部等9部门印发的《赋予科研人员职务科技成果所有权或长期使用权试点实施方案》落地运用。上市公司服务专区为上市公司提供科技成果和知识产权管理、科技成果转化供需匹配、科研资源对接、科研能力分析等服务，深入挖掘梳理上市公司在知识产权运营、产学研合作等方面需求，提供精准对接服务。深圳服务专区推出光明科学城特色模块，为大科学装置、交叉实验平台等近100项科研资源提供信息展示、投融资对接服务，为区内相关服务机构、特色产业空间提供信息展示平台。

探索完善粤港澳大湾区大数据中心建设机制

一、改革背景

粤港澳大湾区大数据中心是全国一体化国家大数据中心（全国一体化大数据中心是指统筹数据中心基础设施、云服务、数据流通、数据应用、网络和数据安全等方面，进行系统科学设计的大数据中心）建设理念在区域层面首个落地的示范性工程，是粤港澳大湾区数据汇聚融合、流通交易、示范应用的关键新型基础设施，是大湾区培育数据要素市场的坚实底座，承担着推进粤港澳大湾区协同创新和一体化的改革重任。作为国内要素集聚度最高、经济活力最强、制度多样性最丰富的区域，粤港澳大湾区充分发挥自身优势，以构建全国一体化大数据中心协同创新体系为导向，不断突破大湾区区域协同、数据可信流通、数据应用创新方面存在的技术不成熟、机制不健全等障碍，探索数据资源跨境、跨区、跨级融通和应用。改革探索意义重大，影响深远。

探索建设粤港澳大湾区大数据中心，是新发展格局下党中央赋予深圳的重大战略任务。粤港澳大湾区大数据中心建设是落实推进粤港澳大湾区建设的关键举措，是《粤港澳大湾区发展规划纲要》《中共中央 国务院关于支持深圳建设中国特色社会主义先行示范区的意见》等重要文件赋予广东的重大战略任务。作为探索数据要素跨境流动和区域融通的重要载体，粤港澳大湾区大数据中心在集聚资源、创新制度、优化政策环境等多个领域的先行探索具有重大意义，有助于进一步深化粤港澳创新合作，构建开放型融合发展的区域协同创新共同体。

探索建设粤港澳大湾区大数据中心，是构建全国一体化大数据中心协同创新体系的关键支撑。2022年2月，国家四部委批复同意广东省启动建设全国一体化算力网络粤港澳大湾区国家枢纽节点。全国一体化大数据项目在算力、数据、应用等一体化协同层面面临很多困难。深圳率先落实全国一体化大数据中心战略，依托粤港澳大湾区大数据中心，推动粤港澳大湾区的算力、算法、数据、应用资源集约化和服务化创新，打造标杆示范工程，在算力服务、数据流通、数据应用等领域建立"湾区标准"，推动形成算力一体化、数据一体化、应用一体化的大数据协同创新格局，为构建全国一体化大数据中心协同创新体系提供"湾区方案"。

探索建设粤港澳大湾区大数据中心，是推动大湾区数据要素市场和数字经济高质量发展的坚实底座。打造"数字湾区"是数字经济时代对粤港澳大湾区提出的新要求。数据作为一种生产要素，具有十分广阔的应用空间。粤港澳大湾区大数据中心运用可信身份认证、数据签名、接口鉴权等数据保护措施和多方安全计算、区块链、隐私计算等新技术，打造低成本、高效率、可信赖的数据流通基础设施，对数据要素、数据产业发展具有重要意义。一方面，通过数据开发、统一数据对接标准，促进数据融合互通，加快推进统一的数据要素市场建设。另一方面，通过打造数据要素创新综合服务体，联动生态伙伴共同开展产品孵化、标准研制、人才培养、企业培育等探索创新，加快构建全过程创新生态链，推动区域数字经济高水平发展。

粤港澳大湾区大数据中心综合运营大厅

二、改革举措

（一）聚焦算力一体化，探索打造粤港澳大湾区算力调度平台

基于全国一体化大数据中心协同创新体系，构建一个示范引领、数算用融通的算力基础设施，以统筹深圳数据中心集群"发展和安全"并重为原则，以跨区域安全保障能力、算力资源协同、产业综合服务配套三个方向为主要建设内容，与粤港澳大湾区枢纽节点内以及其他国家枢纽节点间进行对接，实现深圳算力网络与国家枢纽算力资源的统一管理、算力调度和交易。平台以场景业务为驱动，提供数算一体、以用为主、开放生态的算力一体化服务，实现数算供需双方全连接，成为湾区数字经济发展践行者，国家东数西算探索者，为全国一体化大数据中心协同创新体系建设贡献智慧和实践，为"数字湾区"建设提供有力支撑。

（二）聚焦数据一体化，探索打造可信数据流通公共技术服务平台

平台定位为湾区数据汇聚、流通交易、示范应用的关键新型基础设施，是大湾区培育数据要素市场的坚实底座，从数据要素价值释放的角度出发，搭建"数据汇聚＋数据治理＋数据分析＋流通支撑＋安全防护"于一体的核心共性技术服务体系，整合应用联邦学习、数据沙

箱、隐私计算、区块链等核心技术，构建数据"可用不可见、可用不可拥"的新型要素资源流通配置体系，为数据流通提供底层技术支撑能力。针对数据在可信流通、安全合规、环境配套缺失等方面的问题，通过推动数据"高容量"采集融合，强化数据"高质量"加工管理，促进数据"高价值"转化利用，构建可信数据流通环境，形成粤港澳大湾区社会数据与公共数据汇聚流通的可信流通网络。通过挖掘数据交易场景，开发交易高频、标准化程度高的多元化数据产品，赋能粤港澳大湾区数据要素市场建设，支撑深圳数据交易所数据运营。

（三）聚焦应用一体化，探索试点数据应用示范工程

基于1个粤港澳大湾区算力调度平台、1个可信数据流通公共技术服务平台，打造N个重点领域数据应用示范的"1+1+N体系"架构，构建大湾区数据流通枢纽，通过开拓多元化数据产品与服务，赋能科技产业情报、工业大数据、金融等重点数据应用，协同带动大湾区各城市数字产业化和产业数字化的提速发展，构建数据平台底座与数据创新应用协同共生的孪生体，形成立足大湾区发展、服务国家战略、聚集全球资源的数据高地、创新高地。

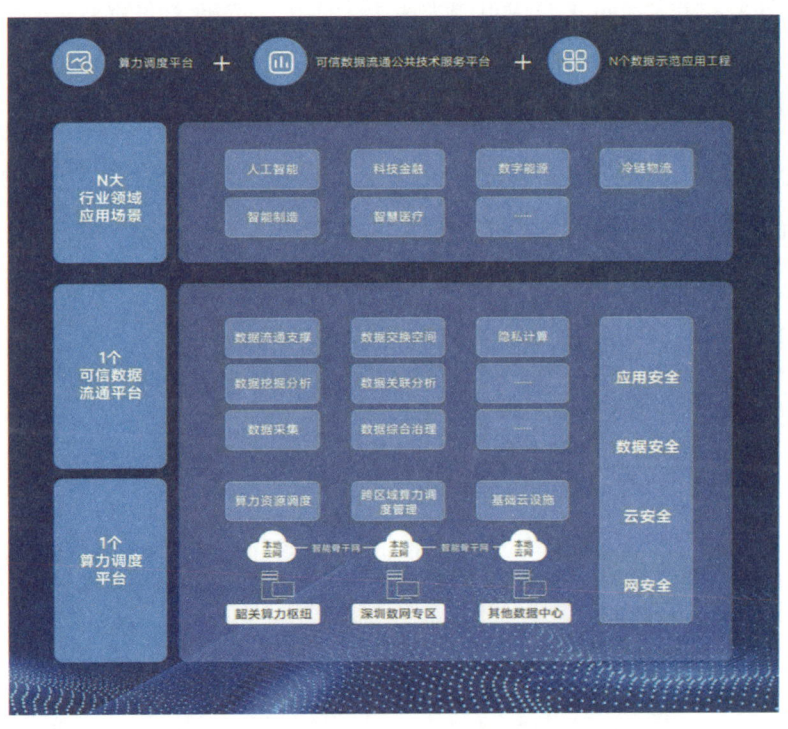

粤港澳大湾区大数据中心"1+1+N体系"总体架构

三、改革成效及推广价值

（一）打造粤港澳大湾区算力调度平台，助力湾区数字经济发展

平台按照"数算一体、以用为主"理念，统筹构建粤港澳大湾区算力互联网络，系统性整合湾区内算力、网络、安全和应用资源，实现算网感知、泛在调度、算网智能编排、算网可视化等核心能力，打造成为粤港澳大湾区算网一体化调度管理和赋能粤港澳大湾区数字经济发展

的算力基础设施。平台围绕场景驱动、生态开放、数算融合三大核心发展特征，以互联网化思维提供算力、数据、应用等一体化服务，实现算力按需调用、数据可信流通、应用开箱即用，推动数据、算力等数字经济生产要素高效流通，形成一批"东数西算"典型示范场景和应用，服务粤港澳乃至全国的数字化转型创新生态，推动区域数字经济高水平发展。

（二）打造可信数据流通公共技术服务平台，赋能湾区数据要素市场

粤港澳大湾区大数据中心通过数据沙箱、联邦学习、区块链等关键技术搭建可信数据流通环境，打造成为粤港澳大湾区"9+2"城市社会数据与公共数据汇聚流通的核心枢纽和赋能粤港澳大湾区数据要素市场建设的关键新型基础设施。依托粤港澳大湾区大数据中心，面向大规模、高频次、政企联动的数据交易场景，提供可信数据流通环境和基础技术支撑，探索数据流通基础设施与数据交易紧密融合的新路径，作为数据交易执行体支撑深圳数据交易所运营，助力深圳数据交易所打造数据要素跨域、跨境流通的全国性交易平台。

（三）推动建设应用示范工程，开展重点领域探索试验

基于粤港澳大湾区大数据中心构筑的大湾区一体化协同的关键新型基础设施，深圳率先推动工业大数据、科技产业情报两个重点领域探索试验。其中，工业互联网公共技术服务平台选址宝安区蓝色未来科技园，平台建成后具备支撑 5000 家制造业企业数字化转型能力，将打造成为国际一流的工业互联网平台和数字化转型促进中心。国际创新产业信息服务平台建成后预计汇聚 780 亿条科技产业数据，将打造成为"国内首个、国际一流"的公益性情报信息服务平台。

建立健全数据交易机制

一、改革背景

2020 年 3 月，中共中央、国务院印发《关于构建更加完善的要素市场化配置体制机制的意见》，将数据与土地、劳动力、资本、技术并列为五大生产要素。2020 年 10 月，"研究论证设立数据交易市场或依托现有交易场所开展数据交易"被列入《首批授权事项清单》。2022 年 1 月，国家发展改革委、商务部发布《关于深圳建设中国特色社会主义先行示范区放宽市场准入若干特别措施的意见》，明确提出要放宽数据要素交易和跨境数据业务等相关领域市场准入，审慎研究设立数据要素交易场所。

当前我国数据要素市场仍处于初期培育阶段，存在场内交易发育不充分、制度规则体系不健全、数据交易机制不完善、市场生态体系不成熟、支撑数据要素流通的交易要件体系尚未有效建立等突出问题。为贯彻落实深圳综合改革试点等改革任务要求，深化数据要素市场化配置改革，市发展改革委联合国家信息中心等有关单位组成工作专班，围绕体制机制创新、制度规则完善、交易平台建设、市场生态培育等重点领域，攻坚破解数据交易困难，加快推进数据交易所建设，培育壮大数据要素市场。

二、改革举措

（一）坚持开放式建设思路，探索"所商分离"运营机制

区别于国内其他数据交易所组建均为单一机构（公司）、缺乏生态体系支撑的"单兵突进"模式，深圳数据交易所坚持开放式建设思路，建立"所商分离"的运营机制，着力打造交易所、数据商和第三方服务机构"三方协同"的多元生态体系，为构建全国统一的数据要素大市场奠定坚实基础。

（二）坚持制度先行，强化基础制度保障

发挥央地协同机制优势，根据国家培育数据要素市场顶层设计要求，编制形成 9 大数据交易技术标准规范，加快编制出台数据交易市场管理办法、数据商和第三方服务机构管理办法等数据要素领域基础制度，确保数据交易市场规范发展。

（三）坚持市场导向，强化生态体系建设

充分发挥深圳数字经济领先和金融创新资源富集优势，聚焦金融、电信、信用、气象等重点领域，培育丰富的标准化交易产品和场景，实现数据价值的充分挖掘利用。

（四）创新交易模式，优化流通交易环境

打破以场外磋商、场内备案为主的传统数据交易模式，建立全流程线上交易的新型交易模式，构建可信流通交易环境，保障数据安全合规交易。

（五）突出跨境优势，探索开展跨境数据交易

充分发挥深圳毗邻港澳的区位优势，先行先试开展场内跨境数据交易，全力打造以跨境流通为特色的数据要素市场化标杆城市。

三、改革成效及推广价值

（一）揭牌成立深圳数据交易所

在市委、市政府推动下，2022 年 11 月 15 日，深圳数据交易所揭牌暨数据交易成果发布活动成功举办，宣告深圳数据交易所正式揭牌成立。活动现场颁发了首批线上数据交易证书、首批数据商证书、全国首单场内跨境数据交易证书。

（二）出台数据交易专项规划方案

先后编制出台《深圳市探索开展数据交易工作方案》《深圳市推进数据交易近期重点工作安排（2022—2023 年）》《深圳争创国家级数据交易所行动计划》，明确深圳数据交易工作"任务书""路线图""时间表""责任制"，全力推进国家级数据交易所建设。

（三）提升数据交易规模

截至 2022 年 12 月 31 日，深圳数据交易所累计交易金额突破 12 亿元，交易场景 61 种，市场参与主体 551 家，数据产品超 600 个。

2022 年底，深圳数据交易所数据交易规模超 12 亿元，业务覆盖省区市超 20 个，
平台建设取得突破性进展

（四）构建数据安全可信流通环境

践行"开源开放"理念，发起成立开放群岛开源社区，发布全国首个工业级信创版隐私计

算开源框架，联合华为等共同建立可信数据空间创新实验室，并入选"携手构建网络空间命运共同体实践案例集"。

建设可信数据空间创新实验室，探索高效、便捷、普适性强的数据可信流通方案

深化区域性国资国企综合改革试验

一、改革背景

党的十八大以来，习近平总书记站在党和国家的战略高度，对国资国企改革发展和党的建设作出一系列重要论述，为国资国企改革指明了方向，提供了根本遵循。为更好落实中央改革精神，推动国资国企改革"1+N"文件在深圳落实落地，勇当全国改革尖兵，市国资委按照市委、市政府决策部署，着眼于进一步提高改革系统性、整体性和协同性，积极向国家争取开展国资国企综合改革试验。国务院国有企业改革领导小组批复《深圳市区域性国资国企综合改革试验实施方案》，深圳成为全国率先开展国资国企综合改革试验的两个城市之一，改革取得较好成效。

二、改革举措

（一）以国资国企综合改革试验优结构，紧抓机遇内强素质、外强功能

强主业，构建"一体两翼"国资布局。落实深圳"20+8"产业集群部署，编制重组整合"1+N"方案、资源布局"战略地图"，组建智慧城市、重大产投、深港科创、数据交易、征信服务、幸福健康等企业集团，推动超82%的国有资本集聚到以基础设施公用事业为主体、金融和战略性新兴产业为两翼的"一体两翼"领域，国有经济战略支撑作用显著增强。

强运作，构建高效联动资本运作机制。大力实施"上市公司+"战略、"基金群"战略，着眼补链强链延链，战略入股LED芯片、新能源等领域上市公司。深化混合所有制改革、提升上市公司质量改革实践在全国会议作经验介绍。鹏华深圳能源、红土深圳安居分别作为全国首单清洁能源基础设施公募REITs和首批保障性租赁住房REITs成功发行。全系统拥有上市公司37家，资产证券化率超60%。

强创新，构建全要素全周期创新服务体系。根据《首批授权事项清单》要求，研究出台健全市属企业科技成果转化收益分配机制指导意见。遵循"保本微利"原则建设运营70个科技园区，建筑面积2355万平方米，为科技型企业提供优质低价产业空间。设立运营100亿元深圳天使母基金，培育"潜在独角兽企业"150余家，推动深圳高新技术产业发展成为全国的一面旗帜。

（二）以国资国企综合改革试验强监管，整体性重构国资监管体制

突出专业化，增强国有资本监管运营能力。围绕"国企出资人、国资监管人、党建负责人"职责，优化国资监管机构职能，强化战略规划、资本运作、综合改革等处室功能，设立深圳改

革开放干部学院、深圳国资国企改革创新研究院和深圳国资国企产业创新中心等平台，提升专业履职能力，为国资监管经验在全国推广奠定基础。

突出体系化，构建协同高效监管体系。针对国企监督资源分散、监督力量不足等问题，建立健全党委领导、纪委统筹，纪检监察、财务总监、内审、内控、风控协同联动的大监督体系。坚持全市国资"一盘棋"，指导南山区、宝安区、龙华区创建"综合改革试验示范城区"，出台实施《区属国资国企深化改革促进高质量发展的"10+3"工作方案》，积极构建全市国资国企改革发展上下贯通、纵深推进的格局。

突出数字化，以信息化手段提升监督效能。打造阳光采购、资产交易、阳光租赁、资金融通、重大资源开发、国资大数据等"六平台一中心"智慧监管平台，实现国资阳光运行、要素全部覆盖、过程留痕可循、动态监测预警，阳光采购智慧监督平台由国务院国企改革领导小组办公室作为第二批综合改革试验标志性成果向全国推广。

（三）以国资国企综合改革试验激活力，系统性重塑市场化经营机制

强化"党建引领"，探索完善"党建+"模式。把党的政治建设摆在首位，全面加强国企党的领导和党的建设，大力推行涵盖企业战略决策、生产经营、选人用人、纪检监察、企业文化等领域的"党建+"模式。指导企业"一企一品"创建党建品牌，深圳市投资控股有限公司党委荣获"全国先进基层党组织"，深圳市机场（集团）有限公司、深圳市深福保（集团）有限公司党建成效被《新闻联播》报道。

紧扣"优化治理"，提升企业管控治理能力。着力打造专业尽责、规范高效的董事会，各级企业100%实现董事会应建尽建和外部董事占多数，全面建立董事会向经理层授权管理制度，有效调动经营班子积极性。出台专职外部董事履职工作指引、考核评价办法等文件，履职效能不断提升。深圳市投资控股有限公司、深圳市建筑科学研究院股份有限公司获评全国"公司治理示范企业"。

突出"激发活力"，深化选人用人激励约束改革。出台国企领导人员管理办法、能上能下能进能出若干规定等文件，探索构建"选育管用退"全链条国企领导人员管理机制。全面推进用工市场化，管理人员竞争上岗、末等调整和不胜任退出在各级企业推行。探索完善市场化考核分配机制，创新建设"数字画像、全景可视"的智慧绩效管理平台。

三、改革成效及推广价值

（一）市属企业规模效益大幅增长

截至2022年12月31日，市属企业总资产从2018年的3.2万亿元增至5万亿元，增长56%；年创造营业收入增长128%；在37个省级监管机构中，总资产居第4位，利润总额、净利润名列前茅，在全国的显示度、影响力显著增强。

（二）形成一批制度成果和典型案例

制定完善产权变动监管办法、资产评估管理办法等制度文件 50 余项，确保改革举措制度化、长效化。在改革中，涌现出一大批优秀典型，深圳市投资控股有限公司、深圳市创新投资集团、深圳国际控股有限公司等企业超 50 项改革经验、典型案例在全国全省推广，先行示范作用充分彰显。

（三）做强做优做大一批现代新国企

全力打通产权改革、公司治理、选人用人、激励约束"四个关键环节"，全面打造机制完备、活力充盈的现代国企。资产规模超千亿元企业增至 10 家，新增世界 500 强 1 家。

健全国企用人管理和薪酬机制

一、改革背景

《实施方案》明确提出"支持建立和完善符合市场经济规律与企业家成长规律的国有企业领导人员管理机制，探索与企业市场地位和业绩贡献相匹配、与考核结果紧密挂钩、增量业绩决定增量激励的薪酬分配和长效激励约束机制"。按照有关要求，深圳国资国企坚持社会主义市场经济改革方向，积极探索市场化选人用人和薪酬分配机制。下面以深圳国际控股有限公司（以下简称"深国际"）为例，介绍相关改革举措和成效。

二、改革举措

（一）把好进口，开通出口，实现干部员工"能进能出"

全面推行逢进必考，提高新录用人员素质。全面梳理机构、岗位和人员编制情况，确定每个岗位的职责和任职条件，按照人岗匹配原则，公开笔试面试招考录用人员。深国际集团总部层面，近两年组织公开招聘考试50多场，录用人员研究生学历超50%，员工素质显著提升。

全面推行强制排名、末位调整。在一般员工、总部部门、附属公司三个层面建立末等调整机制。对一般员工，年度考核排名连续靠后的，员工扣减绩效奖金20%—100%，调整岗位直至劝退；对总部部门，排名末位的，总部部门负责人扣减绩效奖金20%—50%，调整岗位；对附属公司，年度绩效排名最后的，降低绩效工资，并视情况作诫勉谈话、调整岗位、降职处理，切实发挥"鲶鱼效应"，激发队伍活力。

（二）探索科学用人机制，实现干部员工"能上能下"

树立正确用人导向。选拔干部除坚持政治标准外，还确定优秀干部"不谋私、人品好、能干事、想干事、干成事"的标准，大力选拔敢于负责、勇于担当、善于作为、实绩突出的干部。

创新干部选拔方式。将内部公选程序嵌入党管干部的动议环节，实行"考试成绩与平时成绩""相马与赛马""党管干部与市场化选聘"三个结合，并科学设置评价分值，让一大批群众认可、德才兼备的人才浮出水面。

推行市场化选聘、契约化管理。附属公司经营班子全部实行"全体起立"，重新公开竞聘，并按照三年任期制和契约化管理的原则，签订岗位聘任协议、经营业绩责任书，并科学设置考核指标，对考核结果较差的，根据有关规定予以降薪、调岗、免职直至解除合同，确保考核与"位子""票子""面子"强挂钩。对未竞聘上的员工进行岗位调整，扎实做好思想教育工作，实现竞争上岗"软着陆"。

建立员工晋升"双通道"。修订职位及晋升管理办法，建立员工"管理序列、专业序列"双通道，并优化职级体系，将员工职级分为十一级，管理和专业序列——对应；新增"资深高级经理"等专业职务，打通专业序列晋升通道，培养工匠精神，解决千军万马挤管理序列独木桥的问题。

（三）构建市场化分配机制，实现待遇"能高能低"

构建科学薪酬体系。坚持"业绩升薪酬升、业绩降薪酬降"原则。根据附属公司人员规模、市场对标、公司发展阶段等情况，确定薪酬基础包的规模，按照薪酬总额增长比例直接与效益指标挂钩的原则，严格根据业绩考核情况确定薪酬包的增减；加大绩效薪酬考核，按照"职级越高、绩效薪酬占工资总额比例越大"原则，科学设置绩效薪酬的份额，刚性确定薪酬发放的数额，切实破除平均主义"大锅饭""老好人"旧观念。

优化考核激励机制。在总部层面，实施股票期权激励，实现对公司高管和关键骨干的利益捆绑。在附属公司层面，坚持应建尽建原则，对符合条件的附属公司实施长效激励，同时以任期考核、递延发放等方式强化后端约束。

（四）创新育人方式，实现能力"能左能右"

打造学习型组织。全面建立月度集体学习制度，并通过领导班子碰头会、周例会、员工大讲堂、领导荐书、一线实践日、征文比赛、优秀文稿评选、读书沙龙等形式，营造浓厚学习氛围。

加强综合能力培训。依托清华大学深圳研究生院、中山大学等高校，开展"菁英计划"，定制涵盖管理、业务、文化、心理等内容的精品课程，对员工进行系统专业培训，全面提升干部综合能力；建立内训师制度，遴选一批懂经营、善管理、专业能力强的内部讲师，提高员工培训水平。

加强后备梯队培养。建立后备干部库、青年骨干人才库，通过多维度选拔，公开遴选管理类、工程类、财会金融类等后备干部、青年骨干人才；组织优秀年轻干部到项目一线实践，走进贫困村同吃、同住、同劳动"三同"锻炼，让年轻干部在基层磨炼意志。

三、改革成效及推广价值

（一）成果经验全国推广

2022年，深国际被评为全国"双百企业"改革标杆（全国仅22家地方国企获此殊荣）、广东省国有企业管理提升行动标杆企业。三项制度改革经验被国务院国资委评为推广范例之一，入选全国国企改革三年行动案例集、国务院国有企业改革领导小组办公室印发的《"能上能下""能进能出"30个微案例》、广东省国企改革三年行动典型案例汇编等。

（二）国企综合实力显著提升

以深国际为例，2022 年，深国际资产规模达 1186 亿元，实现利润总额 25.5 亿元，资产负债率 58.65%，国有资产保值增值率 127%。

（三）人力资源价值充分释放

干部队伍干事创业、拼搏奋进的热情大大激发，班子执行力、队伍战斗力明显提升。以深国际为例，"八能"改革使人才得到合理配置和有效管理，员工的工作效率和组织的价值创造能力明显增强。2022 年，深国际实现经理层成员任期制和契约化管理全覆盖，全员劳动生产率达 241 万元 / 人，人工成本利润率达 483%，均居行业较高水平。

◆ 营商环境

创新国际性产业与标准组织管理制度

一、改革背景

创新国际性产业与标准组织管理制度，是贯彻落实党中央、国务院重大决策部署，以高标准助力高技术创新，引领高质量发展的重要举措。深圳具有良好的市场化、法治化、国际化营商环境，同时拥有华为技术有限公司、中兴通讯股份有限公司、深圳市腾讯计算机系统有限公司等高科技龙头企业，具备国际性产业与标准组织落地并创新管理制度的有利条件。深圳探索国际性产业与标准组织管理新制度，既有利于吸引国际性产业企业集聚深圳，形成规模优势和总部优势，又有利于引导深圳企业"走出去"，制定和参与制定国际标准，提升产业的国际话语权和全球竞争力、影响力。

二、改革举措

（一）简化登记流程

对于住所在河套深港科技创新合作区深圳园区的世界无线局域网应用发展联盟等特定国际性产业与标准组织，在申请成立登记时，取消业务主管单位前置审批，简化注册流程，缩短注册时间。

（二）加强管理服务

市民政局成立工作专班，密切关注相关国际性产业与标准组织的成长需求，协调解决发展中遇到的问题，从政策、人才、资金、通关等方面提供全面支持。协助国际性产业与标准组织发展境外会员，提供全流程、全方位、一站式服务。

（三）开展综合监管

国际性产业与标准组织允许在全球范围内吸纳会员，具有国际性、跨地域、跨部门、跨产业等特点，必须坚持审慎推进原则，参照脱钩后的全国性行业协会商会，建立综合监管机制，加强综合监管。

三、改革成效及推广价值

深圳世界超高清视频产业联盟、世界无线局域网应用发展联盟在民政部登记成立，世界无线局域网应用发展联盟已落户河套深港科技创新合作区，实现国际性产业与标准组织在深圳落地零的突破。同时开展对外交流，推广已经制定的标准，提升我国产业的话语权和国际竞争力。

实施自然人破产制度

一、改革背景

长期以来，我国仅有企业破产法，由于缺乏个人破产法律制度，一直被认为只有"半部破产法"，未建立起完整的市场主体退出制度。制度的缺位延滞并没有完全抑制市场经济中个人债务清理的实践诉求。尽管缺乏个人破产制度法律依据，但全国各地法院为解决个人债务纠纷困境，在司法实践中纷纷尝试在现行法律框架下探索个人债务清理，江苏省、浙江省、广东省等市场主体发育较为成熟的地区，纷纷开展个人债务清理的试点工作。

为回应作为市场主体的自然人需求，2019 年 7 月 16 日，国家发展改革委、最高人民法院等 13 家单位联合发布《加快完善市场主体退出制度改革方案》，提出"研究建立个人破产制度"。在中央部署完善市场主体退出机制的要求下，深圳积极推动个人破产（个人破产是指根据《深圳经济特区个人破产条例》，在深圳经济特区居住，且参加深圳社会保险连续满三年的自然人，因生产经营、生活消费导致丧失清偿债务能力或者资产不足以清偿全部债务的，可以依照《深圳经济特区个人破产条例》进行破产清算、重整或者和解）试点改革。

二、改革举措

（一）参与个人破产条例起草，积极推动立法突破

市中级法院深入研究论证，向市人大常委会提出个人破产立法建议，全程参与个人破产特区立法起草工作。2020 年 8 月 26 日，市人大常委会正式通过《深圳经济特区个人破产条例》，以全国首部地方性立法为个人破产制度破冰。

（二）完善个人破产配套机制，有序推进条例落地

2021 年 3 月 1 日，《深圳经济特区个人破产条例》正式施行，市中级法院在全国开启了真正意义的个人破产审判工作。自改革试点工作开展以来，市中级法院遵循"先行先试、稳中求进、先易后难"原则，积极推进实施工作，健全试点配套机制，稳步推进个人破产条例落地。上线全国首个"深破茧"个人破产综合应用系统，实现破产事务一网通办。截至 2022 年 12 月 31 日，深破茧系统小程序端累计访问 13.23 万人次，网页端累计访问 44.62 万人次，系统日均访问量逾 1000 人次。

（三）成立内地首个破产事务管理专门机构，率先探索案件审判权与事务管理权分离机制

2021 年 3 月 1 日，深圳市破产事务管理署正式挂牌运作。这标志着深圳在破产领域率先探索实施案件审判权与事务管理权分离机制，构建"法院审判、机构管理、管理人执行、公众

监督"四位一体的现代破产办理体系，有助于促进深圳个人破产案件审理提质增效。

（四）精心培树示范案例，广泛凝聚制度认同和改革共识

《深圳经济特区个人破产条例》实施初期，市中级法院对600余项申请开展面谈辅导和深入研判，办理一批具有典型性、代表性的案例。目前，个人破产申请前辅导的职能已移交市破产事务管理署。以保护创业者为导向审理首例个人重整案，以解除经营担保之债为尝试审理首例个人和解案，以诚信免责为理念审理首例个人破产清算案，还顺利审理了不予受理、重整强裁、驳回申请、夫妻共同清算等不同类型案件。市中级法院高度重视舆论宣传，联合国家、省、市媒体开展多轮个人破产专题报道，积极扩大"促进诚信债务人经济再生"示范案件的公信力和影响力，推动个人破产制度与传统社会文化心理不断融合，社会接受度不断提升，广泛凝聚个人破产制度改革共识。

（五）探索"重整和解优先"裁判规则，完善个人破产审判制度

市中级法院在条例实施中，严把准入关、利益关，要求清偿能力较好的债务人通过重整或者和解程序尽力偿债，提升债权人获得感；严格清算程序启动条件，只允许丧失清偿能力且难以恢复的债务人获得清算免责救济，防止破产程序滥用和系统性风险发生。截至2022年12月31日，在法院裁定受理的89宗案件中，重整程序79宗，占88.76%；和解程序7宗，占7.87%；清算程序3宗，占3.37%，体现"重整和解优先、清算程序兜底"的司法导向。

市中级法院在总结办案经验的基础上，制定个人破产案件办理规程，优化办案细则，通过制度规范固化改革成果，形成可推广、可复制的深圳经验。2022年5月17日，深圳破产法庭发布《加强个人破产申请与审查工作的实施意见》，规范个人破产申请，防范破产欺诈行为，将诚实信用原则贯穿于破产程序始终，体现社会主义核心价值观，排除诸如奢侈消费、过度投资等偏离大众接受范围的行为，实现宽容的个人破产免责与激励债务人负起责任的双重目标，持续为个人破产改革贡献深圳智慧和特区经验。

三、改革成效及推广价值

《深圳经济特区个人破产条例》是国家授权深圳在完善市场经济基本制度方面的重大改革创新，是国家治理体系空白领域的"叩门之问"。自2021年3月1日施行条例以来，市中级法院勇担破产改革重任，坚持鼓励创新、宽容失败的破产理念，全力推动个人破产制度落地生根。截至2022年12月31日，市中级法院收到个人破产申请1308件，法官"一对一"面谈辅导申请人642人次，破产事务管理署面谈368人次，申请立案审查172件，启动破产程序89件，审结各类个人破产案件261件，成功审结各类型"首案"，全面激活个人破产程序制度适用，赢得社会高度关注和广泛肯定，为个人破产制度的确立和运行积累宝贵经验。

2021年，市中级法院"深耕破产改革试验田 服务保障新发展格局"的改革举措荣膺最高人民法院首届"人民法院改革创新奖"；市中级法院裁定个人破产示范性案件，被评为2021年

度"深圳市十大法治事件";全国首例个人破产重整案被评为 2021 年人民法院十大案件、2021 年度全国法院十大商事案件;全国首例个人破产清算案被评为 2021 年度广东省法院十大案例;全国首例个人破产清算案、个人破产和解案被中国政法大学评为 2021 年"全国破产十大经典案例"。深圳个人破产制度试点改革,全面实现政治效果、社会效果和法律效果有机统一。

推行破产预重整制度

一、改革背景

预重整是庭外重组与庭内重整的耦合。企业进入重整程序之前，通过庭外商业谈判拟定重组方案，待重整程序启动后，以重组方案为依据，拟定重整计划草案提交法院审查批准，实现庭外商业谈判与庭内强制性司法效力的结合，提高破产重整效率和成功率。市中级法院自2016年开始探索预重整制度，成功审理全国首个预重整案件福昌电子破产重整案，获评2017年度全国法院十大民事行政案件。由于我国在国家立法层面对预重整制度未出台相关规定，为发挥预重整的制度价值，近年来温州、北京、重庆等地纷纷在实践中探索预重整。

2020年10月，试行破产预重整制度被列入《首批授权事项清单》。2020年11月，最高人民法院发布《最高人民法院关于支持和保障深圳建设中国特色社会主义先行示范区的意见》，提出支持深圳深化企业破产重整、预重整、执行转破产制度改革。

自深圳综合改革试点实施以来，在最高人民法院的大力支持下，市中级法院将个案探索的经验"点"转化为工作机制的规则"线"，推动预重整制度在实践中积极应用，在预重整程序启动模式、预表决效力延伸、中止执行、债务人企业财产、预重整费用及管理人报酬、府院联动外部保障安排等方面，提供了大量经验做法。

二、改革举措

（一）建立和完善破产企业预重整的规则机制

出台《审理企业重整案件的工作指引》，以专章共14条的形式，系统规定预重整制度的目的、启动方式、期限和主要内容，预重整期间债务人和临时管理人的职责等，与重整程序形成有效衔接。在此基础上，2022年3月20日，市委全面深化改革委员会印发《深圳全面深化破产制度改革实施方案》，进一步明确积极试行预重整制度和债权人推荐优先的改革内容，为下一步探索指明方向。

（二）及时将规则应用到审判实践

在司法实践中预重整制度实现在深圳辖区内中止执行，给予了困境企业喘息期，防止了资产的拆分出售，保全了困境企业的优质资产。债权人积极参与预重整程序，推荐预重整管理人并且积极参与磋商，达成重整的意向方案。通过预重整实践，一方面为陷入困境的企业及时有效地提供重整保护，维持企业经营价值；另一方面亦为后续重整程序的高效推进奠定基础，促使企业顺利实现司法重整，保障广大债权人、职工等相关主体合法权益。

（三）在上市公司案件中常态化运用预重整机制

根据最高人民法院《关于审理上市公司破产重整案件工作座谈会纪要》的规定，上市公司重整受理事宜须呈报至中国证监会及最高人民法院审批。由于破产重整具有不可逆性，为避免法定期限内重整不成功，市中级法院在处理上市公司重整案件上，优先适用预重整程序，充分利用预重整阶段的工作成果，减少重整程序的时间，将司法程序对企业正常经营的影响降到最低。以保留上市地位为重整目标，达到维护证券市场和社会的稳定，最终实现在极短时间内化解退市危机的良好效果，充分保护债权人、广大投资者和上市公司的合法权益。

三、改革成效及推广价值

市中级法院在中小企业、上市公司等多种类型企业全面展开预重整实践，效果比较突出。在深圳市索菱实业股份有限公司（以下简称"索菱股份公司"）破产重整案中，市中级法院于2020年12月15日决定启动索菱股份公司预重整程序，2021年11月26日正式受理重整，并于2021年12月27日裁定批准索菱股份公司重整计划，终止重整程序。通过近一年的预重整工作准备，该案从受理重整申请到终结程序仅用31天，迅速化解企业面临的退市危机，保全了企业的优质资产。

市中级法院推动预重整制度实践，允许有重整意向的困境企业将协商谈判工作集中到庭外进行，充分识别企业重整价值和可行性；有限度地停止预重整期间的诉讼执行，最大限度维持企业重整价值；充分应用预重整阶段的工作成果，减少重整程序的时间，将司法程序对企业正常经营的影响降到最低；以重要案例指导规则更新，不断根据实践调整预重整和推荐优先指定管理人的机制，确保最大限度地符合市场需求和司法规律。总之，通过预重整打通庭外重组和司法重整的衔接通道，程序转化的成功率高，深圳预重整机制被验证是高效且行之有效的。

构建深港跨境破产协作机制

一、改革背景

我国当前对于复杂跨境企业集团破产的立法和司法实践基础都相对薄弱，严重阻滞我国破产管辖权的外扬和破产程序域外效力的外彰。跨境破产涉及多个司法辖区，从法律上看，对于如此复杂的跨境破产问题，我国仅有企业破产法第五条统领，司法实践几乎空白。

随着我国广泛参与国际投资与区域合作并取得世界瞩目的历史性成就，中资企业境外投资呈强劲发展态势。由于跨境投资企业集团的架构涉及离岸中心、上市融资地和内地运营地等多个国家或者地区，中资企业在回收境外投资时面临获得域外承认与协助的问题，对我国建立跨境破产合作机制提出了强烈的现实需求。内地与香港间密切的经贸往来和成熟的区域司法协作，成为跨境破产制度探索的突破口。近年来，最高人民法院积极推动跨境破产认可和协助工作的探索，2021 年 5 月 14 日，《关于内地与香港特别行政区法院相互认可和协助破产程序的会谈纪要》签署，以试点方式与香港地区开展两地法域间的跨境破产协助。市中级法院作为最高人民法院指定的首批开展试点工作的法院，在长期的实践中探索细化两地跨境破产协作的规则方案，坚持统筹推进国内法治和涉外法治，加快跨境破产审判工作的战略布局，扩大我国跨境破产协作的区域和国际影响力。

二、改革举措

（一）积极推动跨境破产制度框架构建

配合最高人民法院开展跨境破产协作研究论证、沟通协调，最高人民法院与香港律政司在深圳签署《关于内地与香港特别行政区法院相互认可和协助破产程序的会谈纪要》，明确市中级法院作为跨境破产协作试点法院。连续组织三届市场化破产论坛，为联合国和美国、法国、中国香港等国际组织、国家和地区的司法机构、专业人员开展破产文化交流合作搭建高层次平台。

（二）推动香港破产程序的认可和协助适用

市中级法院审理的深圳市年富供应链有限公司的破产清算程序和破产管理人身份得到香港法院认可与协助执行，在全国率先实现破产管理人跨境执业。在此基础上，2021 年，市中级法院受理并审结全国首例认可协助香港破产程序案件——森信洋纸有限公司跨境破产案，裁定认可森信洋纸有限公司香港清盘程序，承认香港破产管理人身份。这是全国首例香港破产程序认可和协助申请案，实现了跨境破产相互协作的历史性突破。

（三）推动建立深港两地跨境破产实验基地

根据市委大湾区办下发的《2021年深港合作专班任务分工表（修订表）》，设置"以深港两地作为探索跨境破产协作机制的实验基地"工作专班，试点内容为"以深港两地作为探索跨境破产协作机制的实验基地，建立个案协调及对话机制"。

三、改革成效及推广价值

市中级法院全力落实最高人民法院跨境破产试点任务，推动跨境破产从制度设计到司法实践落地，率先实现深港跨境破产协作互助，推动两地规则衔接、机制对接，改革成效显著。审理的森信洋纸公司清盘人申请认可和协助香港破产程序案，获评2021年度十大"全国破产经典案例"，并获最高人民法院首届"人民法院涉港澳司法合作优秀成果"二等奖。该案作为内地法院首次认可和协助香港破产程序的案例，于具体司法实践中回应了内地与香港间跨境破产合作的迫切需求。

完善商事主体退出机制

一、改革背景

自 2013 年率先实施商事制度改革后，深圳民间创业热情高涨，市场主体数量呈井喷式增长。随着市场准入门槛降低，商事主体数量激增，市场监管工作面临新的挑战，"僵尸企业""失联企业""虚假登记"等问题不断出现，对深圳建设国际一流营商环境造成不利影响。2021 年，深圳修订《深圳经济特区商事登记若干规定》，创设歇业、除名、依职权注销、代位注销等制度，依法破解各类异常市场主体退出难问题，有效保障交易安全，释放字号、商号等有限资源，帮助创业者合法清算、重新出发，营造优胜劣汰、有进有出的市场环境。

二、改革举措

（一）创设歇业制度，实现市场主体"停机保号"

针对市场主体因疫情、自然灾害等客观因素暂停经营，但仍有持续经营意愿和能力，待情况好转后可以"重启"的情况，深圳借鉴香港"不活动公司"制度，创设了歇业制度。一是开展市场主体自主申报。在商事登记系统开发上线歇业登记功能，市场主体可以通过"线上申请"＋"线下办理"的方式办理歇业、暂停经营，歇业期满前可以申请恢复正常经营。二是降低歇业成本。对于歇业主体不按自行停业处理，不因通过登记的住所无法联系而被载入经营异常名录。办理歇业的同时可授权商事登记机关公示年报信息，避免因疏于年报报送而受到处罚并影响信用。三是强化歇业主体责任义务。"歇业"期内商事主体除不从事经营活动外，仍需履行相关义务，接受相关监管。歇业状态向社会公示，歇业后无继续经营意愿的，可以正常办理注销登记。

（二）创设除名制度，探索治理失联市场主体有效路径

针对因通过登记的住所或者经营场所无法联系而被列入经营异常名录或被标记为经营异常状态满两年，且近两年未申报纳税的失联市场主体，借鉴香港的剔除商事登记簿制度，深圳创设了除名制度。作为市场主体退出机制的创新举措，除名制度具有三大特点。一是完整。除名制度与现行市场主体登记法律有关注销的程序规定相衔接。除名是在法定注销情形的基础上增加的一类情形，市场主体被除名后，仍需按照现行市场主体登记法律规定办理清算、注销手续。除名与依职权注销也进行制度衔接。市场监管部门对被除名后不及时进行清算注销的商事主体，将依职权注销。同时，除名制度规定了权利救济办法，市场主体在公告期及时主动消除失联状态或者自愿申请注销的，均可以恢复正常状态，不被除名。二是高效。除名制度建立

在充分利用大数据进行监管的基础上，通过登记监管数据与税务机关的纳税数据共享和比对，筛选符合除名条件的市场主体，由市场监管部门启动除名公告并批量作出除名决定。较之相类似的"吊销营业执照"的行政处罚程序，时间缩短近160天，减少了立案调查、调查终结、听证等环节，可更精准、快速、便捷地清除失联市场主体。三是实用。对于那些处于隐蔽活动状态但不愿意注销的商事主体，除名制度可以倒逼其尽快消除失联状态，恢复正常活动，纳入日常监管范围。对于那些实际无经营且处于事实上"死亡"状态的商事主体，除名制度可以将其纳入市场退出程序。

（三）创设依职权注销制度，打通市场主体退出"最后一公里"

针对相当一部分被吊销、撤销登记的商事主体长期不办理或实际上无法办理注销的情况，创设了依职权注销制度，规定对"依法被吊销营业执照""依法被责令关闭""依法被撤销设立登记"或者"依法被除名"的市场主体在6个月内仍未申请注销登记的，登记机关可以对其作出依职权注销决定，彻底让该部分名存实亡的市场主体正式退出。依职权注销不同于一般的注销登记：依职权注销由市场监管部门启动程序并进行公告，不需要商事主体按照一般注销程序组成清算组，提供相应材料，有效解决了名存实亡市场主体因人员失联、公章遗失、账簿不齐，客观上无法正常办理注销手续的问题，也解决了在这部分主体中任职的高管人员信用受累的问题。

（四）创设代位注销、简易注销等灵活多样的制度，实事求是解决注销难问题

针对实践中由于部分市场主体或者国家机关、其他组织等已经注销或者撤销导致其管理的企业、分支机构无法办理注销的情形，创设了代位注销制度，即可以由该已经注销商事主体或国家机关、其他组织的继受主体或者投资主体代为办理。一揽子解决国有控股公司因法人或董事等高管人员失联、股东无法全部参与表决、实际股东与登记股东不一致、前期清算程序未完成等原因导致企业无法办理注销的问题。

针对正常办理注销程序复杂、耗时长的情况，扩大了简易注销制度适用范围，规定市场主体债权债务已经清算完结或者没有发生过债权债务关系的，均可以适用简易注销程序。创新个体工商户注销智慧"秒批"，对个体工商户注销登记的审批要素进行统一规范，将传统审批中的人工审查材料要点、判断许可标准，变为可量化、可字段化、可比对校验的数字化标准，通过多部门数据共享，实时比对，实现系统自动审批，所需时间仅几十秒。在疫情期间，市市场监管部门延长了因疫情管控无法及时在公告期满30天内办理简易注销市场主体的办理期限。灵活的注销制度打破了市场主体"出生容易死亡难"的窘境。

三、改革成效及推广价值

《深圳经济特区商事登记若干规定》中的歇业制度经《中华人民共和国市场主体登记管理条例》吸收，在全国予以推广。除名和依职权注销制度被山东、山西等地学习借鉴。代位注销助力国有"僵尸企业"出清工作，获得省国资委认可，在全省推广。

开展新型知识产权法律保护试点

一、改革背景

2019 年以来，中共中央办公厅、国务院办公厅先后印发《关于强化知识产权保护的意见》《实施方案》，赋予深圳"打造保护知识产权标杆城市"的目标定位。深圳积极开展新型知识产权法律保护试点，完善互联网信息等数字知识产权财产权益保护制度，依法实施最严格知识产权保护制度，推动解决知识产权纠纷维权难、周期长等问题，全面打造保护知识产权标杆城市，为营造一流的营商环境和创新环境提供有力支撑和保障。

二、改革举措

（一）加强知识产权保护立法

修订实施《深圳经济特区知识产权保护条例》。创新建立惩罚性赔偿制度、行政禁令、技术调查官、信用监管等重大制度，加大宽带移动互联网、云计算等新领域新业态知识产权保护力度。

推动《深圳经济特区反不正当竞争条例》纳入市人大常委会 2022 年度立法计划。推动增加不正当使用网络爬虫数据行为的规制条款，完善打击侵犯商业秘密行为相关条款，加大互联网信息等数字知识产权保护力度。

（二）制定知识产权保护相关方案和管理办法

制定《关于强化知识产权保护的实施方案》。从政策体系、保护效能、社会共治、技术支撑、快速协同、海外维权、基础条件、工作保障八个方面实施 160 条重点措施，全面提升知识产权保护能力和水平。

制定《关于对知识产权侵权行为先行发布禁令工作指引（试行）》。明确实施知识产权行政禁令的具体操作规范，在一宗专利权侵权纠纷案件中先行发布全国首例知识产权行政禁令，责令涉嫌侵权人停止网上销售，有效阻止侵权行为。

制定《深圳市知识产权行政执法技术调查官管理办法（试行）》。明确行政执法技术调查官选任、工作规则、监督管理等，充分发挥技术调查官的专业支撑作用。此外，制定直播电商、植物新品种、专业市场、企业知识产权合规等新领域新业态知识产权保护指引和工作指南。

（三）构建网络知识产权保护"鸿蒙协同云平台"

强化知识产权"一站式"协同保护平台建设，逐步对腾讯、阿里两大数据调证渠道开展全国市场监管领域数据调证归口工作，推动建设知识产权保护数据分析鉴定及处置中心，形成集维权鉴权、监测处置、联合打击及司法认定于一体的线上联动保护机制。

（四）形成高效严格的知识产权司法保护体系

市中级法院深入推进新型知识产权法律保护改革，有效破解知识产权维权举证难、周期长、赔偿低、成本高等困难，形成了一套高效严格的知识产权司法保护体系。

完善多元化技术事实查明机制，破解侵权事实查明困难。制定《技术调查官工作指引》，首创"全流程嵌入式"技术调查官工作模式，确保侵权事实专业查明、权威认定。依法引入相关技术领域人民陪审员组成合议庭，聘任56名专家咨询委员提供专业咨询意见，确保准确查明技术事实。针对疑难复杂争议问题，依法委托第三方机构鉴定，提高技术事实查明的科学性、专业性和中立性。技术调查官对案件技术事实所提出的专业意见采纳率超过90%，平均结案周期缩短至77天。

积极探索证据制度改革，破解当事人举证难题。完善诉前、诉中证据保全制度，发出律师调查令，支持当事人合法取证。通过明确举证责任转移等方式，合理分配举证责任。探索建立证据披露、证据妨碍排除和优势证据规则，明确不同诉讼程序中证据相互采信、司法鉴定效力和证明力等问题，适当减轻当事人的举证负担。在深圳市腾讯计算机系统有限公司、腾讯科技（深圳）有限公司诉深圳微时空信息技术有限公司、赵某某不正当竞争纠纷案中，首次在互联网知识产权案件中界定证据妨碍排除的适用条件，为证据妨碍排除规则在互联网侵权案件中的司法适用提供了深圳样本。

率先实施惩罚性赔偿制度，提高侵权违法成本。出台全国首个《关于知识产权民事侵权纠纷适用惩罚性赔偿的指导意见》，细化惩罚性赔偿的适用条件和基数计算方式，特别针对商业秘密的惩罚性赔偿进行专章专条规定。对权利人为制止侵权支出的合理费用，判令侵权人足额赔偿。累计作出惩罚性赔偿判决29件，判赔金额1.69亿元，3个案例入选全省首批6个惩罚性赔偿典型案例。

完善新型数字权益保护规则，护航数字经济发展。制定出台全国首个《关于加强数字经济知识产权保护的实施意见》，首次从加强保护数字经济创新成果，规范数字经济主体行为，加强平台治理和反垄断，深化审判机制创新等方面全方位护航数字经济发展。审结全国首例适用个人信息保护法的案件，首次就互联网平台对个人信息的法律界定标准和收集、处理个人信息行为应遵循的原则提出评判标准，厘清互联网公司使用个人信息界限，规范互联网收集、使用用户数据，促进数字经济健康有序发展。

加快应用区块链技术，推动知识产权审判智能化。大力推广区块链技术在审判中的运用，制定出台《区块链证据审查规程》等配套规则，上线法院区块链证据核验平台，对接第三方存证平台实现信息互认，积极推动与各公证机关、时间戳固证平台、区块链固证平台的合作，强化全链条保护，降低数字版权成本，简化电子证据核验过程、提高电子证据案件庭审效率，有效解决维权成本高、周期长、取证难的问题。

三、改革成效及推广价值

市市场监管局（市知识产权局）积极开展新型知识产权法律保护试点，完善互联网信息等数字知识产权财产权益保护制度，充分激发深圳创新创业活力，推动知识产权工作不断取得新进展、新成效，多项知识产权核心指标在全国保持领先。2022 年，深圳市专利授权量 27.58 万件，约占全国总量 6.56%；PCT 国际专利申请量 1.59 万件，约占全国总量 22.99%，连续 19 年位居全国第一；每万人口发明专利拥有量 137.9 件，约为全国平均水平 5.8 倍。营商环境评价知识产权指标荣获全国第一、连续两年全省第一，快速协同保护工作绩效考核、海外纠纷应对指导工作考核全国第一，全省 2021 年度地级以上市知识产权保护工作考核第一，国家行政保护绩效考核三年优秀，首批入选国家知识产权强市建设示范城市。

推进新型知识产权法律保护改革试点为破解知识产权侵权成本低、维权成本高、救济不及时、赔偿数额低等知识产权保护难题提供了系统性解决方案，并在数字权益等前沿领域率先构建法律保护规则，为科技创新发展、构建公平竞争环境提供了有力支撑。2022 年，"小米"商标权案、"华为"商标权案等 3 个案例入选全省首批惩罚性赔偿典型案例，全国首例适用个人信息保护法进行个人信息保护纠纷案获评全国法院系统 2022 年度优秀案例，全国首例人工智能著作权案件入选《中国法院 2022 年度案例》，马某华等人假冒注册商标罪案作为数字经济环境下利用物联网技术实施新形态商标犯罪的典型案例，被最高人民法院评为 2022 年中国法院十大知识产权案件。

建立知识产权侵权惩罚性赔偿制度

一、改革背景

近年来，中共中央、国务院多次在顶层设计层面提出建立和实施惩罚性赔偿制度（惩罚性赔偿制度是与补偿性赔偿相对应的一种赔偿制度，与后者相比，其目的和功能不在于填补损失，而在于惩罚和制裁）。2019 年 10 月 31 日，党的十九届四中全会通过的《中共中央关于坚持和完善中国特色社会主义制度 推进国家治理体系和治理能力现代化若干重大问题的决定》提出"建立知识产权侵权惩罚性赔偿制度"。2020 年 10 月，"打造保护知识产权标杆城市"被列入《实施方案》，"建立知识产权侵权惩罚性赔偿制度"被列入《首批授权事项清单》。2020 年 11 月，习近平总书记在中央政治局第二十五次集体学习时强调，要深化知识产权审判领域改革创新，抓紧落实知识产权惩罚性赔偿制度。市中级法院为落实中央部署，践行先行示范区使命，保障惩罚性赔偿在知识产权侵权诉讼中得到规范、有效适用，率先探索在知识产权民事侵权纠纷中细化适用惩罚性赔偿的条件。

二、改革举措

（一）积极推进特区立法修订

随着国家多部知识产权法律对惩罚性赔偿制度的相继确立，市中级法院积极推动将知识产权惩罚性赔偿制度纳入特区立法。修订的《深圳经济特区知识产权保护条例》增设了"司法保护"专章，明确规定 6 种知识产权侵权情形可以从重确定惩罚性赔偿数额，以特区立法的形式在深圳地区全面建立知识产权惩罚性赔偿制度，为司法审判领域深入探索实施惩罚性制度提供了坚实的立法根基。

（二）率先出台司法指导意见

尽管建立知识产权侵权惩罚性赔偿制度已无法律障碍，但在司法实践中，知识产权惩罚性赔偿制度的落地仍面临着赔偿标准不明确、赔偿数额低、惩戒震慑力度不足等瓶颈问题。市中级法院出台全国首个明确知识产权惩罚性赔偿适用规则的司法指导文件即《深圳市中级人民法院关于知识产权民事侵权纠纷适用惩罚性赔偿的指导意见（试行）》，创新性地提出知识产权惩罚性赔偿"四项具体操作规则"，包括明确"恶意"情形和"情节严重"的具体情形，细化惩罚性赔偿基数的确定规则，惩罚性赔偿倍数的确立依据，惩罚性赔偿与行政罚款及刑事罚金的关系等。为市中级法院适用知识产权惩罚性赔偿制度提供了可操作的规范和指引，同时也为全国其他法院的司法实践提供了有益的先行示范经验。

（三）推动司法裁判精准适用

自惩罚性赔偿司法指导意见出台以来，市中级法院在司法实践中已适用惩罚性赔偿作出判决案件 29 宗，累计判赔金额 1.69 亿元，审理一批具有重大典型意义的案件。3 宗案件入选广东高院 2022 年首次发布的知识产权惩罚性赔偿典型案例，占获评总数的一半。其中，小米科技有限责任公司诉深圳小米贸易有限公司等侵害商标权及不正当竞争纠纷案入选全省法院十大知识产权案件。生动丰富的实践案例，集中体现了深圳对知识产权进行从严保护的切实作为、对不法侵权行为严惩不贷的重拳决心、对打造一流法治化营商环境的不懈努力，向社会传递出强化知识产权司法保护的强烈信号。

三、改革成效及推广价值

市中级法院在全国范围内率先创新性地提出知识产权惩罚性赔偿的具体操作规则，在深圳经济特区内有效解决了惩罚性赔偿制度的落地问题，同时也为全国其他法院的司法实践提供了有益的先行示范经验。此举有效打击和遏制了恶意侵权、重复侵权行为，营造了尊重创新、激励创新的良好氛围，为深入推动知识产权审判领域改革创新，加大营商环境改革力度作出了重要贡献。改革成效先后被《人民法院报》《法治日报》《南方日报》《南方都市报》《深圳特区报》及深圳卫视等媒体报道。

建立知识产权技术调查官制度

一、改革背景

为深入贯彻落实习近平总书记关于加强知识产权保护的重要指示精神，更好服务深圳国家创新型城市和国家首批知识产权示范城市建设，2020 年以来，市检察院在成立刑事、民事、行政"三检合一"知识产权检察办公室的基础上，不断加大知识产权检察保护力度，根据办案实践需求，积极探索知识产权技术调查工作模式。

二、改革举措

（一）探索建设复合型知识产权检察团队

针对知识产权案件专业性技术性强、证据认定难、办案人员相关领域知识储备不足问题，深圳打造"检察官＋检察官助理＋技术调查官＋专家辅助人"的复合型团队办案模式，提升专业化办案水平。其中，检察官、检察官助理为办案人员，技术调查官为检察机关内部在编技术辅助人员，专家辅助人为外聘知识产权领域专家。三方取长补短、相辅相成，确保知识产权案件办理权威高效。截至 2022 年 12 月 31 日，已任命技术调查官 2 名，首批选聘信息通信、机械、计算机、知识产权鉴定、生物医药、空天科技、量子信息等领域专家辅助人 18 名。

（二）初步建立知识产权技术调查工作机制

在不断总结前期经验的基础上，2021 年 4 月研究出台《深圳市人民检察院知识产权技术调查工作规范》（以下简称《工作规范》），包括 5 章 40 条，明确知识产权技术调查工作的定位、工作程序、技术调查官和专家辅助人的工作职责与权利义务等。根据《工作规范》，技术调查官的主要职责是，协助检察官提取固定证据、查明知识产权案件涉及的技术事实，解决技术问题；选择、联系知识产权专家辅助人提供专业技术意见。专家辅助人的主要职责是，按照检察机关委托要求，在规定的期限内完成调查事项，出具调查意见书，并在结案前全程辅助检察机关办案。技术调查工作由市检察院统筹推进，基层检察院办案中需要技术调查官、专家辅助人提供支持的，由市检察院统一联系推荐，基层检察院根据实际需求，择优选用。

（三）积极开展技术调查工作研究，不断完善智慧知识产权系统

组织多方力量开展"检察机关技术调查官制度在知识产权领域的探索"专题调研，不断完善技术调查官工作制度，充分发挥检察机关在知识产权司法保护中的作用。在检察机关原智慧知识产权系统的基础上，开发"技术调查官调查"模块，设计技术调查申请、申请审批、

邀请专家辅助人、专家意见书管理、技术调查官审核意见管理等工作流程，确保技术调查制度规范有序。

三、改革成效及推广价值

实施技术调查制度，可以缩减知识产权维权周期和维权成本，为新型知识产权案件办理提供有力支撑。知识产权案件陷入技术争议，往往司法维权周期长、成本高。检察机关主动开展技术调查后，技术调查官、专家辅助人深度参与，认定事实和证据更加客观有力，举证更加系统高效，打破以往围绕专业技术证据适用问题反复拉锯的僵局，尤其是在办理新型知识产权犯罪案件中，能够迅速击破痛点堵点，统一司法标准。市检察院适用该制度办理的"罗某洲等十人假冒注册商标案"入选 2022 年度中国法院十大知识产权案件（入选的唯一刑事案件）、2022 年度检察机关知识产权保护典型案例、2022 年度广东检察机关加强知识产权司法保护十大典型案例。

探索完善协同高效组织机制

一、改革背景

重大战略、重要平台的发展离不开强有力的组织体系保障，许多群众反映强烈的突出问题，都与管理体制机制密切相关。2019 年新一轮机构改革后，深圳已建立适应新时代要求的机构职能体系主体框架，但与建设中国特色社会主义先行示范区的要求相比还有一定差距，仍需进一步完善。

二、改革举措

（一）坚持正确政治导向，全面加强党的领导体制机制

坚持以更高要求加强党的全面领导和党的建设，围绕提高党委把方向、管大局、作决策、保落实的能力，坚持和完善党领导特区经济社会发展的体制机制。一是强化党对重点领域的领导。结合深圳实际，着力加强市委对推进粤港澳大湾区建设、先行示范区建设等重大工作的领导。巩固加强新兴金融、律师等领域两新组织党建领导力量；设立市委互联网企业工委、市快递行业党委，加强新业态、新就业群体党建工作，做到党的工作推进到哪里，党的组织就覆盖到哪里。二是强化党委对议事协调机构的管理。调整市级议事协调机构管理体制，由市委编办统一管理，同时开展集中清理，市级议事协调机构精简超 40%，有效加强市委、市政府对相关领域重大工作的领导。出台议事协调机构管理办法，构建涵盖设立、运行、监管、退出的全周期、全链条长效管理机制。三是强化党管机构编制刚性约束。坚持党管机构编制原则，严格落实《中国共产党机构编制工作条例》，出台机构编制报告、部门职能职责分歧处理、编制统筹调配管理、机构编制执行情况和使用效益评估等 4 项制度文件，细化完善条例有关规定，使之更具操作性和实效性。

（二）坚持精简高效，不断优化机构职能体系

坚定不移贯彻新发展理念，按照优化协同高效原则不断完善党政机构设置、职能配置，积极构建适应城市治理体系和治理能力现代化的机构职能体系。一是聚焦重点领域。围绕国资国企综合改革、优化营商环境、地方金融监管等重点领域重点任务，加强职能和力量配备。理顺职责分工，先后厘清救灾物资储备、涉海产业管理、林业和渔业管理、油气长输管道安全保护等市区间、部门间职责分工，衔接好责任链条。二是聚焦重大平台。聚焦区域合作、科技创新等重大平台，探索建立适应不同类型功能区特点的管理模式，逐步构建起定位科学、权责明确、统一协调的体制机制。例如，理顺高新区管理体制，按照"一区两核多园"的发展布局，

厘清市、区职责，构建形成分工明确、协同合作、统一联动的管理新机制；创新前海合作区治理模式，按照"统、分、优、放、协"的总体要求，出台优化前海合作区管理体制机制实施方案；完善市前海管理局机构设置，推进以法定机构承载部分政府区域治理职能，探索行政区和经济区适度分离下的管理体制。三是聚焦基层治理。以构建"大党建、大基层、大治理、大服务"的街道工作新格局为目标，完成新一轮街道体制改革。健全街道党工委领导基层治理的制度机制，强化街道党工委对基层各类组织、各项工作的统一领导；推行扁平化管理，实行街道党政领导班子成员兼任综合性机构主要负责人，有效缩短决策指挥链条；进一步明确街道职能定位，完善街道事项准入机制，推动街道更加聚焦抓党建、抓治理、抓服务主责主业；统筹资源配置，各街道一般设置7至8个综合性机构，改革后街道党政机构精简超20%。

（三）坚持法治引领，着力完善政法领域体制机制

围绕法治城市示范战略定位，不断优化政法领域机构设置和职能配置，为营造公平正义的法治环境提供坚实保障。一是全面推进公安体制改革。按照"做精机关、做优警种、做强基层、做实基础"的要求，开展公安系统机构改革。改革突出机构优化整合，推行扁平化管理，缩短管理链条；突出理顺事权关系，构建"市局机关统揽全局、警种战建结合、分局以战为主、派出所以防为先"的警务实战格局；突出夯实基层力量，派出所和原经济特区外分局编制增幅均超过10%，派出所警力占分局警力超过70%。同时，推进大数据智能化建设和应用，切实提升"互联网＋公安"行政管理服务水平，完善警务运行保障机制。二是完善司法领域体制机制。创新构建司法和行政分工合作的管理体制，深入推进个人破产制度改革，设立内地首家破产事务管理机构即深圳市破产事务管理署。实施环境资源案件集中管辖改革，设立全省首个刑事、民事、行政"三审合一"的中级法院环境资源审判庭和首个基层法院环境资源法庭。依托深圳国际仲裁院，设立粤港澳大湾区国际仲裁中心和知识产权、海事、证券仲裁中心，助力优化粤港澳大湾区法治化营商环境。

（四）坚持改革创新，增强事业单位公益性与运行活力

围绕民生幸福标杆战略定位，深化事业单位改革试点，创新公共服务供给体制机制，促进新时代公益事业平衡充分高质量发展，更好满足人民群众对美好生活的向往。一是积极深化事业单位改革试点。作为中央、省明确的试点城市，聚焦"五个突出"深化改革。突出政治建设，完善党对事业单位的领导制度安排；突出优化布局，进一步整合资源，实现事业单位机构重组和功能再造；突出专项引领，信息化建设、公共资源交易、检验检测等重点领域体制机制更加完善；突出体制创新，事业单位举办方式更加多元；突出建章立制，制定政事权限清单，事业单位制度体系更加健全。改革后，市、区事业单位（不含学校、医院）分别精简28.2%、31.1%。全市事业单位编制资源配置更优化，权责关系更协同，保障服务更高效。二是大力发展其他组织举办事业单位。其他组织举办事业单位既具有传统事业单位的公益属性，又实行市

场化运作、社会化用人，不定行政级别、不核编制，体制机制更加灵活高效。为推动其他组织举办的事业单位健康发展，出台了规范文件。目前，市级其他组织举办事业单位中，近100家为新型科研机构（如深圳湾实验室、国家感染性疾病临床医学研究中心）和高校（如哈尔滨工业大学〔深圳〕、香港中文大学〔深圳〕），为吸纳社会力量兴办公益事业，推动人才培养、科技成果转化、深港合作等工作做出了积极贡献，在全国起到了良好的引领示范作用。三是创新推动教育医疗事业发展。支持基础教育领域集团化办学，出台集团化办学有关机构编制标准，推动教育资源布局更加优化，促进基础教育全面均衡发展。出台并落实《关于进一步挖潜创新加强中小学教职工编制管理的通知》，按标准及时足额保障中小学编制需求。出台并落实公立医院人员总量和内设机构设置标准，与人事制度改革同步，实现总量内人员"同工同酬"，持续推动公立医院人员总量管理改革落地。

三、改革成效及推广价值

综合改革试点实施以来，通过不断巩固深化，深圳与先行示范区建设相适应的高效率组织体系日趋完善，机构职能体系更加系统完备、科学规范、运行高效，为中国特色社会主义先行示范区建设提供了坚实的制度和组织保障。一是党的全面领导进一步加强。全面加强党的领导制度安排更加完善，党对重大工作的领导体制机制不断健全，党委职能部门的统一归口协调管理职能不断强化，党建工作力量进一步加强，切实从机构职能上把加强党的领导落实到各领域各方面各环节，确保党始终成为经济特区事业的坚强领导核心。二是服务国家重大战略和构建推动高质量发展的体制机制进一步完善。根据深圳的城市发展特点和功能定位，聚焦粤港澳大湾区建设、先行示范区建设，打基础、谋长远、开新局，机构设置和职能配置因地制宜得到优化调整，经济特区体制机制吸引力和竞争力不断增强。三是以人民为中心的机构职能体系进一步健全。通过聚焦人民群众的操心事、烦心事、揪心事，聚焦重大民生工程、民心工程，找准切入点，通过街道体制改革、深化事业单位改革试点等，实现把更多资源、服务、管理放到群众关注的领域，各类机构组织群众、凝聚群众、服务群众的能力得到有效提升。

探索各类编制资源统筹使用机制

一、改革背景

深圳作为超大型城市，编制资源一直以来较为紧缺。近年来，随着粤港澳大湾区和中国特色社会主义先行示范区建设全面推进，经济社会管理要求更高，新职能新任务增多，教育、医疗等民生短板需尽快补齐，这些都带来较大的编制需求，管理服务需求不断增长与编制资源紧缺之间的矛盾较为突出。

二、改革举措

（一）加强内部挖潜，激发编制资源最大效益

针对部分单位内部挖潜不够，有限的存量编制资源没有充分发挥使用效益等问题，出台市级编制统筹调配管理办法，推动用好用活存量编制资源，确保好钢用在刀刃上。明确在部门内部、部门间、层级间三个维度开展编制统筹调配。对于编制增加的需求，一般要求先在系统内统筹调剂，鼓励减上补下，强化充实基层一线，严格控制编制由基层上调至市级。着眼于盘活空编，明确对于空编较多的单位，原则上暂停受理其增加机构编制相关事宜，并结合有关工作收回部分空编，收回的空编用于统筹调配。明确"编随事走、人随编走"原则，职责任务划转的单位，原则上相应划转编制和人员，事权下放或上收过程中同步下沉或上调编制。

（二）打破编制界限，提升基层管理效能

街道工作人员身份各不相同，包括行政编制、行政执法专项编制、政法专项编制、事业编制等类型。在 2020 年街道体制改革中，创新街道编制管理，明确街道可以统筹使用各类编制资源，按照"人员统一使用、编制分类管理"的原则，赋予街道更加灵活的用人自主权，允许街道动态调配各类编制资源和工作力量，推动身份管理向岗位管理转变。街道根据不同阶段的目标任务，动态调配各类编制人员，充分发挥不同编制人员的专业优势、能力特长，应对化解复杂多变的基层矛盾和问题。

（三）保障重点急需，创新中小学教师编制管理

近年来，深圳人口一直呈净流入态势，教育资源供给与人口规模、增长幅度不相匹配，尤其是 2012 年以来中央严控编制增长，基础教育领域编制不足的情况更加突出。为切实补齐教育资源短板，更好保障民生基本需求，深圳多措并举创新中小学教师编制管理模式，有效提高编制资源使用效益，为基础教育优质均衡发展提供有力支撑保障。明确标准要求，加强编制统筹挖潜。出台《关于进一步挖潜创新加强中小学教职工编制管理的通知》，明确中小学教师

编制实行"单列管理、专编专用"，明确要求编制部门以中小学招生数为基数，按标准及时足额保障中小学教师编制需求。加大挖潜力度，压减重复设置、职能弱化、规模较小、任务不饱和的事业单位，收回空编优先保障中小学教师编制需求。加强市级统筹，对中小学教师编制未达国家标准的区，经区内挖潜后仍有缺口的，在全市编制总量内统筹调剂解决。首创预核机制，提升编制使用效率。创新采用编制预核管理模式，根据下一学年的预计招生数，编制部门提前半年按标准预核中小学教师编制限额，允许中小学在预核的编制限额内先行开展教师招聘，待招聘工作完成后，编制部门再根据实际到岗教师人数下达相应编制。通过编制预核，有效解决编制核定与新招聘教师到岗时间差的问题，避免了"空编等人"的情况，实现编制下达、人员到岗无缝衔接。加强监督检查，严格规范编制管理。依托机构编制实名制管理平台，通过数据比对分析，实时监控中小学教师编制使用情况，确保下达编制数与实际到岗教师保持动态一致，最大程度降低中小学教师空编率。不定期开展专项督查，有效防止违规占用中小学教师编制的情况。

（四）创新体制机制，推进人员总量管理改革

近年来，深圳经济社会快速发展，教育、医疗等公益事业也处在大发展阶段，但在严控编制总量的背景下，单纯通过总量调剂方式、内部资源优化等措施难以满足编制需求。结合中央、省有关改革要求，深圳在高校、公立医院推行人员总量管理改革，打破传统用人用编方式，切实激发单位运行活力。目前，已出台《深圳市公立医院人员总量和内设机构设置标准》，为公立医院人员总量管理提供标准依据。改革后，公立医院不再核定事业编制，改为根据标准确定人员总量，报机构编制部门备案后执行，实现公立医院更大的自主权。同时，建立完善的人事管理配套制度，总量内人员实行统一规范管理，充分体现行业特点，不再与编制捆绑，打破身份界限，推动人员队伍的专业化、职业化发展。

三、改革成效及推广价值

综合改革试点实施以来，市委编办抢抓政策优势，加大统筹使用编制资源力度，构建起以科学调配为基础、以制度创新为突破口的编制管理体系，通过统筹调配各类编制，先后加强了全面深化改革、粤港澳大湾区建设、先行示范区建设、依法治市、国家安全、公共卫生安全、应急管理等领域工作力量配备，有力服务保障了市委、市政府中心工作，一定程度缓解了超大型城市编制资源紧缺与经济社会管理需求之间的矛盾。

深化行政复议体制改革

一、改革背景

2020 年 4 月 18 日，中央全面依法治国委员会印发《行政复议体制改革方案》，要求全面推进行政复议体制改革。2020 年 10 月，"支持深圳开展行政复议体制改革，县级以上一级地方政府只保留一个行政复议机关，由本级政府统一行使行政复议职责"被列入《首批授权事项清单》。2021 年 5 月，中央全面依法治国委员会《关于支持深圳建设中国特色社会主义法治先行示范城市的意见》第八项明确提出"深化行政复议体制改革，扩大行政复议前置范围，2021 年 12 月 31 日前完成行政复议职责和编制资源整合。加快行政复议工作的规范化、专业化、信息化建设，健全完善对行政复议决定的执行情况监督机制"。这些重要文件表明深圳行政复议体制改革被寄予厚望并为改革指明了路径，即一级政府保留一个行政复议机关，从行政复议工作的规范化、专业化、信息化和复议监督常态化等方面入手深化改革。

2021 年 4 月，作为深圳攻坚破解综合改革试点难题任务之一，行政复议体制改革被市委组织部、市委改革办和市发展改革委纳入"百名干部破百题"行动。

二、改革举措

2021 年 9 月 24 日，市政府印发《深圳市行政复议体制改革实施方案》，为推进改革指明了方向。《深圳市行政复议体制改革实施方案》明确了指导思想、改革目标、主要内容、实施步骤及工作要求，形成了深圳市行政复议体制改革的"任务书""时间表""施工图"，在集中行使行政复议职责、整合行政复议编制资源、深化行政复议体制改革等方面，进行符合深圳实际的改革设计，确保改革任务落地落实。

（一）机构编制集约化

改革后，一级政府只保留一个行政复议机关，市政府职能部门不再承担行政复议职责，全市行政复议机关由原来的 71 家精简为 10 家，全市从事复议工作的人员由原来分散在各部门以兼职为主的 266 名精简为专职人员约 80 名，专业化和办案能力显著提升。

（二）案件审理信息化

积极推进"智慧复议"建设，实现办案效率和便民服务水平双提升，率先建成"深圳市行政复议办案平台"，统一办案平台，规范办案流程。通过"i深圳"App 推出"掌上复议"功能，方便当事人网上申请复议、网上查询办案进度、网上听证等。

（三）案件管理标准化

2022年7月22日，深圳出台全国首个行政复议领域地方标准《行政复议服务保障规范》，填补了我国行政复议领域的标准空白，为全国提供了可复制、可借鉴的"深圳经验"，实现行政复议统一办案程序、统一文书格式、统一案件管理、统一服务保障配置的"四统一"，是全面提高行政复议工作标准化、精细化和科学化水平的创新之举。

（四）复议人员专业化

畅通专业人员进入渠道，通过调任等方式，吸引一批复议工作急需的专业人才加入复议队伍。加大交流力度，探索开展深圳市、区行政复议工作人员交流转任。推动专业学习，加强专业培训，持续提升行政复议队伍素质。

三、改革成效及推广价值

（一）行政复议已成为解决行政争议的主渠道

改革后有十余家世界500强企业、两家外国企业以及多名外国公民优先选择通过行政复议解决行政争议，这是改革前所未有的新气象。2021年全市新收复议案件10013宗，首次过万宗，较2020年增长42%，在全省居首位。2022年，深圳市新收行政复议案件8181宗，其中深圳市复议办新收5048宗，通过网络渠道提交行政复议申请1064件。"有行政争议，找行政复议"的观念深入人心，行政复议越来越成为公民、法人解决行政争议的首选。

（二）倒逼行政执法质量不断提升

2022年市政府本级办结复议案件（含上年度结转）3574件，其中，以变更、撤销、确认违法、责令履行方式直接纠正行政机关违法或不当行政行为106宗，直接纠正率3%；经复议行政机关自行纠正原行政行为后，申请人主动撤回行政复议申请以终止方式结案1158宗，间接纠错率32.4%；以上综合纠正率达35.4%。市、区复议办还通过行政复议建议书的形式对行政机关存在普遍性的违法或不当行为进行监督。

（三）复议案件办理质效显著提升

行政复议对行政争议的有效化解率高，2022年市政府本级复议后被起诉到法院的一审行政案件为517宗，仅占当年新收复议案件10.2%，即将近90%复议案件在复议阶段"案结事了"。复议案件办理结果的准确率高，2022年市政府本级收到已审结的1019宗行政诉讼案件，其中终局败诉4宗，败诉率低至0.39%，充分反映深圳行政复议案件审理质量较好。

深化行政诉讼体制改革

一、改革背景

自 2015 年新行政诉讼法及 2017 年新司法解释实施以后，一审行政案件管辖权调整，原属于基层法院管辖的以区政府为被告的案件，由中级法院管辖，导致行政案件层级分布呈现"倒金字塔"结构，而上级法院行政审判力量相对于基层法院更薄弱，案多人少矛盾更加突出。相反，行政争议多发生在基层，由基层法院审理一审行政案件，有助于当事人方便参加诉讼，有助于法院查清事实，有助于基层组织开展协调和解工作，共同推动行政纠纷实质性化解。探索行政案件级别管辖改革，推动中级法院部分一审行政案件管辖权下放，可以充分发挥基层法院在化解纠纷中的"桥头堡"作用。

深圳两级法院遵照上级的决策部署，按照"示范性和可复制性"的要求，先行探索制定调整部分一审行政案件管辖权的改革方案，为推动全国行政案件审级管辖制度改革提供深圳样本。

二、改革举措

《中华人民共和国行政诉讼法》第十五条规定，对县级以上地方人民政府所作的行政行为提起诉讼的第一审行政案件，由中级人民法院管辖。改革的目标是改变部分以县级政府为被告的行政案件的管辖权。《首批授权事项清单》第 20 项内容涉及对《中华人民共和国行政诉讼法》第十五条第（一）项的突破。2020 年 10 月 26 日，深圳两级法院就综合改革试点首批授权事项成立试点工作专班。2020 年 10 月 30 日，专班提交《关于调整深圳市中级人民法院部分以区政府为被告的一审行政案件管辖权的实施方案》，供市委专题会研究。2021 年 7 月 15 日，盐田区法院明确接受案件范围，做好充分预判研究，召开全面深化改革工作领导小组（扩大）工作会议，制定《盐田法院关于落实"部分以区人民政府为被告的一审行政案件管辖权"改革试点工作的具体实施方案》和《盐田法院审理以区政府为被告的一审行政案件工作规则》，为接稳下放的权力提供行动指南。专班撰写司法改革信息《市中院提前部署我市"行政诉讼体制改革"落地事宜》向市委报送，被市委办公厅（市政府办公厅）第 145 期《信息快报》采用。

2021 年 8 月 20 日，全国人大常委会通过《全国人民代表大会常务委员会关于授权最高人民法院组织开展四级法院审级职能定位改革试点工作的决定》。最高人民法院根据全国人大常委会的授权发布《关于完善四级法院审级职能定位改革试点的实施办法》，自 2021 年 10 月 1 日起施行，其中规定下列以县级、地市级人民政府为被告的第一审行政案件，由基层人民法院管辖：（一）政府信息公开案件；（二）不履行法定职责的案件；（三）行政复议机关不予受理或者程序性驳回复议申请的案件；（四）土地、山林等自然资源权属争议行政裁决案件。深圳市属于该项改革的试点范围。根据上述规定，深圳综合改革试点涉及的案件范围，可以直接由基层法院管辖。2021年11月5日，市中级法院出台《深圳法院完善四级法院审级职能定位改革试点工作实施方案》，明确政府信息公开案件，不履行法定职责的案件，行政复议机关不予受理或者程序性驳回复议申请的案件，土地、山林等自然资源权属争议行政裁决案件四类案件交由盐田区法院集中管辖。

2021年10月15日，盐田区法院受理第一宗以区政府为被告的行政案件（黄某诉深圳市龙华区人民政府行政复议决定案），结案时间为2021年11月17日，裁判结果是准予原告撤回起诉。截至2022年12月31日，盐田区法院已受理相关案件56件。

三、改革成效及推广价值

本项改革的顺利实施有利于便利当事人参加诉讼，推动基层实质化解行政争议；有利于优化行政案件审级，充分发挥基层法院和中级法院的审判职能。此外，还有助于矛盾纠纷就地化解和优化基层法院、中级法院职能定位，为推动全国行政案件审级管辖制度改革、完善行政诉讼法级别管辖制度提供深圳样本。

扩宽深圳经济特区立法空间

一、改革背景

经济特区立法权是我国地方立法权中一种特殊且重要的表现形式，是中国特色社会主义法律体系中独具特色的组成部分，是我国经济特区各项事业顺利进行的重要法治支撑。改革只有在法治轨道上推进，才能破浪前行、走向深入。拥有经济特区立法权是深圳改革发展的重大优势，立法先行成为深圳40多年来先行先试的一柄开路利剑。《实施方案》提出支持扩宽深圳经济特区立法空间，在新兴领域加强立法探索，依法制定经济特区法规规章。站在新的起点上，市人大常委会紧扣改革需要，立足创新变通，按下立法"快进键"。

二、改革举措

（一）制定《深圳经济特区个人破产条例》

依据该条例，在深居住，且参加深圳社会保险连续满三年的自然人，因生产经营、生活消费导致资产不足以清偿全部债务或者明显缺乏清偿能力的，可以进行破产清算、重整或者和解。破产人面临最长五年的免责考察期，考察期满，破产人可向人民法院申请免除剩余债务。该条例在个人层面完善了市场主体有序退出机制，建立起"法院裁判、机构管理、管理人执行、公众监督"四位一体的破产办理体系。

（二）制定《深圳经济特区科技创新条例》

明确科技创新长期坚持的发展方向，规定坚持把创新驱动作为城市发展的主导战略，以科技创新为核心推进全面创新，建立财政投入科技创新稳定机制，规定高等院校、科研机构、企业、科技服务机构，以及行业协会、商会、学术联盟等社会组织应当发挥在创新链相关环节的作用，积极实施科技创新及相关活动，形成共同推进科技创新的强大合力，从基础研究和应用基础研究、技术创新、成果转化、科技金融、知识产权、空间保障、创新环境等方面，形成了全面系统促进和保护科技创新的全链条法规。

（三）制定《深圳国际仲裁院条例》

建立以理事会为核心，决策、执行、监督有机统一的法人治理长效机制，推进理事会和仲裁员结构与国际接轨，对仲裁机构执行机构的人员构成与产生方法、仲裁机构的财务制度等作出规定，健全多元化争议解决机制，从司法审查、理事会监督执行机构、理事会专门委员会监督、财政与审计监督、社会监督等多个方面构建了完善的监督体系，探索建设互联网仲裁。

（四）制定《深圳经济特区前海蛇口自由贸易试验片区条例》

对相关机构的职责作了明确规定，解决了自贸片区行政管理的实际问题；创新外商投资准入模式，探索取消港澳企业准入限制，推动自贸片区投资开放；创新海关通关监管模式，推动实施跨境税收优惠，促进现代航运服务业发展，推动自贸片区贸易自由化；支持金融业对外开放试验，创新自贸片区监督与服务，营造高标准法治化营商环境。

（五）制定《深圳经济特区绿色金融条例》

规定金融机构提供金融产品和服务，应当有利于节约资源、保护生态环境，促进绿色金融（绿色金融是指为支持环境改善、应对气候变化和资源节约高效利用，对环保、节能、清洁能源、绿色交通、绿色建筑等领域的项目投融资、项目运营、风险管理等所提供的金融服务）发展，明确了金融机构的社会责任，对金融机构建立绿色金融制度进行了规定，创新绿色金融产品与服务，建立环境污染强制责任保险制度，创设金融机构绿色投资评估制度，明确环境信息披露责任，强化绿色金融的促进与保障，加强绿色金融产业发展的监督与管理。

（六）制定《深圳经济特区优化营商环境条例》

设置了总则、市场主体、政务服务、经营环境、融资便利、规范监管、权益保障、法律责任、附则等九章，进一步理顺了营商环境改革工作的重要内容，结构更加科学，对市场准入、企业开办、生产经营、破产重整、退出等重点环节进行规范，将行政许可制度改革等方面的工作成效固化为法规内容，营造优质平等便捷的经营环境，创新市场主体融资便利模式，提升行政机关监管执法效能，健全市场主体权益保障机制。

（七）制定《深圳经济特区数据条例》

明确数据相关权益范围和类型，强化个人数据保护，遏制"大数据杀熟"、个人数据滥用等数据侵权行为，加强公共数据的收集、共享、开放的标准化管理，建立公共数据治理体系，规范数据要素市场化行为，保护数据全生命周期安全，建立数据领域公益诉讼制度。

（八）制定《深圳经济特区智能网联汽车管理条例》

对智能网联汽车的准入登记、上路行驶等事项作出具体规定，规范道路测试和示范应用，明确智能网联汽车准入和登记，强化智能网联汽车使用管理，完善车路协同基础设施，加强网络安全和数据保护，明确交通违法和事故处理责任。

深圳出台国内首部智能网联汽车新规：无人驾驶合法上路

（九）制定《深圳经济特区人工智能产业促进条例》

明确人工智能及人工智能产业的界定，制定人工智能产业统计分类标准及目录，建立人工智能统计与监测制度，补齐人工智能基础研究短板，加强人工智能产业基础设施建设，充分发挥应用场景驱动作用，确立人工智能治理机制。

（十）修订《深圳经济特区商事登记若干规定》

创设除名和依职权注销制度，实施个体工商户自愿登记制度，推进港澳企业跨境经营便利化，实行"一照多址、一市一照"，全行业保护驰名商标和知名字号，允许特殊情形代位注销，新设歇业登记制度，固化住所托管制度，简化个体工商户变更经营者登记，扩大简易注销程序适用范围，完善商事登记撤销制度。

（十一）修订《深圳经济特区医疗条例》

重点在医疗资源保障、分级诊疗、医疗机构登记、医疗机构分类管理、医患双方权益保护、专科护士制度、医疗卫生人员的执业与能力评价、医疗服务规范以及综合监管等方面进行规范。

三、改革成效及推广价值

市人大常委会用足用好经济特区立法权，关键时候敢啃"硬骨头"，下好"先手棋"，新制定的法规多数为"全国首创"。如《深圳经济特区个人破产条例》是我国首部个人破产法规，补足了我国市场主体救治的制度空白，最大限度解除创业者的后顾之忧，激发市场活力；《深圳经济特区科技创新条例》是我国首部覆盖科技创新全生态链的地方性法规，率先以立法形式固定财政对基础研究的投入，允许在深注册的科技企业实施"同股不同权"，建立科技成果尽职免责机制；《深圳国际仲裁院条例》是我国首部以仲裁机构为特定对象的地方人大立法，对提升深圳仲裁国际公信力和竞争力具有重要意义；《深圳经济特区绿色金融条例》是我国首部绿色金融领域立法，建立了绿色金融制度体系，创新了绿色金融产品和服务，明确环境信息披露责任；《深圳经济特区数据条例》是国内数据领域首部基础性、综合性立法。这些法规不仅是深圳落实综合改革试点的具体举措，也为国家相关立法探索了路径。

探索建立无人机飞行管理制度

一、改革背景

近年来，我国民用无人机领域的自主研发能力不断提高，无人机数量呈爆发式增长。无人机"黑飞""乱飞"现象频出，带来低空安全隐患。深圳作为"无人机之都"，全市涉无人机企业数量、无人机保有量均居全国前列。面对飞行量和保有量激增、安全风险加大、应用场景多样化及空管运行滞后等无人机飞行管理的复杂局面，在无人机管理领域先行先试，试点完善深圳市飞行管理制度成为当务之急。

二、改革举措

围绕建立和完善具有标杆意义的无人机飞行管理制度，打造现代化立体交通体系的目标，探索形成深圳无人机管理模式，让无人机能够飞得起来、飞得安全、飞得顺畅，引导助力无人机产业不断丰富大湾区航空产业形态，促进无人机产业安全健康发展，开展系列工作。例如，建立和完善无人机飞行管理制度，起草《深圳市民用无人机管理暂行办法（征求意见稿）》；推进有条件地释放更多适飞空域；简化无人机飞行审批流程，深化低空空域管理改革；打造无人机综合监管平台体系等。

三、改革成效及推广价值

（一）形成制度创新成果

起草《深圳市民用无人机管理暂行办法（征求意见稿）》，对无人机进行分类全链条管理，强化对无人机所有人登记管理，明确飞行空域和飞行活动规范，进一步完善了深圳地区民用无人机飞行管理制度，提高飞行管理效率，确保各方安全，促进无人机产业健康、可持续发展。

（二）释放更多适飞空域

充分考虑国家安全、社会效益、公众利益，有条件地释放更多适飞空域，满足日益增长的无人机使用需求和产业发展所必需的空域使用需求。目前深圳已对微轻型无人机开放了占深圳行政区域65%的适飞空域，用户在适飞空域内120米以下飞行无须申请。

（三）优化飞行审批服务

依托无人机综合监管平台，探索空军、民航、地方政府三方数据互通，实现对所有飞行活动动态实时感知、事后可查。配合南部战区空军开展的空域精细化管理改革，首次放开部分微轻型无人机适飞空域，实现免申请即可飞行，大大简化了无人机飞行审批流程。美团、顺丰等物流配送企业在深圳开设全国首个物流配送飞行试点；支持深圳大漠大智控技术有限公司、深圳市高巨创新科技开发有限公司等无人机编队飞行企业研发生产，助力其成为全球无人机编队飞行头部企业。

◆ 科技创新体制

探索完善大科学计划全链条综合管理机制

一、改革背景

习近平总书记多次强调，要主动设计和牵头发起国际大科学计划和大科学工程（国际大科学计划和大科学工程是聚焦全球共同面临的复杂科学技术问题、由多个国家联合开展的科学研究活动，是人类开拓知识前沿、探索未知世界和解决重大全球性问题的重要手段；特点主要表现为投资强度高、多学科交叉、配置昂贵且复杂的实验设施、研究目标宏大等，其复杂程度、经济成本、实施难度、协同创新的多元性往往超出一国之力，需要通过国际合作来实施）。2018年3月，国务院印发《积极牵头组织国际大科学计划和大科学工程方案》，对做好国际大科学计划和大科学工程的组织实施工作进行具体部署。以深圳综合改革试点为契机，着力完善工作机制，积极探索大科学计划的发起、组织、建设、运行、管理等机制，为聚集全球优势科技资源、扩大深圳国际科技影响力提供重要支撑。

二、改革举措

（一）完善大科学计划推进工作机制

印发《大科学计划推进工作方案》，明确操作规范和实施路径，按照"以我为主、前瞻布局、分步推进、量力而行"的整体思路，依托已布局建设的大机构、大平台、大设施一体推进大科学计划实施，支持深圳华大生命科学研究院牵头发起"人类时空组学"大科学计划，重点推进中国农业科学院深圳农业基因组研究所"全基因组设计育种"、深圳合成生物学创新研究院"基因组合成"等大科学计划，并成立工作领导小组和工作专班，推动大科学计划加快实施。

（二）建立"共有、共享、共为"管理机制

借鉴国内外先进经验，既充分发挥牵头发起人和发起单位的主体作用，也注重整合各方资源共同参与。深圳华大生命科学研究院牵头发起的"人类时空组学"大科学计划，联合瑞典、英国、美国、澳大利亚等十余个国家30多家顶级机构，以时空组学源头性、颠覆性技术为支撑，共同制定技术路线和质控标准、数据的存储和计算的架构及方案，围绕人类器官时空图谱、人类发育时空图谱、人类疾病时空图谱等重大问题展开大科学研究，做到样本共享、平台共享、技术共享、工具共享、数据共享，推动重新认知生命起源。

（三）主动融入国家大科学计划布局

支持深圳创新主体参与其他单位发起的大科学计划，积极承担项目任务，积累组织实施经验。中国农业科学院深圳农业基因组研究所参与科技部国际大科学计划培育项目——中国农科院作物科学研究所牵头实施的"G2P（从基因组到表型组）：农作物基因资源阐析"，聚焦新一代生物育种的重大需求，构建全基因组设计育种的国际合作模式，合作方包括国际玉米小麦改良中心等 6 家国外单位及中国农业大学等多家国内单位。

三、改革成效及推广价值

积极探索完善大科学计划管理机制，注重整合国际国内各方优质创新资源，牵头组织实施大科学计划，为深化国际科技合作交流、解决基础前沿领域的世界性重大科学问题贡献了深圳智慧。"人类时空组学"大科学计划通过广泛的国际合作，已绘制出小鼠、斑马鱼、果蝇、拟南芥四种模式生物胚胎发育或器官的时空图谱，相关成果于 2022 年 5 月在生命科学领域顶级期刊 *Cell* 上发表，在全球首次从时间和空间维度上对生命发育过程中的基因和细胞变化过程进行超高精度解析，为认知器官结构、生命发育、人类疾病和物种演化提供了全新方向。中国农业科学院深圳农业基因组研究所黄三文团队在"优薯计划"领域取得里程碑式突破，题为《杂交马铃薯的基因组设计》的论文被 *Cell* 杂志在线发表。

优化科研机构技术转移机制

一、改革背景

习近平总书记多次强调，要加速科技成果向现实生产力转化。2020 年 2 月，中央全面深化改革委员会会议审议通过《赋予科研人员职务科技成果所有权或长期使用权试点实施方案》，提出科技成果只有转化才能真正实现创新价值、不转化是最大损失的科学理念，部署开展职务科技成果所有权或长期使用权试点工作。2020 年 10 月，《首批授权事项清单》明确提出"优化科研机构技术转移机制"。深圳积极贯彻落实，不断优化科研机构技术转移机制，稳妥推进科技成果赋权改革在深落地，促进科技成果转移转化。

二、改革举措

（一）坚持立法先行，完善赋权改革政策法制体系

深圳积极抓住国务院部署开展赋予科研人员职务科技成果所有权或长期使用权试点的有利时机，出台《深圳经济特区科技创新条例》，在国内首次以立法形式规定"应当赋予科技成果完成人或者团队科技成果所有权或者长期使用权"，为深圳开展赋权改革提供有力保障，将国家"试点赋权"率先转变为"应当赋权"。2021 年 6 月，制定《赋予科研人员职务科技成果所有权或长期使用权的实施方案（试行）》，对赋权流程、收益分配、信息披露等提出指导意见，进一步细化改革举措，同步选择改革动力足、创新能力强、转化成效显著以及示范作用突出的 37 家高等院校、科研机构、医疗卫生机构和国有企业实施赋权改革，全面铺开赋权改革工作。

（二）健全内部管理制度，加大科研人员激励力度

指导赋权改革试点实施单位制定或修订成果赋权和收益分配的管理制度和流程规范，完善成果收益分配、国有资产管理、技术转移机构建设等配套机制，合理约定科技成果权属比例、科技成果转化收益分配比例、转化费用及知识产权维持费用分担比例等，使科研人员收入与对成果转化的实际贡献相匹配。其中，深圳大学修订《科技成果转化办法》，约定成果完成人占有 85% 的所有权，或无偿赋予成果完成人不少于 10 年的长期使用权；南方科技大学制定《赋予科研人员职务科技成果所有权实施管理办法（试行）》，允许学校与科技成果完成人按份共有职务科技成果，其中学校占 25% 份额，科技成果完成人占 75% 份额。

（三）创新赋权形式和转化模式，加速科技成果落地转化

实施单位结合自身实际，探索"先确权后转化""先评估后买断""先授权转化再确权"等多种方式，推动赋权改革加快落地生效，将职务科技成果所有权由单纯的国有转变为单位、个

人混合所有。探索科技成果完成人主导、学校协助的成果转化新模式，鼓励科研人员通过自行实施、合作实施方式转化职务科技成果，推动科技成果与企业需求对接、创新产品与市场需求无缝衔接。比如，南方科技大学机械与能源工程相关的 4 项成果赋权后，成果完成人积极与相关企业达成合作意向，最终以 400 万元实现转化。

三、改革成效及推广价值

经过赋权改革实操，高校、科研机构的技术转移机制更加健全，科研人员转化科技成果的积极性显著提升，存留于高校、科研机构中的庞大科研成果的活力和潜力进一步释放。深圳大学、南方科技大学、深圳农业基因组研究所被纳入国家首批职务科技成果单列管理改革试点。37 家赋权改革试点实施单位完成职务科技成果分割确权 370 余件，转化合同金额超过6000 万元。其中南方科技大学赋予职务科技成果完成人 75% 转化收益，累计完成确权转化 47件，转化合同金额超 1500 万元。在赋权改革的带动下，深圳经认定登记的技术合同数量、技术成交总额、核定技术交易额，均创历史新高。

完善金融支持科技创新体制机制

一、改革背景

近年来，深圳坚持打造"基础研究 + 技术攻关 + 成果产业化 + 科技金融 + 人才支撑"的全过程创新生态链，科技金融是其中不可或缺的重要一环。为深入贯彻党中央决策部署，全面落实《粤港澳大湾区发展规划纲要》和《中共中央 国务院关于支持深圳建设中国特色社会主义先行示范区的意见》的精神，深圳从科技金融、绿色金融改革创新出发，深入实施创新驱动发展战略，完善金融支持科技创新、绿色发展的体制机制。

二、改革举措

（一）全国率先探索绿色金融地方立法

出台国内首部绿色金融地方性法规《深圳经济特区绿色金融条例》，为深圳绿色金融建设提供了法律支撑和发展方向。围绕条例实施，实现多项全国首创举措：发布国内首只绿色治理指数、首只绿色金融指数，发布首个全国性商业银行环境信息披露报告、首个投融资活动碳足迹环境信息报告，出台专营机构认定标准认定首批 11 家绿色金融专营机构等。

（二）打造全国规模及影响力最大的天使母基金

深圳市天使母基金经过数年发展，初步创建了"以深圳为中心，辐射内地，面向全球"的天使投资生态圈，目前天使母基金总规模 100 亿元，是全国乃至全球最大规模的政府引导类天使母基金，并已发展形成以天使母基金为核心的天使投资基金群，初步形成了可以向全国复制推广的运作模式。

（三）创新推动金融机构投贷联动

指导金融机构充分发挥自身资源、技术、平台等优势，探索"股权 + 债权"模式创新。建设银行深圳市分行建立国内首家由银行运营的科创综合孵化平台"创业者港湾"，通过投贷联动创新，为中小科创企业提供全景式的金融支持。

（四）推动知识产权金融创新

深圳在知识产权金融方面进行了积极探索，特别是知识产权证券化方面，形成了一定特色和规模。例如 2021 年南山区发行的"西丽湖国际科教城—高新投知识产权资产支持专项计划"，是全国首单高校科技成果转移转化的证券化产品。2022 年，深圳新发行规模为 40.5 亿元的 18 单知识产权证券化产品，位居全国首位；已累计发行规模为 125.5 亿元的 55 单证券化产品，发行规模和发行量在全国占比均超 50%，成为全国首个且唯一累计发行规模破百亿元的城市。

（五）设立深交所科交中心

深交所科交中心经中国证监会批复同意，于 2022 年 11 月 8 日正式揭牌成立，是首家连接技术市场与资本市场的全国性综合服务平台。深交所科交中心将充分发挥资本市场优势，以提升科技成果转移转化效率为重点，打造科技创新要素市场化配置的生态体系。

三、改革成效及推广价值

绿色金融方面，构建起"1+1+1+N"（"1+1+1+N"是指一部绿色金融法规、一个绿色金融发展工作领导小组、一个绿金协会、N 项绿金领域的创新举措）的绿色金融发展体系，法治化环境营造、标准化建设、生态构建、能力建设、工具创新等方面均走在全国前列，相关经验为浙江、江西、贵州等地第一批绿色金融改革创新试验区提供了借鉴。

科创金融方面，鼓励和引导多家银行积极探索多样化科技金融服务模式，在全国形成了较好的示范效应。2020 年 11 月，在国务院开展的第七次大督查中，深圳天使母基金首次受到国务院表扬。

推出外籍人才工作居留一站式服务

一、改革背景

我国参与移民管理的政府职能部门数量众多，移民职能整合程度低，跨部门协作配合机制繁杂、效率不高，存在各管一头、分管一段的现状，导致管理服务效率打折、质量不高。特别是在外国人来华就业管理工作中，相关部门多头管理，部门间管理服务理念不同、工作机制各异、数据壁垒林立，来华就业的外国人办理相关证件和签证手续烦琐、时间较长，需要先通过外国专家部门业务系统申请办理外国人工作许可证，然后再向出入境管理部门申请工作类居留许可，这两种证件全部流程办理完，需要提供多种资料跑两个部门，耗费15个工作日，受众体验不佳，与深圳先行示范区建设的城市定位不符。解决外国人来华就业手续繁、办理周期长、跑动部门多等问题，成为深圳引进国际人才的燃眉之急。市公安局出入境管理部门和市科技创新局（原市科技创新委，下同）（市外国专家局）主动作为，通过业务整合、流程再造、数据共享，打通各自国家垂直管理系统的数据壁垒，搭建线上"一网式"外国人综合服务管理平台，建立线下"一窗式"外国人就业居留事务服务中心，将串联审批化为并联审批，将两件事变为一件事，彻底解决这一问题。

二、改革举措

在完成外国人就业居留事务服务中心的"硬件"建设，初步实现市公安局出入境管理部门和市科技创新局（市外国专家局）管理业务窗口物理空间合并办公的基础上，于2020年10月完成了核心的"软件"部分综合平台的开发工作及系统测试、优化完善。2020年12月11日，外国人就业居留事务服务中心举行揭牌仪式，正式启用，综合平台同步上线运行。

深圳市外国人综合服务管理平台

外国人就业居留事务服务中心通过整合市公安局出入境管理部门、市科技创新局（市外国专家局）两个部门服务管理外籍人员的职能，充分利用科技信息化手段，推进部门数据共享、服务窗口整合、业务流程再造，将"外国人来华工作许可""外国人工作居留"两项事务统一整合为"外国人在深就业居留事务"，实现了"一网""一窗"一气呵成，为外籍人员和企业提供了优质便利服务。

三、改革成效及推广价值

一流服务体验。外国人就业居留事务服务中心将市公安局出入境管理部门和市科技创新局（市外国专家局）的窗口融为一体，避免群众两个部门奔波往返，线下业务流程清晰合理。遇有紧急个案，两部门共同及时响应，外籍人才办事友好度体验感急剧提升。揭牌仪式后，深圳各大媒体对事务中心和综合平台进行了广泛宣传报道，达到了良好的社会效果。江苏、辽宁、吉林、江西、湖北、浙江、重庆等7省、直辖市及省内多市，均在该中心成立后前来参观学习交流。

两证同时办结。通过线上和线下的全面深度融合，申请人只需面对"一网""一窗"，实现外籍人士办理外国专家工作许可和出入境工作居留许可两个证件时"一套材料、一套表单、一次申请、一窗受理、一网通办、一窗发证"，将整个工作流程从以往两个部门共15个工作日缩减为不超过7个工作日。2022年全年办理工作许可加居留许可并联业务9483笔，累计为办事群众缩短办公时限75864天。

三重全面保障。一是保障登录资质，数据安全更可靠。综合平台通过对接深圳公安统一身份认证体系和社保信息，实现中国公民"刷脸"登录，使登录资格更严谨。业务办理过程中，对接外国专家和出入境2个国家垂直管理系统，实现对工商信息、证件信息、出入境记录、违法犯罪等多重数据自动核验。各类数据信息动态关联交互，确保信息数据的真实性、及时性、关联性、可靠性。二是保障管理规范，掌握信息更全面。综合平台实现先线上审批再预约办理，改变以前随来随办的随机化办事模式，使大厅现场有序可控。实现工作许可决定书电子化流转，改变了以往市公安局出入境管理部门和市科技创新局（市外国专家局）通过纸质材料交接业务场景，并可及时掌握全市涉外备案单位、来华办证外国人以及业务申办信息。三是保障智能审批，联动复用更有效。针对平台申报的业务数据，提供合理的数据复制策略，由平台同步到公安出入境管理信息系统、外国专家局来华工作许可审批系统，保证业务数据的及时性、一致性和完整性；材料自动审核入库，减少人为错误，有效提高业务办理效率。

四个"率先实现"。市公安局出入境部门联合市科技创新局（市外国专家局）启用事务中心和综合平台，领先全国把两个职能部门"一站式"办公的"物理空间融合"升级为更高层面的"全面化学融合"：率先实现两部门国垂业务系统线上高度融合，率先实现两部门线下业务流程完整融合，率先实现两部门多数据库实时共享、信息准确融合，率先实现两部门人员统一管理、队伍紧密融合。

构建高度便利化境外专业人才执业制度

一、改革背景

习近平总书记指出，必须实行更加积极、更加开放、更加有效的人才引进政策，用好全球创新资源，精准引进急需紧缺人才，形成具有吸引力和国际竞争力的人才制度体系。

目前，专业服务贸易领域的国际通行资格证书数量不足、国际可比性和等效性不强，成为制约专业人员"引进来、走出去"的关键瓶颈。《首批授权事项清单》第27项提出"实施高度便利化的境外专业人才执业制度；赋予深圳在有关部门指导下制定境外专业人才执业管理规定权限，明确职业条件、业务范围，允许具有境外国际通行职业资格的金融、税务、建筑、规划等专业人才按相关规定在深提供专业服务"。这项改革试点工作是加强与国际通行专业服务、规则衔接的重要措施，是建立具有国际竞争力引才用才制度的重要组成部分。

二、改革举措

深圳按照综合改革试点关于"实施高度便利化的境外专业人才执业制度"的部署要求，创新国际职业资格与国内专业技术资格衔接机制，着力打通境内外人才流动关键环节堵点，初步实现重点领域境外专业人才执业资格不用考、视同职称不用评、职称评审不用逐级报，为深化人才国际交流、推动境外专业人才融入中国发展大局探索有效路径。

（一）建立国际职业资格与国内执业资格对应关系，境外人才执业准入"不用考"

2021年12月，市人力资源保障局会同国家税务总局深圳市税务局、市住房建设局、市规划和自然资源局等多部门联合发布《深圳市境外职业资格便利执业认可清单》，创新境外职业资格便利执业认可清单制度，吸引境外人才来深提供专业服务。认可清单包括税务师、注册建筑师、注册城乡规划师、医师、船员、导游等20项职业资格，对境外职业资格证书与国家准入类职业资格证书的对应互认关系作出规定。持有清单内境外职业资格的专业人员，可以按照相关实施办法在深圳备案登记后提供专业服务。

（二）建立国际职业资格与初中级职称对应关系，国际人才视同职称"不用评"

在顺利开展境外专业人才执业便利化改革的基础上，2022年，深圳制定实施《深圳市国际职业资格视同职称认可目录（2022年）》，聚焦优势主导产业、战略性新兴产业中的绿色建筑、勘察设计、金融科技、工程咨询等专业，进一步打通境外专业人才职称评审通道。一是由行业组织推荐首批国际职业资格入选目录。充分发挥当前市有关工程系列职称评审委员会组建单位在行业评价中的专业作用，由其向龙头企业、国际性行业组织等广泛征集全球范围内行业影响力大、社会认可度高、产业发展急需的国际职业资格，梳理形成首批国际职业资格入选目录。二是由专家建议国际职业资格与职称视同对应关系。从职称评审专家库抽取专家，对入选的国际职业资格与当前工程系列职称评价标准进行比较研究，建立国际职业资格与职称的对应关系，覆盖美国、英国、澳大利亚、中国香港、中国澳门等国家和地区。美国注册规划师、英国皇家注册规划师、香港注册专业规划师等24个国际职业资格对应视同工程师职称，香港安全督导员对应视同助理工程师职称。三是由行业主管部门审定对应关系。按照"管行业管人才"的有关要求，由科创、工信等行业主管部门结合行业人才队伍建设需要，最终研究形成视同职称认可目录。

（三）建立国际职业经历与职称评价标准对应关系，国际人才高级职称评审"不用逐级报"

按照视同职称认可目录相关规定，目录内的国际职业资格及相应证书持有人可视同具有助理工程师、工程师职称资格，用于参与高一级别的职称评审，不用从初级职称开始逐级申报职称评审。一是打破职称评审"逐级申报"限制。为国际专业人才建立职称评审绿色通道，职业资格已列入目录的专业人才，满足一定学历资历等条件的，最高可视同为（中级）工程师，直接申报高级工程师职称评审，可不再从助理工程师职称开始逐级申报，更好地激发人才活力。二是全面认可境外资历和成果。允许国际人才在境外的专业工作经历、学术成果、专业技术贡献和技术学术职务等作为职称评价依据。三是科学制定评价标准实行单独分组评审。结合境外申报人员特点，引入具有国际视野、熟悉境外人才情况的专家，有针对性地细化评价标准，开展境外人才职称分组单独评审，提高评审科学性。

三、改革成效及推广价值

《深圳市境外职业资格便利执业认可清单》打破执业壁垒，以直接免试备案、以培代考、专业科目免考等方式，解决境外专业人才执业准入难题。截至2022年12月31日，税务、建筑、规划、文化旅游领域已出台相关执业管理规定，共吸引613名港澳专业人士来深执业。

《深圳市国际职业资格视同职称认可目录（2022年）》打破职称评审"逐级申报"限制，相应证书持有人不用从初级职称开始逐级申报职称评审，符合学历资历等条件的，可直接申报评审高一层级的职称，同时允许国际人才在境外的资历和成果等作为职称评价依据。

◆ 对外开放

建立跨境仲裁协作和国际仲裁合作新机制

一、改革背景

习近平总书记指出"法治是最好的营商环境"。国际仲裁作为多层次争议解决体系的一部分，在制度创新、定分止争等方面发挥重要作用。深圳国际仲裁院自1983年成立以来，始终致力于创新国际商事纠纷解决机制，为境内外当事人提供公平、专业、高效的国际一流争议解决服务，为粤港澳大湾区建设稳定公平透明、可预期的国际一流法治化营商环境，提供有力的法治保障。

2020年10月，习近平总书记在深圳经济特区建立40周年庆祝大会上宣布赋予深圳综合改革试点的新使命、新任务，以清单批量授权方式推出40条首批授权事项。其中，第29项任务提出"以经济特区国际仲裁机构为基础建设粤港澳大湾区国际仲裁中心，健全国际法律服务和纠纷解决机制，支持经济特区国际仲裁机构牵头建设国际投资联合仲裁中心，通过合作方式引进相关国际组织和世界知名仲裁机构，建立国际调解组织和调解员交流协作机制"。

二、改革举措

（一）建设粤港澳大湾区国际仲裁中心

完成"粤港澳大湾区国际仲裁中心"机构编制手续，推动出台《深圳国际仲裁院条例》，规定理事会成员和境外仲裁员的法定比例不低于1/3，在港籍理事的基础上增聘澳门籍理事，进一步增强法人治理结构中的港澳元素，联合港澳共同面向世界。

作为内地在境外设立的第一家独立仲裁机构，华南（香港）国际仲裁院于2022年5月发布以《联合国国际贸易法委员会仲裁规则》为基础的仲裁规则，治理机制和制度建设进一步完善。香港特别行政区政府律政司官网将华南（香港）国际仲裁院列为进驻香港的"世界级仲裁机构"。

（二）健全国际法律服务和纠纷解决机制

支持资本市场等重点产业创新发展，服务改革开放大局。在中国证监会和司法部的统筹指导下，深圳国际仲裁院和深圳证券交易所坚持"系统集成、协同高效"的原则进行改革创新，共建中国（深圳）证券仲裁中心。2021年11月1日，中国（深圳）证券仲裁中心正式揭牌。这是全国首家证券仲裁中心，也是全球第一个由国际仲裁机构与证券交易所共建的证券仲裁中心。

完善知识产权保护体系，设立中国（深圳）知识产权仲裁中心。2021年4月20日和4月

24 日，中国（深圳）知识产权仲裁中心在南山区和河套深港科技创新合作区揭牌。

加快建设全球海洋中心城市，设立深圳国际仲裁院海事仲裁中心。经市委编办批复同意，深圳国际仲裁院新设海事仲裁中心作为分支机构。最高人民法院《关于支持和保障深圳建设中国特色社会主义先行示范区的意见》《最高人民法院关于支持和保障全面深化前海深港现代服务业合作区改革开放的意见》明确表示"支持深圳国际仲裁院海事仲裁中心建设，打造多元化国际海事法律服务中心"。

服务"前海深港国际法务区"建设，推动中国首座国际仲裁大厦项目在前海落地。深圳国际仲裁院是前海国际法务区的"双终审"支柱之一，现中国首座国际仲裁大厦（SCIA TOWER）作为国际法律服务的集聚地已在前海正式启用。

支持河套深港科技创新合作区，推动建设粤港澳大湾区国际仲裁中心交流合作平台。目前，首批香港、澳门机构（包括大律师事务所、仲裁机构等专业服务机构）已以合作方式签约进驻。

（三）牵头建设国际投资联合仲裁中心

率先在仲裁规则中将投资仲裁纳入案件受理范围，规定可以受理"一国政府与他国投资者之间的投资争议仲裁案件"，并按照《联合国国际贸易法委员会仲裁规则》及《深圳国际仲裁院关于适用〈联合国国际贸易法委员会仲裁规则〉的程序指引》管理案件。

持续加强国际投资仲裁后备人才储备。在世界银行国际投资争端解决中心等机构的支持下，深圳国际仲裁院已主办三届国际投资仲裁模拟庭审大赛深圳杯（FDI MOOT SHENZHEN），该赛事是中国赛队获得 FDI Moot 全球赛入场券的唯一渠道。FDI MOOT SHENZHEN 2022 有来自全球 46 个国家和地区的裁判参与其中。

（四）通过合作引进相关国际组织和世界知名仲裁机构

深圳国际仲裁院加大国际合作力度，结合前海深港国际法务区以及前海国际仲裁大厦建设，大力推进以合作方式引进相关国际组织和世界知名仲裁机构，已与国际商会国际仲裁院（ICC Court）、内罗毕国际仲裁中心（NCIA）等国际组织和境外仲裁机构签署了在前海开展国际仲裁合作的协议，并举办了前海国际仲裁合作启动仪式。

（五）建立国际调解组织和调解员交流协作机制

完善"境外调解＋境内仲裁"模式，与新加坡国际调解中心（SIMC）签署合作备忘录，开展多元化争议解决机制合作，共同探索"新加坡调解＋深圳仲裁"等跨境争议解决模式。发布《粤港澳仲裁调解联盟联合调解员名册》，推动更多机构加入联盟，促进粤港澳大湾区仲裁调解联盟发挥更大作用。

三、改革成效及推广价值

粤港澳大湾区国际仲裁中心交流合作平台已汇聚了多家港澳法律机构，进驻机构在人才交流、培训推广、专业研讨、法律科技等多个方面开展交流合作。2022 年 7 月 29 日，国际仲裁刊物《环球仲裁评论》（*Global Arbitration Review*）公布"2022 区域仲裁指南"，将深圳国际仲裁院列为"值得重点关注的亚太仲裁机构"，充分体现了深圳在国际仲裁方面的影响力。

开展跨国公司本外币一体化资金池业务试点

一、改革背景

在中国人民银行和国家外汇管理局的统一部署下，人民银行深圳市分行深入贯彻落实《中共中央 国务院关于支持深圳建设中国特色社会主义先行示范区的意见》《深圳建设中国特色社会主义先行示范区综合改革试点实施方案（2020—2025 年）》《关于金融支持粤港澳大湾区建设的意见》，推进金融支持粤港澳大湾区和中国特色社会主义先行示范区建设，推动综合改革试点各项工作尽快落地。为加快构建以国内大循环为主体、国内国际双循环相互促进的新发展格局，支持"走出去"企业全球化经营，充分发挥深圳作为"双循环"重要交汇点作用，人民银行深圳市分行（原人民银行深圳市中心支行，下同）广泛调研企业需求，深度参与本外币一体化资金池政策顶层方案设计。在人民银行深圳市分行积极争取下，2021 年 3 月，深圳获批首批开展跨国公司本外币一体化资金池试点业务（本外币一体化资金池业务指跨国公司根据自身经营和管理需要，集中运营管理境内外本外币资金，开展资金归集和余缺调剂、经常项目资金集中收付和轧差净额结算等）。2022 年 7 月，试点范围进一步扩大到全国 8 个地区。

二、改革举措

试点在原有政策基础上，实施更优的跨境资金管理政策组合。整合升级了现有各类本外币资金池政策，实现了跨国公司集团内本外币资金一体化管理，便于企业在全球范围内统筹配置多币种资金。在跨境额度上实行双向宏观审慎管理，适度调增外债和境外放款额度。根据批复文件，试点企业境外放款额度上限由之前所有者权益的 0.3 倍扩大至 0.8 倍，扩大企业跨境双向融资空间。大幅简化业务流程和手续，升级跨境资金账户管理体系，大幅便利跨国公司境内成员企业之间资金划转、调拨，提升集团内部资金管理效率，资金池内成员企业的境内资金大循环已全面打通。在对结汇实施便利化管理的基础上，实现一定额度的意愿购汇。国家外汇管理局赋予试点企业一定的意愿购汇额度，便于其根据自身实际情况和需求自主购汇，更为灵活地管理汇率风险。

三、改革成效及推广价值

（一）坚持服务实体经济，助力畅通国内国际"双循环"

金融市场改革创新的根本出发点和落脚点是服务实体经济发展。深圳充分发挥先行示范作用，以"服务实体经济企业、突出受益导向"为原则，重点聚焦辖内信用等级较高的优质、大型实体制造业跨国公司，行业涵盖新能源汽车、智能制造、通信设备等，对实体经济精准释放政策红利。助力企业有效降低资金调配成本，显著提升企业境内资金运用效能，畅通国内"大循环"。从实施效果来看，推进池内异地企业贸易外汇收支便利化。主办企业代异地成员企业完成备案后，异地企业业务可"统一归口"在深圳贸易外汇收支便利化试点银行办理，且统一享受优化单证审核等便利化服务，进一步提高贸易自由化、便利化水平，有效提升试点企业获得感。此外，支持主办企业代境外成员集中收付。2022 年 7 月，第二批试点在首批试点政策基础上进一步升级，允许主办企业依据真实贸易背景，直接与境外成员企业的交易对手方开展资金收付业务，切实回应了跨国公司提升跨境资金集约化管理的更高要求，为畅通国内国际"双循环"探索新途径。截至 2022 年 12 月 31 日，深圳共有 15 家企业参与试点，业务规模达 479 亿美元，已累计为深圳试点企业增加财务收入、节约税务成本约 4000 万元人民币。

（二）整合本外币政策，助力推动人民币国际化

本外币一体化管理是金融市场双向开放、人民币国际化进程的应有之义。该试点采取吸收跨境双向人民币资金池、外币资金池业务中富有成效的做法，制定统一规则，并实现有机融合。池内资金划转、结算、融资等多个业务条线币种均可以自由选择，给予企业更大自由空间。依托深圳本外币合一银行结算账户试点，实现多币种账户合一，有效减少企业开户数量，节约管理成本。通过调整汇率风险折算因子，鼓励试点企业更多使用人民币开展跨境双向融资，着力提升人民币融资货币功能，推动人民币国际化。为切实满足企业对于跨境资金集中运营的多元化需求，使试点政策更加精准直达，人民银行深圳市分行通过"面对面"座谈的形式，对企业进行有针对性的政策指导，宣讲"本币优先"理念，推动资金池项下跨境人民币结算量大幅提升，企业财务成本和管理成本有效降低。以深圳某试点企业为例，该企业在全球 70 多个国家和地区开展业务，在人民银行深圳市分行的引导和推动下，目前已实现 95% 以上跨境交易使用人民币结算，年度结算量约 400 亿元人民币。

（三）深化"放管服"改革，有序推进资本项目改革

推动高质量发展是保持经济持续健康发展的必然要求。人民银行深圳市分行基于试点政策，深化落实跨境投融资改革创新，推动实现安全、高效、低成本的要素流通循环。落地意愿购汇业务。在资本项目结汇已全面实现便利化管理的基础上，试点企业可根据自身实际情况和需求，在一定额度内自主选择购汇时机，为企业加强汇率管理、提升汇率风险管理能力提供重要政策工具。2021 年 6 月，深圳试点企业开展了首笔意愿购汇业务，金额为 5 亿港元，为企业节约成本达 308.4 万元人民币。扩大企业跨境双向融资空间。根据试点政策，人民银行深圳市分行为试点企业适度调增双向跨境融资额度，进一步满足企业跨境本外币资金的余缺调剂和归集需求，赋予企业在跨境资金管理层面更多、更大的自主权，实现了限额内的跨境双向融资可兑换。持续优化账户架构。取消委托贷款框架，大幅简化业务流程和手续，企业资金汇划路径

有效缩短三分之一，提交材料由"一大摞"简化为几张纸，资金使用效率明显提高，银行审核业务时间也大幅缩短，跨境资金调拨速度从以往的按天计算缩短至以分钟计，最快仅需 5 分钟即可到账。

创新地方政府债券发行机制

一、改革背景

2020 年 10 月，"先行先试地方政府债券发行机制"事项被纳入《首批授权事项清单》，具体内容为"授权深圳在国家核定地方债额度内自主发行。创新地方政府举债机制，允许深圳到境外发行离岸人民币地方政府债券"。

在此之前，我国地方政府债券仅在境内发行，"先行先试地方政府债券发行机制"首批授权事项打破了原有地方政府不能发行境外债券的政策障碍。深圳作为全国首个赴境外发债的内地地方政府，首次将地方政府举债融资渠道拓展至境外市场，填补了离岸地方债的发行空白，是我国地方政府举债机制的创新，充分发挥了深圳先行先试的示范引领作用。

二、改革举措

深圳积极落实国家"碳达峰、碳中和"重大战略决策，在国家"十四五"规划开局之年，全力以赴推动完成在香港发行离岸人民币地方政府债券工作，进一步推动政府债券市场有序对外开放，逐步与国际债券市场接轨。

（一）用好央地协同机制

自"先行先试地方政府债券发行机制"事项被纳入《首批授权事项清单》以来，深圳积极承接、有效落实，制定境外发债方案、时间表，开展地方政府赴境外发债的深调研工作，建立常态化的沟通汇报机制，高频率向国家相关部委请示沟通，汇报境外债券市场情况和具体发债方案，积极推动改革事项落地实施。

（二）用好调研论证机制

深圳通过用好调研论证机制，鼓励干部勇挑重担，开展系列调研论证，为债券顺利发行打下坚实基础。《实施方案》出台前，便深入研究赴境外发债的可行性，积极探索赴境外发行地方政府绿色债券的实施路径，深入分析境外发债的政策风险及防范措施，确保境外发债可落地执行。《实施方案》出台后，系统研究发债各环节，参考财政部和政策性银行境外发行经验，了解离岸人民币债券市场需求及境内外信息披露政策，研究境外债券发行方式，精心编制发行披露材料，创新谋划发行绿色债券品种。

（三）用好工作专班机制

深圳充分运用工作专班机制，有效调动全市相关资源，协同推进境外发债工作。深圳成立全市跨部门工作专班，由分管副市长担任组长、市财政局牵头、相关部门协调联动，通过专项工作会议等运作机制，充分发挥专班成员单位专业优势，统筹解决境外债发行过程中的发债宣传、资金出入境等问题。同时，成立市财政局跨处室工作专班，局主要负责同志亲自抓，层层压实责任，制定详细分工和时间表，研究工作细节，敲定工作流程。工作专班挂图作战，节点式推进路演推介、簿记定价、举办债券发布会、债券挂牌上市等一系列发债工作。

（四）用好深港合作机制

深圳通过用好深港合作机制，积极与香港有关政府部门和机构对接，探索深港合作具体细节，明确政策适用条件，最终在多个方面获得港方突破性政策支持。在税务合作上，债券的利息及处置债券取得的收入免征香港利得税。在资金流动性支持上，债券由香港金融管理局纳入人民币流动资金安排的合资格抵押品名单，证券功能及交易场景的拓宽极大提升了本次债券的流动性水平。上述突破性政策支持，是深港金融深度合作的有力实践和重大创新。

（五）用好市场竞争机制

深圳坚持市场化、法治化原则，充分遵循国际市场规则，通过用好市场竞争机制，在具体实操上深入论证、反复研究。在路演方面，编制形成上万字、高质量的中英文路演推介材料，举行中文、英文两场线上路演推介会，分别向亚洲和欧洲投资人讲好"深圳故事"，供投资人了解深圳发展历程、发展现状与信用实力等情况。在债券定价方面，参考离岸人民币国债和政策性银行境外债券二级市场收益率水平，统筹考虑国际投资人订单和意向利率等情况，通过簿记建档的方式综合确定债券发行利率。

三、改革成效及推广价值

2021 年 10 月 11 日，深圳赴香港成功发行 50 亿元离岸人民币地方政府债券，分为 2 年期、3 年期、5 年期三个期限。2 年期债券发行规模 11 亿元，定价利率为 2.6%；3 年期债券发行规模 15 亿元，定价利率为 2.7%；5 年期债券发行规模 24 亿元，定价利率为 2.9%。2 年期债券募集资金用于普通公办高中建设项目；3 年期、5 年期为绿色债券，募集资金用于城市轨道交通和水污染治理等项目。簿记当天受到国际知名投资机构的广泛关注，获得投资人踊跃认购，认购倍数达 3.48 倍。10 月 12 日，深圳市离岸人民币地方政府债券发布会在深港两地双会场连线举行，财政部、中国人民银行、国务院港澳办、香港特别行政区及深圳市委、市政府负责同志等出席发布会。

2022 年 10 月 31 日，在 2021 年成功首发的基础上，深圳继续在香港成功发行 50 亿元离岸人民币地方政府债券，2 年期、3 年期和 5 年期债券发行规模分别为 24 亿元、15 亿元和 11 亿元，最终定价利率分别为 2.42%、2.65% 和 2.83%。2 年期债券用于产业园区基础设施和棚户区改造项目；3 年期为绿色债券，用于轨道交通项目；5 年期为蓝色债券，用于水污染治理项目。簿记当天获得投资者踊跃认购，认购倍数达 3.03 倍。

深圳作为首个赴境外发债的地方政府，在创新地方政府债券发行机制方面先行探路，率先为我国地方政府举债机制改革创新提供积极示范。央视新闻、经济日报等多家央媒，各类省媒、市媒以及大公报等港媒聚焦深圳连续两年成功赴港发行离岸人民币地方政府债券、绿色和蓝色债券品种、深港金融合作等方面内容，全过程、多角度对深圳境外发债进行深入报道。

（一）突破地域，连续两年赴境外发行地方政府债券

2021年深圳赴港发债，是我国地方债改革发展历史上的里程碑事件。深圳在国际资本市场上首次亮相，首次试行国际化、市场化债券发行方式获得成功。2022年继续发行，有利于提高深圳境外债二级市场流动性和交易活跃度，逐步完善深圳离岸债收益率曲线，进一步巩固境外融资渠道。

（二）关注绿色，推动落实"双碳"重大战略目标

2021年，深圳在香港发行39亿元绿色债券，是内地首次在境外发行绿色债券为绿色项目融资，是深圳在绿色金融领域的一次重大突破。2022年，深圳继续在香港发行绿色债券，并首次推出蓝色债券品种，绿色和蓝色债券共发行26亿元，对助力深圳建设全球海洋中心城市、推动粤港澳大湾区可持续发展、落实"双碳"重大战略目标和国家生态文明建设具有重要意义。

（三）加强合作，深化深港两地金融互联互通

深圳连续两年赴港发债，弥补了离岸地方债空白，有利于进一步深化深港两地金融合作，对支持香港金融中心建设、强化全球离岸人民币业务枢纽、推动香港债券市场发展具有非常重要的意义。

（四）落实战略，助推人民币国际化进程

深圳赴香港发行离岸人民币债券，有利于丰富离岸人民币债券市场的品种，推动人民币计价金融产品多元化，为国际投资者提供更多样化的资产配置选择，进一步推动人民币国际化进程。

创新口岸国际中转便捷通关模式

一、改革背景

海港口岸客运码头设置旅客国际中转区，在国家层面没有明确管理政策规定，国内其他海港客运码头也没有先例可供借鉴。为发挥蛇口邮轮母港等深圳港客运码头的区位优势，充分利用香港机场的国际航线网络拓展国际邮轮旅客，需在蛇口邮轮母港等客运码头设置旅客国际中转区，开展国际旅客中转业务。经结合深圳实际组织政策研究，并与国务院部委沟通情况，议定参照国际机场口岸，首创国内客运码头"国际中转便捷通关模式"。相关通关模式创新主要包括研究制定在深圳港客运码头设置旅客国际中转区和旅客国际中转业务的相关规范性文件法规；建立客运码头旅客国际中转业务的操作管理制度；研究实施中转旅客便利通关措施，建立邮轮通关常态化保障机制等。新通关模式方便助推深圳国际邮轮提供更多种类邮轮旅游产品，发展中国自主邮轮品牌五星邮轮航线，打造深圳国际邮轮枢纽港，提升深圳国际化城市形象。

二、改革举措

（一）加强法规制度建设

根据综合改革试点授权以及深圳口岸行政管理职责，由市口岸办牵头制定相应部门规范性文件，赋予深圳市对客运码头旅客国际中转区进行验收批准启用以及对旅客国际中转业务实施行业监管的管理权限，并建立与之相配套的便利出入境手续办理和口岸通关时间保障的工作机制。市口岸办牵头组织市交通运输局、深圳海关、深圳边检总站、深圳海事局等单位开展专项调研，并与国务院相关部委沟通，组织成立材料起草小组，制定了包括《"深圳港客运码头设置旅客国际中转区"综合授权改革工作实施方案（2021—2025年）》《深圳港客运码头旅客国际中转区管理办法（试行）》在内的四大类10份制度性文件。

（二）优化现场业务运作

由深圳海关、深圳边检总站等口岸查验单位，依照国家出入境管理规定，并参照机场口岸国际中转旅客监管实践，研究制定在客运码头开展国际中转旅客查验监管的操作流程指引以及监管风险防范预案。由蛇口邮轮母港公司制定在客运码头开展旅客国际中转业务的操作管理制度以及应急预案。

（三）强化业务落地实施和复制推广

由蛇口邮轮母港公司制定旅客国际中转区场地建设规划方案。在疫情防控政策调整恢复国际邮轮航线后，实施项目建设并开展旅客国际中转业务。由市口岸办牵头总结实践成果，推荐给湾区内其他具备条件的海港客运码头推广实施。

三、改革成效及推广价值

（一）创建国内独有的新类型海港客运口岸

在以蛇口邮轮母港为代表的深圳海港客运码头口岸区域内，参照空港口岸的通行做法，设置独立的旅客国际中转查验功能区域，实施便利的出入境措施，开展国际旅客中转业务，从而在深圳创建国内独有的具备旅客国际中转功能的新类型海港客运口岸。

（二）推出"飞机＋邮轮"新类型邮轮旅游产品

在以蛇口邮轮母港为代表的港口码头开展国际旅客中转业务，依托香港国际机场丰富的国际航线拓展邮轮游客，为不持有来华签证的国际邮轮、港澳高速客船的旅客提供往来香港机场和蛇口邮轮母港之间的便捷中转过境通道，国际邮轮公司推出更多"飞机＋邮轮"类型邮轮旅游产品，提升深圳邮轮旅游产品市场竞争力和邮轮旅客吞吐量。

（三）发展中国自主邮轮品牌"五星邮轮"航线

以蛇口邮轮母港为代表的港口码头开展国际旅客中转业务，可吸引更多港澳、国际旅客从深圳中转乘坐邮轮游览世界，助推招商蛇口邮轮母港公司实现发展中国自主邮轮品牌"五星邮轮"航线、打造国际邮轮枢纽港的发展战略，从而提升深圳国际化城市的形象。

推动国际船舶登记入级管理集成创新

一、改革背景

（一）国际航行船舶存在"中资外籍"现象

改革开放以来，中国海运事业快速发展，时至今日我国已成为世界航运大国。大量船东选择将船舶登记（船舶登记是指法律或法规授权主管机构根据船舶所有人的申请，依据法律或法规的规定，对船舶的所有权、船舶抵押权等所进行的登记）注册在国（境）外，悬挂方便旗，形成了庞大的"中资外籍"现象。如新加坡、中国香港等地由于实施高度开放的船舶登记制度和优惠的税费政策，具有显著的竞争优势，船舶登记规模增长迅速，目前香港注册的船舶突破 1.3 亿总吨，新加坡注册的船舶也达到 9600 万总吨，而深圳籍船舶不足 300 万总吨。

（二）自贸区对国际船舶登记改革探索不足

2017 年以来，为贯彻落实国家自贸试验区开放战略，天津、上海、广东等自贸试验区都开展了国际船舶登记试点。深圳海事局和市前海管理局积极推进"中国前海"国际船舶登记制度落地实施，于 2017 年 11 月完成首艘"中国前海"船籍港国际船舶登记。此后，深圳海事局持续优化国际船舶登记制度，市前海管理局出台高端航运服务业发展指导意见和产业支持政策。但从自贸区国际船舶登记数量来看，全国各自贸区国际船舶登记数量依然较少。

（三）深圳国际船舶登记制度改革迎来历史机遇

为进一步深化国际船舶登记制度改革，《实施方案》授权深圳"深化国际船舶登记制度改革"，并部署安排多项改革任务。

二、改革举措

牵头制定《深圳市深化国际船舶登记制度改革实施方案》（以下简称《船舶登记改革实施方案》）。2020 年 10 月，《实施方案》一经发布，深圳海事局立即成立工作专班，立足深圳航运市场实际，就落实"深化国际船舶登记制度改革"主要内容以及相关配套措施进行深入研究。通过与辖区航运企业开展现场座谈调研、与香港航运企业开展远程视频座谈调研、积极与上级主管机构沟通汇报争取支持等方式，为制定《船舶登记改革实施方案》等奠定坚实基础，制定完成后向市 15 家相关部门（单位）书面征求两次意见。2021 年 6 月 15 日，《船舶登记改革实施方案》经市委全面深化改革委员会第二十二次会议审议通过，并于 6 月 25 日正式印发实施，为推进深化国际船舶登记制度改革各项工作任务落实提供了重要保障。

允许在深圳依法设立的企业，对其所有的船舶在深圳进行国际船舶登记，企业的外资股比不受限制。梳理研究有关上位法，并按程序申请暂时调整《中华人民共和国船舶登记条例》第二条在深圳的适用。

允许依法获批的外国验船公司，对在深圳进行国际船舶登记的船舶开展入级检验和法定检验。梳理研究有关上位法，并按程序申请暂时调整《中华人民共和国船舶和海上设施检验条例》第十三条和《船舶检验管理规定》第四、五、六条在深圳的适用。根据《中华人民共和国海事局关于放开自由贸易试验区国际登记船舶入级检验有关事项的公告》，依法获批的外国验船公司可在国内自贸区开展入级检验（入级检验是指应船舶、水上设施的所有人和经营人自愿申请，按照拟入级的船舶检验机构的入级检验技术规范，对船舶、水上设施进行的检验，并取得入级船舶检验机构的入级标识）工作。积极与交通运输部海事局沟通，推动允许依法获批的外国验船公司对在深圳进行国际船舶登记的船舶开展法定检验（法定检验是指船旗国政府或者其认可的船舶检验机构按照法律、行政法规、规章和法定检验技术规范，对船舶、水上设施、船用产品和船运货物集装箱的安全技术状况实施的强制性检验）。

允许外籍船员任职在深圳进行国际船舶登记的船舶的高级船员，且所有船员免办就业证。按照《中华人民共和国船员条例（2020 修订）》第十五条第一款"在中国籍船舶上工作的外国籍船员，应当依照法律、行政法规和国家其他有关规定取得就业许可，并持有国务院交通主管部门规定的相应证书和其所属国政府签发的相关身份证件"规定，目前外籍船员可在中国籍船舶上工作，包括在深圳进行国际登记的船舶。就"免办就业证"事宜与市科技创新局沟通确认，目前在深圳国际登记船舶上任职的外籍船员免办工作许可已无政策障碍。经与市人力资源保障局沟通确认，在允许深圳国际登记船舶上任职的外籍船员在我国就业时免办工作许可的前提下，其办理社会保险登记手续无须提供工作许可相关材料也已无政策障碍。开展外籍人员在深圳参加船员培训、考试及发证试点，为持有外国船员适任证书的船员签发船员适任证书承认签证，推动外籍船员在中国籍船舶人才紧缺岗位任职。

瞄准制度集成创新研究起草国际船舶条例。为进一步"突出改革系统性、整体性、协同性，实现改革目标集成、政策集成、效果集成"，深圳海事局在推进"深化国际船舶登记制度改革"各项工作的过程中，始终坚持力争通过运用经济特区立法权，建立一套与国际通行做法接轨的深圳国际船舶登记制度。在各有关部门的共同努力下，《深圳经济特区国际船舶条例》顺利列入市人大 2022 年一类立法计划，2022 年 12 月 13 日，市政府七届六十二次常务会议审议并原则通过《深圳经济特区国际船舶条例》（草案送审稿）。

三、改革成效及推广价值

2021 年 5 月 11 日，成功为豪华邮轮"招商伊敦"签发全国首单外国船员适任证书承认签证。2022 年 2 月 22 日，国务院发布《关于同意在深圳市暂时调整实施有关行政法规规定的批复》，同意在深圳暂时调整实施《中华人民共和国船舶登记条例》第二条第一款第二项有关规定。

本次改革放宽了自贸区国际船舶登记制度实施范围，允许在深圳依法设立的企业，对其所有的船舶在深圳进行国际船舶登记，企业的外资股比不受限制，船籍港登记为"中国前海"；放开了外国船舶检验机构入级检验资质，允许依法获批的外国验船公司开展入级检验；优化了外籍船员在深圳国际登记船舶上的任职程序，开展外籍人员在深圳参加船员培训、考试和发证工作，便利外籍船员在深圳签发船员适任证书承认签证。

获深圳海事局签发船舶登记证书的首艘中国籍豪华邮轮"招商伊敦"号

探索国际航行船舶保税加油服务和审批新模式

一、改革背景

2020 年 10 月,"赋予深圳国际航行船舶保税加油许可权,进一步放开保税燃料油供应市场"被列入《实施方案》。作为深圳落实"放管服"改革的重大举措,广东省委主要负责同志,市委、市政府主要负责同志均高度重视,并部署落实工作。

二、改革举措

(一)坚持制度创新

为加快推动综合授权许可权事项落地,市政府成立了市国际航行船舶保税燃料经营许可权承接工作领导小组统筹推进相关工作,市商务局牵头起草《深圳市国际航行船舶保税燃料油经营管理试行办法》(以下简称《试行办法》),协调推进"先供后报""一船多供"等便利监管政策,探索在全省开展加注业务,为保税燃料油加注提升效率和扩大范围提供制度保障。

(二)推动落地实施

2021 年 6 月 18 日,向深圳市盐田港集团有限公司和中石化中海深圳船舶燃料有限公司颁发国际航行船舶保税燃料油经营牌照,并于 6 月 29 日组织在盐田港码头完成首单加注,标志着深圳国际航行船舶保税燃料许可权改革事项落地。

(三)开展产业支持

2022 年 3 月 29 日,盐田区政府印发《盐田区构建现代产业体系促进经济高质量发展扶持办法》,明确加大对国际航行船舶保税燃料加注业务的支持力度,最高给予保税燃料油加注经营企业 200 万元扶持。2022 年 10 月 18 日,市发展改革委发布《关于支持开展天然气贸易 助力打造天然气贸易枢纽城市的若干措施》,进一步加大支持力度,最高给予保税燃料油加注经营企业 500 万元扶持。

三、改革成效及推广价值

(一)提升改革成效

依据《试行办法》等相关文件,已有 4 家企业获市商务局颁发的国际航行船舶保税油经营证书并顺利开展业务。截至 2022 年 12 月 31 日,深圳市地方牌照企业保税燃料油加注量累计超 25.2 万吨,销售额超 13.6 亿元。

(二)开展精准招商

保税油加注行业为资源型产业,深圳充分发挥综合改革试点制度红利,积极对中石油、中石化、中海油 3 家央企招商，已向中石化中海深圳船舶燃料有限公司、广东省盐田港实华能源发展有限责任公司、深圳市中海油外轮供应有限公司和深圳昆仑燃料油有限责任公司 4 家公司颁发国际航行船舶保税燃料油经营牌照，推动"三桶油"在深投资布局，通过资源互补，进一步优化国际贸易结构，扩大我市保税油加注规模。

（三）加强复制推广

2022 年 11 月 22 日，深圳市国际航行船舶 LNG 首船加注启动，深圳中石油国际液化天然气加注有限公司在盐田港为一艘双燃料集装箱船加注 7000 立方米 LNG 燃料，盐田港成为全球少数拥有"船对船同步加注 LNG"服务能力的港口，为深圳打造全球 LNG 加注中心、增强国际航运综合服务功能迈出了坚实的一步。

（四）打造天然气贸易集聚区

在稳步开展保税油加注业务基础上，坚决贯彻落实市委、市政府关于天然气高质量发展"一区一廊一中心"（"一区一廊一中心"指高标准建设前海天然气贸易集聚区、大鹏液化天然气走廊、盐田国际船舶保税 LNG 加注中心）战略决策部署，高标准建设前海天然气贸易集聚区，助力深圳成为具有国际影响力的天然气贸易枢纽城市。截至 2022 年 12 月 31 日，前海合作区内正式注册落地天然气贸易企业 24 家，包括中海油（深圳）能源投资有限公司、中集新能（深圳）科技有限公司等，天然气贸易总额超 130 亿元，产业集聚发展态势初步形成。

推动深圳综合改革试点在前海落地实施

一、改革背景

中共中央、国务院印发《全面深化前海深港现代服务业合作区改革开放方案》后，各级要求前海在落实过程中用好综合改革试点政策。市前海管理局制定《前海贯彻落实〈深圳建设中国特色社会主义先行示范区综合改革试点实施方案（2020—2025 年）〉行动计划》，积极推动各领域综合改革试点首批授权事项落地。

二、改革举措

制度创新是前海的重要使命，在落实深圳综合改革试点工作中，前海提出了 24 条行动措施，并积极推动更多首批授权事项在前海落地。

（一）推动跨境商事法律规则衔接机制对接

市前海管理局以"一个立法突破，两个裁判支撑，三方协同联动"为支点，推动跨境商事法律规则衔接机制对接。"一个突破"指允许在前海注册的港澳台资或外商投资企业，作为民商事合同当事人，协议选择合同适用的域外法。"两个支撑"指通过司法和仲裁，保障当事人适用境外法的权利得以落实：在前海合作区法院创立的"港区陪审""港区调解"制度基础上，先后选任 32 名香港地区陪审员参审案件，聘请 12 名港澳地区调解员调解案件；成立粤港澳大湾区国际仲裁中心，聘任来自港澳地区的仲裁员，成功调解商事纠纷案件超 600 件。"三方联动"指通过律师事务所、法律查明机构和政府部门为当事人适用境外法提供服务保障：利用粤港澳合伙联营律师事务所，吸引熟悉普通法的律师为港人港企提供便捷的法律服务；利用域外法查明专业机构，保障适用境外的法律查得准；利用"一带一路"法治地图项目，深入梳理共建"一带一路"国家和地区法律环境，为查明境外法律提供资源支撑。

（二）探索建立高度便利化的境外专业人才执业制度

2021 年 1 月发布实施《港澳涉税专业人士在中国（广东）自由贸易试验区深圳前海蛇口片区执业管理暂行办法》，成为全国首个且唯一实现全面放宽港澳涉税专业人士执业要求的区域。2021 年 12 月，市前海管理局会同市人力资源保障局等部门联合印发《深圳市境外职业资格便利执业认可清单》，允许持有该清单内 20 项境外职业资格的专业人士，按照相关实施办法在深圳市备案登记后执业，提供专业服务。

（三）创新推出外籍人才认定机制和工作居留一站式服务

试点允许符合认定条件的外籍高层次人才及其配偶、未成年子女，可直接申请在华永久居留。对前海重点企业选聘的外籍技术人才，达到一定积分标准的，可以申请在华永久居留。打造前海国际人才港，对国际高端人才和紧缺人才提供专业优质的一站式、全链条公共服务和市场化服务，一站式办理 451 项服务事项。整合市人力资源保障局、市科技创新局（市外国专家局）、市公安局有关服务职能，实现外国人才服务"三窗合一"，将外国人来华工作许可、外国人工作居留许可两项业务整合，实现材料一次提交、一窗办理。动态编制前海急需紧缺人才目录，精准对接前海企业对外籍人才引进需求，开通人才引进绿色通道，实施"一人一专员"靶向对接，在办理出入境证件、工作居留许可、奖励补贴方面提供相应支撑和便利。

（四）扩大金融业对外开放

开展本外币合一跨境资金池业务试点后，深圳 20 家"跨境理财通"试点银行中 12 家在前海落地首单业务。截至 2022 年 12 月 31 日，香港交易所前海联合交易中心运用区块链等技术推出"前海仓单"项目，先后上线天然气等 9 个交易品种，累计交易额达 793.5 亿元。前海微众银行建立境外人士收入数字化线上核验平台，提升购汇及汇出业务效率，为境外人士提供便捷金融服务。

三、改革成效及推广价值

前海率先实现港澳涉税专业人士免试跨境执业，法律、金融等众多高端机构集聚。国家发展改革委发布的《关于推广借鉴深圳综合改革试点首批授权事项典型经验和创新举措的通知》，7 条为中央驻深各部门、市直各单位在前海合作区率先试点、争取突破后最终形成的"前海经验"，占复制推广数量 39%。

◆ 公共服务体制

建立急需药械准入和全流程监管新机制

一、改革背景

药品医疗器械审评审批制度改革是中央全面深化改革的一项重要任务，对于药械质量安全和创新发展具有重要意义。中共中央、国务院高度重视，习近平总书记指出"要改革完善审评审批制度，激发医药产业创新发展活力，改革临床试验管理，加快上市审评审批，推进仿制药质量和疗效一致性评价，推动企业提高创新和研发能力，加快新药好药上市，满足临床用药急需"。2017 年，中共中央办公厅、国务院办公厅印发《关于深化审评审批制度改革鼓励药品医疗器械创新的意见》，明确提出"加快临床急需药品医疗器械审评审批"。随着粤港澳大湾区的深度融合发展，及我国人民对身体健康和幸福生活的更高向往，粤港澳大湾区居民对于使用新药好药的愿望愈加迫切。但由于存在临时审批时限过长、海关通关没有固定程序等情况，国际新药的使用难以得到实质性突破。

二、改革举措

（一）积极争取，实现放宽国际新药准入在深圳破题

市政府领导多次与国家药监局、省药监局相关部门负责人积极汇报沟通，成功将"放宽国际新药准入"政策列入《首批授权事项清单》，允许在粤港澳大湾区内地 9 市开业的指定医疗机构（港澳医疗卫生服务提供主体在珠三角 9 市按规定以独资、合资或合作等方式设置医疗机构）使用临床急需、已在港澳上市的药品。2020 年 11 月，国家市场监督管理总局等八部门印发了《粤港澳大湾区药品医疗器械监管创新发展工作方案》，对临床急需、已在港澳上市的药品的审批作了具体制度安排。2021 年 1 月 20 日，省市场监管局等九部门联合转发《关于〈粤港澳大湾区药品医疗器械监管创新发展工作方案〉的通知》，对放宽国际新药准入事项的实施进行具体部署。

（二）对标先进，推动放宽国际新药准入管理标准

三次选派 20 名业务骨干赴海南博鳌乐城国际医疗旅游先行区学习调研生物医药产业、特殊审批药械质量安全管理、不良反应（事件）风险监测工作等方面的先进经验和做法。积极参与粤港澳大湾区落实"放宽国际新药准入"清单事项所涉及的政策研究、配套文件制定，为政策落地奠定了良好基础。多次组织召开指定医疗机构使用临床急需进口药品医疗器械监管工作专题会议，研究制定对临床急需进口药品医疗器械日常监督管理要求。多次与香港大学深圳医

院深入交流临床急需进口药品医疗器械质量安全管理制度体系建设，并开展现场办公，指导香港大学深圳医院起草涉及临床急需进口药品医疗器械采购、验收、储存等药品质量管理方面的制度。

（三）先行先试，推动放宽国际新药准入在深圳试点

市市场监管局多次向国家、省药监局请示汇报，邀请国家、省药监局领导到香港大学深圳医院进行调研指导，成功将香港大学深圳医院列为粤港澳大湾区首个试点医疗机构，在粤港澳大湾区率先使用临床急需进口药品。指导香港大学深圳医院建立完善临床急需进口药品使用安全管控制度，设置专责管理机构人员和独立安全储存仓库等。指导香港大学深圳医院，对临床急需进口药品品种进行全面分析，最终确定首批临床急需进口药品申请品种目录。参与遴选符合条件的药品经营企业参与香港大学深圳医院委托境外药品采购业务，力促中标境外采购供应商优中选优。2021 年 4 月 16 日，首批临床急需进口药品在香港大学深圳医院进行了交接，标志着放宽国际新药准入政策正式在深圳试点。

（四）严控风险，严格做好放宽国际新药准入监督管理

组织制定《深圳市市场监督管理局对临床急需进口药品医疗器械监督管理工作指引（试行）》配套监管细则，明确急需药械的采购、进口、配送、验收、储存、养护及不良反应（事件）监测等活动的监督管理要求。将临床急需进口药品医疗器械按照高风险产品监管等级进行管控，依法依规对使用急需药械的指定医疗机构开展现场检查，重点核实临床急需进口药品医疗器械采购渠道、索票索证、储存运输、使用记录以及不良反应情况。落实不良反应监测要求，指导香港大学深圳医院对已投入临床使用的药品开展不良反应监测。

三、改革成效及推广价值

（一）为有临床急需进口药品用药需求的病人解除痛苦

"放宽国际新药准入"挽救了众多病人的生命，增加了粤港澳居民的获得感、幸福感、安全感。"放宽国际新药准入"政策的首位受益患者杨女士（孕妇）因突发胎膜早破无法按原计划前往澳门治疗，生命垂危之际，香港大学深圳医院使用抗 D 免疫球蛋白注射液，挽救了孕妇和孩子的生命。

（二）为深化药品审评审批制度改革提供先行示范解决方案

通过将"放宽国际新药准入"列入《首批授权事项清单》的方式，争取了部分临床急需进口药品下放地方政府审批，是药品审评审批制度的一项重大突破。

（三）为创新临床急需进口药品使用管理模式探索新路

通过香港大学深圳医院的探索实践，建立临床急需进口药品使用、管理和监督制度，同时推进国际新药临床真实世界数据应用研究，探索将该数据用于进口药品注册上市许可，加快国际新药境内上市进程。

建立与国际标准衔接的医院评审认证体系

一、改革背景

国际商业保险公司倾向与获得国际医院质量认证的医疗机构合作开展就医结算，目前国际主流的医院质量认证体系是美国医疗机构评审联合委员会国际部（JCI）认证和澳大利亚医疗服务标准委员会（ACHS）认证。出于生物信息安全考虑，我国已将医疗数据出境纳入国家法律层面监管，国家卫生健康委已暂停内地医疗机构接受国际医院质量认证机构的认证。这影响了国际商业保险公司对国内医疗机构的认证和结算。深圳积极争取国家综合授权支持，率先实现医院质量评审国内国际标准转化，以标准"软联通"打造合作"硬机制"，推动粤港澳大湾区在医院评审、质量评价、跨境支付、转诊转介等方面深度务实合作，助力医院评审标准走向国际。

二、改革举措

（一）成立第三方评审评价机构

遵循国际惯例，注册成立非营利性第三方医院评审评价研究中心（深圳市卫健医院评审评价研究中心），实行理事会领导下的主任负责制，制定《医院评审评价机构管理办法》《深圳市卫健医院评审评价研究中心评审制度（2022 年）》，承担医院质量标准的研究制定、翻译比对、转化推广等工作。

（二）组建评审专家委员会和评审员库

组建专家委员会、标准与教学委员会、认证审核委员会、风险质量与审计委员会四个专家委员会以及一个评审员库，吸纳具有国际医院评审认证和国内"三甲"评审资历的资深专家组建评审专家团队，共同开展标准互换互认和适用性分析验证工作。

（三）编制国际版医院评审标准

对标国际通行规则，融合国内评审实践，总结香港大学深圳医院通过 ACHS 认证与三甲评审双认证的成功经验，在境内三甲医院评审评价标准的基础上融入国际医院评审评价要求，创新性编制《医院质量国际认证标准（中国）》（2021 版），既保留了"三甲"评审在医疗质量和安全方面的严格要求，又突出了质量安全精益化、风险管理全域化、职业安全体系化、人文关怀细致化、医患关系坦诚化等国际理念。

三、改革成效及推广价值

（一）医院评审标准通过国际权威认证

《医院质量国际认证标准（中国）》（2021 版）于 2022 年 2 月以 97% 得分率高分获得国际

医疗质量协会外部评审会的权威认证，推动"三甲医院评审"国家标准走向国际，提升中国标准与国际标准体系一致化程度。

（二）首次实现我国医院评审标准国际化

完善我国医院评审制度架构与标准体系，鼓励医院直接通过"国产标准"参与国际认证，便利国内医疗机构参与国际医疗事务以及国际患者在国内接受优质医疗服务。

（三）推进粤港澳大湾区医疗规则衔接

以标准联通驱动大湾区医疗服务创新合作，协同港澳卫生行政部门推广《医院质量国际认证标准（中国）》（2021 版），助力粤港澳大湾区医疗体系融合发展，医疗规则有效衔接，医疗质量同标同质。

建立与国际接轨的医学人才培养与认证体系

一、改革背景

推进深港澳医疗协同发展是粤港澳大湾区和深圳先行示范区建设的重要内容，也是便利港澳居民在内地发展、增强对祖国向心力的关键举措。在 CEPA 框架下，粤港虽已签署贸易自由化、服务贸易等协议，但仍然存在制度规则不够统一、要素资源流动不顺畅、港澳医师内地执业注册范围有限制、港澳与内地专业资格互评互认不足等问题，这些问题成为制约境外优质医疗资源进入深圳的主要瓶颈。近年来，深圳用足用好先行先试政策，出台推动医疗服务跨境衔接的措施，建立开放的医疗人才认定管理流程，以更大力度推动港澳人才便利执业，吸引更多医疗专业人才按规定在深开展执业活动。

二、改革举措

（一）放宽港澳医师单点执业限制

利用先行先试的政策优势和经济特区立法权的创新优势，市人大常委会修订出台《深圳经济特区医疗条例》，变通《香港和澳门特别行政区医疗专业技术人员在内地短期执业管理暂行规定》相关条款，增设"港澳医疗专业技术人员多点执业备案"公共服务事项，率先允许港澳医疗专业技术人员经备案后多点执业。

（二）推动港澳人才跨境便利执业

简化港澳医师资格认定、短期行医许可程序，将港澳医师执业办理时限由 20 个工作日压缩至 15 个工作日。以单边认可带动双向互认，建立香港专科医师与现行高级职称评审接轨的认定转换机制，率先开展港澳医师职称评价和职业资格认可，完成首批 37 名香港顾问医生正高级职称认定工作。

（三）探索大湾区医疗人才交流机制

开展公立医疗机构招聘港澳中医师试点，深圳市中医院、深圳市中西医结合医院等 4 个中医机构首批试点招聘 6 名香港中医师，其在内地医院的职称考评、岗位聘用、考核奖惩等实行机构内同等待遇，推动港澳中医师更快融入内地中医药发展环境。

（四）创新医学教育交流合作机制

借鉴国际先进教学理念、教学模式，探索建立与国际接轨、获国内认可的专科医师规范化培训体系，先行在"深港医学专科培训中心"临床肿瘤、综合妇产等 4 个专科开展试点。携手澳门共建深澳中医药创新研究院，推动香港大学深圳医院设立粤港澳大湾区高端中医人才培训中心，开展中医人才联合培养。

三、改革成效及推广价值

（一）港澳医疗机构在深集聚发展

截至 2022 年 12 月 31 日，全市开设 12 家港资医疗机构，占全省同类医疗机构总数近四成。现有港澳医师来深圳短期执业者 186 人，占全省 85%；166 名港澳医师取得《医师执业证书》并在深圳长期执业。希玛林顺潮眼科医院、新风和睦家医院、禾正医院等一批高端港资医疗机构在深发展。

（二）港澳居民在深生活更加便利

依托在深执业香港医师，香港大学深圳医院成为内地唯一的香港医疗服务费用异地结算单位，是香港"长者医疗券"常态化试点。"居粤香港患者复诊支援计划"三度获延续至 2023 年 5 月，已为超 10 万人次提供跨境诊疗服务。

（三）多项创新型改革走在全国前列

立足"中央要求、港澳所需、湾区所向、深圳所能"，在优化港澳服务提供主体审批流程、畅通深港医学人才联合培养等重点领域和关键环节推出系列改革举措，并获上级表彰肯定。"打造跨境医疗健康服务创新发展新高地"上榜 2022 年国务院深化服务贸易创新发展试点"最佳实践案例"。

开展企业博士后科研工作站分站设立改革

一、改革背景

1995 年 7 月，全国博士后管理委员会批准深圳设立企业博士后工作站，拉开了深圳培养博士后高层次人才的帷幕，华为技术有限公司、中兴通讯股份有限公司、华润三九医药股份有限公司、深圳海王药业有限公司等一批单位率先设立分站。深圳成为全国第一个由地方政府搭台、引导企业博士后工作的城市。20 多年来，深圳博士后工作走出了一条以市场为导向、以企业为主体、以产业化为目标的独特道路，博士后科研工作站分站累计招收博士后超过 800 人，其中深圳证券交易所、光启技术股份有限公司等分站招收人数较多，深圳证券交易所培养了上百名博士后，为全国金融证券行业输送了大批专业人才。2020 年 10 月，深圳获得企业博士后科研工作站分站的设立和撤销权限。通过设立企业博士后科研工作站分站，有助于进一步加快建设一批创新引领型博士后科研平台，推动产学研深度融合，提高科技创新能力，培养更多高层次创新型青年人才。

二、改革举措

（一）建立和完善分站设立程序

严格把握设站条件，严守设站程序，适当控制设站数量规模和单个设站单位招收规模，切实提升博士后培养质量。2021 年 2 月，《深圳企业博士后工作站分站设立和撤销工作实施方案》经市委全面深化改革委员会会议审议后印发，明确了改革目标和主要任务，支持重点科研单位、创新型企业设立博士后工作站分站。

（二）进一步完善博士后管理制度

加强过程评价，严格出站考核，切实履行管理责任。支持设站单位对博士后研究人员实施分类管理，加强博士后研究的创新性，加大学术交流和国际交流力度，培养更多高层次创新型青年人才。

（三）完善考核评估机制

按照《实施方案》赋予深圳的权限，对考评不合格的予以撤销，加强分站动态管理，提升分站招收博士后工作的绩效。

三、改革成效及推广价值

博士后平台是领军人才的汇聚地、创业人才的孵化器、企业成长的助推器和新产业新技术融汇发展的策源地。中央赋予深圳设立和撤销企业博士后工作站分站事权，是国家对深圳博士后工作的认可，改变了以往深圳需先向省人力资源和社会保障厅提出设站申请，再由省人力资源和社会保障厅向全国博士后管理委员会办公室提出申请的"一事一议"的审批方式，大幅压缩了审批时间，有助于人才队伍更快壮大。

2020年12月，TCL华星光电技术有限公司等5家单位获得授牌，成为首批由市人力资源保障局批准设立的企业博士后工作站分站，标志着中央赋予深圳设立企业博士后工作站分站事权正式落地。2021年，又有7家企业通过评审获批工作站。12家企业博士后工作站分站共引进30余名博士后人才，涉及材料学、机械电子工程、计算机应用技术、土木工程等多个专业。2022年8月，市人力资源保障局发布关于2022年深圳企业博士后工作站分站申报事项的通知，开展第三批深圳企业博士后工作站分站申报工作。

◆ 生态环境和城市空间治理

实施区域空间生态环境管理评价改革

一、改革背景

中小微企业是深圳产业发展和绿色转型的重要力量。为推动产业绿色转型，构建双赢高效的新型政企关系，深圳不断深化环评制度"放管服"改革，探索开展区域空间生态环境评价改革。2021年9月1日施行的《深圳经济特区生态环境保护条例》从法律层面明确了区域环评管理制度。以"三线一单"为基础，建立区域空间生态环境评价制度，由过去企业编制环评文件报政府审批，转变为政府统一组织区域环评，环评管理从行政审批向政府主动服务转变，企业享受评价成果，大幅降低企业开办成本，提升政府审批效能，进一步优化营商环境，激发市场活力。

深圳市建立区域空间生态环境评价制度，推动环评管理从行政审批向政府主动服务转变

二、改革举措

本次改革以改善区域生态环境质量和保障区域生态安全为核心，以深圳市"三线一单"（"三线一单"是指生态保护红线、环境质量底线、资源利用上线和生态环境准入清单，其目的在于打造"绿色标尺"，增强区域发展的核心引擎功能，实现深圳高质量发展，促进生态环境持续改善）生态环境分区管控体系为基础，衔接经济社会发展战略、国土空间规划、产业规

划等内容，划定生态环境管控区域评价单元，提出区域空间生态环境管理要求。

（一）统筹考虑多要素、跨部门的环境问题，从源头上推动环评落地

市政府统筹全市区域环评工作，区政府统筹协调区发展改革委、规划和自然资源局、工业和信息化局、生态环境局等相关部门及街道，形成市、区两级多部门联动工作机制，推动各职能部门从"各自为政"向联动协调转变。将用地性质、区域发展等多要素、跨部门的环境问题放在一起考虑，强化宏观空间管控，避免规划环评落地难、空间约束不强等问题。

（二）推动规划和自然资源局、工业和信息化局等部门全过程参与，为后续规划、产业发展提供指引

区域环评在评价过程中综合研究相关国土空间、产业发展等规划，并将管理清单涉及空间管控的内容及时汇总至市"多规合一"信息平台，供全市各部门共享使用，避免了项目环评介入晚的问题。

（三）建立区域评价成果动态调整的闭环管理体系，实现区域环评与规划环评、项目环评"多评合一"

区域环评改革既推动项目精准落地，避免项目"先上车后补票"，又促进区域生态环境持续改善。同时，区域环评范围涵盖园区规划，园区规划可应用区域环评成果，无须重复开展规划环评；区域内清单管理类项目环评豁免，只需自我承诺落实管理要求，实现规划环评与项目环评整合。

（四）坚持同一评价单元内同类型企业只需做一次环评，避免同类项目重复环评

某工业楼每年都有新老企业交替，新老企业产业规模、工艺类型相同，工业楼建立时已开展项目环评，每家新入驻企业仍需开展项目环评，造成资源浪费。通过管理清单统一建设项目精准化、精细化管理要求，同类项目只需做一次环评，有效解决了同类项目重复环评、内容千篇一律的问题。

（五）有效衔接排污许可，推进"一证式"监管

按照《深圳市固定污染源排污许可分类管理名录》规定进行排污许可管理，审批管理类项目依规申领排污许可证，清单管理类项目的排污许可申请过程无须提供环评，只需提供开工前的承诺书及其公开过程相关材料。环保部门依据管理清单核发排污许可证，并将管理清单要求纳入排污许可"一证式管理"。

（六）强化企业主体责任，实现环境管理靠前服务

区域环评抓住了环评源头管控的关键，在企业立项选址时提前介入，通过对企业从选址到运行全方位指导，引导了企业入驻。企业不但享受政府公共服务，减少了投资决策风险和开办成本，而且树立了企业环境主体责任意识。对政府而言，在转变工作模式的同时，也实现了环境管理主动靠前服务。

三、改革成效及推广价值

（一）加强改革顶层设计，及时固化制度创新成果

在试点过程中，制定《深圳市区域空间生态环境评价管理办法（试行）》《深圳市区域空间生态环境评价重点项目环境影响审批名录（试行）》《深圳市区域空间生态环境评价单元划定指南（试行）》《深圳市区域空间生态环境评价技术指南（试行）》"1+3"制度体系，依据制度体系指导试点工作，并在实践中进一步完善制度体系，以制度形式固化改革成果。运用法治思维和方式规范改革进程，把有益经验上升为制度和法律，实现改革成果制度化、法律化。

（二）坚持试点先行，稳步推进改革实施

在不同试点地区的试点内容各有侧重，比如龙岗区重点研究评价单元的划分与筛选，光明区重点研究与国土、产业规划的衔接，南山区重点研究城市建成区调查评价，宝安区重点研究后续监管配套制度及信息化应用。通过不同的试点研究，全面完善改革内容，确保改革工作有序稳步推进。

（三）深化"放管服"改革，以"乙方思维"优化企业管理

区域环评制度将环评从企业购买服务转变为政府提供服务，突出服务引导，将企业各自申报转变为政府"统一评估"，突出企业主体，在减轻企业负担的同时也提高了政府部门工作效率。政府部门通过工作模式转变，强化"乙方思维"精准服务企业，从而进一步优化营商环境，激发市场活力。清单类项目通过环境管理清单可免于办理环评审批手续，将覆盖全市90%以上的建设项目，显著提高企业落地效率。

（四）坚持市、区联动，推进改革向纵深发展

牵头部门负责牵头抓总，及时协调相关部门，解决意见分歧等问题，防止议而不决、决而难行，为制度改革清除障碍。市、区两级政府统筹、各相关部门及街道全过程参与，形成的市、区两级多部门联动工作机制，为区域环评制度改革向纵深发展保驾护航。

打造气候项目市场化投融资服务新模式

一、改革背景

资金是实现碳达峰、碳中和目标的关键因素之一。党的二十大报告提出要"完善支持绿色发展的财税、金融、投资、价格政策和标准体系"。生态环境部等 7 部委印发的《减污降碳协同增效实施方案》要求"扎实推进气候投融资，建设国家气候投融资项目库，开展气候投融资试点"。生态环境部等 5 部委印发《关于促进应对气候变化投融资的指导意见》，旨在引导和撬动更多社会资金进入应对气候变化领域。作为粤港澳大湾区核心引擎城市之一的深圳，不仅是我国首批低碳试点、碳交易试点城市，而且是我国的重要金融中心，其绿色低碳水平、绿色金融活跃程度和对外开放程度较高，在气候投融资方面具备独有的优势，也应承担重大的使命。深圳抢抓机遇，充分发挥制度、金融、产业、科技等优势，在气候投融资体制方面推陈出新，积极推进气候友好金融和气候产业双提升。

二、改革举措

（一）强化协同，高质量建设气候投融资政策法规体系

从融资、投资方面推出改革举措，编制并印发《深圳市气候投融资改革实施方案》，作为深圳碳达峰、碳中和"1+N"顶层制度设计文件，并将气候投融资纳入《深圳市应对气候变化"十四五"规划》的重点内容。出台《深圳经济特区生态环境保护条例》，专设"应对气候变化"一章，提出完善气候投融资机制，拓宽气候项目融资渠道，充分利用税收、财政、价格、金融等经济政策工具支持碳排放达峰和碳中和目标实现。修订《深圳市碳排放权交易管理办法》，明确核证自愿减排量的类型和交易方法，为气候投融资项目核证减排量开发和消纳创造条件。

（二）因地制宜，建设具有地方特色的气候投融资项目库

构建具有深港特色的气候项目筛选标准。参考境内外绿色金融标准并结合深圳"20+8"产业发展规划等发展实际，从项目示范效益、规模效益、减排效益等方面进行评估，建立深圳气候投融资项目筛选和评估制度。

开展气候投融资项目征集和筛选实践。2021 年开展试点项目征集，形成试点项目库，包括废物利用、新能源汽车服务、氢能等需要融资的项目。在此基础上，2022 年 7 月，公开征集气候投融资项目，涵盖清洁低碳能源、低碳工业、低碳交通、低碳建筑等七大领域。

强化气候项目的动态管理。制定《国家（深圳）气候投融资项目评估和项目库管理指引》。探索开发面向政府、企业、第三方评估机构的信息申报系统，强化减排数据披露义务和移除出

库等惩戒手段，确保项目实现动态管理。

（三）创新气候投融资工具和模式，为气候投融资提供全链条便利

鼓励商业银行通过内部转移定价优惠、综合运用人民银行碳减排支持工具等结构性货币政策工具资金，为符合条件的气候投融资项目提供低成本资金支持。

推出境外资金投资入库项目的便利化制度。支持入库项目以个案形式超过跨境融资风险加权余额上限核定的外债额度借入外债；允许商业银行经过批准后融入外债资金并自行结汇，将所得人民币资金贷款给入库项目。

创新金融产业政策。推动央行碳减排支持工具与深圳气候投融资项目库对接，引导金融机构为气候项目提供低成本资金支持；探索设立气候投资基金。

深化与金融机构合作。与人民银行深圳市分行签订框架协议，深入南山区、福田区开展政银企对接活动，推动商业银行和绿色企业（项目）对接。与国家开发银行深圳市分行签订框架协议，对重大气候投融资项目提供低息长周期的资金支持。与国家开发银行深圳市分行、香港绿色金融协会等签署合作协议，共同推动气候投融资发展。

（四）争取部省支持，推动气候投融资体制完善

争取部省合作。生态环境部、广东省政府签署的《共建国际一流美丽湾区合作框架协议》，明确提出"支持深圳国家气候投融资促进中心建设"。

争取部委认可和支持。财政部出台《关于支持深圳探索创新财政政策体系与管理体制的实施意见》，鼓励深圳按照政府引导、社会资本参与的原则，增加应对气候变化投资。

加强与国家部委的沟通。2022 年 5 月，深圳向生态环境部报送 10 个重点气候投融资项目，筛选通过后报送中国人民银行总行转发各分行，各大商业银行主动对接。

（五）做好对外开放先锋和国际合作窗口，强化国内外交流合作和推广

加强与境外金融机构合作，与亚洲开发银行、法国开发署等积极对接，就项目库建设、气候投资基金、应对气候变化技术、气候产业等进行沟通。拓宽境外推广渠道，组织优质入库项目拍摄宣传片，在第 27 届联合国气候变化大会（在埃及沙姆沙伊赫召开）会议期间，通过会场的多媒体循环播放，展示深圳优秀的气候投融资项目。

三、改革成效及推广价值

深圳不断完善气候投融资机制，通过高标准建设深圳气候投融资项目库，多渠道引导资金投资入库项目，创新金融优惠和产业财税政策，扎实推进气候投融资改革，取得明显成效。两次征集气候投融资入库项目共 41 个，新增绿色信贷授信额度 225 亿元。2022 年 11 月 14 日，国家（深圳市福田区）气候投融资试点推进会暨气候投融资专题研讨会在深圳市福田区召开，中国环境报、中国基金报、凤凰新闻等媒体予以报道。同年 11 月 16 日，首届大湾区绿色和可持续金融峰会在深圳举行，深圳借此机会向全球展示了在气候投融资方面做出的有益探索。

开展航空资源结构化改革

一、改革背景

航班时刻容量是机场实现业务量增长的关键性资源。若深圳机场高峰小时航班时刻容量增加 1 架次，则每天高峰时段可增加航班 15 架次，预计全年可增加航班量约 5500 架次，能有效提升深圳机场运输保障能力，更好地支撑深圳高品质创新型国际航空枢纽及高水平空港型国家物流枢纽的建设。

2014 年 6 月，中国民用航空局批复深圳机场航班时刻高峰小时容量标准为 55 架次，并采取分步实施放量原则。深圳机场航班时刻从 2014 年 10 月冬航季按 46 架次 / 小时编排航班，到 2019 年 10 月冬航季提升至 54 架次 / 小时，已接近容量标准限值，亟须提升航班时刻容量标准，为深圳机场进一步提升客货量创造条件。提升时刻容量标准需要考核机场空管运行效率、飞行区保障能力、机场放行正常率等一系列指标，深圳机场积极采取措施提升航班保障能力，筹备时刻容量评估工作。

二、改革举措

（一）实施深圳机场点融合飞行程序，优化空域使用

受区域空域结构限制，深圳机场进港高峰时段空域拥堵、延误频发，影响深圳机场航班运行效率。经研究论证，采用点融合民航新技术可提升空中航班量，提高航班进港效率，缓解空域不足问题。因实施点融合飞行程序需使用部分军方空域，经积极沟通协调，获得军方等支持后，深圳机场点融合方案采用新的军民航融合发展模式。若军方有空域使用计划时，通知民航空管单位，深圳机场点融合方案停止使用；若军方无相关通知，则默认军航暂无空域使用计划，深圳机场可使用军方空域实施点融合方案。此模式改善了过去军民航空域使用效率低、协调程序多等问题，深入贯彻落实了习近平总书记关于军民融合深度发展重要论述，有效提升了深圳机场空域使用效率。

（二）首批试点航空器尾流重新分类实验运行，提高运行效率

为在有限的空域资源中进一步提高空中航班量，经积极争取，在民航部门大力支持下，深圳机场成为国内首批实施航空器尾流重新分类试点机场。通过对航空器尾流进行精细化分类，缩短飞行间隔，容纳了更多航班，提升了深圳机场运行效率。

（三）研究应用 RNP AR 及 GBAS 航行技术，持续优化深圳机场跑道运行模式

因邻近香港边界区，飞行空间不足，深圳机场进港飞机采用传统的进近程序无法实现由南

向北的独立进近，降低了跑道运行效率。经研究论证，深圳机场启动了RNP AR及GBAS飞机精密降落的航行新技术研究应用，持续优化跑道运行模式，提升跑道运行效率，逐步解决深圳机场由南向北独立进近运行困难。

（四）及时启动深圳机场时刻容量评估，完成机场容量标准提升方案申报

在新技术成功应用、新建设施投用和各方共同努力下，深圳机场飞行区保障能力、航班放行正常率获得提升，市交通运输局会同市机场集团立即协调民航主管部门启动了新一轮时刻容量评估工作，并协调中国民用航空中南地区管理局、中国民用航空中南地区空中交通管理局等民航管理和技术部门，深入研究优化容量提升方案，及时形成成熟的深圳机场容量标准提升方案上报中国民航局。

三、改革成效及推广价值

深圳机场通过应用新航行技术、优化跑道运行模式、精细化管理航班等措施，航班时刻实际编排从54架次/小时提升至65架次/小时，高峰时刻最高每小时实际航班可达67架次，是国内双跑道机场时刻容量标准之首。深圳机场航班时刻容量提升获批后，为深圳机场释放了充足的航班时刻资源，迅速推动了机场航班放量，有力支撑了深圳高品质创新型国际航空枢纽及高水平空港型国家物流枢纽的建设。

深圳机场双跑道同时运行

随着中国民航的快速发展，日益增长的航班量与运行保障能力不强的矛盾更加凸显，对民航安全的要求也在不断提升。民航是技术密集型行业，充分推进航行新技术的应用是民航高质量发展的重要举措，也是衡量民航强国的重要指标。深圳在开展航空资源结构化改革试点、提升机场容量工作中，不断探索新方法，应用航空器尾流重新分类等新技术，致力于提升机场空域管理效率，为机场容量标准提升创造条件。航行新技术的应用，提升了深圳机场的安全运行能力与服务运行效率，提高了深圳机场的运行管理水平，同时也为民航"先行先试"贡献了深圳经验。

在我国军民航机场相邻的地区，长期存在军民航飞行冲突，只有加强军民航之间的协调与协作，才能有效化解军民航的飞行矛盾。深圳机场位于空域环境最为复杂的粤港澳大湾区中心位置，使用空域被周边广州、香港、惠阳、佛山等军民航机场空域包围，范围有限。点融合方案实施需要使用军民合用机场——佛山机场的部分空域，在佛山机场自身空域资源需求紧张以及首要保障军航训练需求的情况下，若军方不予以支持配合，深圳机场点融合方案就无法实施。深圳积极践行军民航融合发展，经过多方协调，深圳机场实施点融合方案不仅得到了中国民用航空中南地区管理局、中国民用航空中南地区空中交通管理局等民航主管部门的大力支持，同时也得到了南部战区空军参谋部的积极支持。军民航各方深入贯彻习近平总书记关于军民融合深度发展重要论述精神，齐心合力，密切协作，深入研究优化点融合空域使用方案，最终深圳机场点融合飞行程序获得通过实施。

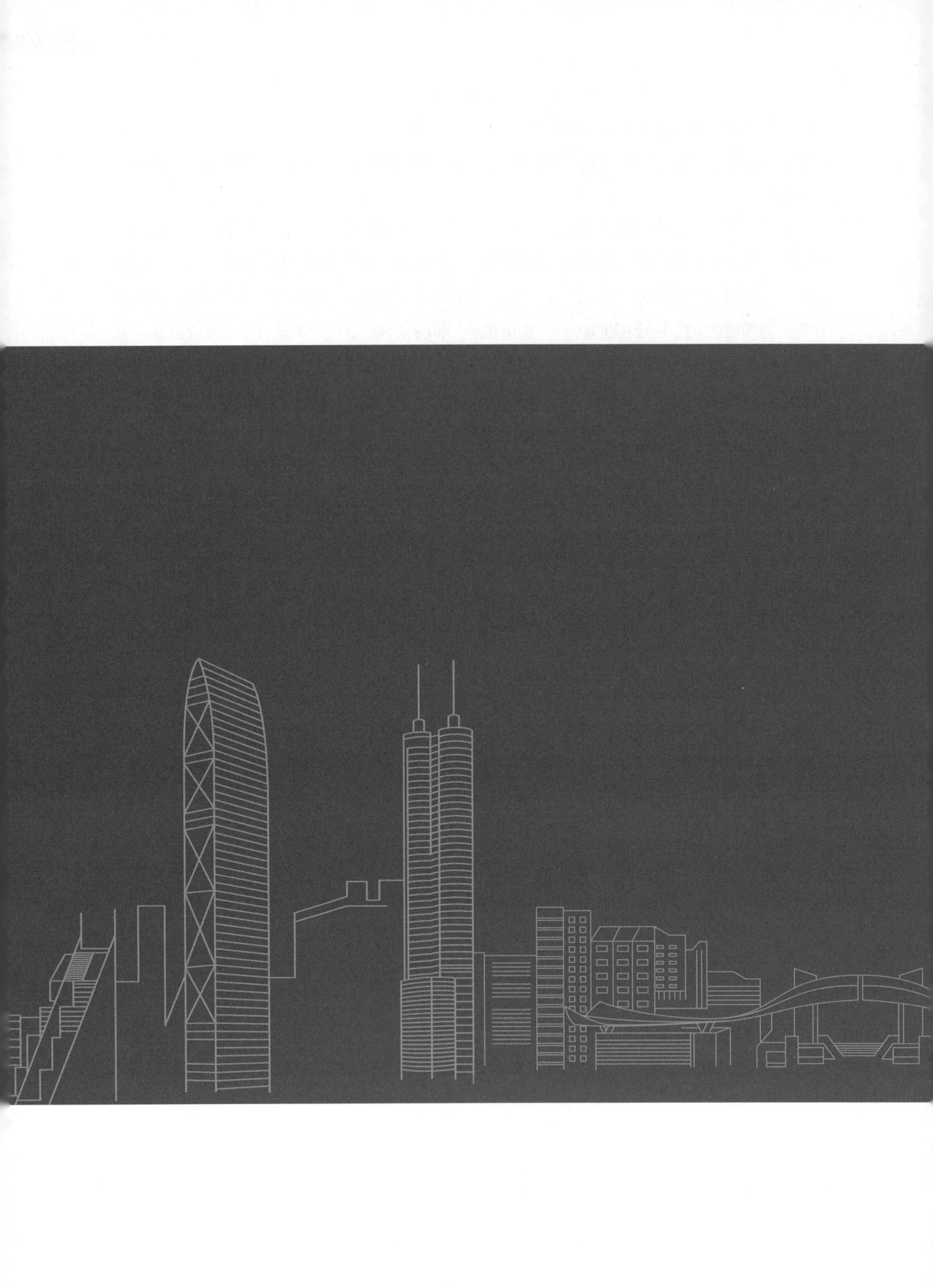

优秀案例篇

建立具有国际竞争力的引才用才制度

一、机制创新

为加快建设开放包容先行的国际人才高地，提高人才吸引力，建立具有国际竞争力的引才用才制度。强化用人主体作用和市场激励导向，构建"能力＋业绩"的人才评价体系。在市场机制发挥主要作用的竞争性领域，突出市场认可、市场评价，通过个税优惠等市场化激励方式予以支持。在非竞争性领域，突出以事择人、人岗相适，赋予用人主体更大自主权，支持重点用人单位自主评价聘用"高精尖缺"人才。争取国家外国专家局赋予深圳高端外国人才确认函审批权限，制定外籍"高精尖缺"人才认定标准，自行开展外国高端人才确认函审发工作，为符合条件外籍人员办理 R 字签证。优化外国人就业居留审批程序，建立外国人就业居留事务服务中心和外国人综合服务管理系统，将工作许可和工作居留两项审批业务整合，并联审批、同时发证，大幅缩短相关业务办理时间。创新外国人永久居留推荐模式，推动国家移民管理局出台外国人出入境便利政策措施，满足一定资质的人才个人或单位可以自己名义，举荐其他外籍人才办理在华永居，突破了以前必须由政府人才认定部门出具人才永居推荐函才能办理永居的规定，拓宽了外籍人才办理永居的渠道。

二、制度成果

2021 年 3 月，深圳出台《深圳市外籍"高精尖缺"人才认定标准（试行）》，建立市场导向的人才吸引和评价新机制，实施更加开放的人才政策。2021 年 9 月，市人力资源保障局印发《深圳市高端紧缺人才开发目录（2021 年版）》，扩大外国人来华工作许可申请人员范围，吸引更多深圳产业发展急需紧缺的人才来深工作。

三、示范意义

推出外籍人才认定机制创新和工作居留一站式服务，针对性解决外籍科学家、科技领军人才、企业家、专门人才和高技能人才等经济社会发展急需人才的出入境和停居留问题。构建高度便利化的境外专业人才执业制度，破除国际人才流动壁垒，便利境外专业人才在深执业。有关经验做法获得国家发展改革委面向全国推广。

四、应用场景

在全市范围内试点铺开赋权改革工作，建立具有国际竞争力的引才用才制度。《深圳市外籍"高精尖缺"人才认定标准（试行）》正式实施后，市外国专家局已签发外国高端人才确认函 700 余份，为其办理 R 字签证来华工作提供便利。市公安局出入境管理部门与市科技创新局（市外国专家局）共同建立外国人就业居留事务服务中心和外国人综合服务管理系统，将外国人来华工作许可和工作类居留许可两项审批业务整合，并联审批、同时发证。外籍人士可同时申请、同时领取工作许可证和工作居留许可，审批时限由15个工作日压缩到7个工作日，时限压缩率达53%，审批服务效率大幅提高。《深圳市高端紧缺人才开发目录（2021年版）》为求职人才来深就业、用人单位招聘人才、教育培训机构培养人才、人力资源服务机构服务人才、人力资源管理部门和行业主管部门完善人才工作等提供参考和指引。对符合目录的外籍人才在来华工作许可和出入境便利化等方面予以支持和保障，有利于激励和引导国内外高端紧缺人才来深工作和居住，提升深圳高端人才引进实效，实现人才开发与产业结构的紧密对接。

五、风险防范

在充分调研论证的基础上，明确外籍"高精尖缺"人才认定标准和高端紧缺人才开发目录，实施清单化管理，实现国际人才引进更加精准安全，坚决防范影响国家安全、国防安全、公共安全、经济安全、社会稳定等事关国家利益和重大社会公共利益的风险。

（牵头单位：深圳市人才工作局）

完善深圳经济特区数据法律制度

一、机制创新

《深圳经济特区数据条例》（以下简称《数据条例》）率先提出"数据权益"概念，明确数据的人格权益和财产权益；强化个人数据保护，合理限制生物识别数据等敏感个人数据处理，规范用户画像和个性化推荐应用；基于公共数据的公共资源属性，界定公共数据范围，推动公共数据最大限度开放利用；探索培育数据要素市场，确定数据交易范围，禁止"搭便车""不劳而获""大数据杀熟"等侵害数据主体权益行为；细化《中华人民共和国数据安全法》相关规定，确保数据全生命周期安全；首次确立数据领域公益诉讼制度，落实数据权益维护。

二、制度成果

2021 年 6 月 29 日，深圳市第七届人民代表大会常务委员会第二次会议通过《数据条例》，该条例自 2022 年 1 月 1 日起施行。

三、示范意义

《数据条例》是国内数据领域首部基础性、综合性法规，对探索数据治理体系和治理能力现代化，具有先行示范和里程碑意义。该条例的出台受到多方高度关注。央视财经频道《第一时间》，新闻频道《新闻 1+1》《新闻直播间》等栏目对其作出专题报道，南方日报等地方媒体相继报道，国务院新闻办举行的深圳综合改革试点实施一周年主要进展成效情况发布会，将其作为重要的实践制度创新成果进行介绍，2021（第十六届）中国电子政务论坛暨首届数字政府建设峰会也就其进行了成果发布。

四、应用场景

《数据条例》自 2022 年 1 月 1 日起施行，为推动《中华人民共和国个人信息保护法》的出台探索经验。

五、风险防范

《数据条例》是 2021 年年度重点立法项目，在审议修改过程中，深圳召开多场立法座谈会，广泛征求各方面意见，积极与全国人大常委会法工委、国家网信办沟通。

（牵头单位：深圳市人大常委会法工委）

推进大数据平台及相关机制建设

一、机制创新

（一）运营机制创新

深圳率先提出构建"所商分离"的顶层架构及运营模式。区别于国内其他数据交易所组建均为单一机构（公司）、缺乏生态体系支撑的"单兵突进"模式，着力打造交易平台、数据商和第三方服务机构"三方协同"的多元生态体系，广泛吸纳大型商业银行、运营商、头部企业以及数据中介服务机构。

（二）数据可信流通机制创新

引入数据公证、数据存证等，推动数据有序交易。通过数据试验沙箱和数据生产沙箱相分离，整合联邦学习、多方安全计算、隐私计算等技术，为数据商实现"可用不可见、可控可计量"的数据流通和数据产品全生命周期管理提供技术支撑。

（三）定价估值机制创新

坚持市场主导，通过追踪市场化交易行为，构建估价模型以提供辅助参考价，交易价格生成路径为"数据商报价—交易平台估价—买卖双方议价"。初始价由数据商（卖方）报价生成；建议价由交易平台依据数据产品质量、数据资产价值、管理成熟度等八个维度对数据产品进行客观、全面的价格评估，由估价模型测算生成，为买卖双方提供辅助参考；最终成交价由买卖双方依据初始价、建议价及交易平台价格评估结果协商议价形成。

（四）数据资本化创新

发挥深圳金融创新资源丰富的优势，探索开展数据资产质押融资、数据信托、数据保险等服务。

（五）跨境流通交易机制创新

充分发挥河套深港科技创新合作区平台优势，探索数据跨境交易基础制度和标准规范。

二、制度成果

2021年11月，市政府常务会议通过《深圳数据交易有限公司组建方案》，明确了建设新型数据交易信息化平台、培育高频标准化交易产品和场景、制定交易制度规则和行业标准、构建完善的数据交易服务体系、稳步推进数据资产化资本化等五大主要建设内容，为建设数据交易平台提供依据。

根据数据交易业务开展的需要，深圳数据交易有限公司研究制定了"1+3+3+3"文件，即1个规则——《深圳数据交易有限公司交易规则》，3个指南——《深圳数据交易有限公司交易服务指南》《数据商运行管理指南》《数据及数据交易合规性审核指南》，3个技术规范——《数据产品质量评估框架及管理规范》《数据交易流通安全技术规范》《数据资产元数据规范》，3个白皮书——《面向数据流通应用的隐私计算平台白皮书》《数据交易撮合系统技术框架白皮书》《数据要素价格生成路径白皮书》，确保交易有章可循。

9大数据交易技术标准规范

三、示范意义

深入贯彻落实中共中央、国务院关于构建更加完善的要素市场化配置体制机制的决策部署，践行新发展理念，充分依托深圳数字经济和金融创新资源富集区的优势，着力突破数据产权界定不清、可信流通不畅、价格机制不灵、交易意愿不强等数据要素市场构建共性瓶颈，建设数字经济时代具有全球影响力的新型数据交易所，全力打造数据要素市场国家级示范样板点和核心枢纽节点，并实现"五个率先"，即率先建成首个适配不同交易场景要求的数据交易实验平台，率先引入首批提供数据集成和数据智能服务的数据商，率先发布体现我国数据要素特点的数据交易制度规范和标准体系，率先发布全国首张数据公证书，率先实现全流程全主体在线数据交易。

对标对表国家培育数据要素市场顶层设计要求，深圳探索形成了一套具有深圳特点的数据交易操作模式和实现路径，相关经验和做法被充分吸纳到《关于深圳建设中国特色社会主义先行示范区放宽市场准入若干特别措施的意见》《深圳经济特区数字经济产业促进条例》。

四、应用场景

推进大数据平台及相关机制建设改革事项的应用场景包括两个方面。在平台功能方面，针对数据交易中要素登记、资产管理、交易撮合、评估定价、可信流通等共性问题，搭建数据交易系统、数据商服务系统、综合运营管理系统、全局信息存证系统、数据安全保障系统"五位一体"的新型数据交易信息化平台，引导数据交易从场外转向场内、从线下独立交易转向线上平台化交易。在交易产品方面，聚焦金融、电信、信用、气象等重点领域，鼓励引导有资质的数据商推出若干需求明确、交易高频和标准化程度高的规范化数据交易产品，打造包含数据联合建模分析、模型化数据、数据分析工具、数据集成管理服务、数据分析报告等交易标的的多形态数据产品体系，开发了普惠金融、大数据智能风控、智慧城市建设、新能源领域建设运营、精准营销、政务服务等方面的应用场景，实现首批 86 笔数据交易，交易金额近亿元。

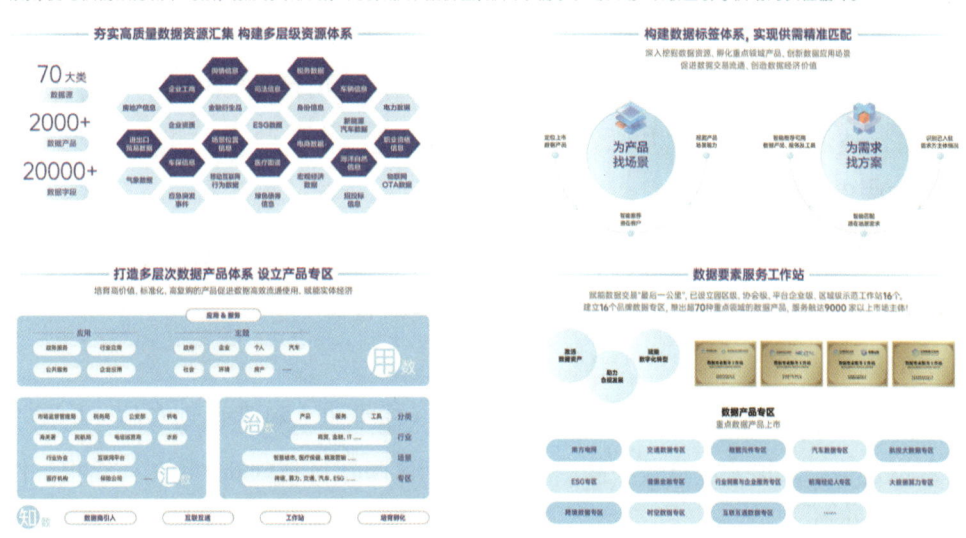

强化运营能力建设的举措

五、风险防范

（一）明确交易数据范围

按照《中华人民共和国数据安全法》《深圳经济特区数据条例》等法律法规要求，建立交易数据负面清单、谨慎清单，禁止交易非匿名化个人数据。

（二）建立完善的内部控制管理体系及外部监督体系

建立完善确权登记、技术保障、检测认证、风险评估、信息披露和监督审计等制度规范。

（三）建立风险可控的数据交易模式及交易环境

建立数据安全保障系统，确保数据交易全过程安全可信。引入数据沙箱、联邦学习等关键技术，实现数据"可用不可拥""可用不可见"，强化数据交易全过程监管。

（牵头单位：深圳市发展改革委）

探索完善大科学计划管理机制

一、机制创新

市科技创新局既充分发挥牵头发起单位主体作用，也注重整合国内外各方优质资源，积极推动建立"共有、共享、共为"机制。支持深圳华大生命科学研究院牵头发起科学界的"人类时空组学"大科学计划，联合中国、瑞典、英国、美国、澳大利亚等 10 余个国家 30 多家顶尖科研机构，共同制定技术路线和质控标准、数据的存储和计算的架构及方案，做到样本共享、平台共享、技术共享、工具共享、数据共享。

二、制度成果

2021 年 3 月 15 日，市科技创新局印发《大科学计划推进工作方案》，提出推进大科学计划的总体要求、工作目标、工作举措、进度安排和组织保障。

三、示范意义

依托深圳布局建设的大机构、大平台、大设施一体推进大科学计划实施，构建"1+3+N"大科学计划推进格局，相关经验做法被《粤港澳大湾区国际科技创新中心工作简报》作为政策创新在全省推广借鉴。

四、应用场景

支持深圳华大生命科学研究院牵头发起"人类时空组学"大科学计划，对深圳农业基因组研究所"全基因组设计育种"、深圳合成生物学创新研究院"基因组合成"等大科学计划进行重点培育。通过市科技计划项目渠道，累计支持深圳华大生命科学研究院超 5 亿元、深圳农业基因组研究所超 3 亿元。

五、风险防范

市科技创新局成立工作领导小组和工作专班，及时了解大科学计划在推进过程中遇到的有关困难和问题，做好跟进服务和支撑，推动相关领域的全球顶尖创新资源共同参与大科学计划，推动大科学计划加快实施。

（牵头单位：深圳市科技创新局）

深化科技成果赋权改革

一、机制创新

为充分激发科研人员创新创造活力，促进科技成果转移转化，深化科技成果赋权改革。明确赋权成果范围，实施赋权的职务科技成果包括专利权、计算机软件著作权、集成电路布图设计专有权、植物新品种权，以及生物医药新品种和技术秘密等。赋予科研人员更大自主权，实施单位与成果完成人约定按份共有科技成果所有权的，成果完成人（团队）持有的份额不低于70%；赋予科技成果完成人或者团队科技成果长期使用权的，许可使用期限不少于10年。完善赋权操作流程，在充分尊重科研人员意愿的基础上，由成果完成人（团队）向实施单位提出书面申请，实施单位与成果完成人（团队）签署书面协议。加强已赋权科技成果管理，健全成果以增加知识价值为导向的收益分配机制，建立职务科技成果信息披露制度，加强科技安全和科技伦理管理，完善科技成果决策尽职免责机制。

二、制度成果

2021年6月25日，市科技创新局印发《赋予科研人员职务科技成果所有权或长期使用权的实施方案（试行）》，对赋权改革的操作流程、收益分配、信息披露、尽职免责、风险防控及相关配套政策等提出全方位指导意见。

三、示范意义

2021年9月17日，国家发展改革委、科技部发布《2021年度全面创新改革任务揭榜清单通知书》，深圳大学、南方科技大学、中国农业科学院深圳农业基因组研究所被列入高校和科研院所职务科技成果单列管理试点，建立与之相适应的本单位职务科技成果专门管理制度和监管机制，进一步激发高等院校、科研机构以及科研人员对科技成果产业化的积极性。

四、应用场景

选择改革动力足、创新能力强、转化成效显著以及示范作用突出的37家高等院校、科研机构、医疗卫生机构和国有企业实施赋权改革，全面铺开赋权改革工作。

五、风险防范

针对部分科技成果可能涉及科技安全、部分科研成果可能涉及多个科研人员容易产生财产纠纷等情况，提出实施赋权改革的职务科技成果应具备权属清晰、应用前景明朗、承接对象明确、科研人员转化意愿强烈等条件。对可能影响国家安全、国防安全、公共安全、经济安全、社会稳定等事关国家利益和重大社会公共利益的成果，不得纳入赋权范围。

（牵头单位：深圳市科技创新局）

探索优化外国人在深就业居留许可审批流程

一、机制创新

由市公安局主导，与市科技创新局签订合作框架协议，打破两部门工作机制壁垒和数据壁垒，合作开发"外国人综合服务管理平台"（以下简称"服务平台"），共建"外国人就业居留事务服务中心"（以下简称"服务中心"），实现外国人来华工作许可和居留许可"一窗通办、并联办理"。服务中心依托服务平台打破部门壁垒、整合优化窗口、再造业务流程，将"外国人来华工作许可""外国人工作居留许可"两项业务整合为"外国人在深就业居留事务"。外籍工作者可在线上同时申请工作许可和工作居留，办理两项业务仅需递交一次材料并可同时领取证件，审批时限也由 15 个工作日大幅压缩到 7 个工作日，压缩率达 53%。经认定的外籍高层次人才，市公安局出入境管理部门可以为其签发最长有效期为 5 年的多次出入境 R 字签证。

二、制度成果

2021 年 7 月 1 日，国家移民管理局出台"我为群众办实事" 7 项涉及外国人出入境便利政策措施，对于优化完善深圳市人才发展环境、服务粤港澳大湾区建设具有重要意义。

三、示范意义

将"外国人来华工作许可""外国人工作居留许可"两项业务整合为"外国人在深就业居留事务"，实现了两部门国垂业务系统线上融合完整度全国领先、两部门线下业务流程融合顺畅度全国领先、两部门多数据库实时共享以及信息融合及时度和准确率全国领先、两部门人员统一管理和队伍融合紧密度全国领先，进一步加强了实质性审查，精准提升外籍人士管理服务质量，增强了人才的出入境便利度。人民公安报等媒体对该项工作成效进行宣传报道，相关工作模式在全国推广。

四、应用场景

外国人申请来深就业，只需在线上登录服务平台，提交电子申请材料。通过预审核后，即可到服务中心交验原件，同时申请工作许可证和工作居留许可。通过审批后，可同时领取两证，极大提升申请人在深就业居留体验。

五、风险防范

"工作许可＋居留许可"并联业务依托线上与线下高度融合，市公安局加强外籍高层次人才的信息安全防护工作，重点防范网络或系统故障，加强系统网络安全防护。

（牵头单位：深圳市公安局）

开展行政复议体制改革

一、机制创新

市司法局通过"四个率先"实现机制创新，开展行政复议体制改革。一是率先打通"行政执法机关—行政复议机关—人民法院"之间的信息壁垒，实现全过程的信息互联互通，提高办案效率和质量。二是率先建成"深圳市行政复议办案平台"，改革后市、区司法局统一使用一个办案平台办案，规范办案流程。三是率先推出"掌上复议"功能，方便当事人网上申请复议、网上查询办案进度、网上听证等，利用信息化手段提供更多的便民服务措施，同时将行政复议的全过程置于当事人的监督之下，促进案件审理的公开、公平、公正。四是率先构建统一、科学的行政复议运作机制，制定《行政复议服务保障规范》，在行政复议服务上实现"四统一"：统一办案程序、统一文书格式、统一案件管理、统一服务保障配置。

二、制度成果

市司法局将行政复议标准化建设工作纳入深圳市行政复议体制改革的重要内容和重大行政决策目录，组织研制行政复议深圳市地方标准。2022年7月22日，市市场监管局发布公告，批准发布全国首个行政复议领域地方标准——《行政复议服务保障规范》。该规范分为案件办理、文书撰写制作、案件管理、人员管理及硬件设施四个部分，形成四个指导行政复议服务工作的"子标准"。四个部分内容既互相独立，又相辅相成，贯穿于行政复议工作各个环节，有利于在新的行政复议法颁布实施后进行相应修改，有利于建立科学通畅、公开透明、便民利民、监督有力的工作流程。此外，推动行政复议工作人员职业化改革，探索建立行政复议官制度。

三、示范意义

在全国率先出台首个行政复议领域地方标准《行政复议服务保障规范》，填补了我国行政复议领域的标准空白，为全国提供了可复制、可借鉴的"深圳经验"，打造行政复议"深圳标准"。

四、应用场景

自2021年6月1日起，深圳市、区两级人民政府集中管辖行政复议案件，县级以上人民政府部门不再受理新的行政复议案件，行政复议机关呈现"1+9"新局面。

市司法局陆续推出"掌上复议""网上听证"等便民利民措施。通过建设"智慧复议"体系，充分运用信息化手段提供更多的便民服务措施，促进案件审理的公开、公平、公正，充分发挥行政复议公正高效、便民为民的制度优势和化解行政争议的主渠道作用。

五、风险防范

（一）便利群众申请行政复议

加强行政复议体制改革宣传，确保群众广泛了解复议体制变化，方便群众找准复议机关；推出i深圳"掌上复议"功能，实现群众网上申请行政复议。

（二）确保人员配备与任务相适

推进行政复议机构人员增配工作，确保行政复议机构人员配备与所承担的工作任务相适应，有效应对政府案件数量激增的挑战。

（三）明确复议机关案件管辖

出台《关于市区两级人民政府办理行政复议案件职责划分的暂行规定》，明确市、区政府作为复议机关的收案范围。

（牵头单位：深圳市司法局）

推动先行先试地方政府债券境外发行机制改革

一、机制创新

（一）创新领导机制

市政府成立全市跨部门工作专班，成员单位包括市委宣传部、市委改革办、市委外办、人民银行深圳市分行等部门，研究制定发债宣传方案和重大舆情应急处置预案等，统筹解决发债过程中的涉外宣传、舆论风险、资金出入境等问题。

（二）创新工作机制

成立局内跨处室工作专班，局主要负责同志带头，制定详细分工和时间表，每项工作压实到处、科级干部，建立专班直接汇报机制，累计召开专班会议 30 余次。

（三）创新发行机制

深圳突破《国务院办公厅关于地方政府不得对外举债和进行信用评级的通知》和《国务院办公厅转发国家计委、人民银行关于进一步加强对外发债管理的意见的通知》中关于地方政府不得对外举债的规定，成为全国第一个赴境外发债的内地地方政府。

二、制度成果

2021 年 4 月，市财政局印发《2021—2023 年深圳市政府债券招标发行和兑付办法》，进一步规范深圳市政府债券发行和兑付工作。

2022 年 10 月，财政部出台《财政部关于支持深圳探索创新财政政策体系与管理体制的实施意见》，支持深圳健全地方政府债务管理制度，支持深圳继续赴境外发行离岸人民币地方政府债券，推动粤港澳大湾区金融市场互联互通。

三、示范意义

推动深圳先行先试地方政府债券境外发行机制改革具有重大示范意义。深圳成为全国首个赴境外发行离岸债券的地方政府，对地方债改革发展具有里程碑意义。深圳在国际资本市场首次亮相，国际化、市场化债券发行方式获得成功，彰显了国际资本市场对深圳经济和信用的认可。深港两地金融合作得到深化，对加快粤港澳大湾区金融市场互联互通、促进香港建设全球离岸人民币业务枢纽具有积极意义。深圳首次通过发行离岸债方式为绿色项目融资，进一步落实"碳达峰、碳中和"国家重大战略决策。

四、应用场景

2021 年 10 月 8 日，举行全球投资人中文场、英文场共两场路演，介绍深圳经济社会发展状况，香港金管局连线参加予以大力支持，获得投资人一致认可。10月11日，通过簿记建档方式在港成功发行50亿元离岸人民币地方政府债券，其中2年期、3年期和5年期债券发行规模分别为11亿元、15亿元和24亿元，定价利率分别为2.6%、2.7%和2.9%。共吸引来自8个不同国家和地区的89个账户下单认购，订单规模174亿元，实现3.48倍超额认购。10月12日，深港两地连线举办债券发布会，香港特别行政区以及财政部、中国人民银行、国务院港澳办的负责同志通过视频连线方式出席，市委、市政府领导等在深圳证券交易所会场出席发布会。10月20日，离岸债券50亿元在香港交易所挂牌上市。

2022年10月31日，深圳再次成功赴港发行离岸人民币地方政府债券。债券规模为50亿元人民币，分为2年期、3年期（绿色债）、5年期（蓝色债）3个品种。2年期债券发行规模24亿元，定价利率为2.42%；3年期发行规模15亿元，定价利率为2.65%；5年期发行规模11亿元，定价利率为2.83%。募集的资金用于城市轨道交通、水治理和产业园区建设等项目。

五、风险防范

在港发债要面对国际投资人，涉及境外债券市场，为做好相关舆情工作，市财政局牵头印发《深圳市财政局关于印发重大舆情应对工作方案的通知》，将可能遇到的舆情分为三个等级，并制定相应舆情处置方式。

（牵头单位：深圳市财政局）

推动扩大企业博士后站办学自主权

一、机制创新

深圳企业博士后工作站分站的设立和撤销权限由人力资源和社会保障部下放到市人力资源保障局，事项设立和撤销权限的调整，大力推动深圳重点产业博士后设站单位的发展。分站设立和撤销权限调整后，市人力资源保障局可自行制定分站设立和撤销的制度性规则，结合深圳产业发展需求，自主推荐全市重点科研单位，以及属于"20+8"战略性新兴产业和未来产业的企业设立企业博士后工作站分站，促进博士后招收工作。

二、制度成果

为推动事权落地，市人力资源保障局发布 2020 年深圳企业博士后工作站分站申报事项的通知，按照《广东省人力资源和社会保障厅关于做好 2020 年博士后科研工作站新设站申报工作的通知》规定的条件申报，优先支持和鼓励在站博士后人数达到一定数量并已有博士后出站的市博士后创新实践基地申报。

2021 年，市人力资源保障局印发《深圳企业博士后工作站分站设立和撤销工作实施方案》，明确改革目标和主要任务，支持全市重点科研单位、创新型企业设立博士后工作站分站。

三、示范意义

根据《实施方案》和《首批授权事项清单》部署，市人力资源保障局积极落实"赋予深圳对企业博士后科研工作站分站的设立和撤销权限"改革事项，制定实施方案、广泛发动宣传、认真组织评审。作为深圳综合改革试点公共服务体制方面首个落地的授权事项，该事项解决了地方博士后管理的部分权限问题，推动了全国层面博士后工作的"放管服"工作，有力支撑了地方人才引进和培养。

四、应用场景

企业博士后工作站分站通过联合全国各地高校流动站，实现博士后联合招收和培养（部分高校流动站对市级博士后创新实践基地不认可），并可参与申请国家、省博士后科研项目；条件成熟的站点，可向人力资源社会保障部申请独立招收权限。

2020 年 12 月，市人力资源保障局组织专家评审并批准 TCL 华星光电技术有限公司、中电科智慧城市研究院等 5 家极具示范效应单位设立企业博士后工作站分站。截至 2022 年 12 月 31 日，深圳已批准设立企业博士后工作站分站 12 家。

五、风险防范

市人力资源保障局进一步完善企业博士后工作站分站的专家评审和遴选机制，保障相关评审工作公开、公平、公正。

（牵头单位：深圳市人力资源保障局）

探索境外专业人才来深便利执业制度

一、机制创新

为加快构建与国际通行规则相衔接的专业服务体系，市人力资源保障局探索境外专业人才来深便利执业，打破执业壁垒，放宽境外专业人才执业门槛，实现国际人才执业准入"不用考"；打破职称评审"逐级申报"限制，建立国际职业资格与初中级职称对应关系，为国际专业人才建立职称评审绿色通道。

二、制度成果

2021年12月，市人力资源保障局会同国家税务总局深圳市税务局、市住房建设局、市规划和自然资源局等多部门联合发布《深圳市境外职业资格便利执业认可清单》，允许持有清单内境外职业资格的专业人员按照相关实施办法，在深圳备案登记后提供专业服务。2022年5月，市人力资源保障局印发《深圳市国际职业资格视同职称认可目录（2022年）》，试点开展国际职业资格视同职称认可工作，允许持有目录内国际职业资格的专业人才，可按有关规定申报高一层级职称评审。

三、示范意义

深圳率先在前海开展免试跨境执业试点。市前海管理局印发《深圳市前海深港现代服务业合作区香港工程建设领域专业人士执业备案管理办法》，该办法已被省住房城乡建设厅推广至粤港澳大湾区范围内，即香港建筑、规划专业人士在省住房城乡建设厅备案后可免试在粤港澳大湾区内地9市执业。

四、应用场景

率先在税务、建筑、规划、文旅等领域实现境外专业人才在深便利执业。截至2022年12月31日，69位港澳涉税专业人士办理执业登记，413名香港建筑规划专业人士办理执业备案；认定首批37名香港大学深圳医院顾问医生为主任医师，破解香港医生职称评审困难。

五、风险防范

目前大多数执业便利措施仅针对部分专业领域，且涉及群体主要为港澳籍专业人士，扩大政策覆盖面的需求较大。市人力资源保障局积极与上级主管部门沟通，进一步研究扩大境外专业人才来深便利执业的专业领域和范围，提高政策的覆盖面和适用性。与此同时，市人力资源保障局做好有关执业便利措施政策的宣传解释工作，及时回应市民质疑及诉求。

（牵头单位：深圳市人力资源保障局）

完善气候投融资机制

一、机制创新

气候投融资改革是综合改革试点中唯一一项响应"双碳"目标的事项，在多个方面开创先河。一是在全国首创全流程气候项目管理制度。在完善气候项目征集途径、规范气候项目筛选标准、强化气候项目动态管理等方面全面创新，构建气候投融资项目全流程管理制度。二是在全国率先突破境外资金投资气候项目政策。从支持入库项目超过上限境外融资、鼓励银行跨境融资资金投向入库项目、试行项目境外辅助推广等方面系统改革，率先突破现行政策，支持国内气候项目对接境外低息、长周期资金。三是首创较全面的境内资金支持气候项目优惠。全面对接人民银行碳减排支持工具，鼓励金融机构就气候投资出台"尽职免责"制度，将绿色金融纳入财政资金竞争性存放考核，实施碳市场和项目库协同等政策，从国内绿色金融、产业、财政等方面为入库项目提供全面优惠。

二、制度成果

市生态环境局编制实施《深圳市气候投融资改革实施方案》《国家（深圳）气候投融资项目评估和项目库管理指引》《境外资金投资国家（深圳）气候投融资项目库入库项目指引》。

三、示范意义

（一）打通绿色金融堵点，在气候友好型金融支持国家"双碳"目标方面先行示范

我国实现碳中和目标的资金需求较大，金融部门征集气候项目的途径较少，准确界定项目的气候属性存在困难，严重影响资金的精准高效投放。气候投融资改革首创行政机关建设气候投融资项目库，打通金融堵点，为金融机构的绿色信贷提供支持。

（二）解决产业融资难点，在金融促进经济绿色低碳转型方面先行示范

气候行业相关民营企业的信贷成本一般年化利率为8%左右，期限多为1年，且面临融资难、融资贵的问题。通过气候投融资改革，在境外对接开发性金融机构的低息资金，在境内对接人民银行碳减排支持工具等资金，为相关行业企业的绿色低碳转型提供了有力的资金支持。

（三）把准对外宣传发力点，在展现我国应对气候变化努力与成效方面先行示范

开展气候投融资改革，将入库项目向境外机构进行推广和融资，间接展示了我国应对气候变化的积极行动，有利于树立我国负责任大国的正面形象。

（四）抓牢气候投融资重点，为国家战略提供试点案例

生态环境部、中国人民银行等五部委于2020年10月印发了《关于促进应对气候变化投融资

的指导意见》，生态环境部、中国人民银行、国家发展改革委等9部委于2021年12月印发了《关于开展气候投融资试点工作的通知》，均吸收了深圳气候投融资改革有关经验。

四、应用场景

改革前，由于气候类投资标的难以获得、商业性外债转贷款不准许结汇，华夏银行在引进境外资金投资境内气候项目方面存在困难。改革后，国家外汇管理局初步同意华夏银行以气候项目为目的的商业性外债转境内贷款，试点建设的项目库填补投资标的空缺。为金融机构和绿色企业对接搭建沟通渠道，市生态环境局与人民银行深圳市分行签署框架协议，先后赴南山区、福田区、龙华区、盐田区举办绿色金融政银企对接会，累计参会金融机构40余家、参会企业70余家，推动落地绿色信贷86.68亿元。与国家开发银行深圳市分行签订框架协议，推动地上铁租车（深圳）有限公司与国银金融租赁股份有限公司签署战略合作协议，国银金融租赁股份有限公司提供绿色资金，用于地上铁租车（深圳）有限公司购买不低于10Gwh动力电池，满足未来3年新增和运营15万辆新能源物流车的需求。

五、风险防范

（一）防范引进境外资金可能带来的社会经济风险

采取"一事一议"的方式，依据国际经济形势，对超过政策上限境外发债和商业性外债转贷款结汇实施灵活调整。

（二）防范气候投融资项目库国际声誉风险

在征集环节，除核实企业申报材料外，同步核实市生态环境局环评数据库等资料，委托国内权威第三方机构进行审核，并由含有境外专家的专家库评审通过。

（牵头单位：深圳市生态环境局）

赋予国际航行船舶保税加油许可权

一、机制创新

积极借鉴国内外先进经验做法，以"赋予深圳国际航行船舶保税加油许可权"的小切口改革牵引制度型开放迈向更高水平。推动落实"先供后报""一船多供""边联检边搭靠"等便利监管政策，不断提升保税燃料加注效率，完善制度建设创新，在开展保税燃油加注基础上，全力推动保税 LNG 加注产业发展。与此同时，促进制度集成创新，为建设国际贸易中心城市提供制度供给。通过推动提升保税油贸易便利化、简化企业申请流程、提高保税油加注效率、加强企业信用管理等"关键小事"，协助海关等监管单位实现"制度创新大事"。

二、制度成果

市商务局联合盐田区政府，多次征求有关企业、专家和深圳海关、深圳海事局、市交通运输局等部门意见，编制《深圳市国际航行船舶保税燃料油经营管理试行办法》和"四个一"材料等配套文件。

三、示范意义

建设世界一流的国际航行船舶保税燃料油加注中心，盐田港将成为具有世界影响力的国际航运枢纽，有助于吸引国际船舶挂靠加油，提升全市港口服务能级。在开展保税燃油加注基础上，全力推动保税 LNG 加注产业发展，为实现碳达峰、碳中和提供经验，探索建设深圳国际原油交易中心。

四、应用场景

赋予国际航行船舶保税加油许可权的具体应用场景主要表现在：简化查验手续，提高企业开展业务效率；统一申报与审批系统，通过开发"一口办理"平台，使各个监管部门之间达成信息互通，实现"数据多跑路、群众少跑腿"的先供后报模式。通过以上应用场景，企业在查验及申报环节均可节省大量操作时间，从接单到办完手续可以准备进行加注的时长，由 40 小时缩减至 24 小时左右，极大提升企业获得感。

盐田港码头加注现场

五、风险防范

协助推动盐田区政府（市国际航行船舶保税燃料经营许可权承接工作领导小组办公室）向各相关单位印发《深圳市国际航行船舶保税燃料油经营许可权承接工作任务分工表》，由盐田区政府承担具体保税燃料油加注业务的事中事后管理与服务、统筹协调等，市商务局积极配合做好事中事后管理。

出台《深圳市国际航行船舶保税燃料油试行办法》，为推动顺利承接深圳市国际航行船舶保税油加注许可权综合改革试点事项提供坚实的制度保障，有力规范保税燃料领域的经营行为，提供明确的操作指南，促进行业健康有序发展。

（牵头单位：深圳市商务局）

探索完善医疗服务跨境衔接机制

一、机制创新

在深圳事权范围内，通过优化港澳服务提供主体来深办医行医审批流程，制定与国际接轨的医院评审认证标准和评价制度，推进港澳医疗保障跨境使用及直接结算，畅通跨境转运和医学人才联合培养，深化深港重大疾病联防联控，创新深港卫生健康合作新路径。

二、制度成果

2021 年 4 月，深圳市出台《关于加快推动医疗服务跨境衔接的若干措施》，促进优质医疗卫生资源更自由地跨境流通。

2022 年 6 月 23 日，《深圳经济特区医疗条例》经深圳市第七届人民代表大会常务委员会第十次会议修订通过。深圳通过经济特区立法权限变通《香港和澳门特别行政区医疗专业技术人员在内地短期执业管理暂行规定》相关条款，率先允许港澳医疗专业技术人员经备案后多点执业。

三、示范意义

打造一批融合"一国两制"优势的高水平深港合作平台。香港大学深圳医院成为国家公立医院高质量发展、建立健全现代医院管理制度"双试点医院"和境内唯一香港公费医疗跨境结算单位，"港澳药械通"试点经验在全省推广。

四、应用场景

优化港澳办医行医环境，将港澳服务提供主体准入审批时限压减 60%。承接三级医院等级评审省级权限，编制《医院质量国际认证标准（中国）》（2021 版），获国际医疗质量协会认证。借鉴国际医学教育经验，成立"深港医学专科培训中心"，在 10 个专科领域开展国际化专科医生培训。实现医师资格互认、医疗数据互通、检验结果共享、费用跨境结算和国家标准走向国际。

五、风险防范

严格按照《国家健康医疗大数据标准、安全和服务管理办法（试行）》，保障境外评审医疗信息数据安全。健全覆盖港澳服务提供主体的医疗卫生行业综合监管平台，加强港澳医师执业行为监管。

（牵头单位：深圳市卫生健康委）

深入推进区域性国资国企综合改革

一、机制创新

通过组建以"一把手"为组长的综合改革试验和"双百行动"领导小组，建立上下贯通、层层穿透的改革推进落实机制，开发覆盖各级子企业的在线数据填报和评估督办系统，深化国资国企综合改革。

二、制度成果

形成《深圳市区域性国资国企综合改革试验实施方案》《深圳市市管企业领导人员管理规定》《深圳市属企业深化激励约束机制改革行动方案》等系列文件。

三、示范意义

2021年5月，第一批综合改革试验成果被国务院国企改革领导小组向全国复制推广。2021年7月，国企市场化改革经验被国家发展改革委列入47条"深圳经验"向全国推介。此外，深圳市投资控股有限公司被誉为"全国改革先进典型"，深圳国际控股有限公司入选三项制度改革"全国范例"，深圳市特发集团有限公司、深圳市资本运营集团有限公司、深圳能源环保有限公司等企业纳入"双百行动""科改示范行动"案例集，深圳市投资控股有限公司、深圳市创新投资集团、深圳市城市交通规划设计研究中心股份有限公司获评"全国国有重点企业管理标杆"，为全国各地深入推进区域性国资国企综合改革贡献深圳经验。

四、应用场景

建设"国资大屏""一企一屏"等智慧监管平台，推动大数据应用从综合展示向智能决策转变，实现国资监管"一键调取、一屏总览""全局感知、精准监控、全景可视、智慧分析"。

强化阳光采购、资产交易、阳光租赁、资金融通、重大资源开发等要素交易领域信息化监督，实现国资阳光运行、要素全部覆盖、过程留痕可循、动态监测预警。阳光采购平台资金节约率达13.79%，资金融通平台增收节支23.5亿元。

构建国资国企一体化智慧绩效管理平台，对企业领导人员经营业绩追踪监控，实现考核结果强制分布，根据业绩结果生成个人绩效画像，为组织选人用人提供业绩依据，助力用人部门知事识人、序事辨材。

五、风险防范

持续完善企业党委领导、纪委统筹，纪检监察、监事会、财务总监、内审、内控、风控协同联动的"六位一体"大监督体系，形成"职责统一行使、资源集中调度、内容全面覆盖、成果开放共享"的监督闭环。出台加强监督保障综合改革试验指导意见，印发加强法治国资法治国企建设、强化内控监督工作方案，为改革保驾护航。

（牵头单位：深圳市国资委）

优化私募基金市场准入环境

一、机制创新

为推动私募行业高质量发展，创新"五个一"举措。一是制定一套商事登记服务标准。率先建立私募投资企业"照前会商"机制和服务标准，构建"优化准入、推动备案、后期清理"的闭环工作机制。二是搭建一个"好人举手"平台。全国首创搭建深圳市私募投资企业监管信息平台（即"好人举手"平台），构建"线上会商—信息披露—电子合同—在线网签—公示及信用惩戒"一体化信息管理体系，将辖区私募投资相关商事主体纳入监测，实现全流程闭环管理。三是实施一套私募监管意见。在中国证监会的支持下，制定印发《深圳私募基金规范发展及监管协作试点意见》，建立"名单制"监管制度，开展"红、黄、绿"分级分类监管。四是开展一项风险整治行动。全面启动私募基金风险整治，加快存量风险出清。五是争取一项契约型基金试点。成功争取国家发展改革委体制改革司、国家市场监督管理总局同意在深圳率先试点契约型基金商事登记改革，探索优化契约型基金商事登记流程。

二、制度成果

自改革实施以来，市委金融办陆续印发《深圳市私募投资基金风险防范处置工作方案》《深圳私募基金规范发展及监管协作试点意见》《深圳私募投资基金风险防范处置分类整治阶段工作方案》《深圳市私募基金风险处置工作小组运作机制》《深圳市私募基金风险处置工作专家库管理规程》等文件和方案，研究制定《深圳市私募投资机构综合化信息服务平台建设方案》《私募基金风险整治与防控问答》等。

三、示范意义

优化私募基金市场准入环境具有重大示范意义。全国首创"好人举手"平台，多次获得国家发展改革委体制改革司、中国证监会的高度评价。制定印发的《深圳私募基金规范发展及监管协作试点意见》有助于私募行业规范健康发展。深圳私募基金风险处置进度居全国首位，获国家交易场所清整联办肯定。深圳作为全国首个契约型基金改革试点，其试点经验对全市乃至全国风投创投行业发展具有里程碑意义。

四、应用场景

本项创新改革覆盖全市已登记的私募基金管理人和备案基金，还面向所有拟新设、拟变更业务的私募基金管理人和私募基金产品，覆盖面极广，影响极大。与改革前相比，私募会商机制提供的服务增加了10余倍，2022年全年新引入基金规模242亿元。通过"好人举手"

平台实现线上办理，线上办理率高达 81%（改革前均为线下办理），获得中国证券投资基金业协会登记备案通过率从改革前不到 10% 提升至 36%。实现全市 4320 家私募管理人差异化分类监管，后续持续监管中。深圳率先开展契约型私募基金投资企业商事登记试点，深创投不动产基金管理（深圳）有限公司、基石资产管理股份有限公司旗下产品已完成商事登记。

五、风险防范

本项改革是贯彻落实国务院办公厅、清理整顿各类交易场所部际联席会议、市委、市政府关于私募投资基金风险防范处置的重要举措，属于防范处置化解金融风险的举措，对于优化私募发展环境和生态有重要的积极意义。在推动过程中，坚持"防风险和促发展"两手抓，工作开展具有系统性、逻辑性和科学性。

（牵头单位：深圳市委金融办）

优化创业投资企业市场准入和发展环境

一、机制创新

以打造国际风投创投中心为牵引，创新推进"1+1+3+N"工作机制，进一步完善创业投资发展环境。

制定1套高标准、全链条扶持政策。制定《关于促进深圳创投风投持续高质量发展的若干措施》及配套任务清单，加快提升深圳创投行业的引领力和辐射度，全面覆盖、精准引导创投风投行业"募投管退"全链条高质量发展。

打造1个国际化、示范性风投创投聚集区。对标硅谷沙丘路模式，在车公庙打造"国际创投风投街区"，依托深铁置业大厦挂牌"国际风投创投中心"，释放约100万平方米的产业空间，集聚创投风投机构、服务专精特新企业。

实施3项全国领先的重点工程。一是结合QDIE额度扩容试点在全国率先修订QFLP、QDIE试点政策，通过放宽投资范围与境外投资使用期限、优化受理流程等，进一步畅通境内外双向投资渠道。二是在全国率先搭建深圳市私募投资综合化信息服务平台，实现创业投资登记注册信息实时共享和互联互通。三是打造"深圳创投日"系列活动，走进全市各大重点区域举办不同产业不同赛道的产投融对接活动，链接全球创新创投资源。

"深圳创投日"系列活动

探索N项改革。研究储备创投税收改革、创新发展S基金市场、推动成立国家级天使母基金等多项改革创新课题，争取纳入综合改革试点第二批授权事项清单。

二、制度成果

2021 年 1 月，市委金融办出台《深圳市外商投资股权投资企业试点办法》。

2022 年 4 月，市委金融办印发《关于促进深圳创投风投持续高质量发展的若干措施》，并制定配套任务清单。

2022 年 6 月，市委金融办联合福田区印发《深圳市关于建设香蜜湖国际风投创投街区的若干措施》。

三、示范意义

结合 QDIE 额度扩容试点，会同国家外汇管理局深圳市分局在全国率先修订 QFLP、QDIE 试点政策，获国家外汇管理局批准全国最高的 100 亿美元 QDIE 额度。政策出台后，海南省、浙江省等派人前来深圳调研学习，中国基金报、证券时报等财经媒体对深圳 QFLP、QDIE 试点经验进行宣传报道。

四、应用场景

市委金融办联合福田区规划建设高品质的风投创投集聚区，在车公庙的深铁置业大厦挂牌"国际风投创投中心"。借鉴硅谷沙丘路模式，在车公庙片区规划打造国际创投风投街区，预计释放约 100 万平方米的产业空间，用于孵化专精特新企业、集聚创投风投机构及打造医疗、教育等配套基础设施。已有超过 30 家知名创投机构意向入驻深铁置业大厦，包括全国排名前 10 的达晨财智、同创伟业。

五、风险防范

本改革事项有助于构建更加完善的要素市场化配置体制机制，建设高标准市场体系，全面深化资本市场改革开放。通过进一步加强对于涉及主体的事前、事中、事后监管工作，在风险可控的情况下依法依规、有序推进相关措施。

（牵头单位：深圳市委金融办）

全面深化前海深港现代服务业合作区改革开放

一、机制创新

（一）创新扩区后前海合作区体制机制

配合市委编办研究起草《关于优化前海深港现代服务业合作区管理体制机制的实施方案》，已于 2022 年印发。启动权责清单编制工作，进一步厘清行政区和经济区管理分工、职责边界。

（二）推进深港合作规则衔接

推动港澳专业人士跨境执业便利化措施覆盖税务、会计、规划、建筑、文化旅游、医疗卫生等领域。已实现香港税务师、注册建筑师和澳门核数师、会计师等 16 类专业人士仅需备案即可执业。推动粤港澳大湾区法律规则衔接，选任香港地区陪审员、外籍和港澳地区调解员参与涉外、涉港澳台纠纷化解和案件办理。建立国际化专家咨询委员会，聘请法律、金融、国际贸易、国际投资等领域的港澳地区专业人士，为涉外涉港澳台案件审理、司法改革等工作提供智力支持。同时，通过制定《域外法查明办法》《适用域外法工作指引》等系列制度，完善域外法律查明与适用体系。深化与港澳服务贸易自由化，研究形成前海面向港澳地区的跨境服务贸易负面清单。推动深港创新链对接联通，研究制定《关于加快推进前海科技发展体制机制改革创新的若干措施》，制定粤港澳新型研发机构支持计划、深港跨境联合孵化计划，与香港高校、市母基金三方联合发起深港跨境联合孵化科技基金。

（三）打造一流营商环境

推进制定前海合作区投资者保护条例，开展立法前调研评估工作。研究形成《深圳市前海深港现代服务业合作区管理局公平竞争审查实施细则》，将强化公平竞争审查的相关内容列入《前海合作区投资者保护条例》草案，为公平竞争审查制度提供法治保障。拓展"深港（澳）通注册易"服务，运行"前海港澳 e 站通"提供 223 项服务，将"远程办""辅导办""邮寄办"服务延伸至香港地区，推动同一涉税事项在香港地区无差别受理、同标准办理。同时，定制深港协同的税务业务模式，深入挖掘港人港企业务需求，在香港联合开展实地宣传活动。全面推动社会信用体系建设，率先出台《前海蛇口自贸片区社会信用管理服务办法》。在前海试运行深圳信用（征信）服务平台，并以前海信用报告替代营业执照、企业信用公示系统报告两项材料，逐步推进产业资金全流程信用监管。

二、制度成果

2021 年 5 月 3 日，中共中央、国务院印发《全面深化前海深港现代服务业合作区改革开放方案》（以下简称《前海方案》）。《前海方案》出台以来，前海推动中央、省、市重点工作 1/3 以上取得阶段性成果，并加快推动省市下放权限、产业促进和奖补、金融和法律等政策在新扩区域复制推广。2022 年 1 月，最高人民法院印发《关于支持和保障全面深化前海深港现代服务业合作区改革开放的意见》，支持前海与港澳法律规则衔接、机制对接及深港法治交流合作。

开展《深圳经济特区前海合作区条例》修订工作及《深圳市前海深港现代服务业合作区管理局暂行办法》立法后评估，为前海深化改革开放提供法律保障。编制《前海深港现代服务业合作区总体发展规划（2021—2035）》《前海深港现代服务业合作区国土空间规划（2021—2035 年）》。

探索建立现代服务业标准体系。研究形成《前海推进标准化建设工作方案》，发布《基于跨境活动的企业信用报告格式规范》和《信用服务业分类及编码规范》；建立与国际接轨的供应链标准，推动《大宗货物电子仓单》等标准获国家发展改革委批复；发布实施《三维产权体数据规范》，率先开展建筑信息模型（BIM）、区域供冷、地下空间消防相关标准研编工作，已有 3 部标准列入深圳市工程建设地方标准编制计划；制定《绿色供应链企业评价》（DB4403/T10—2019）、《供应链企业金融风险控制与评价》（DB4403/T11—2019）、《供应链企业分类与评估》（DB4403/T28—2019）3 项供应链服务行业地方标准。

三、示范意义

2021 年 3 月，广东省推出中国（广东）自由贸易试验区第七批 13 项复制推广经验，其中前海贡献的改革事项为 5 项，占比 38.4%；6 月，广东省自贸办推出第五批 43 个制度创新案例，其中前海贡献 19 个，占比 44.1%；7 月，国家发展改革委发布《关于推广借鉴深圳经济特区创新举措和经验做法的通知》，其中前海贡献的改革创新举措有 7 项。

前海的改革创新成果在全国发挥了良好的示范作用：发布全国首份《信用服务业分类及编码规范》，开启信用服务业分类的前沿探索；编制国内首部从城市管理者视角出发的《前海 BIM 技术应用推广发展规划》，谋划了前海 BIM 从建设阶段、发展阶段到成熟阶段的创新和实现路径，具有前瞻性、系统性、可复制性；妈湾智慧港被列为全市首个"交通强国试点"授牌项目，成为国内外传统码头智能化升级的典范；前海打造的全国自贸片区信用合作交流平台获得国家发展改革委、新华社指导颁布的"全国信用优秀案例奖"；前海跨部门协同监管平台获得国家发展改革委、新华社指导颁布的"全国信用应用十大实践成果奖"和南方日报社"最具群众参与度案例奖"。

四、应用场景

（一）高水平建设前海深港国际金融城

瑞银前海财富管理有限公司、法国安盛集团旗下安盛天平保险销售有限公司、韩国 IBK 企业银行（中国）深圳分行等多家重点金融机构代表集中入驻前海深港国际金融城。12 家"跨境理财通"试点银行在前海落地首笔业务。

（二）高标准建设前海深港国际法务区

国内首栋国际仲裁大厦投入使用，深圳国际仲裁院等多家法治机构入驻。加快建设国际法律服务中心和国际商事争议解决中心，推动成立粤港澳大湾区国际仲裁中心、前海"一带一路"国际商事诉调对接中心，聘任外籍和港澳台地区特邀调解员。支持前海合作区法院与深圳市贸促委调解中心、蓝海法律查明和商事调解中心等机构合作，成立国际贸易案件、大湾区案件、国际投资案件、民营小微企业案件、新兴金融案件和自贸区案件多元化纠纷解决中心等六大分中心，实现调解专业化精细化，形成前海独具特色的多元化纠纷解决机构布局。

（三）建设新型综合保税区

在前海综合保税区落地实施"国际中转集拼""离港空运服务中心"等创新监管模式，支持企业通过舱单分拨等模式，对境外进口货物、国际转运货物、区内出口货物在综保区内进行分拨、集拼、转运、清关等业务。深化拓展"MCC（多国集拼）前海"模式；创新"全球中心仓""互联网＋保税物流"监管模式。推动粤港澳大湾区首个 5G 绿色低碳智慧港口——妈湾智慧港开港，启动前海"一带一路"贸易组合枢纽港。上线深圳跨境贸易大数据平台，这是海关总署首次批复、唯一授权的跨境贸易大数据平台地方政府试点。启动前海离岸贸易综合服务平台建设，进一步推动跨境贸易外汇收支与结算便利化。推动越海全球、华富洋、外代仓储等供应链龙头企业创建省级进口贸易重点平台。

（四）创新发展现代服务业

推动深圳市外商投资企业权益保护服务站开始常态化运营，优化外商投资服务体系。成立粤港澳大湾区标准创新联盟，推动行业协会和企业参与现代服务业标准制定。引导前海供应链金融企业通过大数据、区块链等"金融＋科技"技术，大力发展场景化、线上化、数据化的供应链金融和小微金融业务，打造供应链金融服务实体经济生态圈。

（五）创新城市建设

推动国家（深圳·前海）新型互联网交换中心上线试运行，推进前海智慧城市大脑项目。推广应用 BIM 技术，率先推进从源头解决 BIM 法定化问题，实现设计图纸从二维时代迈向三维时代的跨越，打造数字孪生的前海时空大数据服务管理平台。

五、风险防范

为稳妥有序推进改革，市前海管理局研究制定《关于贯彻落实〈前海方案〉全力维护安全稳定工作方案》。一是加强舆情引导。稳妥有序对外发布政策解读说明，针对港澳社会关注焦点，及时释疑解惑，避免引发媒体炒作。统筹做好网络舆论引导工作，制定舆情应急预案，加强网络舆情监测和分析研判，及时稳妥处置网上负面言论、有害信息和热点敏感舆情，严防境外有害信息"倒灌"。二是开展廉政建设。推动出台《关于深入推进廉洁前海建设的若干措施》，筹建"前海企业廉洁促进与合规管理联合会"。市前海管理局会同宝安、南山区纪委监委联合制定《关于在前海合作区建立三方廉政协同工作机制的实施意见》，探索行政区与功能区适度分离下的廉政监督新机制。三是加强跨境金融监管。深入推进跨境金融监管合作，建立高度信息化的金融监管系统和跨境金融监管系统，建设前海鹰眼系统（二期），监测前海合作区企业的账户资金异动及跨境资金流动，打造地方金融科技监管平台。四是强化贸易风险防控。搭建前海贸易合规区块链平台，围绕全流程、全生命周期实行穿透式监管。优化前海综合保税区海关监管方式，推动海关、税务、外汇、边检、交通、海事、口岸等部门间电子数据交换和信息共享。对禁限管制、高风险商品等，依法实施口岸查验和入市监管，严守安全底线。

（牵头单位：深圳市前海管理局）

完善国际法律服务和协作机制

一、机制创新

以华南（香港）国际仲裁院为抓手，推动大湾区规则衔接和机制对接。依托国际投资联合仲裁中心，积极引进国际组织和世界知名仲裁机构，健全国际法律服务和纠纷解决机制。完善"境外调解＋境内仲裁"模式和粤港澳大湾区仲裁调解联盟机制。

二、制度成果

2022年2月，深圳国际仲裁院修订《深圳国际仲裁院仲裁规则》，将粤港澳大湾区国际仲裁中心、中国（深圳）证券仲裁中心等最新改革成果纳入其中。

2022年5月，深圳国际仲裁院在香港设立的华南（香港）国际仲裁院以《联合国国际贸易法委员会仲裁规则》为蓝本，吸收借鉴深港两地仲裁经验，以国际仲裁程序为基本制度架构，推出《华南（香港）国际仲裁院仲裁规则》。

三、示范意义

2021年7月，"创新机制建设国际仲裁高地"被国家发展改革委列入《深圳经济特区创新举措和经验做法清单》。2022年10月，"建立跨境仲裁协作和国际仲裁合作新机制"被国家发展改革委纳入《深圳综合改革试点首批授权事项典型经验和创新举措》，在符合条件的特定范围内推广。此外，深圳国际仲裁院的法人治理机制改革经验被中央全面依法治国委员会《国际商事仲裁中心建设试点方案》吸收采纳。

四、应用场景

2021年10月，中国首座国际仲裁大厦（SCIA TOWER）作为国际法律服务的集聚地在前海启用。深圳国际仲裁院以国际仲裁为抓手，推动粤港澳大湾区国际仲裁中心交流合作平台暨中国（深圳）知识产权仲裁中心正式挂牌，完善知识产权保护体系，打造知识产权保护标杆城市。设立深圳国际仲裁院海事仲裁中心，打造多元化国际海事法律服务中心，加快建设全球海洋中心城市。与深圳证券交易所共建全国首个证券仲裁中心"中国（深圳）证券仲裁中心"，推动建设全球金融创新中心城市。

五、风险防范

深圳国际仲裁院着力加强以理事会为核心的法人治理机制，实现决策、执行、监督的有机统一，有效防范和化解风险。

（牵头单位：深圳国际仲裁院）

推进创业板注册制改革

一、机制创新

创业板改革并试点注册制是"增量＋存量"改革，改革过程中突出存量改革特色，充分考虑增量和存量市场的协调，兼顾存量市场和既有的投资者特点，为全面注册制改革发挥先行示范作用。一是强化创业板服务创新驱动发展战略主平台作用，设置多元上市标准，简化发行上市条件，进一步提升板块包容性和覆盖面，完善直接融资服务体系，提高创新资本形成效率。二是坚守创业板定位，制定发布行业负面清单和"三创""四新"量化评价标准，明确重点支持的方向和领域，为战略性新兴产业企业、成长型创新创业企业和科技创新企业提供直接融资支持，积极服务国家创新驱动发展战略。

二、制度成果

创业板改革并试点注册制贯彻落实新修订的《中华人民共和国证券法》，坚持系统性、全面性、协同性，以实施注册制和优化上市条件为主线，在 IPO、再融资、并购重组等领域试点实施注册制改革，配套完善投资者适当性管理、交易、股权激励、退市、减持、信息披露等一系列基础制度。2020 年 6 月 12 日，中国证监会发布实施创业板改革并试点注册制相关制度规则，深圳证券交易所同步发布实施 8 项创业板改革并试点注册制主要业务规则及 18 项配套细则、指引和通知，创业板改革并试点注册制制度规则正式落地实施。2022 年 12 月 30 日，深圳证券交易所发布实施《创业板企业发行上市申报及推荐暂行规定（2022 年修订）》，明确成长型创新创业企业量化评价标准。

三、示范意义

推进创业板改革并试点注册制是党中央、国务院作出的重大决策部署，是以增量带动存量改革、完善资本市场基础制度的重要安排，是资本市场全面深化改革承上启下的重要环节，为全市场注册制改革积累了经验、奠定了基础。创业板改革并试点注册制，对于完善我国资本市场体系、助力粤港澳大湾区和中国特色社会主义先行示范区建设、促进国民经济整体良性循环和经济高质量发展具有重大意义。

改革后的创业板深入贯彻落实创新驱动发展战略，适应以创新、创造、创意推动高质量发展的大趋势，全力服务成长型创新创业企业，支持传统产业与新技术、新产业、新业态、新模式深度融合，激发市场主体活力，促进市场各板块协同发展，提升资本市场服务科技创新能力。

四、应用场景

企业申请首次公开发行股票并在创业板上市，创业板上市公司发行证券、实施并购重组，北京证券交易所上市公司向创业板转板上市等。

五、风险防范

创业板改革并试点注册制是一项综合性、系统性的工程，涉及规则制定、业务运作准备、技术系统准备、组织保障和廉政建设等多方面。深圳证券交易所系统梳理改革推进实施过程中的每个环节，做好"模拟盘"，畅通"全过程"；通过在基础制度等方面的一系列差异化安排，保障新旧制度平稳有序衔接；以最高标准保障技术系统安全，全面测试，做好预案，确保创业板市场平稳运行。

（一）广泛征求意见及时发布业务规则

通过"视频+现场"等多种形式，召开10余场规则征求意见座谈会，充分听取不同市场主体意见建议，凝聚改革共识，完善制度规则。

（二）有序推进企业申报受理、审核注册工作

坚持以信息披露为中心，坚持审核阳光化、电子化，扎实推进发行上市审核标准、审核进程、审核结果、监管措施"四个公开"，将科技监管贯穿发行上市审核过程始终，引入"企业画像"等科技手段，实现智能化审核，全面提高审核质效。

（三）平稳做好新股发行工作

完善发行业务流程和要点，高质高效完成发行方案备案和发行操作。充分发挥行业自律管理作用，发布保障创业板规范发行倡议，引导承销商和发行人理性、平稳、有序实施发行承销工作，严防操作风险。加强事中事后监管，制定发行承销违规行为认定标准和自律监管措施指引，加大对违规行为监管力度。

（四）扎实推进技术系统改造工作

平稳有序完成交易所核心交易系统改造，协调中国结算、中证金融、中证指数及各市场主体完成技术系统改造，开展2轮全市场仿真测试、7次全网测试，组织具有经纪资格的106家证券公司，具有交易参与人资格的111家基金公司参与测试，实现市场主体、业务功能等测试全覆盖，保障市场安全平稳运行。

（五）深入开展市场组织和培训工作

结合不同市场主体实际需求，组织开展多期针对性培训。向会员发布适当性管理专项通知，对会员开展现场检查、视频督导、电话督导，指导督促会员做好创业板适当性管理、风险提示、投资者教育等工作。按照"应签尽签"原则，组织开展存量投资者风险揭示书重签工作。持续发布投资者教育图文宣传材料，开展多次投资者教育主题活动。

（六）健全完善廉政监督制度体系

坚持廉政建设与改革同部署、同推进，全力支持配合驻证监会纪检监察组向深圳证券交易所派出工作组开展驻点监督，构建内控质量监督、所纪委监督、证监会监督、驻证监会纪检监察组驻点监督和市场主体监督相结合的立体化监督体系。

（七）扎实推进持续监管相关工作

坚持以信息披露为中心的监管理念，强化创新创业企业的行业信息、经营风险、业绩波动等披露要求。系统排查存量公司风险，特别关注财务信息真实性、准确性，加强信息披露监管与交易监管的联动。健全退市机制，丰富完善退市指标，简化退市流程，提升退市效率。对违法违规行为"零容忍"，保护投资者合法权益。

（牵头单位：深圳证券交易所）

开展基础设施不动产投资信托基金试点

一、机制创新

（一）建立联动工作机制，充分发挥多方合力

深圳证券交易所推动与市发展改革委、市国资委、市委金融办、市规划和自然资源局、市住房建设局、深圳证监局等相关部门建立联动工作机制，共同负责审议深圳市 REITs 项目，协调解决重大事项和重点问题，联合加强市场培育，持续优化审核流程，健全配套基础制度体系，为优质项目提供全周期、一站式服务，将 REITs 打造为企业直接融资的重要渠道。

（二）强化市场培育机制，深入开展项目储备

深圳证券交易所加大优质项目培育力度，持续对接地方相关部门、原始权益人和市场机构，举办基础设施 REITs 实务讨论会、大湾区基础设施 REITs 发展论坛，专题授课 20 余次，走访各类参与主体 200 余家次，在仓储物流、高速公路、产业园区、污水垃圾处理等领域储备了一批优质项目。

（三）协同建立审核机制，严把项目准入质量

深圳证券交易所坚持以信息披露为核心，坚持审核阳光化、电子化，按照"同步受理、联合反馈、共同审议"要求，与中国证监会协同完成首批 4 只基础设施 REITs 的审核工作。在审核过程中，同时推进审核标准、审核进程、审核结果、监管措施"四公开"，将科技监管贯穿审核过程始终，全面提高审核质效。

（四）优化试点运行机制，提升产品运行质效

深圳证券交易所持续跟踪了解首批项目治理机制的运行效率，在充分保护投资者利益、提升基础设施项目运营质效的前提下，适时调整优化 REITs 治理机制安排；研究细化扩募的操作程序、价格确定方式等，支持 REITs 通过扩募、购买资产等方式做大做强，提升运营管理水平。

二、制度成果

深圳证券交易所稳步开展基础设施领域不动产投资信托基金（REITs）试点，通过搭建产品规则体系，夯实法律制度基础。经过多轮专题研讨和公开征求意见，在借鉴国际实践经验、尊重市场发展规律、充分考虑市场意见建议的基础上，深圳证券交易所于 2021 年 1 月 29 日正式发布包括业务办法、审核关注事项指引和发售指引在内的 3 项配套规则，4 月 30 日发布发售业务办理指南、询价平台用户手册指南，6 月 18 日发布交易业务指南，7 月 15 日发布存续期业

务办理指南，并于 2022 年发布 REITs 扩募、保障性租赁住房和收益分配等指引和通知，在中国证监会 "1+7" 规则体系下逐步构建 "1 个业务办法 +4 个业务指引 +4 个业务指南 +1 个通知" 的交易所配套规则体系，全面覆盖试点各业务环节。

三、示范意义

（一）首批项目示范效果良好，去杠杆、稳投资、补短板效果初显

深圳证券交易所首批 4 只 REITs 项目募集规模合计 143.7 亿元，除去原始权益人战略配售，回收资金 81.5 亿元。回收资金主要用于偿还存量项目债务、建设新的基础设施等，均投资于补短板领域，形成了存量资产和增量投资的良性循环，对于促进国内大循环、完善基础设施投融资机制起到了良好示范效应。

（二）填补境内金融市场产品空白，受到各类投资者关注和认可

REITs 是国际通行的配置资产，是境内资本市场全新的金融品种。从深圳证券交易所首批项目发售情况来看，投资者认购积极踊跃，机构投资者（含原始权益人）、个人投资者认购金额占总发行规模的比例分别为 93.3% 和 6.7%，涵盖证券公司、保险公司、银行理财、产业企业、QFII、私募基金和个人投资者等多种类型。

（三）满足人民群众多样化投资需求，拓宽投资渠道

基础设施 REITs 设有强制分红比例，收益分配比例不低于合并后基金年度可供分配金额的 90%。同时，REITs 产品流动性较好，公开发行认购门槛较低，由专业机构管理，为居民参与资本市场投资、分享金融建设成果提供了全新方式，有利于加快构建与国际接轨的现代金融市场体系。

（四）完善配套支持政策，推动市场平稳运行

深圳证券交易所首批项目上市首日表现活跃，后续逐步回归平稳，反映了产品收益相对稳定、增长空间相对有限的风险收益特征。在首批项目顺利落地、运行平稳的基础上，2021 年 7 月 2 日，国家发展改革委发布通知，明确试点区域扩大至全国各地区；11 月 17 日，银保监会发布通知，明确保险机构投资 REITs 的相关要求。同时，各地政府积极响应国家号召，北京、上海、广州等地先后出台专项支持措施，深圳的成功经验为全国其他区域推动 REITs 起到示范作用。

四、应用场景

基础设施 REITs 是国际通行的配置资产，具有流动性较高、收益相对稳定、安全性较强等特点。截至 2022 年 12 月 31 日，共有 9 只基础设施 REITs 在深圳证券交易所上市，涉及产业园区、收费公路、仓储物流、市政设施、清洁能源、保障性租赁住房等资产类型。深圳基础设施 REITs 底层资产运营良好，市场总体运行平稳。

五、风险防范

首批基础设施 REITs 上市前，深圳证券交易所组织召开多次专题会议，对试点全流程进行再梳理、再对照、再查漏，强化市场风险预研预判，就上市初期非理性炒作、跌破发行价、交易系统软件缺陷、业务系统故障、业务操作错误以及重大负面舆情等极端风险，针对性制定应对方案，保障首批项目平稳落地。

首批基础设施 REITs 上市后，深圳证券交易所密切关注市场运行情况，持续强化风险分析研判，坚决落实各项风险防控要求，不断做好审核、监管等各项工作。加强交易监控和市场运行分析，及时采取监管措施，维护市场平稳运行。持续督促流动性服务商做好双边报价服务，提高二级市场流动性。

（牵头单位：深圳证券交易所）

推动建立科技成果与知识产权交易机制

一、机制创新

2022年11月8日，深交所科交中心正式揭牌成立。为解决现有科技成果转化中的突出痛点，深交所科交中心立足打造科技成果转移转化全链条服务体系和科技创新各要素市场化配置的生态体系，探索完善知识产权和科技成果产权市场化定价和交易机制。深交所科交中心以"四个一"为发展目标，包括构建"一个市场"，建立一个具有平台属性的全国性技术交易市场；建设"一个体系"，打造一个包括技术经理人、现有技术市场、金融机构、高校院所和科技企业等在内的具有中国特色的技术市场生态体系；设立"一个中心"，形成一个知识产权和科技成果产权交易大数据中心；发展"一条龙"服务，围绕科技成果转化提供全方位多功能的"一条龙"服务。

二、制度成果

2021年11月5日，《科技成果与知识产权交易中心建设总体方案》获中国证监会审议通过。

三、示范意义

深交所科交中心的建设，不仅是资本市场服务国家战略的重要探索，能有效破解"一条龙"转化瓶颈，加快攻克重要领域"卡脖子"技术，支撑国家科技自立自强，还是深圳证券交易所贯彻落实党中央决策部署、支持深圳建设先行示范区的重要举措。深交所科交中心围绕深圳创新发展需求，积极引导各类创新资源要素聚集，提升服务针对性有效性，对于深圳进一步强化粤港澳大湾区核心引擎功能和创建社会主义现代化国家的城市范例具有重要意义。

四、应用场景

深交所科交中心主要开展技术交易业务、技术对接资本业务，目的是建设技术市场良好生态，完善确权、登记和公示等基础功能，探索形成知识产权和科技成果产权市场化定价和交易机制，优化科技成果信息管理、检索和分析。

（一）开展技术交易业务

主要聚焦成果转化堵点痛点，致力于打通成果展示、评估、交易等关键环节，提供从需求采集、成果筛选、匹配推送、交易撮合、跟踪对接到交易存证的"一条龙"服务。具体包括：开展专利权、软件著作权、技术秘密等科技成果或知识产权转让及许可交易，技术供需匹配等产学研对接服务。

（二）提供技术对接资本服务

充分发挥资本市场功能作用，将科技成果转化和知识产权运营与技术入股、创业投资、技术并购、知识产权证券化等服务相结合，通过市场化方式提高可交易性和转化效率。具体包括：成果转化投融资对接、技术入股、知识产权证券化信息服务、知识产权质押融资信息服务。

此外，在开展技术交易以及技术对接资本业务的过程中，深交所科交中心还将积极配合国家战略，支持多层次资本市场协同发展以及促进提高上市公司质量。一是推动科技部等9部门出台的《赋予科研人员职务科技成果所有权或长期使用权试点实施方案》落地运用，为全国的职务科技成果提供职务科技成果区块链权属登记存证、应用前景评估、早期研发支持综合服务。二是与各地股交中心开展技术交易、技术并购、股份转让、交易基础设施等领域的业务合作，支持其挂牌企业全面对接深交所科交中心各类资源。三是支持上市公司全面对接技术市场，为上市公司提供科技成果和知识产权管理、科技成果转化供需匹配、科研资源对接、科研能力分析等相关服务。

五、风险防范

建设深交所科交中心总体风险可控，在发展过程中关注创新展业风险。一是涉众风险低。深交所科交中心定位为机构间市场，科技成果、知识产权和相关产品主要由机构法人买卖，持有科技成果产权或知识产权的自然人仅被允许作为卖方参与技术交易和相关股权转让业务。二是市场风险可防可控。技术交易低频非标，通过采取非公开、非集中的交易方式，确保风险不外溢。同时，建立完善的规则体系，严格规范参与人行为，促进市场主体规范运作、诚信经营。三是重点关注创新展业风险。深交所科交中心具有一定的生存发展基础和较为广阔的业务空间，但建立连接技术市场与资本市场的全国性综合服务平台，创新较多，全球尚无成熟经验可借鉴，需要在实践中逐步摸索出符合市场需求的业务模式。深交所科交中心深入了解各方痛点难点，找准市场定位，稳步有序推进创新，避免盲目大干快上。同时，与各地政府、高新园区、现有技术市场和运营平台、各地股交中心等开展合作，形成合力，互促共赢。在市场平稳运行的基础上，逐步争取更多政策支持，进一步打开业务空间，不断提升业务水平。

（牵头单位：深圳证券交易所）

推进转板上市机制稳妥有序落地

一、机制创新

在充分借鉴创业板首发上市制度的基础上建立新三板挂牌公司转板上市机制（后根据深化新三板改革、设立北京证券交易所的总体要求，原精选层挂牌公司整体平移至北京证券交易所，成为北京证券交易所上市公司，变更为"北交所上市公司转板机制"），对转板程序、转板保荐要求、转板信息披露等提出差异化要求，切实降低市场主体负担、提升转板效率，有效提升深圳证券交易所服务创新创业企业的能力。在转板程序方面，因不涉及新股发行，无须履行注册程序，深圳证券交易所审核时限缩短至 2 个月，同意转板决定有效期缩短至 6 个月，转板效率相较于首发上市明显提高。在转板保荐要求方面，鉴于转板公司在公开发行并进入新三板原精选层或北京证券交易所时已经保荐人核查，对转板保荐人的尽职调查要求进行适当简化，切实减轻尽职调查工作量，降低市场主体转板成本。在转板信息披露方面，以投资者需求为导向，突出信息披露重大性、有效性、针对性原则，精简优化了信息披露和申请文件的要求，切实减轻市场主体负担。在限售安排衔接方面，转板公司控股股东、实际控制人转板后的限售期由首发的 36 个月缩短为 12 个月，解限后 6 个月内减持股份不得导致控制权变更，更好地满足了公司创始股东的减持需求，提升制度吸引力和包容性。

二、制度成果

2021 年 2 月，深圳证券交易所制定发布《转板办法》，明确新三板挂牌公司转板上市相关事宜。2021 年 7 月，深圳证券交易所制定、修订发布 5 项转板上市配套业务规则，对转板上市信息披露行为和申报相关事项作出明确规定，为转板上市进入落地实施阶段进一步明晰实操路径、做好制度衔接。2022 年 3 月，根据深化新三板改革、设立北京证券交易所的总体要求，原精选层挂牌公司整体平移至北京证券交易所，成为北京证券交易所上市公司，"新三板挂牌公司转板上市机制"相应变更为"北交所上市公司转板机制"，深圳证券交易所相应修订《深圳证券交易所关于全国中小企业股份转让系统挂牌公司向创业板转板上市办法（试行）》，形成《深圳证券交易所关于北京证券交易所上市公司向创业板转板办法（试行）》。

三、示范意义

建立转板机制，是贯彻落实党中央、国务院决策部署，切实落实中国证监会全面深化资本市场改革任务的重要举措，是加强多层次资本市场联系的重大制度创新，有助于提高直接融资比重，促进多层次资本市场互联互通、功能互补，增强资本市场服务实体经济能力，更好地促进深圳证券交易所"优质创新资本中心和世界一流交易所"建设，更好地服务深圳打造全球创新资本形成中心。一方面，提升资本市场服务创新能力。转板机制打通了中小企业成长壮大的上升通道，差异化的制度安排切实减轻市场主体负担、提升制度吸引力，有助于完善全链条、全周期的综合创新生态体系，激发多层次资本市场服务创新的活力，扩大多层次资本市场对创新企业和高技术产业的包容性和覆盖面；有助于进一步畅通投资机构的退出渠道，形成符合投融资双方需求的良好市场生态，助力创新资本形成。另一方面，积累了资本市场建设上先行先试的经验。建立转板上市机制是资本市场"从无到有"的重大制度创新，创造性地实现不同市场、不同板块间企业直接转换交易场所的需求，进一步促进深圳证券交易所与北京证券交易所、新三板互联互通、功能互补，助力构建支持创新创业和高质量发展的生态体系，为后续进一步完善多层次资本市场建设积累了宝贵的先行先试经验。

四、应用场景

新三板原精选层挂牌公司向深圳证券交易所创业板转板上市（现应用场景为：北京证券交易所上市公司向深圳证券交易所创业板转板）。

五、风险防范

建立转板机制过程中，深圳证券交易所坚持稳中求进，在规则制定上统筹兼顾提升转板上市效率和防控改革风险，并广泛听取市场意见，同时与各方强化沟通协作，积极防范各类风险发生。

（一）统筹兼顾提升转板效率和防控改革风险

深圳证券交易所充分借鉴创业板注册制试点的相关经验，转板条件、审核程序及要求、交易及持续监管等方面的制度安排与首发上市保持总体一致，有效控制改革风险，同时充分考虑转板的特点，对转板条件、审核程序及时限、股份限售安排等作出部分差异化安排，提高转板效率，提供更多制度便利。

（二）积极听取市场各方意见

深圳证券交易所于 2020 年 11 月 27 日至 12 月 11 日期间就《转板办法》公开征求意见。从反馈情况来看，市场各方对《转板办法》总体认可。深圳证券交易所高度重视，认真研究市场主体的反馈意见，在采纳合理且可操作的意见的基础上，进一步完善了《转板办法》相关条款，保证制度顺应市场诉求、符合市场需求。

（三）建立密切沟通协调机制

在转板机制研究、规则制定、落地实施的过程中，深圳证券交易所与上海证券交易所、全国中小企业股份转让系统有限责任公司、中国证券登记结算有限责任公司等建立了密切的沟通协调机制，确保制度机制衔接顺畅，更好地保障企业权益。同时，与全国中小企业股份转让系统有限责任公司、中国证券登记结算有限责任公司签署《联合监管合作备忘录》，就转板中的监管协作、信息共享、衔接配合等事项达成合作，平稳有序推进转板工作，积极防范各类风险。

（牵头单位：深圳证券交易所）

推动全国首批跨境资金池业务试点落地

一、机制创新

跨国公司本外币一体化资金池试点政策在吸收原国家外汇管理局推出的资金池、跨境双向人民币资金池优势的基础上，进一步简化登记管理，优化账户结构，实现"币种自选、划转自由、资金混用、使用便捷、额度增加、自主购汇"的创新机制，切实降低了企业的资金运营成本，提升了金融服务实体经济能力。

二、制度成果

2021年3月，中国人民银行、国家外汇管理局联合发布《关于进一步便利跨国公司跨境资金统筹使用的通知》，决定在深圳、北京开展跨国公司本外币一体化资金池业务首批试点。全国首批跨国公司本外币一体化资金池试点在深圳正式落地，助力企业实现"两增两减一打通"，即"增加收入、增加规模、减少费用、减少人工、打通意愿购汇"。此次试点是对现有本外币资金池政策的整合升级，主要内容包括：统一本外币资金池政策；实行双向宏观审慎管理，适度调整外债和境外放款额度；进一步便利资金的划转和使用；实现一定额度内意愿购汇。

三、示范意义

本外币一体化资金池首批选择深圳作为试点，是为深入贯彻落实党中央、国务院关于推进粤港澳大湾区的总体部署，也是支持深圳建设更高水平开放型经济新体制，提升金融服务实体经济能力的有益探索。首批跨国公司本外币一体化资金池业务试点，有助于深圳进一步优化营商环境，助力企业发展，活跃区域跨境投融资，吸引更多国际高端企业、高端要素、高端人才，对于深圳打造跨国公司总部聚集地和国际资金结算中心具有重大意义，也为相关领域的改革创新积累了经验，提供了"深圳样本"。

四、应用场景

试点企业更好地统筹调剂集团境内、外的本外币资金，提高资金使用效率，充分利用国内外两个市场、两种资源，在全球范围内调配资源，有助于其提高跨境贸易和投融资便利化水平，是构建深圳国际化营商环境的重要体现。深圳传音控股股份有限公司在试点政策下，平均每年多获得财务收入约3000万元人民币，每年节约国内资金相关划转税费近1000万元人民币，全球资金归集率达90%。创维集团有限公司获批试点后，超过70%的成员单位加入本外币一体化资金池，资金池集中收付功能承载了创维集团95%以上的跨境结算业务，不仅提高集团资金周转效率，而且推动集团进一步整合国内外资源和降低汇兑成本。

2022 年 7 月，本外币一体化资金池试点扩展至上海、陕西、浙江等地，扩大了政策覆盖面，并允许跨国公司在境内办理境外成员企业本外币集中收付业务，进一步便利跨国公司以人民币开展跨境收支业务，积极推动人民币国际化。

五、风险防范

跨国公司本外币一体化资金池试点政策门槛较高，坚持制造业、科创型企业优先，且选择外汇考核等级最优的银行作为试点合作银行，实现了全流程防范跨境资金流动风险。具体风险防范措施贯穿事前、事中和事后各个环节。实行双向宏观审慎管理，试点政策根据国际收支形势变化，合理设定外债和境外放款集中额度上限，并在必要时进行逆周期调整。坚持交易留痕，通过关联国际收支申报数据，采集跨境资金流动信息全貌，实施有效监测。强化事中事后监管，强化对资金池业务的非现场监测和现场核查，并建立了资金池业务风险评估工作机制，根据风险评估结果，对风险较高的试点企业和合作银行采取约谈、发放风险提示函、通报批评或要求其限时整改等措施。

（牵头单位：中国人民银行深圳市分行）

制度成果篇

◆ 地方性法规

深圳经济特区数据条例

（2021 年 6 月 29 日深圳市第七届人民代表大会常务委员会第二次会议通过）

第一章 总 则

第一条 为了规范数据处理活动，保护自然人、法人和非法人组织的合法权益，促进数据作为生产要素开放流动和开发利用，加快建设数字经济、数字社会、数字政府，根据有关法律、行政法规的基本原则，结合深圳经济特区实际，制定本条例。

第二条 本条例中下列用语的含义：

（一）数据，是指任何以电子或者其他方式对信息的记录。

（二）个人数据，是指载有可识别特定自然人信息的数据，不包括匿名化处理后的数据。

（三）敏感个人数据，是指一旦泄露、非法提供或者滥用，可能导致自然人受到歧视或者人身、财产安全受到严重危害的个人数据，具体范围依照法律、行政法规的规定确定。

（四）生物识别数据，是指对自然人的身体、生理、行为等生物特征进行处理而得出的能够识别自然人独特标识的个人数据，包括自然人的基因、指纹、声纹、掌纹、耳廓、虹膜、面部识别特征等数据。

（五）公共数据，是指公共管理和服务机构在依法履行公共管理职责或者提供公共服务过程中产生、处理的数据。

（六）数据处理，是指数据的收集、存储、使用、加工、传输、提供、开放等活动。

（七）匿名化，是指个人数据经过处理无法识别特定自然人且不能复原的过程。

（八）用户画像，是指为了评估自然人的某些条件而对个人数据进行自动化处理的活动，包括为了评估自然人的工作表现、经济状况、健康状况、个人偏好、兴趣、可靠性、行为方式、位置、行踪等进行的自动化处理。

（九）公共管理和服务机构，是指本市国家机关、事业单位和其他依法管理公共事务的组织，以及提供教育、卫生健康、社会福利、供水、供电、供气、环境保护、公共交通和其他公共服务的组织。

第三条 自然人对个人数据享有法律、行政法规及本条例规定的人格权益。

处理个人数据应当具有明确、合理的目的，并遵循最小必要和合理期限原则。

第四条　自然人、法人和非法人组织对其合法处理数据形成的数据产品和服务享有法律、行政法规及本条例规定的财产权益。但是，不得危害国家安全和公共利益，不得损害他人的合法权益。

第五条　处理公共数据应当遵循依法收集、统筹管理、按需共享、有序开放、充分利用的原则，充分发挥公共数据资源对优化公共管理和服务、提升城市治理现代化水平、促进经济社会发展的积极作用。

第六条　市人民政府应当建立健全数据治理制度和标准体系，统筹推进个人数据保护、公共数据共享开放、数据要素市场培育及数据安全监督管理工作。

第七条　市人民政府设立市数据工作委员会，负责研究、协调本市数据管理工作中的重大事项。市数据工作委员会的日常工作由市政务服务数据管理部门承担。

市数据工作委员会可以设立若干专业委员会。

第八条　市网信部门负责统筹协调本市个人数据保护、网络数据安全、跨境数据流通等相关监督管理工作。

市政务服务数据管理部门负责本市公共数据管理的统筹、指导、协调和监督工作。

市发展改革、工业和信息化、公安、财政、人力资源保障、规划和自然资源、市场监管、审计、国家安全等部门依照有关法律、法规，在各自职责范围内履行数据监督管理相关职能。

市各行业主管部门负责本行业数据管理工作的统筹、指导、协调和监督。

第二章　个人数据

第一节　一般规定

第九条　处理个人数据应当充分尊重和保障自然人与个人数据相关的各项合法权益。

第十条　处理个人数据应当符合下列要求：

（一）处理个人数据的目的明确、合理，方式合法、正当；

（二）限于实现处理目的所必要的最小范围、采取对个人权益影响最小的方式，不得进行与处理目的无关的个人数据处理；

（三）依法告知个人数据处理的种类、范围、目的、方式等，并依法征得同意；

（四）保证个人数据的准确性和必要的完整性，避免因个人数据不准确、不完整给当事人造成损害；

（五）确保个人数据安全，防止个人数据泄露、毁损、丢失、篡改和非法使用。

第十一条　本条例第十条第二项所称限于实现处理目的所必要的最小范围、采取对个人权益影响最小的方式，包括但是不限于下列情形：

（一）处理个人数据的种类、范围应当与处理目的有直接关联，不处理该个人数据则处理目的无法实现；

（二）处理个人数据的数量应当为实现处理目的所必需的最少数量；

（三）处理个人数据的频率应当为实现处理目的所必需的最低频率；

（四）个人数据存储期限应当为实现处理目的所必需的最短时间，超出存储期限的，应当对个人数据予以删除或者匿名化，法律、法规另有规定或者经自然人同意的除外；

（五）建立最小授权的访问控制策略，使被授权访问个人数据的人员仅能访问完成职责所需的最少个人数据，且仅具备完成职责所需的最少数据处理权限。

第十二条　数据处理者不得以自然人不同意处理个人数据为由，拒绝向其提供相关核心功能或者服务。但是，该个人数据为提供相关核心功能或者服务所必需的除外。

第十三条　市网信部门应当会同市工业和信息化、公安、市场监管等部门以及相关行业主管部门建立健全个人数据保护监督管理联合工作机制，加强对个人数据保护和相关监督管理工作的统筹和指导；建立个人数据保护投诉举报处理机制，依法处理相关投诉举报。

第二节　告知与同意

第十四条　处理个人数据应当在处理前以通俗易懂、明确具体、易获取的方式向自然人完整、真实、准确地告知下列事项：

（一）数据处理者的姓名或者名称以及联系方式；

（二）处理个人数据的种类和范围；

（三）处理个人数据的目的和方式；

（四）存储个人数据的期限；

（五）处理个人数据可能存在的安全风险以及对其个人数据采取的安全保护措施；

（六）自然人依法享有的相关权利以及行使权利的方式；

（七）法律、法规规定应当告知的其他事项。

处理敏感个人数据的，应当依照前款规定，以更加显著的标识或者突出显示的形式告知处理敏感个人数据的必要性以及对自然人可能产生的影响。

第十五条　紧急情况下为了保护自然人的人身、财产安全等重大合法权益，无法依照本条例第十四条规定进行事前告知的，应当在紧急情况消除后及时告知。

处理个人数据有法律、行政法规规定应当保密或者无需告知情形的，不适用本条例第十四条规定。

第十六条　数据处理者应当在处理个人数据前，征得自然人的同意，并在其同意范围内处理个人数据，但是法律、行政法规以及本条例另有规定的除外。

前款规定应当征得同意的事项发生变更的，应当重新征得同意。

第十七条　数据处理者不得通过误导、欺骗、胁迫或者其他违背自然人真实意愿的方式获取其同意。

第十八条　处理敏感个人数据的，应当在处理前征得该自然人的明示同意。

第十九条　处理生物识别数据的，应当在征得该自然人明示同意时，提供处理其他非生物识别数据的替代方案。但是，处理生物识别数据为处理个人数据目的所必需，且不能为其他个人数据所替代的除外。

基于特定目的处理生物识别数据的，未经自然人明示同意，不得将该生物识别数据用于其他目的。

生物识别数据具体管理办法由市人民政府另行制定。

第二十条　处理未满十四周岁的未成年人个人数据的，按照处理敏感个人数据的有关规定执行，并应当在处理前征得其监护人的明示同意。

处理无民事行为能力或者限制民事行为能力的成年人个人数据的，应当在处理前征得其监护人的明示同意。

第二十一条　处理个人数据有下列情形之一的，可以在处理前不征得自然人的同意：

（一）处理自然人自行公开或者其他已经合法公开的个人数据，且符合该个人数据公开时的目的；

（二）为了订立或者履行自然人作为一方当事人的合同所必需；

（三）数据处理者因人力资源管理、商业秘密保护所必需，在合理范围内处理其员工个人数据；

（四）公共管理和服务机构为了依法履行公共管理职责或者提供公共服务所必需；

（五）新闻单位依法进行新闻报道所必需；

（六）法律、行政法规规定的其他情形。

第二十二条　自然人有权撤回部分或者全部其处理个人数据的同意。

自然人撤回同意的，数据处理者不得继续处理该自然人撤回同意范围内的个人数据。但是，不影响数据处理者在自然人撤回同意前基于同意进行的合法数据处理。法律、法规另有规定的，从其规定。

第二十三条　处理个人数据应当采用易获取的方式提供自然人撤回其同意的途径，不得利用服务协议或者技术等手段对自然人撤回同意进行不合理限制或者附加不合理条件。

第三节　个人数据处理

第二十四条　个人数据不准确或者不完整的，数据处理者应当根据自然人的要求及时补充、更正。

第二十五条　有下列情形之一的，数据处理者应当及时删除个人数据：

（一）法律、法规规定或者约定的存储期限届满；

（二）处理个人数据的目的已经实现或者处理个人数据对于处理目的已经不再必要；

（三）自然人撤回同意且要求删除个人数据；

（四）数据处理者违反法律、法规规定或者双方约定处理数据，自然人要求删除；

（五）法律、法规规定的其他情形。

有前款第一项、第二项规定情形，但是法律、法规另有规定或者经自然人同意的，数据处理者可以保留相关个人数据。

数据处理者根据本条第一款规定删除个人数据的，可以留存告知和同意的证据，但是不得超过其履行法定义务或者处理纠纷需要的必要限度。

第二十六条　数据处理者向他人提供其处理的个人数据，应当对个人数据进行去标识化处理，使得被提供的个人数据在不借助其他数据的情况下无法识别特定自然人。法律、法规规定或者自然人与数据处理者约定应当匿名化的，数据处理者应当依照法律、法规规定或者双方约定进行匿名化处理。

第二十七条　数据处理者向他人提供其处理的个人数据有下列情形之一的，可以不进行去标识化处理：

（一）应公共管理和服务机构依法履行公共管理职责或者提供公共服务的需要且书面要求提供的；

（二）基于自然人的同意向他人提供相关个人数据的；

（三）为了订立或者履行自然人作为一方当事人的合同所必需的；

（四）法律、行政法规规定的其他情形。

第二十八条　自然人可以向数据处理者要求查阅、复制其个人数据，数据处理者应当按照有关规定及时提供，并不得收取费用。

第二十九条　数据处理者基于提升产品或者服务质量的目的，对自然人进行用户画像的，应当向其明示用户画像的具体用途和主要规则。

自然人可以拒绝数据处理者根据前款规定对其进行用户画像或者基于用户画像推荐个性化产品或者服务，数据处理者应当以易获取的方式向其提供拒绝的有效途径。

第三十条　数据处理者不得基于用户画像向未满十四周岁的未成年人推荐个性化产品或者服务。但是，为了维护其合法权益并征得其监护人明示同意的除外。

第三十一条　数据处理者应当建立自然人行使相关权利和投诉举报的处理机制，并以易获取的方式提供有效途径。

数据处理者收到行使权利要求或者投诉举报的，应当及时受理，并依法采取相应处理措施；拒绝要求事项或者投诉的，应当说明理由。

第三章　公共数据

第一节　一般规定

第三十二条　市数据工作委员会设立公共数据专业委员会，负责研究、协调公共数据管理工作中的重大事项。

市政务服务数据管理部门承担市公共数据专业委员会日常工作，并负责统筹全市公共数据管理工作，建立和完善公共数据资源管理体系，推进公共数据共享、开放和利用。

区政务服务数据管理部门在市政务服务数据管理部门指导下，负责统筹本区公共数据管理工作。

第三十三条　市人民政府应当建立城市大数据中心，建立健全其建设运行管理机制，实现对全市公共数据资源统一、集约、安全、高效管理。

各区人民政府可以按照全市统一规划，建设城市大数据中心分中心，将公共数据资源纳入城市大数据中心统一管理。

城市大数据中心包括公共数据资源和支撑其管理的软硬件基础设施。

第三十四条　市政务服务数据管理部门负责推动公共数据向城市大数据中心汇聚，组织公共管理和服务机构依托城市大数据中心开展公共数据共享、开放和利用。

第三十五条　实行公共数据分类管理制度。

市政务服务数据管理部门负责统筹本市公共数据资源体系整体规划、建设和管理，并会同相关部门建设和管理人口、法人、房屋、自然资源与空间地理、电子证照、公共信用等基础数据库。

各行业主管部门应当按照公共数据资源体系整体规划和相关制度规范要求，规划本行业公共数据资源体系，建设并管理相关主题数据库。

公共管理和服务机构应当按照公共数据资源体系整体规划、行业专项规划和相关制度规范要求，建设、管理本机构业务数据库。

第三十六条　实行公共数据目录管理制度。

市政务服务数据管理部门负责建立全市统一的公共数据资源目录体系，制定公共数据资源目录编制规范，组织公共管理和服务机构按照公共数据资源目录编制规范要求编制目录、处理各类公共数据，明确数据来源部门和管理职责。

公共管理和服务机构应当按照公共数据资源目录编制规范要求，对本机构的公共数据进行目录管理。

第三十七条　公共管理和服务机构收集数据应当符合下列要求：

（一）为依法履行公共管理职责或者提供公共服务所必需，且在其履行的公共管理职责或者提供的公共服务范围内；

（二）收集数据的种类和范围与其依法履行的公共管理职责或者提供的公共服务相适应；

（三）收集程序符合法律、法规相关规定。

公共管理和服务机构可以通过共享方式获得的数据，不得另行向自然人、法人和非法人组织收集。

第三十八条　公共管理和服务机构应当按照有关规定保存公共数据处理的过程记录。

第三十九条　市政务服务数据管理部门应当组织制定公共数据质量管理制度和规范，建立健全质量监测和评估体系，并组织实施。

公共管理和服务机构应当按照公共数据质量管理制度和规范，建立和完善本机构数据质量管理体系，加强数据质量管理，保障数据真实、准确、完整、及时、可用。

市公共数据专业委员会应当定期对公共管理和服务机构数据管理工作进行评价，并向市数据工作委员会报告评价结果。

第四十条　市人民政府应当加强公共数据共享、开放和利用体制机制和技术创新，不断提高公共数据共享、开放和利用的质量与效率。

第二节　公共数据共享

第四十一条　公共数据应当以共享为原则，不共享为例外。

市政务服务数据管理部门应当建立以公共数据资源目录体系为基础的公共数据共享需求对接机制和相关管理制度。

第四十二条　纳入公共数据共享目录的公共数据，应当按照有关规定通过城市大数据中心的公共数据共享平台在有需要的公共管理和服务机构之间及时、准确共享，法律、法规另有规定的除外。

公共数据共享目录由市政务服务数据管理部门另行制定，并及时调整。

第四十三条　公共管理和服务机构可以根据依法履行公共管理职责或者提供公共服务的需要提出公共数据共享申请，明确数据使用的依据、目的、范围、方式及相关需求，并按照本级政务服务数据管理部门和数据提供部门的要求，加强共享数据使用管理，不得超出使用范围或者用于其他目的。

公共数据提供部门应当在规定时间内，回应公共数据使用部门的共享需求，并提供必要的数据使用指导和技术支持。

第四十四条　公共管理和服务机构依法履行公共管理职责或者提供公共服务所需要的数据，无法通过公共数据共享平台共享获得的，可以由市人民政府统一对外采购，并按照有关规定纳入公共数据共享目录，具体工作由市政务服务数据管理部门统筹。

第三节　公共数据开放

第四十五条　本条例所称公共数据开放，是指公共管理和服务机构通过公共数据开放平台向社会提供可机器读取的公共数据的活动。

第四十六条　公共数据开放应当遵循分类分级、需求导向、安全可控的原则，在法律、法规允许范围内最大限度开放。

第四十七条　依照法律、法规规定开放公共数据，不得收取任何费用。法律、行政法规另有规定的，从其规定。

第四十八条　公共数据按照开放条件分为无条件开放、有条件开放和不予开放三类。

无条件开放的公共数据，是指应当无条件向自然人、法人和非法人组织开放的公共数据；有条件开放的公共数据，是指按照特定方式向自然人、法人和非法人组织平等开放的公共数据；不予开放的公共数据，是指涉及国家安全、商业秘密和个人隐私，或者法律、法规等规定不得开放的公共数据。

第四十九条　市政务服务数据管理部门应当建立以公共数据资源目录体系为基础的公共数据开放管理制度，编制公共数据开放目录并及时调整。

有条件开放的公共数据，应当在编制公共数据开放目录时明确开放方式、使用要求及安全保障措施等。

第五十条　市政务服务数据管理部门应当依托城市大数据中心建设统一、高效的公共数据开放平台，并组织公共管理和服务机构通过该平台向社会开放公共数据。

公共数据开放平台应当根据公共数据开放类型，提供数据下载、应用程序接口和安全可信的数据综合开发利用环境等多种数据开放服务。

第四节　公共数据利用

第五十一条　市人民政府应当加快推进数字政府建设，深化数据在经济调节、市场监管、社会管理、公共服务、生态环境保护中的应用，建立和完善运用数据管理的制度规则，创新政府决策、监管及服务模式，实现主动、精准、整体式、智能化的公共管理和服务。

第五十二条　市人民政府应当依托城市大数据中心建设基于统一架构的业务中枢、数据中枢和能力中枢，形成统一的城市智能中枢平台体系，为公共管理和服务以及各区域各行业应用提供统一、全面的数字化服务，促进技术融合、业务融合、数据融合。

市人民政府可以依托城市智能中枢平台建设政府管理服务指挥中心，建立和完善运行管理机制，推动政府整体数字化转型，深化跨层级、跨地域、跨系统、跨部门、跨业务的数据共享和业务协同，建立统一指挥、一体联动、智能精准、科学高效的政府运行体系。

各行业主管部门应当依托城市智能中枢平台建设本行业管理服务平台，推动本行业管理服务全面数字化。

各区人民政府应当依托城市智能中枢平台，以服务基层为目标，整合数据资源、优化业务流程、创新管理模式，推进基层治理与服务科学化、精细化、智能化。

第五十三条　市人民政府应当依托城市智能中枢平台，推动业务整合和流程再造，深化前台统一受理、后台协同审批、全市一体运作的整体式政务服务模式创新。

市政务服务数据管理部门应当推动公共管理和服务机构加强公共数据在公共管理和服务过程中的创新应用，精简办事材料、环节，优化办事流程；对于可以通过数据比对作出审批决定的事项，可以开展无人干预智能审批。

第五十四条　市人民政府应当依托城市智能中枢平台，加强监管数据和信用数据归集、共享，充分利用公共数据和各领域监管系统，推行非现场监管、信用监管、风险预警等新型监管模式，提升监管水平。

第五十五条　市政务服务数据管理部门可以组织建设数据融合应用服务平台，向社会提供安全可信的数据综合开发利用环境，共同开展智慧城市应用创新。

第四章　数据要素市场

第一节　一般规定

第五十六条　市人民政府应当统筹规划，加快培育数据要素市场，推动构建数据收集、加工、共享、开放、交易、应用等数据要素市场体系，促进数据资源有序、高效流动与利用。

第五十七条　市场主体开展数据处理活动，应当落实数据管理主体责任，建立健全数据治理组织架构、管理制度和自我评估机制，对数据实施分类分级保护和管理，加强数据质量管理，确保数据的真实性、准确性、完整性、时效性。

第五十八条　市场主体对合法处理数据形成的数据产品和服务，可以依法自主使用，取得收益，进行处分。

第五十九条　市场主体向第三方开放或者提供使用个人数据的，应当遵守本条例第二章的有关规定；向特定第三方开放、委托处理、提供使用个人数据的，应当签订相关协议。

第六十条　使用、传输、受委托处理其他市场主体的数据产品和服务，涉及个人数据的，应当遵守本条例第二章的规定以及相关协议的约定。

第二节　市场培育

第六十一条　市人民政府应当组织制定数据处理活动合规标准、数据产品和服务标准、数据质量标准、数据安全标准、数据价值评估标准、数据治理评估标准等地方标准。

支持数据相关行业组织制定团体标准和行业规范，提供信息、技术、培训等服务，引导和督促市场主体规范其数据行为，促进行业健康发展。

鼓励市场主体制定数据相关企业标准，参与制定相关地方标准和团体标准。

第六十二条　数据处理者可以委托第三方机构进行数据质量评估认证；第三方机构应当按照独立、公开、公正原则，开展数据质量评估认证活动。

第六十三条　鼓励数据价值评估机构从实时性、时间跨度、样本覆盖面、完整性、数据种类级别和数据挖掘潜能等方面，探索构建数据资产定价指标体系，推动制定数据价值评估准则。

第六十四条　市统计部门应当探索建立数据生产要素统计核算制度，明确统计范围、统计指标和统计方法，准确反映数据生产要素的资产价值，推动将数据生产要素纳入国民经济核算体系。

第六十五条　市人民政府应当推动建立数据交易平台，引导市场主体通过数据交易平台进行数据交易。

市场主体可以通过依法设立的数据交易平台进行数据交易，也可以由交易双方依法自行交易。

第六十六条　数据交易平台应当建立安全、可信、可控、可追溯的数据交易环境，制定数据交易、信息披露、自律监管等规则，并采取有效措施保护个人数据、商业秘密和国家规定的重要数据。

第六十七条　市场主体合法处理数据形成的数据产品和服务，可以依法交易。但是，有下列情形之一的除外：

（一）交易的数据产品和服务包含个人数据未依法获得授权的；

（二）交易的数据产品和服务包含未经依法开放的公共数据的；

（三）法律、法规规定禁止交易的其他情形。

第三节　公平竞争

第六十八条　市场主体应当遵守公平竞争原则，不得实施下列侵害其他市场主体合法权益的行为：

（一）使用非法手段获取其他市场主体的数据；

（二）利用非法收集的其他市场主体数据提供替代性产品或者服务；

（三）法律、法规规定禁止的其他行为。

第六十九条　市场主体不得利用数据分析，对交易条件相同的交易相对人实施差别待遇，但是有下列情形之一的除外：

（一）根据交易相对人的实际需求，且符合正当的交易习惯和行业惯例，实行不同交易条件的；

（二）针对新用户在合理期限内开展优惠活动的；

（三）基于公平、合理、非歧视规则实施随机性交易的；

（四）法律、法规规定的其他情形。

前款所称交易条件相同，是指交易相对人在交易安全、交易成本、信用状况、交易环节、交易持续时间等方面不存在实质性差别。

第七十条　市场主体不得通过达成垄断协议、滥用在数据要素市场的支配地位、违法实施经营者集中等方式，排除、限制竞争。

第五章　数据安全

第一节　一般规定

第七十一条　数据安全管理遵循政府监管、责任主体负责、积极防御、综合防范的原则，坚持安全和发展并重，鼓励研发数据安全技术，保障数据全生命周期安全。

市人民政府应当统筹全市数据安全管理工作，建立和完善数据安全综合治理体系。

第七十二条　数据处理者应当依照法律、法规规定，建立健全数据分类分级、风险监测、安全评估、安全教育等安全管理制度，落实保障措施，不断提升技术手段，确保数据安全。

数据处理者因合并、分立、收购等变更的，由变更后的数据处理者继续落实数据安全管理责任。

第七十三条　处理敏感个人数据或者国家规定的重要数据的，应当按照有关规定设立数据安全管理机构、明确数据安全管理责任人，并实施特别技术保护。

第七十四条　市网信部门应当统筹协调相关主管部门和行业主管部门按照国家数据分类分级保护制度制定本部门、本行业的重要数据具体目录，对列入目录的数据进行重点保护。

第二节　数据安全管理

第七十五条　数据处理者应当对其数据处理全流程进行记录，保障数据来源合法以及处理全流程清晰、可追溯。

第七十六条　数据处理者应当依照法律、法规规定以及国家标准的要求，对所收集的个人数据进行去标识化或者匿名化处理，并与可用于恢复识别特定自然人的数据分开存储。

数据处理者应当针对敏感个人数据、国家规定的重要数据制定并实施去标识化或者匿名化处理等安全措施。

第七十七条　数据处理者应当对数据存储进行分域分级管理，选择安全性能、防护级别与安全等级相匹配的存储载体；对敏感个人数据和国家规定的重要数据还应当采取加密存储、授权访问或者其他更加严格的安全保护措施。

第七十八条　数据处理者应当对数据处理过程实施安全技术防护，并建立重要系统和核心数据的容灾备份制度。

第七十九条　数据处理者共享、开放数据的，应当建立数据共享、开放安全管理制度，建立和完善对外数据接口的安全管理机制。

第八十条　数据处理者应当建立数据销毁规程，对需要销毁的数据实施有效销毁。

数据处理者终止或者解散，没有数据承接方的，应当及时有效销毁其控制的数据。法律、法规另有规定的除外。

第八十一条　数据处理者委托他人代为处理数据的，应当与其订立数据安全保护合同，明确双方安全保护责任。

受托方完成处理任务后，应当及时有效销毁其存储的数据，但是法律、法规另有规定或者双方另有约定的除外。

第八十二条　数据处理者向境外提供个人数据或者国家规定的重要数据，应当按照有关规定申请数据出境安全评估，进行国家安全审查。

第八十三条　数据处理者应当落实与数据安全防护级别相适应的监测预警措施，对数据泄露、毁损、丢失、篡改等异常情况进行监测和预警。

监测到发生或者可能发生数据泄露、毁损、丢失、篡改等数据安全事件的，数据处理者应当立即采取补救、预防措施。

第八十四条　处理敏感个人数据或者国家规定的重要数据，应当按照有关规定定期开展风险评估，并向有关主管部门报送风险评估报告。

第八十五条　数据处理者应当建立数据安全应急处置机制，制定数据安全应急预案。数据安全应急预案应当按照危害程度、影响范围等因素对数据安全事件进行分级，并规定相应的应急处置措施。

第八十六条　发生数据泄露、毁损、丢失、篡改等数据安全事件的，数据处理者应当立即启动应急预案，采取相应的应急处置措施，及时告知相关权利人，并按照有关规定向市网信、公安部门和有关行业主管部门报告。

第三节　数据安全监督

第八十七条　市网信部门应当依照有关法律、行政法规以及本条例规定负责统筹协调数据安全和相关监督工作，并会同市公安、国家安全等部门和有关行业主管部门建立健全数据安全监督机制，组织数据安全监督检查。

第八十八条　市网信部门应当会同有关主管部门加强数据安全风险分析、预测、评估，收集相关信息；发现可能导致较大范围数据泄露、毁损、丢失、篡改等数据安全事件的，应当及时发布预警信息，提出防范应对措施，指导、监督数据处理者做好数据安全保护工作。

第八十九条　市网信部门以及其他履行数据安全监督职责的部门可以委托第三方机构，按照法律、法规规定和相关标准要求，对数据处理者开展数据安全管理认证以及数据安全评估工作，并对其进行安全等级评定。

第九十条　市网信部门以及其他履行数据安全监督职责的部门在履行职责过程中，发现数据处理者未按照规定落实安全管理责任的，应当按照规定约谈数据处理者，督促其整改。

第九十一条　市网信部门以及其他数据监督管理部门及其工作人员，应当对在履行职责过程中知悉的个人数据、商业秘密和需要保守秘密的其他数据严格保密，不得泄露、出售或者非法向他人提供。

第六章　法律责任

第九十二条　违反本条例规定处理个人数据的，依照个人信息保护有关法律、法规规定处罚。

第九十三条　公共管理和服务机构违反本条例有关规定的，由上级主管部门或者有关主管部门责令改正；拒不改正或者造成严重后果的，依法追究法律责任；因此给自然人、法人、非法人组织造成损失的，应当依法承担赔偿责任。

第九十四条　违反本条例第六十七条规定交易数据的，由市市场监督管理部门或者相关行业主管部门按照职责责令改正，没收违法所得，交易金额不足一万元的，处五万元以上二十万元以下罚款；交易金额一万元以上的，处二十万元以上一百万元以下罚款；并可以依法给予法律、行政法规规定的其他行政处罚。法律、行政法规另有规定的，从其规定。

第九十五条　违反本条例第六十八条、第六十九条规定，侵害其他市场主体、消费者合法权益的，由市市场监督管理部门或者相关行业主管部门按照职责责令改正，没收违法所得；拒不改正的，处五万元以上五十万元以下罚款；情节严重的，处上一年度营业额百分之五以下罚款，最高不超过五千万元；并可以依法给予法律、行政法规规定的其他行政处罚。法律、行政法规另有规定的，从其规定。

市场主体违反本条例第七十条规定，有不正当竞争行为或者垄断行为的，依照反不正当竞争或者反垄断有关法律、法规规定处罚。

第九十六条　数据处理者违反本条例规定，未履行数据安全保护责任的，依照数据安全有关法律、法规规定处罚。

第九十七条　履行数据监督管理职责的部门以及公共管理和服务机构不履行或者不正确履行本条例规定职责的，对直接负责的主管人员和其他直接责任人员依法给予处分；构成犯罪的，依法追究刑事责任。

第九十八条　违反本条例规定处理数据，致使国家利益或者公共利益受到损害的，法律、法规规定的组织可以依法提起民事公益诉讼。法律、法规规定的组织提起民事公益诉讼，人民检察院认为有必要的，可以支持起诉。

法律、法规规定的组织未提起民事公益诉讼的，人民检察院可以依法提起民事公益诉讼。

人民检察院发现履行数据监督管理职责的部门违法行使职权或者不作为，致使国家利益或者公共利益受到损害的，应当向有关行政机关提出检察建议；行政机关不依法履行职责的，人民检察院可以依法提起行政公益诉讼。

第九十九条　数据处理者违反本条例规定处理数据，给他人造成损害的，应当依法承担民事责任；构成违反治安管理行为的，依法给予治安管理处罚；构成犯罪的，依法追究刑事责任。

第七章　附　则

第一百条　本条例自 2022 年 1 月 1 日起施行。

深圳经济特区数字经济产业促进条例

（2022年8月30日深圳市第七届人民代表大会常务委员会第十一次会议通过）

第一章　总　则

第一条　为了优化数字经济产业发展环境，促进数字经济产业高质量发展，根据有关法律、行政法规的基本原则，结合深圳经济特区实际，制定本条例。

第二条　在深圳经济特区范围内促进数字经济产业发展的相关活动，适用本条例。

本条例所称数字经济产业，是指以数据资源作为关键生产要素、以现代信息网络作为重要载体、以数字技术的有效使用作为效率提升和经济结构优化重要推动力的各类产业。

第三条　数字经济产业促进应当遵循创新驱动、集聚发展、应用牵引、开放合作、安全可控、包容审慎的原则。

第四条　市、区人民政府应当加强对数字经济产业促进工作的领导，将数字经济产业纳入国民经济和社会发展规划，确定数字经济产业发展重点，建立健全数字经济产业工作领导协调机制，统筹部署数字经济产业发展，及时协调解决发展中的重大问题。

第五条　市工业和信息化部门负责推进、协调、督促本市数字经济产业发展。

市网信、发展改革、科技创新、公安、财政、人力资源保障、规划和自然资源、市场监管、统计、政务服务数据管理、中小企业服务、通信管理等部门在各自职责范围内履行数字经济产业促进相关职责。市各行业主管部门负责协调推动数字经济产业与本行业的融合发展。

第六条　市工业和信息化部门应当会同有关部门，根据国民经济与社会发展规划、国土空间总体规划编制本市数字经济产业发展相关规划或者计划，报市人民政府批准后发布并组织实施。

第七条　市统计部门应当建立数字经济产业统计监测机制，加强对数字经济产业的统计调查和监测分析，探索建立产业数字化评价指标体系和数据生产要素统计核算制度。

第八条　本市鼓励和支持企业、高等院校、科研机构、学术团体、行业协会、产业联盟、基金会、新型智库等组织和个人参与数字经济产业发展活动。

第二章　基础设施

第九条　市人民政府应当统筹推进下列数字基础设施建设：

（一）基于新一代信息技术演化生成的通信网络基础设施、算力基础设施和数字技术基础设施等信息基础设施；

（二）制造、交通、能源、市政等传统基础设施数字化、网络化、智能化升级形成的融合基础设施；

（三）支撑科学研究、技术开发、产品研制等具有公益属性的创新基础设施。

第十条　市发展改革、工业和信息化、科技创新、通信管理等部门应当会同有关部门针对本市重大产业发展需求和应用场景，遵循绿色发展原则，编制本市数字基础设施建设规划，并做好与其他相关基础设施规划的协调和衔接。

第十一条　市工业和信息化、通信管理等部门应当支持新一代高速信息网络和移动通信网络建设，构建覆盖适度超前的通信网络、智慧专网、卫星互联网等通信网络基础设施体系，并统筹推进通信网络基础设施集约化建设和全市公共无线局域网升级。

市工业和信息化部门应当统筹全市多功能智能杆等综合性智能设施的建设和管理，建成后交由运营主体统一运营维护。

第十二条　市发展改革、工业和信息化、科技创新、通信管理等部门应当统筹推进算力基础设施的规划建设，鼓励多元主体共同参与，构建以数据中心为支撑，云计算、边缘计算、智能计算和超级计算多元协同的发展格局。

鼓励面向数字经济应用场景开放算力资源与基础设施，探索建立算力交易平台，促进算力资源的高效利用和优化配置。

市发展改革、工业和信息化等部门应当制定数据中心绿色发展标准，统筹指引全市数据中心节能评估和升级改造，各区人民政府应当推动标准有效执行。

第十三条　市发展改革、工业和信息化、科技创新等部门应当统筹推进人工智能、区块链、云计算、边缘计算等新技术应用，支持建设新一代人工智能开放创新平台、区块链底层平台、行业云平台等基础平台，建立领先的数字技术基础设施支撑体系。

第十四条　市工业和信息化、通信管理等部门应当推动工业互联网基础设施建设，促进新一代信息技术与制造业深度融合创新，培育形成标识解析生态体系。围绕电子信息、汽车、智能装备等领域，开放和升级行业工业互联网平台，推动建设国家级工业互联网平台。

第十五条　市工业和信息化、交通运输、公安、通信管理等部门应当制定适用于自动驾驶的智能交通协同通信标准，推进道路基础设施、交通标志标识的数字化建设和改造，提高路侧设备与道路基础设施、智能管控设施的融合接入能力，统筹推进车联网建设，扩大车联网覆盖范围，建设低空领域无人机空中感知系统。

第十六条　市发展改革、工业和信息化等部门应当加强综合能源网络建设，推动能源与信息基础设施深度融合，构建安全可靠、互联互通、开放共享的智慧能源生态体系。开展数字化智能电网建设，推动智能电网与分布式能源、储能等技术融合，推进新能源汽车充换电和储能网络建设，实现储能设备和充电桩设施的标准化、网络化、智能化管理。

第十七条 市人民政府应当加快推进公共建筑和设施及其他涉及公共安全、公共管理、公共服务、社会治理的基础设施数字化改造，实现数据互联互通和数据共享。

市政务服务数据管理部门应当会同市规划和自然资源、住房建设部门利用数字技术，建设可视化城市空间数字平台和全市统一的智能物联感知平台，实时采集、处理和传输各领域感知信息，共同建设精准映射、虚实交互的数字孪生城市，提升城市治理智能化水平。

第十八条 市发展改革、科技创新等部门应当制定创新基础设施开放制度，统筹推进产学研深度融合的创新基础设施建设，发挥创新基础设施平台对数字经济产业的基础性、公益性和先导性作用，为源头创新、技术突破、关键技术创新提供基础设施支撑。

第三章 数据要素

第十九条 市人民政府应当加强数据资源整合和安全保护，依法推进公共数据共享开放，促进数据要素自主有序流动，加快数据要素市场培育，提高数据要素配置效率。

第二十条 市人民政府应当通过产业引导、社会资本引入、应用模式创新、强化合作交流等方式引导企业、社会组织等单位和个人开放自有数据资源。

鼓励企业、社会组织等单位和个人通过公共数据开放平台，对外提供各类数据服务和数据产品。

第二十一条 市政务服务数据管理部门应当会同有关行业主管部门促进各类数据深度融合，在卫生健康、社会保障、交通、科技、通信、企业投融资、普惠金融等领域推进公共数据和社会数据融合应用。

支持各类工业企业、互联网平台企业、科研院所、高等院校、社会组织等与市政务服务数据管理部门合作，开展数据汇聚与融合平台建设。

第二十二条 市人民政府应当坚持保障安全与发展数字经济并重的原则，依法建立健全网络安全、数据安全保障和个人信息保护体系。

数据处理者应当依法建立和完善数据安全管理制度，履行数据安全保护义务，不得危害国家安全、公共利益，不得损害个人、组织的合法权益。

第二十三条 鼓励市场主体加强数据开放和数据流动，推动数据要素资源化、资产化、资本化发展。

市场主体以合法方式获取的数据受法律保护。市场主体合法处理数据形成的数据产品和服务，可以依法交易。但是，法律、法规另有规定或者当事人另有约定的除外。

第二十四条 市人民政府应当组织开展数据资产的基础理论、管理模式研究，推动建立数据资产评估机制、构建数据资产定价指标体系、制定数据价值评估准则。

第二十五条 市人民政府应当推动依法设立数据交易平台，制定交易制度规则，培育高频标准化交易产品和场景，推动探索数据跨境流通、数据资产证券化等交易模式创新。

第二十六条　数据产品和服务供需双方可以通过数据交易平台进行交易撮合、签订合同、业务结算等活动；通过其他途径签订合同的，可以在数据交易平台备案。

鼓励数据交易平台与各类金融、中介等服务机构合作，形成包括权益确认、信息披露、资产评估、交易清结算、担保、争议解决等业务的综合数据交易服务体系。

第二十七条　鼓励建设和发展数据登记、数据价值评估、数据合规认证、交易主体信用评价等第三方服务机构，构建和完善数据要素市场服务体系。具体办法由市发展改革部门会同有关部门制定。

第二十八条　市发展改革、市场监管、政务服务数据管理等部门应当加强数据要素市场社会信用体系建设，建立交易异常行为发现与风险预警机制，保障数据流通过程可追溯、安全风险可防范。

第二十九条　市财政部门应当探索建立数据生产要素会计核算制度，明确核算范围、核算分类、初始计量、后续计量、资产处置等账务处理及报表列示事项，准确、全面反映数据生产要素的资产价值，推动数据生产要素资本化核算，并纳入国民经济核算体系。

第四章　技术创新

第三十条　市人民政府应当坚持创新驱动，推动数字经济相关领域的基础研究与应用基础研究，构建数字科技创新平台，健全完善规则、标准及测评体系建设，支持企业数字关键核心技术自主创新，促进数字科技成果转化。

第三十一条　市、区人民政府及科技创新、工业和信息化等部门应当协同高等院校、科研机构和企业，在高端芯片、基础和工业软件、人工智能、区块链、大数据、云计算、信息安全等领域推动数字关键核心技术攻关。

对于涉及公共利益的数字关键核心技术攻关项目，市人民政府可以通过竞争性遴选、下达指令性任务等方式组织开展。

第三十二条　市发展改革、科技创新、工业和信息化等部门应当加快数字经济领域高水平科研及产业转化平台建设，支持在未来网络、高端软件等领域建设重点实验室、工程实验室、制造业创新中心、工程技术研究中心、企业技术研究中心等。

市发展改革、科技创新、工业和信息化等部门应当推进数字经济产学研合作，支持科研院所、高等院校等与企业共建技术创新联盟、科技创新基地、博士工作站、博士后科研工作站等，加强科研力量优化配置和资源共享，促进关键共性技术研发、系统集成和工程化应用。

利用财政性资金或者国有资本购置、建设的科技创新平台和重大科技基础设施，应当建立科学、专业、高效的管理模式，并在保障安全规范的前提下，按照规定向社会开放。

第三十三条　市标准化管理部门应当会同市工业和信息化、科技创新等部门统筹推进数字经济相关标准体系建设。

鼓励科研机构、行业协会、产业联盟、企业等参与制定数字经济国际规则、国际标准、国家标准、行业标准和地方标准，自主制定数字经济团体标准、企业标准。

市、区人民政府及市场监管部门应当支持数字技术相关检验检测认证机构和标准试验验证平台发展，强化其对数字技术和设备的检测验证、标准制定、技术培训以及咨询服务等功能。

第五章　产业集聚

第三十四条　市发展改革、科技创新、工业和信息化、文化广电旅游体育等部门应当促进相关领域数字经济产业向集群化发展升级，根据产业特点和区域优势统筹规划各自领域数字经济产业集群空间布局，避免同质化无序竞争和低水平重复建设。

第三十五条　市人民政府应当统筹协调各区人民政府规划建设数字经济产业特色园区，推进各类产业园区数字基础设施建设和产业综合配套服务，鼓励园区对入驻的数字经济产业企业给予租金减免等相关优惠。

鼓励各类产业园区建设智慧园区，依托城市大数据中心开展数据共享，提升产业园区公共服务、物业管理、产业集聚、人才服务、创新协同等智慧化服务水平。鼓励智慧园区系统开发服务商、行业协会等组织建立智慧园区建设和管理标准，建设全程感知的一体化智慧园区管理平台，构建智慧示范园区。

第三十六条　市发展改革、科技创新、工业和信息化、文化广电旅游体育等部门应当梳理相关数字经济产业核心产业链、供应链补链强链需求，并会同市商务部门、各区人民政府开展定向招商工作。

第三十七条　市人民政府应当针对不同类型数字经济产业企业制定具有针对性的政策措施，鼓励数字经济产业生态主导型企业开放基础软硬件等核心技术和优势资源，搭建生态孵化平台，引领中小微企业协同建设生态圈，形成大中小微企业协同共生的数字经济产业生态。

第三十八条　市工业和信息化、科技创新、商务等部门应当协同产业联盟、行业协会、园区运营管理机构等，合作建立中小企业数字化转型服务体系，提供数字化转型相关咨询、培训、方案设计、测评、检验、融资对接等服务，降低中小企业数字化转型成本。

第六章　应用场景

第三十九条　市、区人民政府应当建设数字化城市治理平台，开展城市运行监测分析、协同指挥调度、联动处置等工作，应用数字技术推动城市治理手段、治理模式、治理理念创新，实现城市运行管理科学化、精细化、智能化。

市政务服务数据管理部门应当协调其他公共管理和服务机构，在保障数据安全的前提下，积极稳妥为市场主体开放应用场景。

鼓励社会组织、企业、公众围绕城市治理和民生服务参与应用场景设计，市政务服务数据管理部门应当适时开展面向社会的应用场景设计征集活动，推动城市共建共治。

第四十条　市政务服务数据管理部门应当推动数字技术在政务服务领域的全面应用，建设一体化政务服务平台和移动政务平台，推动依申请政务事项和公共服务事项线上线下融合办理。

第四十一条　市工业和信息化部门应当推动工业互联网创新发展，支持跨行业、跨领域、行业级、专业型工业互联网平台的建设与应用，提供制造业场景应用需求数字化解决方案，促进数字技术与制造业融合发展，加快制造业数字化、智能化转型和高质量发展。

第四十二条　市交通运输、商务等部门应当推动数字技术在物流、会展等服务业领域的应用，推进新业态新模式发展，创新服务内容和模式，提升服务质量和效率，拓展数字经济产业新空间。

第四十三条　市交通运输、公安等部门应当统筹推进智能交通体系建设，促进智能交通基础设施与运输服务、能源以及通信网络融合发展，构建交通信息基础设施和综合交通信息枢纽，推动城市道路交通体系的全要素数字化。

第四十四条　市卫生健康、市场监管等部门应当支持医疗卫生机构数字化改造，促进智慧医疗便民服务；推进数字技术在药品、医疗设备和医疗技术的研发，医学检验检测、临床诊断辅助决策、远程医疗、个人健康管理、公共卫生事件防控、医院管理、卫生监督执法、疾病预防和干预等领域的应用。

第四十五条　市文化广电旅游体育部门应当依托文化文物单位馆藏文化资源开发数字文化产品，提高博物馆、图书馆、美术馆、文化馆等文化场馆的数字化水平。

市文化广电旅游体育部门应当支持智慧旅游景区建设，鼓励开发数字化旅游产品，提供智慧化旅游服务，培育云旅游等网络体验与消费新模式，促进旅游业线上线下融合发展。

市文化广电旅游体育部门应当推动数字化全民健身体系建设，推进体育场馆和设施数字化改造，完善训练赛事和市民健身运动的数字化服务体系。

市文化广电旅游体育部门应当统筹推动数字创意产业创新发展，培育壮大创意设计、数字文化装备、影视制作、动漫游戏等产业，支持塑造优质数字内容原创作品，建设数字创意孵化和服务平台，加快数字创意与文化旅游产品以及教育等公共服务融合融通。

第四十六条　市商务、市场监管、工业和信息化等部门应当推进数字技术在餐饮业的创新应用，支持数字餐饮新技术、新业态、新模式发展，支持建设餐饮业互联网平台，开展食材溯源供应链数据共享服务；推动智能化信息管理系统、数控化烹饪设施建设。

市市场监管部门应当加强对餐饮单位食品安全数字化监管系统建设，联合教育等部门对学校食堂等重点场所推行在线监测。

第四十七条　市、区人民政府及地方金融监管部门应当推动金融业数字化转型升级，推进数字金融科技创新平台建设，促进金融数字技术创新，建设金融科技产业聚集区。鼓励依法合规开展数字金融创新，按照国家规定推进数字人民币应用，发展数字普惠金融、供应链金融、绿色金融等金融新业态，完善精准服务中小微企业数字金融体系，探索开展数据资产质押融资、保险、担保、证券化等金融创新服务。

第四十八条　市教育部门应当会同有关部门整合数字图书馆、数字博物馆、数字科技馆等社会资源，促进教育数据和数字教学资源的共建、共享、开放、流通。

市教育部门应当推动智慧校园、智慧课堂建设，探索新技术条件下的混合式、合作式、体验式、探究式等教学，根据各类教育特点创新教育场景示范应用，推进校园教育数字化。

第四十九条　市商务部门应当将本市企业研发生产的优质数字产品纳入本市特色产品目录，对符合条件的产品给予支持和推广。

市商务部门应当推动商业数字化转型，拓展电子商务功能，培育发展电子商务新业态。

市商务部门应当会同市市场监管等部门统筹推动跨境电商发展，鼓励跨境电商运营商应用数字技术创新服务模式，促进跨境电商系统与海关、金融、税务、口岸以及综合保税区等数字化系统相衔接，营造跨境电商发展良好生态。

第五十条　市人民政府应当加快信息无障碍建设，围绕城市治理、政务服务、交通、医疗、文化体育、餐饮、金融、教育、产品销售等高频事项和服务场景，支持运用数字技术提供适用的无障碍产品和服务，完善服务保障措施，促进全社会平等参与数字生活。

第七章　开放合作

第五十一条　市人民政府应当深化数字经济产业国际合作，推动在数据治理及流通、人才交流培养、技术合作和创新创业等领域全面协作，集聚世界一流的创新要素，探索对接国际的政策规则体系，建立有利于跨境科技成果转化和应用业态孵化的国际化营商环境。

第五十二条　市人民政府应当发挥数字经济产业资源集聚和辐射带动优势，加强同其他区域数字经济产业的合作，吸引市外优秀企业在本市设立国际总部、粤港澳大湾区总部和区域总部，鼓励本市优秀企业加强产业布局和市场开拓。

第五十三条　本市推动粤港澳大湾区数字经济协同发展，协同粤港澳大湾区其他城市建设粤港澳大湾区大数据中心，引导数据中心集约化、规模化、绿色化发展，推动算力、数据、应用资源集约化和服务化创新，全面支撑粤港澳大湾区数据生产要素流通汇聚和产业数字化升级。

第五十四条　本市推动粤港澳大湾区各城市加强粤港澳大湾区数据标准化体系建设，按照区域数据共享需要，共同建立数据资源目录、基础库、专题库、主题库、数据共享、数据质量和安全管理等基础性标准和规范，促进数据资源共享和利用。

第五十五条 本市推动建设粤港澳大湾区数据共享交换平台，支撑粤港澳大湾区数据共享共用、业务协同和场景应用建设，推动数据有效流动和开发利用。

第五十六条 本市推动粤港澳大湾区各城市数字认证体系、电子证照跨区域互认互通，支撑政务服务和城市运行管理跨区域协同。

第五十七条 市人民政府鼓励本市企业积极融入全球数字经济产业分工，设立境外生产和研发基地，建立全球营销网络及产业链体系。

市商务部门应当会同市发展改革、科技创新、工业和信息化等部门搭建数字经济产业国际风险预警平台，为企业开拓境外市场提供预警信息服务。

第五十八条 市人民政府应当支持数字经济产业生态主导型企业发起设立国际性产业与标准组织，吸引数字经济领域国际性产业与标准组织迁址本市或者在本市设立分支机构，鼓励本市企业和其他组织参与制定国际产业标准。

探索建立国际性产业与标准组织综合监管体系，优化注册条件、简化注册流程，分类管理数字化技术产业组织。

第五十九条 市商务部门应当会同市中小企业服务部门支持企业参加境内外数字经济产业高端展会论坛，推动企业开拓境内外市场。

市发展改革、科技创新、工业和信息化和其他行业主管部门应当支持在本市举办数字经济产业领域的展览、赛事、论坛等活动，搭建数字经济产业展示、交易、交流、合作平台。

第六十条 市网信、工业和信息化、通信管理等部门应当在国家及行业数据跨境传输安全管理制度框架下，会同有关部门开展数据跨境传输安全管理和跨境通信工作，提升跨境通信传输能力和国际数据通信服务能力，推动本市建设成为国际数据枢纽中心。

第八章 支撑保障

第六十一条 市人民政府应当坚持数字经济、数字政府、数字社会一体化建设。在政务服务、财政、税收、金融、人才、知识产权、土地供应、电力接引以及设施保护等方面完善政策措施，为数字经济产业健康发展提供保障。

第六十二条 探索利用财政资金、国有资本设立市、区两级数字经济产业投资基金，支持通过数字经济产业投资基金引导社会资本投资数字经济产业重点企业和重大项目。

第六十三条 市地方金融监管部门应当完善投融资服务体系，拓宽数字经济市场主体融资渠道，鼓励金融机构适应数字经济发展需求，创新金融服务，开发融资产品，为数字经济产业发展提供支持。

第六十四条 市通信管理部门应当积极承接省级通信管理部门下放的审批服务事项，优化增值电信业务经营许可、非经营性互联网信息服务备案、新型电信业务、电信网码号资源使用和调整、互联网域名注册服务机构设立、外商投资经营电信业务等审批服务。

第六十五条　市人民政府或者其授权的单位根据国家集中采购目录的有关规定和本市实际需要，可以将云计算、大数据、人工智能等数字产品和服务项目列入集中采购目录。

市工业和信息化部门应当定期发布首版次软件、首台（套）重大技术装备应用推广指导目录，支持数字产品的推广和应用。

第六十六条　市人才工作、人力资源保障等部门应当加强数字经济产业领域关键核心技术人才培养，建立与数字经济产业发展需要相匹配的人才评价机制。

市教育部门应当指导和督促本市高等院校、职业学校开设数字经济产业相关专业和课程，培养数字经济产业研究和应用型人才。

支持社会资本设立数字经济产业培训机构，培养符合数字经济产业发展需求的相关人才。

第六十七条　市商务、人力资源保障、工业和信息化等部门应当加强对数字经济产业新业态用工服务的指导，积极探索灵活多样的用工方式和多点执业新模式；制定和完善数字经济产业新业态从业人员在工作时间、报酬支付、保险保障等方面规定，保障数字经济产业新业态从业人员的合法权益。

第六十八条　本市推进知识产权快速维权体系建设，完善知识产权领域的区域和部门协作机制，加强数字经济领域知识产权保护，依法打击知识产权侵权行为。

第六十九条　市人民政府应当健全市场准入、公平竞争审查和监管等制度，建立全方位、多层次、立体化监管体系，实现事前事中事后全链条全领域监管。

第七十条　市、区人民政府应当对数字经济产业创新探索等实行包容审慎监管，分领域制定具体监管规则和标准，建立弹性监管工作机制。

第七十一条　鼓励专业服务机构为数字经济产业企业提供创业培训和辅导、知识产权、投资融资、技术支持、决策咨询、产权交易、法律等服务。

第七十二条　市人民政府应当加强数字经济知识的宣传、教育和培训，鼓励社会力量参与，普及数字产品使用，加强数字技能培训，引导科学认知，培养创新能力，提高全民数字技能，全面提升全社会数字素养。

第七十三条　市有关部门、企业等数据处理的主体应当落实数字经济产业发展过程中的安全保障责任，健全安全管理制度，加强重要领域数据资源、重要网络、信息系统和硬件设备安全保障，健全关键信息基础设施保障体系，建立安全风险评估、监测预警和应急处置机制，采取必要安全措施，保障数据、网络、设施等方面的安全。

第七十四条　有关部门及其工作人员未依照本条例规定履行相关职责的，对直接负责的主管人员和其他直接责任人员依法给予处分；构成犯罪的，依法追究刑事责任。

第九章　附　则

第七十五条　本条例自 2022 年 11 月 1 日起施行。

深圳经济特区优化营商环境条例

（2020年10月29日深圳市第六届人民代表大会常务委员会第四十五次会议通过）

第一章　总　则

第一条　为了持续优化营商环境，激发市场主体活力，促进经济高质量发展，加快建设中国特色社会主义先行示范区，根据有关法律、行政法规的基本原则，结合深圳经济特区实际，制定本条例。

第二条　深圳经济特区优化营商环境工作适用本条例。

第三条　坚持市场化、法治化、国际化原则，以市场主体需求为导向，为各类市场主体营造稳定、公平、透明、可预期的营商环境。

第四条　依法平等保护各种所有制市场主体的合法权益，促进要素流动自主有序、配置高效公平，保障各类市场主体公平参与市场竞争。

第五条　市、区人民政府应当加强优化营商环境工作的组织领导，统筹推进简政放权、放管结合、优化服务改革，完善优化营商环境的政策措施，主动积极协调、解决优化营商环境工作中的重大问题。

市发展改革部门是优化营商环境工作的主管部门，负责督促、协调、推进优化营商环境工作，组织开展营商环境评价和监督管理工作。

市、区人民政府相关部门和有关驻深单位按照各自职责开展优化营商环境相关工作。

第六条　市、区人民政府应当健全优化营商环境工作激励机制，将优化营商环境工作纳入政府绩效考核体系，完善考核标准，对工作成效显著的部门和单位按照规定给予表彰，对不作为、乱作为延误工作的部门和单位予以问责。

市、区人民政府及其相关部门应当通过专项督察、日常督导、社会公众监督等方式加强对优化营商环境工作的监督检查。

第七条　市人民政府应当建立全市统一的市场主体服务平台，统筹协调市、区、街道相关部门以及行业协会、公用事业服务单位等为市场主体提供相关服务。

第八条　健全政企沟通机制，构建亲清政商关系，采取多种方式及时听取市场主体的意见和诉求，保障市场主体正常开展生产经营活动。

第九条　每年11月1日为深圳企业家日，共同营造企业家健康成长环境，激发和弘扬优秀企业家精神，更好地发挥企业家作用。

第十条　加强粤港澳大湾区优化营商环境工作交流合作，协同推进提升粤港澳大湾区营商环境整体水平。

第二章　市场主体

第十一条　实行市场准入负面清单制度。负面清单以外的领域，各类市场主体均可以依法平等进入。市、区人民政府及其相关部门不得自行制定市场准入性质的负面清单。

第十二条　实行外商投资准入前国民待遇加负面清单管理制度。外商投资准入负面清单以外的领域，按照内外资一致的原则管理。

第十三条　支持符合条件的外资金融机构在深圳设立证券公司和基金管理公司。

第十四条　允许具有国际通行资质资格的金融、税务、建筑、规划等境外专业机构和专业人才按照规定在深圳提供专业服务；放宽境外人员参加各类职业资格考试的限制。

第十五条　深化商事登记制度改革，探索推行商事登记行政确认制，优化服务流程，创新服务方式。

充分应用网上服务资源，实行市场主体开办事项一网通办，推广应用电子证照、电子签名，加强信息共享，提高商事登记便利化水平。

第十六条　公安、税务、社保和海关等部门应当整合设立登记、印章制作、发票申领、社保登记等各类市场主体开办事项，推动涉证照业务与营业执照多证合一。

第十七条　推动市场主体年度报告涉及社保、市场监管、税务、海关等事项的"多报合一"制度。市场主体提交的年度报告涉及政府各相关部门已有的信息，政府各相关部门应当共享，市场主体无需重复提交。

第十八条　完善职业技能等级认定制度，推动由企业和相关社会组织开展职业技能等级认定工作。

第十九条　废除妨碍统一市场与公平竞争的各项规定。除法律、行政法规另有规定外，不得对不同所有制市场主体实施歧视性的行业准入、资质标准、产业促进、政府采购、招标投标、公用事业服务等措施。

第二十条　市、区人民政府及其相关部门组织实施科技创新、成果转化、技术改造等项目，应当平等对待各种所有制市场主体。

第二十一条　行政机关与市场主体签订的合同、协议不得订立显失公平条款，合同双方的权利义务应当平等，不得规定单方面的违约责任。

第二十二条　保障各类市场主体平等参与政府采购和政府投资工程招投标竞争，不得实施下列行为排斥潜在投标人：

（一）事先确定供应商名单；

（二）设立预选供应商名录；

（三）采用摇号、抽签等随机方式确定中标、成交供应商；

（四）设置超出采购目的的资质、规模、注册地等非必要条件。

第二十三条　支持人民法院探索建立重整识别、预重整等破产拯救机制，推动建立市场主体重整费用保障基金，完善不良资产处置平台，为有市场价值的市场主体扩大投融资渠道，加速不良资产处置，实现破产财产价值最大化，降低债务重组成本。

市场主体因重整取得的收入，依照法律、法规和相关政策规定处理。应当减免税费的，由相关机关依法予以减免。

相关部门和单位应当依法及时解除对重整债务人或者重整企业法定代表人的行为限制措施和非正常户认定，及时修复其信用信息并且将其从经营异常名录或者严重违法企业名单中移除。

第二十四条　依法实行个人破产制度。在深圳经济特区居住，且参加深圳社会保险连续满三年的自然人，因生产经营、生活消费导致丧失清偿债务能力或者资产不足以清偿全部债务的，可以申请破产清算、重整或者和解。

第二十五条　建立市场主体注销网上服务平台。实现市场主体注销全流程网上办理，并联办理社保、税务、商务、海关等市场主体注销业务。

市场主体在申请注销登记前已将债权债务清算完结或者未发生过债权债务关系的，可以适用简易注销程序。

第二十六条　依法实行市场主体除名和依职权注销制度，对符合条件的市场主体，商事登记机关可以将其除名或者作出依职权注销决定。

第二十七条　市场主体应当遵守法律、法规和相关政策规定，恪守社会公德和商业道德，诚实守信、公平竞争、合规经营，在国际经济贸易活动中遵守当地法律，遵循国际通行规则。

第三章　政务服务

第二十八条　市、区人民政府应当编制政务服务事项清单并向社会公布，实施清单事项网上公开、网上申办、网上查询、网上投诉和网上答复，为市场主体提供高效便捷服务。

第二十九条　市人民政府应当编制全市统一的行政许可事项清单并向社会公布。清单以内的行政许可事项，应当逐项列明事项名称、设定依据、许可条件、许可层级、许可部门、事中事后监管措施等内容，并将办理程序、许可范围、许可条件、有效期限等纳入办事指南。

第三十条　除法律、行政法规和国务院决定规定的行政许可事项以外，本市法规、规章原则上不再新设行政许可事项。但是，直接关系生态环境保护、食品药品安全等公共利益的事项除外。

第三十一条　行政机关不得以备案、登记、注册、年检、年报、监制、认定、认证、审定等方式变相设定行政许可事项。可以通过事中事后监管或者市场机制解决的，不得采取行政许可方式进行管理。

对涉及市场主体的许可事项，可以依法采取直接取消审批，或者将审批改为备案、告知承诺等方式；推进审批服务标准化，提高审批效率，降低市场主体办事成本。

第三十二条　持续优化行政许可条件，及时清理与许可目的不相适应和非必要的行政许可条件。

行政机关不得自行增设许可条件和许可环节，不得将法定许可依据之外的非强制性标准作为行政许可的条件和依据。

第三十三条　制定与市场主体生产经营活动密切相关的法规、规章、规范性文件，应当充分听取相关市场主体、行业协会、商会和企业家的意见和建议，并通过政府门户网站、网上政务平台等载体公开征求社会意见。

第三十四条　探索建立涉企政策综合协调审查机制，避免部门间政策冲突，实现涉企政策与企业发展需要相协调，增强政策实施效果。

第三十五条　完善涉及市场主体的政策信息公开发布制度。出台与生产经营活动密切相关的法规、规章、规范性文件和符合公开条件的政策措施，制定机关应当按照规定统一发布，并通过全市统一的市场主体服务平台、网上政务平台、移动客户端、自助终端等渠道予以公开。

第三十六条　涉企政策应当保持连续性和相对稳定性。因形势变化或者公共利益需要调整的，应当结合实际设置合理过渡期，为市场主体预留必要的适应调整时间。

第三十七条　实行涉企政策集成服务模式，编制优惠政策清单，并在办理相关业务时予以告知。

第三十八条　政务服务事项清单中依申请的事项，应当按照要求分级分类进驻各级行政服务大厅，并按照前台综合受理、后台分类审批、统一窗口出证的原则，实施无差别办理。

探索建立政务服务首席代表制度，根据需要为市场主体提供错时服务、全天候服务、个性化服务。

第三十九条　除法律、法规另有规定或者涉及国家秘密等情形外，市政务服务数据主管部门负责统筹建设全市统一的一体化网上政务服务平台，各级政务服务事项均纳入网上政务服务平台办理，实现线上"一网通办"。

第四十条　充分利用人工智能、大数据、区块链、移动互联网等现代信息技术，推进数据共享与融合，简化办事流程；推广无人干预自动办理模式，实现系统全联通、数据全流动，推动政务服务事项全流程网上办理。

第四十一条　政务服务事项采取集中办理、就近办理、网上办理、异地办理等方式一次申办、当场办理、限时办结，不得增设政务服务事项的办理条件和环节。需要市场主体补正相关材料、手续的，应当一次性告知需要补正的内容。

第四十二条　市、区人民政府及其相关部门应当在办理行政许可、财政性资金使用、提供政务服务过程中推行告知承诺制。实行告知承诺制度的具体办法和承诺书样式，由相关部门制定并向社会公布。

申请人在办理行政许可事项时，以书面形式承诺符合许可条件的，许可部门可以直接作出行政许可决定。但是，直接关系公共安全、生态环境保护和直接关系人身健康、生命财产安全的以及依法需要当场作出行政许可决定的行政许可事项除外。

申请人在办理适用告知承诺制的其他事项时，承诺符合相关条件并提交相关材料的，应当即时办理。

申请人未履行承诺的，按照相关规定依法撤销行政许可或者相关决定，并实施相应的信用惩戒措施。

第四十三条　除实行告知承诺制的事项外，办理其他政务服务事项时，符合规定条件的申请人欠缺的申请材料影响实质性审核的，经申请人主动申请并签订承诺书，办理部门应当先予收件，并一次性告知申请人需要补齐补正的材料；符合规定条件的申请人关键性申报材料齐全且符合法定形式，非关键性申报材料有欠缺或者存在瑕疵，不影响实质性审核的，经书面承诺在办理部门作出决定前补齐补正的，办理部门应当先予受理。

第四十四条　完善政务信息归集、共享、交换和应用机制。政务服务部门应当按照统一的规定和标准，向市、区政务数据主管部门归集数据，实现政务数据的共享交换和开放应用。

在办理政务服务、公用事业服务事项时，应当优先应用政务共享数据。可以通过信息共享获取的相关数据和资料，不得要求市场主体重复提交。

第四十五条　推进电子印章和电子证照在政务服务、公用事业服务领域的全面应用。市场主体在申请办理各类政务服务、公用事业服务时可以选择使用电子营业执照和电子印章。电子印章与实物印章具有同等效力。

第四十六条　符合法律、法规要求的电子证照、电子公文、电子证明等电子材料，与纸质版本具有同等效力，办理机关不得要求另行提供纸质版本。

第四十七条　涉及颁发证照的事项，应当将电子证照生成作为业务流程正式环节；市场主体可以根据需要选择申领纸质证照，与电子证照同步签发。

从符合相关法律、法规要求的电子证照、电子公文、电子证明等电子材料中提取的结构化数据可以作为政务服务和公用事业服务数据比对的依据，比对结果可以作为业务办理的依据。

第四十八条　取消没有法律、法规或者国务院决定作为依据的证明事项；市人民政府规章、规范性文件不得设定证明事项。但是，应市场主体需求，为提供便利而开具的证明材料除外。

可以通过法定证照、法定文书、书面告知承诺、网络共享核验、行政机关内部核查获取的证明信息，以及可以被其他材料涵盖或者替代的证明事项，不得要求重复提供有关证明材料。

第四十九条　市、区人民政府及其相关部门应当严格落实国家各项减税降费政策，积极开展宣传辅导，确保减税降费政策全面、及时惠及市场主体。

海关、税务等部门应当依法保障市场主体全面充分享受各项减税、免税、出口退税等税收优惠。

第五十条　税务、社保、医保、住房公积金等部门和机构在确保信息安全的前提下，应当为市场主体缴纳税费提供下列便利措施：

（一）推动社保、医保、住房公积金等税费合并申报及缴纳，减少市场主体缴纳次数和办理时间；

（二）大力推进税费事项网上办、掌上办，拓展非接触式办税缴费服务；

（三）简化增值税等税收优惠政策申报程序，在法定要求外原则上不再设置流转环节；

（四）充分运用信息化手段，及时对市场主体进行纳税提醒和风险提示；

（五）推行区块链发票和缴费凭证、增值税电子专用发票以及其他电子票据、凭证的广泛使用；

（六）推动智慧税收大数据建设，探索涉税服务事项异地通办。

第五十一条　持续推进工程建设项目审批制度改革，精简审批环节和事项，压减审批时间，实现统一审批流程、统一信息数据平台、统一审批管理体系和统一监管方式。

第五十二条　建立项目前期策划生成机制，实行技术审查和行政审批分离；分类细化项目审批流程，按照投资主体、类别分别优化审批流程，确定审批阶段和审批事项。

第五十三条　取消房屋建筑以及市政基础设施工程施工图审查；行政许可不得以施工图审查合格文件作为前置条件；施工报建实行告知承诺制。

第五十四条　探索工程质量潜在缺陷保险制度，推行建筑师负责制。

第五十五条　实行工程建设项目区域评估制度。各区域管理部门和机构应当组织开展水资源论证、交通影响评价、地质灾害危险性评估、雷击风险评估等区域评估。区域评估结果应当向社会公开，并作为相关部门管理依据。

市场主体在已经完成区域评估的区域建设工程项目的，可以不再单独开展前款相应评估、评审。

第五十六条　改革环境影响评价制度。在已经开展区域空间生态环境影响评价的区域，根据评价结果和生态环境准入要求，制定重点建设项目环境影响审批管理名录。未列入名录的建设项目豁免或者简化环境影响评价。

第五十七条　建立口岸跨部门、跨区域管理协调机制，依托国际贸易"单一窗口"，推进各环节信息互联互通，降低进出口环节合规成本，提升跨境贸易便利化水平。

口岸管理部门应当加强口岸收费目录清单管理，完善目录清单动态管理机制、口岸收费监管协作机制和清理口岸收费联动工作机制。收费主体应当公开收费目录和收费标准，不得在目录以外收取费用。

第五十八条　整合跨境贸易数据资源，综合利用大数据、区块链、移动互联网等现代信息技术，为市场主体、监管部门等提供跨境贸易综合服务。创新口岸监管和服务模式，依法减少进出口环节审批事项和单证。

第五十九条　鼓励市场主体提前申报通关，提前办理通关手续，对于提前申报通关存在差错的，按照相关容错机制处理。

第六十条　市场主体登记的住所、经营场所为纸质法律文书送达地址。市场主体同意适用电子送达方式的，在市场主体登记服务平台中填写的手机号、电子邮箱、传真号、移动即时通讯账号等可以作为电子法律文书送达地址。法律、法规另有规定的除外。

第六十一条　市人民政府应当运用人工智能、大数据、移动互联网等现代信息技术，为市场主体提供普惠式、智能化、便捷化的法律风险自测服务。

市发展改革、司法、商务等部门应当推动市场主体强化涉外经营合规风险意识，支持和引导市场主体完善合规管理体系。

第四章　经营环境

第六十二条　行政机关、公用事业服务单位应当加强公共基础设施规划和建设，提升公用事业服务水平，创造良好的生产经营环境。

第六十三条　完善公平竞争审查联席会议制度。制定市场准入、产业发展、招商引资、招标投标、政府采购、资质标准等与市场主体生产经营活动密切相关的政策措施，制定机关应当按照国家相关规定开展公平竞争审查；对存在较大争议或者部门意见难以协调一致的问题，可以提请同级公平竞争审查联席会议协调。

对适用例外规定制定的政策措施，应当向同级公平竞争审查联席会议报送备案。

鼓励社会第三方机构参与公平竞争审查工作。

第六十四条　对涉嫌违反公平竞争审查标准的政策措施，任何单位和个人有权举报。制定机关应当建立涉及公平竞争审查投诉举报的受理回应机制，及时纠正、排除限制竞争的政策措施。

第六十五条　加强社会信用体系建设，建立覆盖全社会的征信系统。持续推进政务诚信、商务诚信、社会诚信和司法公信建设，维护信用信息安全。

第六十六条　不动产登记机关应当压缩不动产登记办理时限和优化不动产登记流程，加强与税务、公安、民政、社保等部门和金融机构等单位的信息共享，实施不动产登记、交易和缴税并行办理，提供不动产登记信息网上查询和现场自助查询服务。

推行不动产登记与水、电、气变更联动办理，由不动产登记部门统一受理，一次性收取全部材料并推送至供水、供电、供气等公用事业服务单位并联办理相关业务。

第六十七条　市场主体在金融机构办理不动产抵押贷款的，可以委托该金融机构办理不动产抵押登记手续，不动产登记机关应当受理。

第六十八条　鼓励市场主体引进各类高端紧缺人才，畅通人才流动渠道，在人才引进支持政策方面对各类用人单位一视同仁。

第六十九条　实行更加开放的境外人才引进和出入境管理制度，支持市场主体引进海外高层次人才。对引进符合条件的留学归国人才、外籍人才、港澳台专业人才，在医疗、社保、落户、税收、住房、子女入学等方面提供支持，为海外人才停留居留、往返签证、出入境通关提供便利。

简化外籍人才来深工作手续，为外籍高层次人才和专业技术人才提供永久居留便利，对获得永久居留资格的外国人，给予相关市民待遇。

第七十条　人力资源保障部门应当为市场主体提供用工指导、政策咨询、劳动关系协调等服务，引导有需求的市场主体通过用工余缺调剂开展共享用工，提高人力资源配置效率。

第七十一条　用人单位因生产经营特点不能实行法定标准工时制度且符合特殊工时制度适用范围，经协商实行不定时或者综合计算工时工作制度的，可以实行告知承诺制。

第七十二条　简化水、电、气申报服务办理流程，实现报装申请全流程网上办理，压减申报材料，压缩办理时限。公用事业服务单位不得将工程规划审批和施工审批作为办理水、电、气的前置条件；不得设置与技术规范无关等非必要前置条件。

第七十三条　市场主体报装水、电、气需要在红线外新增配套设施建设的，由供水、供电、供气、排水等公用事业服务单位负责投资建设。小型市政公共服务接入工程涉及占用挖掘道路、占用城市绿地、伐移城市树木等审批事项的，实行告知承诺制。

第七十四条　供电公用事业服务单位应当保障供电设施正常、稳定运行，确保供电质量符合国家规定。市工业主管部门应当加强对供电公用事业服务单位年供电可靠率的监督，建立考核机制，并根据考核情况予以奖惩。

第七十五条　实行行政事业性收费目录清单制度，明确收费依据和收费标准。不得在收费目录清单之外收费，不得越权收费、超标准收费、重复收费。收费目录清单应当向社会公开，接受社会监督。

供水、供电、供气、电讯、邮政等公用事业服务单位收费应当明码标价，减少收费环节，禁止违规收费。

第七十六条　市、区人民政府应当完善政府产业用房建设运营管理服务体系，加大供应，强化监管，引导市场合理预期，促进产业用房租赁市场健康稳定发展。

第七十七条　培育和发展各类行业协会、商会，取消设立同类行业协会的数量限制。

行业协会、商会不得干预市场主体加入或者退出；不得强制或者变相强制收费。

第七十八条　鼓励国际性产业和标准组织将住所设在深圳，取消其申请成立登记时业务主管单位的前置审批，简化注册流程，允许其在全球范围内吸纳会员，并参照相关规定管理。

第七十九条　除法律、行政法规或者国务院决定另有规定外，不得要求市场主体通过中介服务机构代办行政许可、产业补贴、政府采购、招标投标、公用事业服务等事项，行政机关不得指定或者变相指定中介服务机构。

中介服务机构应当明确办理前款中介服务事项的条件、流程、时限、收费标准，并向社会公开。

第八十条　行政机关对符合资质条件的评估机构作出的评估认证结果应当互通互认，不得要求市场主体重复评估。

第五章　融资便利

第八十一条　支持金融机构拓展金融市场新功能，完善创业创新金融服务平台，为市场主体提供综合金融服务。

国家驻深金融监管机构和市地方金融监管部门应当加强对金融机构在金融服务方面的指导和监督，完善资本监管、行为监管、功能监管方式，提高金融服务水平。

第八十二条　市、区人民政府及其相关部门应当推动利用人工智能、大数据、区块链、移动互联网等现代信息技术，加强公益性融资服务平台建设，为市场主体提供线上化、智能化、批量化投融资对接服务。

第八十三条　支持商业银行探索符合市场主体创新创业、生产经营需求的授信准入、风险评级、审查批准和贷后管理制度模式，提高市场主体信贷管理水平。

第八十四条　支持小额贷款公司、融资担保公司、融资租赁公司、商业保理公司等地方金融机构按照相关规定开发特色金融产品和服务，为市场主体提供融资便利。

第八十五条　税务、银保监部门和银行业金融机构应当加强合作，将市场主体纳税信用转化为融资信用，发挥纳税信用信息在普惠金融体系中的重要作用。

第八十六条　鼓励征信机构和信用评级机构发展，支持依法收集利用政务信息等数据资源，提升征信服务和信用评级水平。

第八十七条　商业银行等金融机构开展贷款业务时不得实施下列行为：

（一）设置不合理的授信条件；

（二）针对民营企业、中小微企业设置歧视性门槛；

（三）强制约定将企业的部分贷款转为存款；

（四）以存款作为审批和发放贷款的前提条件。

第八十八条　金融机构应当按照国家相关规定规范收费行为，提高服务收费透明度，不得违规向服务对象收取不合理费用或者变相收费。

第八十九条　实行统一的动产和权利担保登记制度，实现市场主体在统一平台上办理动产和权利担保登记。市场主体办理动产担保登记，可以对担保物进行概括性描述。

动产担保双方当事人可以约定担保权益涵盖担保物本身及其未来的产品、收益、替代品等资产。

推动建立担保物处置平台，为债权人实现担保权益提供便利。

第九十条　市人民政府可以建立知识产权质押投融资风险补偿机制，为符合条件的知识产权质押投融资失败项目提供一定比例的补偿。

第九十一条　支持商业银行增加对民营企业、中小微企业的信贷投放，建立小微企业服务绿色通道，合理增加中长期贷款和信用贷款支持，缩短贷款审批时间。

第九十二条　鼓励金融机构开展小额贷款保证保险业务，充分发挥保险增信功能，为民营企业、中小微企业提供融资支持。鼓励金融机构大力发展保函业务，协助企业以保函替代现金缴纳涉企保证金。

第九十三条　支持和鼓励符合条件的民营企业、中小微企业依法采用发行股票、债券以及其他融资工具，扩大直接融资规模。

第九十四条　健全地方财政支持市场主体发展机制，采用银行贷款风险补偿、融资担保风险分担等方式加强对中小微企业融资支持。

鼓励政策性融资担保、再担保机构与商业性融资担保机构合作开展中小微企业融资担保业务。

第九十五条　促进与港澳金融市场互联互通和金融产品互认，探索拓宽创新跨境金融业务。

第六章　规范监管

第九十六条　行政机关应当构建以信用为基础的新型监管机制，创新监管方式，形成行政监管、行业自律、社会监督、公众参与的综合监管体系。

第九十七条　市、区人民政府应当对新技术、新产业、新业态、新模式实行包容审慎监管，区分不同情况制定相应的监管规则和标准。

推进人工智能、大数据、区块链、移动互联网等现代信息技术的智能监管方式应用，推行远程监管、移动监管、预警防控等非现场监管。

第九十八条　行政机关应当根据不同领域特点、风险等级和市场主体信用水平采取分类监管措施。对一般领域全面实行"双随机、一公开"监管模式，随机抽取检查对象、随机选派执法检查人员、抽查情况以及查处结果及时向社会公开。对重要领域依法依规实行全覆盖的重点监管，但是，应当严格控制重点监管事项数量，规范重点监管程序。

前款重点监管事项清单和具体办法，由市人民政府制定。

第九十九条　推进行政机关之间监管标准互通、执法信息互联、处理结果互认，严禁多头执法、越权执法、过度执法。同一部门的日常监督检查原则上应当合并进行；不同部门的日常监督检查能够合并进行的，由本级人民政府组织相关部门实施联合检查。

第一百条　坚持处罚与教育相结合。行政机关应当优先采取说服教育、劝导示范、行政指导等手段纠正违法行为。

对市场主体违法情节较轻且能主动消除、减轻危害后果的或者教育劝导后予以纠正的违法行为，应当依法从轻、减轻行政处罚。对违法行为轻微并及时纠正，没有造成危害后果的，依法免予行政处罚。

第一百零一条　法律、法规规定处罚幅度的，行政机关应当依法制定行政处罚自由裁量的具体标准，并及时向社会公布；未制定行政处罚自由裁量具体标准的，不得实施处罚。行政机关应当对行政处罚自由裁量的具体标准进行动态管理，并结合实际及时依法修订、废止。

第一百零二条　行政机关采用非强制手段和措施可以达到行政管理目的的，不得实施行政强制措施。

行政机关不得随意采取行政强制措施要求市场主体配合实施行政管理。除法律、法规另有规定外，不得采取要求公用事业服务单位停止供水、供电、供气等方式促使市场主体履行相关行政决定。

第一百零三条　行政机关可以采取下列方式指导、提示市场主体依法合规经营：

（一）发布一般性的指导意见或者提出具体指导建议；

（二）制定、发布相关合同示范文本；

（三）对于市场主体容易疏漏的相关事项，通过发送提示信函等方式进行提醒；

（四）对有违法行为的市场主体进行规劝、约谈。

行政机关不得强制市场主体采用前款合同示范文本或者强制约谈企业负责人。

第一百零四条　行政机关依法对市场主体实施失信惩戒的，应当根据法律、法规规定制定失信惩戒具体办法，明确认定依据、标准、程序、异议申诉和退出机制，按照失信主体违法违约行为的性质、情节和社会危害程度分级、分类规定惩戒措施，并向社会公布。

实施失信联合惩戒应当严格依照法律、法规、规章和国家相关规定进行。

第七章　权益保障

第一百零五条　依法平等保护各类市场主体的财产权及其他合法权益，保护企业经营者人身和财产安全。

除国家利益、公共安全等紧急情况外，禁止以任何形式向市场主体进行财力、物力或者人力摊派。

第一百零六条　加大对中小投资者权益保护力度，完善中小投资者权益保护机制，保障中小投资者的知情权、表决权、收益权和监督权。

第一百零七条　市、区人民政府及其相关部门、司法机关、仲裁机构应当建立调解、仲裁、行政复议、诉讼相衔接的纠纷解决机制，为市场主体提供多元化纠纷解决方式，依法公正处理涉及市场主体的各类民商事案件，有效解决生效裁判决定执行难问题，保障各类市场主体合法权益。

第一百零八条　行政机关应当依法查处违规泄露、篡改信用信息或者利用信用信息谋取私利等行为，严格保护市场主体合法权益。

第一百零九条　建立健全信用信息异议制度。对市场主体提出异议的信息，信息提供和采集单位应当在规定时限内核实并反馈结果，经核实有误的信息应当立即予以更正或者撤销，并消除不良影响。

第一百一十条　市场主体对行政机关作出的失信认定、失信记录与公示、失信惩戒措施不服，认为行政机关有下列情形之一的，可以依法申请行政复议：

（一）实施失信惩戒措施没有法律、法规和规章依据；

（二）事实不清、证据不足；

（三）超越法定职权；

（四）实施的失信惩戒措施明显过重；

（五）其他违反法律、法规和规章规定的行为。

行政机关违法采取失信惩戒措施损害市场主体合法权益的，相关部门和单位应当采取措施消除不良影响，并依法承担赔偿责任。

第一百一十一条　公安机关对于扰乱市场主体生产经营活动秩序，或者侵害生产经营者人身安全、财产安全等违法行为，应当及时依法处置，保障正常的生产经营秩序。

第一百一十二条　严格依照法定程序采取查封、扣押、冻结等措施。严格区分违法所得、其他涉案财产与合法财产；严格区分企业法人财产与股东个人财产；严格区分涉案人员个人财产与家庭成员财产；严格区分违法所得和合法财产。

禁止超标的、超范围查封、扣押、冻结涉案企业财产。

第一百一十三条　需要依法采取查封、扣押、冻结措施处置涉案财物的，应当开具清单并送达法律文书，在法定期限内作出处理决定。对与案件无关的财物，应当及时解除查封、扣押、冻结措施。对查封、扣押的财产，由执法机关自行保管的应当采取妥善保管措施，不得使用或者损毁。造成损失的，应当依法承担赔偿责任。

第一百一十四条　完善涉案财物保管、鉴定、估价、拍卖、变卖制度，依法保护当事人及其近亲属、股东、债权人等各方的合法权益。

第一百一十五条　加强对市场主体的司法保护，依法惩治侵犯市场主体合法权益的违法犯罪行为。统一审判标准，提高司法审判和执行效率，依法减少审前羁押性强制措施。

第一百一十六条　建设知识产权保护试点示范区，综合运用法律、行政、经济、技术、社会治理等手段强化知识产权保护。

加强知识产权司法、行政保护力度，健全知识产权行政执法与刑事执法的衔接机制，依法严厉打击侵犯商标、著作权、专利、商业秘密等知识产权的违法行为。

第一百一十七条　负有知识产权保护工作职责的相关部门应当建立海外知识产权纠纷预警防范和协调解决机制，加强海外知识产权纠纷应对指导。

鼓励市场主体设立知识产权保护维权互助基金，提升自我维权能力。

第一百一十八条　负有知识产权保护工作职责的相关部门应当加大对知识产权侵权行为的行政执法力度。

对于故意侵犯知识产权情节严重的，依法适用惩罚性赔偿，从重确定惩罚性赔偿金额。

第一百一十九条　负有知识产权保护工作职责的相关部门应当建立知识产权新业态保护机制，开展新型知识产权保护试点，完善互联网信息等数字知识产权财产权益保护制度，积极探索推进互联网、云计算、人工智能、大数据、新商业模式、体育赛事转播等重点产业领域及其关键技术环节的知识产权保护。

第一百二十条　健全商事调解机制，推动通过调解方式公正高效解决商事争议。

支持涉外商事调解组织发展，吸收外籍和港澳地区专业人士担任调解员，加强粤港澳大湾区商事调解业务联系与交流，为市场主体解决涉外商事纠纷提供调解服务。

第一百二十一条　鼓励行业协会、商会设立专业调解组织，在投资、金融、证券期货、保险、房地产、知识产权、国际贸易等领域提供调解服务。

第一百二十二条　建立律师、基层法律服务工作者、社区工作者、志愿者参与人民调解工作机制，提高依法调解能力，高效化解民商事纠纷。

第一百二十三条　市、区人民政府及其相关部门应当推进公共法律服务体系建设，完善市、区、街道、社区四级公共法律服务平台，提供便捷高效、均等普惠的公共法律服务。

第一百二十四条　司法行政部门应当推动和指导法律专业机构为市场主体提供法律咨询、合同审查、知识产权保护、股权设计、融资、税务、劳动用工、涉外纠纷等全链条的高水平法律服务。

推进海外法律服务平台建设，完善律师参与境外投资决策、项目评估和风险防控的相关机制，为市场主体提供涉外法律服务。

第八章 法律责任

第一百二十五条 市、区人民政府和相关部门及其工作人员违反本条例相关规定，未依法履行职责或者侵犯市场主体合法权益的，由相关部门责令改正；情节严重的，依法依规追究责任。

第一百二十六条 公用事业服务单位违反本条例相关规定，设置非必要服务办理前置条件、不履行红线外配套建设的责任、未公开收费目录清单或者违规收费的，由相关部门责令改正，依法追究法律责任。

第一百二十七条 行业协会商会、中介服务机构违反本条例相关规定，干预市场主体加入或者退出、强制或者变相强制收费，或者未向社会公开办理法定行政审批中介服务的条件、流程、实现、收费标准的，由相关部门责令改正，依法追究法律责任。

第一百二十八条 金融机构有本条例第八十七条、第八十八条规定情形之一的，由相关部门责令改正；逾期不改正或者情节严重的，依照《中华人民共和国银行业监督管理法》相关规定给予处罚；有违法所得的，依法没收违法所得。

第九章 附 则

第一百二十九条 市、区人民政府及其相关部门可以根据本条例制定具体实施办法。

第一百三十条 本条例自 2021 年 1 月 1 日起施行。

深圳经济特区商事登记若干规定

（2020 年 10 月 29 日深圳市第六届人民代表大会常务委员会第四十五次会议修订）

第一条　为了完善商事登记制度，进一步优化营商环境，促进经济高质量发展，根据有关法律、行政法规的基本原则，结合深圳经济特区实际，制定本规定。

第二条　本规定所称商事登记，是指商事登记机关根据申请人的申请，将商事主体设立、变更、注销的事项依法登记、备案并公示的活动。

第三条　商事主体登记包括下列事项：

（一）名称；

（二）住所或者经营场所；

（三）类型；

（四）负责人；

（五）投资主体及其认缴出资额。

商事登记机关应当根据前款规定，按照商事主体类型，分别规定各类商事主体登记事项的具体内容。

第四条　商事主体备案包括下列事项：

（一）章程或者协议；

（二）经营范围；

（三）董事、监事、高级管理人员；

（四）商事登记管理联系人。

商事登记机关应当根据前款规定，按照商事主体类型，分别规定各类商事主体备案事项的具体内容。

公司依法设置特殊股权结构的，应当在章程中明确表决权差异安排。

第五条　商事主体应当指定一名商事登记管理联系人，负责公文的接收以及其他与商事登记机关的联系工作。

第六条　设立商事主体，申请人应当向商事登记机关提交下列材料：

（一）设立登记申请书；

（二）章程或者协议；

（三）投资主体资格证明；

（四）负责人、董事、监事、高级管理人员等相关成员的身份证明。

设立银行、证券公司、保险公司等商事主体依法应当经有关部门批准的，还应当提交准予许可文件。

第七条　商事登记机关应当依法制定商事主体设立、变更、注销登记需要提交的材料目录，并向社会公布。

第八条　申请人应当对其提交的申请材料和申请书载明的住所、经营场所等信息的真实性、合法性负责，并承诺其提交的申请材料和信息符合法律、法规的规定。

第九条　商事登记机关对申请人提交的材料和信息进行形式审查。商事登记机关可以利用信息技术手段对申请人提交的材料和信息进行比对查验。

申请材料不齐全或者不符合法定形式的，商事登记机关应当自收到材料之日起一个工作日内一次性告知申请人需要补正的材料，并说明要求。

申请材料齐全，符合法定形式的，商事登记机关应当受理，并自受理之日起三个工作日内予以登记。

商事登记机关在三个工作日内不能完成登记的，经商事登记机关负责人批准，可以延长三个工作日。

第十条　商事主体的经营范围由章程或者协议、申请书等确定。

商事登记机关应当参照国民经济行业分类标准制定经营范围分类目录，并向社会公布。

第十一条　商事主体领取营业执照后，可以依法开展经营活动；商事主体的经营项目或者经营场所依法应当经有关部门批准的，还应当取得准予许可文件。

第十二条　营业执照应当记载商事主体下列事项：

（一）名称；

（二）负责人；

（三）住所或者经营场所；

（四）类型；

（五）成立日期。

营业执照应当设置提示栏，标明商事主体经营范围、营业期限和许可项目等有关事项的查询方法。

营业执照的式样由商事登记机关制定和发布。

第十三条　自然人从事依法无需经有关部门批准的经营活动的，可以不办理个体工商户商事登记，直接办理税务登记。

第十四条　在香港特别行政区或者澳门特别行政区注册登记的企业，符合相关条件的，可以在深圳经济特区直接办理从事生产经营活动登记,取得营业执照,从事外商投资准入负面清单以外的生产经营活动;并可以凭营业执照办理银行开户、税务、海关、外汇账户和审批等事项。具体办法由市人民政府另行制定。

第十五条 商事主体在深圳经济特区设立分支机构的,可以办理分支机构登记,也可以将分支机构经营场所信息登记于其营业执照内。

第十六条 商事主体从事电子商务、咨询、策划等经营活动,无需固定住所或者经营场所的,可以委托具备条件的商务秘书企业、会计师事务所、律师事务所等单位进行住所托管,以受托单位住所或者经营场所作为该商事主体的住所或者经营场所。

第十七条 商事主体不得将其他商事主体具有显著特征的驰名商标或者知名字号作为其名称中的字号,但是取得权利人授权的除外。

前款所称知名字号,是指享有较高商业信誉,为相关公众所熟悉和知晓,显著区别于其他商事主体的标志性文字字号。

第十八条 商事主体登记事项变更的,应当自变更决议或者决定作出之日起三十日内向商事登记机关申请变更登记。

商事主体备案事项变更的,商事主体应当自备案事项变更之日起三十日内向商事登记机关备案。

第十九条 个体工商户变更经营者的,可以办理注销登记后重新申请办理设立登记,也可以直接申请办理变更登记。

第二十条 人民法院、仲裁机构的生效法律文书涉及投资主体变更的,商事主体应当向商事登记机关申请办理相应的登记手续。

商事主体申请投资主体变更登记时,与该变更登记有关的利害关系人向商事登记机关提出异议,并已经就投资主体变更登记申请材料的真实性、合法性提起民事诉讼或者仲裁的,商事登记机关不予受理;商事登记机关已经受理的,不予登记。利害关系人未提起民事诉讼或者仲裁直接向商事登记机关提出异议的,商事登记机关应当书面告知其通过民事诉讼或者仲裁解决;利害关系人提出的异议不成立或者在三十日内未提起民事诉讼或者仲裁的,商事登记机关应当依法办理变更登记。

第二十一条 商事主体债权债务已经清算完结或者没有发生债权债务关系,申请办理注销登记的,可以适用简易注销程序。

第二十二条 因商事主体已经注销导致其分支机构或者其出资的企业无法办理注销等相关登记的,可以由该已经注销商事主体的继受主体或者投资主体代为办理。

因商事主体之外的其他主体已经撤销或者注销导致其管理或者出资的企业无法办理注销等相关登记的,可以由该已经撤销或者注销主体的继受主体或者上级主管单位代为办理。

第二十三条　商事登记推行网上申请、受理、审查、签发营业执照和存档。电子档案、电子营业执照与其纸质文本具有同等法律效力。

商事主体可以领取电子营业执照，也可以同时领取营业执照纸质文本。

第二十四条　未依法取得营业执照从事经营活动的，由商事登记机关依法查处；未依法取得许可从事经营活动或者未依法取得许可且未依法取得营业执照从事经营活动的，由有关许可审批机关或者市人民政府依法确定的部门依法查处。

按照本规定第十三条规定无需办理商事登记的，不视为未依法取得营业执照从事经营活动。

第二十五条　商事主体需要暂停经营的，可以向商事登记机关办理歇业登记，歇业期间商事主体存续。

歇业期间商事主体拟恢复经营活动的，应当在恢复经营活动前向商事登记机关办理终止歇业登记。

商事主体应当在歇业期满之日起十个工作日内向商事登记机关办理终止歇业登记。

商事登记机关应当将商事主体歇业信息通过全市统一的商事主体登记及许可审批信息公示平台予以公示。

第二十六条　商事登记机关应当按照国家规定对商事主体实行经营异常名录、经营异常状态和严重违法企业名单等信用监管制度。

商事主体未按照本条例第二十五条第二款、第三款的规定办理终止歇业登记的，商事登记机关可以将其列入经营异常名录或者标记为经营异常状态。

第二十七条　商事主体因通过其登记的住所或者经营场所无法取得联系被列入经营异常名录或者被标记为经营异常状态满两年，且近两年未申报纳税的，商事登记机关可以对其作出除名决定。

本规定实施前商事主体因前款原因被列入经营异常名录满三年而被列入严重违法企业名单，且近两年未申报纳税的，适用前款规定。

第二十八条　商事登记机关作出除名决定前，应当通过信息公示平台和政府网站等方式向社会公告，公告期为四十五日。公告内容应当包括拟除名的商事主体名称，拟作出除名决定的事实、理由和依据，除名的法律后果以及该商事主体依法享有的权利。

公告期满，商事登记机关应当作出除名决定，并向社会公示，但是公告期满前有下列情形之一的除外：

（一）商事主体已经办理住所或者经营场所变更登记，或者提供的证据能够证明其仍在登记的住所或者经营场所经营；

（二）商事主体恢复申报纳税；

（三）商事登记机关已经受理商事主体的注销登记申请；

（四）商事主体已经被依法注销；

（五）依据法律、法规规定不宜作出除名决定的其他情形。

第二十九条　商事主体被除名后，应当依法完成清算、办理注销登记，不得从事与清算或者注销无关的活动。被除名期间商事主体存续。

第三十条　对商事登记机关作出的除名决定不服的，可以依法申请行政复议或者提起行政诉讼。

商事登记机关作出的除名决定被复议机关或者人民法院依法撤销的，商事登记机关应当将商事主体恢复到除名前的状态。

第三十一条　商事主体有下列情形之一起六个月内未申请注销登记的，商事登记机关可以对其作出依职权注销决定：

（一）依法被吊销营业执照的；

（二）依法被责令关闭的；

（三）依法被撤销设立登记的；

（四）依法被除名的。

第三十二条　商事登记机关作出依职权注销决定前，应当通过信息公示平台和政府网站等方式向社会公告，公告期为四十五日。公告内容应当包括拟依职权注销的商事主体名称，拟作出依职权注销决定的事实、理由和依据，依职权注销的法律后果以及该商事主体依法享有的权利。

公告期满，商事登记机关应当作出依职权注销决定，并向社会公示，但是公告期满前有下列情形之一的除外：

（一）商事主体处于清算状态；

（二）商事登记机关已经受理商事主体的注销登记申请；

（三）商事主体已经被依法注销；

（四）国家机关因立案调查、采取行政强制措施等需要，向商事登记机关提出不予依职权注销；

（五）依据法律、法规规定不宜作出依职权注销决定的其他情形。

第三十三条　商事登记机关作出依职权注销决定后有下列情形之一的，应当撤销该依职权注销决定：

（一）利害关系人提供的人民法院、仲裁机构的生效法律文书或者其他证据能够证明被依职权注销的商事主体债权债务尚未清理完结，需要恢复该商事主体登记进行清算；

（二）被依职权注销的商事主体未履行纳税义务且需要恢复该商事主体登记才能清缴税款；

（三）为了国家利益或者社会公共利益，需要恢复被依职权注销的商事主体登记；

（四）根据本规定第三十一条规定作出依职权注销决定的情形被依法撤销。

对商事登记机关作出的依职权注销决定不服的，可以依法申请行政复议或者提起行政诉讼。

商事登记机关作出的依职权注销决定被依法撤销的，商事登记机关应当将商事主体恢复到注销前的状态。该商事主体名称已经被其他商事主体使用的，商事登记机关应当对该名称予以特殊标记。

第三十四条　利害关系人以商事主体登记或者备案时提交虚假材料、冒用他人住所信息或者采取其他欺诈手段隐瞒重要事实等为由，向商事登记机关申请撤销该商事主体登记或者备案的，商事登记机关经调查核实，应当依法撤销登记或者备案。

有下列情形之一的，商事登记机关可以作出不予撤销决定：

（一）该登记或者备案撤销后可能对国家利益或者社会公共利益造成重大损害；

（二）利害关系人以商事主体在登记或者备案时提交的材料存在真实性或者合法性问题为由申请撤销登记或者备案，且该事由必须先经民事诉讼或者仲裁程序才能认定；

（三）该登记或者备案所依据的主要事实已经发生重大变化，导致撤销后无法恢复到登记或者备案前的状态；

（四）该登记或者备案违法情节显著轻微，未对提出撤销申请的利害关系人权利产生实际影响，且撤销后可能对其他利害关系人权益造成重大损害；

（五）依据法律、法规规定不宜作出撤销决定的其他情形。

商事登记机关以前款第二项规定情形为由作出不予撤销决定的，应当书面告知申请人或者利害关系人通过民事诉讼或者仲裁解决。

第三十五条　商事主体登记或者备案时，有提交虚假材料、冒用他人住所信息或者采取其他欺诈手段隐瞒重要事实等情形的，除由商事登记机关依法处理外，负有主要责任的商事主体负责人三年内不得再担任其他商事主体的负责人；负有责任的受委托办理商事主体登记或者备案的代理人三年内不得再代办商事登记申请。

第三十六条　商事主体未按照规定办理备案的，由商事登记机关责令限期改正；逾期未改正的，对违法企业处二千元罚款；对违法个体工商户处五百元罚款。

第三十七条　市市场监管部门是商事登记机关，负责商事登记以及相关监督管理工作。

商事登记机关可以根据本规定制定相关实施办法。

第三十八条　本规定自 2021 年 3 月 1 日起施行。

深圳经济特区细胞和基因产业促进条例

（2022年12月29日深圳市第七届人民代表大会常务委员会第十四次会议通过）

第一章　总　则

第一条　为了推动细胞和基因产业健康、持续、高质量发展，探索产业发展模式和监管路径，提升生物医药产业整体发展水平，更好地满足人民群众对健康生活的需求，根据有关法律、行政法规的基本原则，结合深圳经济特区实际，制定本条例。

第二条　在深圳经济特区内开展用于疾病诊疗的细胞和基因产品研发、生产、经营、使用和保障等活动，适用本条例。

外国投资者，外商投资企业投资细胞和基因产业，应当遵守国家有关外商投资准入的规定。

第三条　细胞和基因产业发展应当遵循下列原则：

（一）研发坚持科学规范、符合伦理；

（二）生产坚持风险管理、全程管控；

（三）应用坚持健康导向、群众受益；

（四）保障坚持优化服务、促进发展。

第四条　市人民政府负责统筹全市细胞和基因产业发展，制定促进产业发展的政策措施，协调产业发展中的重大事项。

区人民政府负责统筹本辖区内细胞和基因产业发展。

第五条　市发展改革、科技创新、工业和信息化、卫生健康、市场监管等部门在各自职责范围内制定和实施促进细胞和基因产业发展的相关政策。

市科技创新部门、市卫生健康部门和市市场监管部门在各自职责范围内依法开展细胞和基因监督管理活动。

第六条　市人民政府应当将细胞和基因产业发展纳入生物医药产业发展规划。

开展生物医药产业统计分析和发展评价，应当细分细胞和基因产业发展情况，加强产业信息公开和政策引导。

第七条　市人民政府应当加强人类遗传资源管理与保护，有效防范和应对生物安全风险，推动细胞和基因产业稳定健康发展。

细胞和基因产品研发、生产和应用中涉及生物安全相关的事项，应当依照国家有关法律、行政法规规定执行。

第八条　市卫生健康、市场监管等部门应当根据细胞和基因产品的风险水平采取相适应的管理措施。

企业、科研机构、医疗卫生机构应当建立完善的细胞和基因产品风险控制体系，采取必要的风险管控措施。

第九条　市人民政府应当完善临床研究与临床试验体系，建立临床医疗与细胞和基因产业联动发展机制，支持细胞和基因产业发展。

第十条　从事细胞和基因领域研究、开发和应用等活动，不得危害公众健康、国家安全和社会公共利益，并按照国家相关规定进行伦理审查。

第十一条　充分发挥细胞和基因相关行业组织在研究合作、政策建议、国际交流、标准制定、自律管理等方面的作用。

第十二条　市人民政府应当推动细胞和基因产业的国际国内合作，支持企业、高等院校、科研机构、医疗卫生机构参与相关规则的研究和制定，开展科技交流，促进产业创新发展。

第二章　细胞的采集和储存

第十三条　通过损伤性或者侵入性手段获取细胞进行的血液样本和组织样本的采集，应当由具有相应资质和条件的医疗卫生机构进行。企业、科研机构需要通过上述手段采集细胞的，应当委托医疗卫生机构开展。

第十四条　医疗卫生机构采集细胞应当符合医疗技术规范，并在执业登记范围内开展采集工作。

医疗卫生机构应当建立质量管理体系和标准操作规程，配备与采集能力相适应的人员、场所、设施、设备和仪器，制定应急处理措施。

第十五条　企业、科研机构、医疗卫生机构以及受委托的机构采集细胞前，应当明确告知被采集人采集目的、采集用途、对健康可能产生的影响、个人隐私保护措施、被采集人的权利义务等事项，并取得被采集人的书面同意。

被采集人属于未成年人、无民事行为能力或者限制民事行为能力人的，还应当取得监护人书面同意。

第十六条　企业、科研机构、医疗卫生机构对采集的细胞和产生的数据进行储存的，应当按照有关规定进行管理。

细胞采集和储存管理办法由市卫生健康部门会同市市场监管部门另行制定。

第十七条　鼓励细胞库依法向企业、高等院校、科研机构、医疗卫生机构开放，促进产业资源、数据资源共享。

第三章　细胞和基因产品研发

第十八条　鼓励企业、高等院校、科研机构、医疗卫生机构在本市设立与细胞和基因产业相关的科研机构。

鼓励企业、高等院校、科研机构、医疗卫生机构开展产学研合作，共享产业资源，支持细胞和基因重大理论、原创技术、前沿交叉学科等领域的基础研究，促进科技原始创新。

第十九条　市人民政府应当整合优势力量和资源，构建符合质量管理规范的公共服务体系，支持细胞和基因产品研发。

第二十条　支持企业、高等院校、科研机构、医疗机构合作开展细胞和基因领域的临床研究与临床试验。

本条例所称临床研究，是指医疗机构开展的，以自然人个体或者群体（包括医疗健康信息）为研究对象，不以药品、医疗器械（含体外诊断试剂）等产品注册为目的，研究疾病的诊断、治疗、康复、预后、病因、预防及健康维护等的活动。

本条例所称临床试验，是指根据国家有关临床试验管理规范，以产品注册为目的，为确定药物或者医疗器械（含体外诊断试剂）的安全性和有效性，在符合条件的医疗机构中开展的试验活动。

第二十一条　市人民政府应当加大对细胞和基因领域临床研究的财政投入，加强临床研究人才培养，设立临床研究资助项目，建设临床研究支撑公共服务平台，建立和完善支持临床研究发展的制度体系。

第二十二条　开展细胞和基因领域临床研究与临床试验，应当维护受试者尊严，保障受试者生命健康权、知情同意权、隐私权、退出权以及获得医疗救治和经济补偿等权益。

第二十三条　生产细胞和基因领域临床研究与临床试验用药物，应当符合药品生产质量管理规范。

第二十四条　鼓励在细胞和基因领域临床研究中推动真实世界数据有效积累，提升真实世界数据的适用性，为新药注册提供安全性和有效性证据，或者为已上市药品的说明书变更提供证据。

第二十五条　市卫生健康部门应当会同市市场监管部门，加强对医疗机构规范开展细胞和基因领域临床研究与临床试验的监督、管理及指导。

第二十六条　市卫生健康部门应当会同相关部门制定相关政策，鼓励三级医疗机构开展细胞和基因领域的临床研究与临床试验，设立内部临床研究管理机构和研究型病房。

医疗机构的病床用于临床研究或者临床试验期间，经市卫生健康部门认定后，可以不纳入医疗机构平均住院日、床位周转次数、病床使用率以及相关费用指标等考核。

第二十七条　支持医师、药师等医疗卫生人员开展细胞和基因领域临床研究与临床试验，相关工作开展情况可以作为医疗卫生人员专业技术资格评审、岗位聘用的有效业绩。

第二十八条　鼓励保险公司开发细胞和基因领域临床研究与临床试验责任保险、产品责任保险、商业健康保险等保险产品。

对于风险较高的细胞和基因领域临床研究与临床试验项目，鼓励购买商业保险承担受试者因发生与项目相关的健康损害或者死亡所需的治疗费用及相应的经济补偿。

第四章　药物拓展性临床试验

第二十九条　对正在开展临床试验用于治疗严重危及生命且尚无有效治疗手段疾病的细胞和基因药物，经医学分析认为获益可能大于风险，符合伦理要求，按照国家规定审查，并取得知情同意后可以在开展临床试验的医疗机构内通过拓展性临床试验用于其他病情相同且无法参加药物临床试验的患者。

开展细胞和基因药物拓展性临床试验的，应当已经完成支持新药品上市注册的临床试验阶段，药物注册申请人已经向国家药品监督管理部门提交上市许可申请，并按照国家规定申请开展拓展性临床试验且获得批准。

第三十条　细胞和基因药物注册申请人在申请开展细胞和基因药物拓展性临床试验前和试验期间，需要就有关问题与国家药品监督管理部门药品审评中心等单位进行沟通交流的，市市场监管等部门应当提供必要的指导与服务。

第三十一条　鼓励细胞和基因药物注册申请人在符合患者意愿和利益的前提下，为患有严重危及生命且尚无有效治疗手段疾病的患者提供拓展性临床试验用细胞和基因药物。拓展性临床试验用细胞和基因药物的安全性数据可以为药品上市提供数据参考。

第三十二条　进行细胞和基因药物拓展性临床试验前，医疗机构、临床试验申办者应当向患者披露可能影响患者作出决定的必要事项，包括使用细胞和基因药物的可能效果、风险、不良反应、救济措施等，并就风险来源、风险后果向患者进行特别提示。患者在理解上述事项的基础上，签署知情同意书。

患者属于未成年人、无民事行为能力或者限制民事行为能力人的，医疗机构、临床试验申办者应当向其监护人披露前款规定事项，并由监护人签署知情同意书。

第三十三条　受试者有权随时无条件退出其参与的细胞和基因药物拓展性临床试验。医疗机构、临床试验申办者应当告知受试者退出后可能存在的风险、不良反应、救济措施等。

第三十四条　有下列情形之一的，应当终止细胞和基因药物拓展性临床试验：

（一）细胞和基因药物的临床应用出现严重、非预期的不良反应；

（二）细胞和基因药物出现质量问题；

（三）细胞和基因药物进一步的临床试验数据不能证明有效性；

（四）细胞和基因药物获得国家药品监督管理部门批准上市；

（五）其他不符合开展拓展性临床试验的情形。

第五章　基因技术应用

第三十五条　支持企业和科研机构开展基因测序技术、生物信息分析技术的研究，开发具有核心知识产权的基因测序工具以及配套设备、软件和数据库等。

鼓励企业和科研机构参与制定基因测序、生物信息分析相关的国际标准、国家标准、行业标准和团体标准。

第三十六条　样本采集机构、基因检测机构在检测样本流转和检测信息传递过程中，应当采取去标识化等必要措施，保护受检者隐私，保障基因信息安全。

第三十七条　使用基因测序信息应当获得受检者同意，法律、行政法规规定应当取得书面同意的，依照其规定。

第三十八条　以基因测序结果对疾病风险、用药方案、营养代谢、生育风险等作出判断的，应当有合理依据，并说明依据来源。

第三十九条　支持医疗机构在辅助临床诊断中运用基因诊断技术。

第六章　上市许可和产品生产

第四十条　市市场监管部门应当为企业申请细胞和基因创新药物与医疗器械上市许可提供政策咨询、全流程业务指导等前期服务。

第四十一条　对符合突破性治疗药物标准、附条件批准上市标准、优先审评审批标准和特别审批程序标准等审评条件的产品，市市场监管部门应当建立便捷通畅的咨询通道，支持、协助企业与国家药品监督管理部门、广东省药品监督管理部门就注册、审评、许可等问题进行沟通交流，及时跟踪注册进度，指导企业向国家药品监督管理部门申请上市注册。

第四十二条　市市场监管部门可以根据生物医药产业创新服务的规定向广东省药品监督管理部门提出重点项目、重点企业、重点地区推荐名单。支持细胞和基因药品、医疗器械注册申请人向广东省药品监督管理部门申报生物医药产业重点项目、重点企业。

市市场监管等部门应当给予纳入重点项目、重点企业或者处于重点地区的细胞和基因药品、医疗器械注册申请人便利服务，推动细胞和基因药物、医疗器械加速上市。

第四十三条　企业应当按照药品上市许可持有人制度或者医疗器械注册人、备案人制度，自行或者委托其他有资质的企业开展细胞和基因产品的生产。

委托生产的，委托企业与受托企业应当签订委托协议和质量协议，确保产品质量安全。

企业应当按照国家、广东省有关药品上市许可持有人直接报告不良反应或者医疗器械注册人备案人不良事件监测的规定建立健全相关管理制度，采取有效的风险控制措施。

第四十四条　细胞和基因产品的生产应当符合药品生产质量管理规范、医疗器械生产质量管理规范以及相关附录的要求。

细胞和基因产品生产企业应当建立风险评估体系，制定风险控制策略，消除影响细胞和基因产品质量的风险因素。

第四十五条　细胞和基因产品生产企业应当建立从采集、运输、接收、产品生产和检验到成品放行、储存和运输的全过程质量控制体系。

第四十六条　细胞和基因产品生产企业应当建立信息化管理系统和电子追溯系统，对产品质量进行全方位记录、跟踪、评估和管理，保证全过程信息的真实、准确、完整、可追溯。

第四十七条　支持深圳市药品检验研究院承接国家药品检测机构细胞和基因产品质量检验检测、组织细胞和基因产品地方标准与团体标准制定、技术仲裁工作，并支持其申请国家生物制品批签发机构资质。

鼓励建设和引进具有资质的第三方专业检验检测机构，提供细胞和基因产品质量检验检测服务。

第四十八条　推动建立由深圳市药品检验研究院为主体，其他具有资质的第三方专业检验检测机构参与的市细胞和基因产品检验检测平台，开展检验检测方法、质量标准以及安全性评价技术等研究，提高细胞和基因产品检验检测服务能力。

第四十九条　企业、科研机构、医疗卫生机构等对细胞和基因产品进行宣传或者讲解，应当客观、真实、准确，禁止不实或者误导性宣传。

第七章　保障措施

第五十条　市人民政府应当出台相关措施，在强化产业基础、完善产业链和供应链、保障产业空间、建设人才队伍、支持科学研究、资金扶持等方面对细胞和基因产业发展给予支持。

第五十一条　市人民政府应当将促进细胞和基因产业发展纳入生物医药产业发展协调机制。

第五十二条　市发展改革、工业和信息化、卫生健康、市场监管等部门应当在各自职责范围内提高细胞和基因产业相关事项的行政审批效率。

第五十三条　支持国家药品监督管理部门药品审评检查大湾区分中心和医疗器械审评检查大湾区分中心建设，促进深圳细胞和基因产业发展。

第五十四条　市科技创新、卫生健康、市场监管等部门应当为企业、科研机构、医疗卫生机构申请人类遗传资源审批提供咨询、指导服务。推动设立人类遗传资源审批管理平台，提升人类遗传资源审批服务能力，支持细胞和基因治疗的新型医疗产品、技术研发。

第五十五条　推动细胞和基因产业配套协作，引导第三方企业提供药学研究、临床前研究、临床研究、临床试验、标准制订、检验检测、注册申报等服务，构建全链条产业孵化体系，完善全流程产业服务。

第五十六条　支持企业为主体，开展细胞和基因产业链必需的关键试剂、耗材、仪器设备的核心技术攻关，促进产业链、供应链自主可控。

第五十七条　支持细胞和基因产业研发、生产外包服务平台发展。

市发展改革部门应当会同其他相关部门制定推动细胞和基因产业外包服务平台发展的专项鼓励措施。加快培育引进合同研发机构、合同外包生产机构、合同定制研发生产机构等生物医药产业应用基础平台，符合条件的，由财政性资金给予相应资助。

第五十八条　细胞和基因产业所需的进口试剂、耗材、仪器设备等符合生物安全要求的，海关应当开通绿色通道，优化审批流程，减少审批和进口时间。

常年需要开展细胞和基因科研、临床研究与临床试验或者生产用品进出口的企业、科研机构、医疗卫生机构可以向市科技创新部门提出申请，由市科技创新部门建立单位目录，定期通报海关，协调海关部门对名单中的有关单位开展信用培育，给予经过海关认证的单位通关便利支持。

第五十九条　开展细胞和基因领域临床研究或者临床试验和成果转化应用的公立医疗机构可以参照适用科研事业单位的科研和转化政策。

第六十条　鼓励医疗机构建立细胞和基因领域临床研究与临床试验绩效激励机制，绩效分配向开展临床研究与临床试验的团队倾斜。

第六十一条　市发展改革部门应当统筹市产业空间布局，划定区域建设细胞和基因产业特色园区，鼓励细胞和基因产业创新集群发展，支持细胞和基因产业重大项目、重大平台、重大载体资源向园区倾斜。

第六十二条　市人民政府应当推动建立粤港澳大湾区细胞和基因产业合作机制，探索开展临床研究与临床试验、产业转化等方面的合作，加强产业联动，优化跨区域产业布局。

第六十三条　市、区人民政府应当充分发挥政府投资基金对细胞和基因产业发展的支持作用，引导社会资金投资，推动细胞和基因产品研发和成果转化。

第六十四条　鼓励金融机构为细胞和基因产业发展提供金融支持，加大信贷支持力度，降低企业融资成本。

支持符合条件的细胞和基因企业挂牌上市。

第六十五条　加强细胞和基因领域知识产权保护，强化部门协同配合，严厉打击侵犯知识产权行为，依法保障知识产权权利人权益。

探索为细胞和基因企业提供知识产权质押融资、知识产权保险等知识产权金融服务，开发知识产权证券化融资产品。

第八章　法律责任

第六十六条　有下列情形之一的，由市卫生健康、市场监管部门按照职责责令立即停止违法行为，并处一万元以上五万元以下罚款：

（一）采集主体不符合本条例第十三条规定的；

（二）样本采集行为中未明确告知采集事项；

（三）未按照规定储存采集细胞及其产生的数据。

第六十七条 企业、科研机构、医疗卫生机构及其工作人员在细胞和基因产品研发、生产、经营和使用过程中违反生物安全法律、法规的，依照《中华人民共和国生物安全法》《中华人民共和国保守国家秘密法》《中华人民共和国人类遗传资源管理条例》等法律、法规的规定给予处罚。

第六十八条 医疗卫生机构及其工作人员在开展细胞和基因医疗活动过程中有违反医疗卫生法律、法规行为的，依照《中华人民共和国基本医疗卫生与健康促进法》《深圳经济特区医疗条例》等法律、法规的规定给予处罚。

第六十九条 细胞和基因产品生产企业在细胞和基因产品研发、生产、经营和使用过程中有违反药品管理法律、法规行为的，依照《中华人民共和国药品管理法》《中华人民共和国药品管理法实施条例》等法律、法规的规定给予处罚。

第七十条 企业、科研机构、医疗卫生机构等对细胞和基因产品进行不实或者误导性宣传的，依照《中华人民共和国反不正当竞争法》《中华人民共和国广告法》的规定给予处罚。

第七十一条 相关部门及其工作人员在细胞和基因产业促进工作中滥用职权、玩忽职守、徇私舞弊的，对直接负责的主管人员和其他直接责任人员依法给予处分；构成犯罪的，依法追究刑事责任。

第九章 附 则

第七十二条 本条例自 2023 年 3 月 1 日起施行。

深圳经济特区人工智能产业促进条例

（2022 年 8 月 30 日深圳市第七届人民代表大会常务委员会第十一次会议通过）

第一章　总　则

第一条　为了促进深圳经济特区人工智能产业高质量发展，推进人工智能在经济社会领域深度融合应用，规范人工智能产业有序发展，根据有关法律、行政法规的基本原则，结合深圳经济特区实际，制定本条例。

第二条　本条例所称人工智能，是指利用计算机或者其控制的设备，通过感知环境、获取知识、推导演绎等方法，对人类智能的模拟、延伸或者扩展。

第三条　本条例所称人工智能产业，是指与人工智能相关的软硬件产品研究、开发和生产、系统应用、集成服务等核心产业，以及人工智能在民生服务、社会治理、经济发展等领域融合应用带动的相关产业。

第四条　本市人工智能产业发展遵循科技引领、应用驱动、以人为本、安全可控的原则。

第五条　市人民政府应当建立本市人工智能产业发展协调工作机制，统筹协调人工智能发展和安全工作，推动人工智能产业健康有序发展，充分发挥人工智能对经济、社会、生态等方面可持续发展的推动作用。

第六条　市工业和信息化部门是人工智能产业主管部门（以下简称市产业主管部门），负责实施、协调、督促本行政区域内人工智能产业发展工作。

市发展改革、教育、科技创新、公安、财政、人力资源保障、规划和自然资源、生态环境、住房和建设、交通运输、商务、卫生健康、国资、市场监管、统计、城管和综合执法、政务服务数据管理、中小企业服务等部门以及市网信部门在各自职责范围内，负责人工智能产业发展相关工作。

第七条　人工智能产业发展应当纳入本市国民经济和社会发展规划，明确人工智能产业发展的总体思路、发展目标、主要任务和政策措施。

市产业主管部门应当编制本市人工智能产业发展计划，报市人民政府批准后发布实施。

第八条　市市场监管部门应当会同市产业主管部门等有关部门建立和完善人工智能地方标准体系。

鼓励高等院校、科研机构、企业和其他组织参与制定人工智能领域的国际标准、国家标准、行业标准、地方标准和团体标准。

第九条　市统计部门、市产业主管部门应当会同其他有关部门，建立健全人工智能产业统计分类标准，制定和完善人工智能产业统计分类目录，有序开展人工智能产业统计调查和监测分析工作。

第十条　市人民政府有关部门应当按照鼓励创新的原则，对人工智能产业实行包容审慎监管。针对人工智能新技术、新产业、新业态、新模式等特点制定相应的监管规则和标准，实行分类分级监管。

第十一条　鼓励和支持高等院校、科研机构、企业和其他组织在基础研究、基础平台、技术开发、人才培育等方面开展国际交流与合作，推进技术创新和发展。

第十二条　在遵循有关法律法规和伦理安全规范的前提下，推动人工智能产品和服务的普及应用，提高全社会人工智能的应用意识和能力，推进经济社会智能化发展。

第二章　基础研究与技术开发

第十三条　鼓励高等院校、科研机构、企业和其他组织开展长周期、跨学科的人工智能基础研究，承担和参与国家、省、市重大科技项目。市人民政府及其有关部门应当给予支持。

市科技创新部门应当完善基础研究重大任务形成机制，强化对目标导向基础研究的系统部署，推动人工智能领域重点项目、基地、人才、资金一体化配置。

第十四条　市科技创新部门应当聚焦人工智能关键核心环节，建立以市场需求为主导、政产学研深度融合的关键核心技术攻关机制，构建覆盖人工智能关键核心技术攻关全周期的扶持政策体系。

第十五条　加快国家、省、市研究平台建设，开展战略性、前瞻性、系统性人工智能基础研究和关键核心技术攻关，推动学科理论与前沿技术的突破和创新，发挥创新引领和支撑作用。

第十六条　支持建设重点实验室、特色实验基地、工程研究中心、产业创新中心、技术创新中心、企业技术中心、制造业创新中心等创新载体。

第十七条　培育和建设投资主体多元化、管理制度现代化、运行机制市场化、用工方式灵活化的新型研发机构，支持其融合开展人工智能科学研究、技术创新和研发服务。

第十八条　支持高等院校、科研机构、企业和其他组织加强产学研合作，通过成立创新联合体等方式，创新组织模式，开展人工智能基础研究与技术开发。

第十九条　市财政部门应当加大科技创新财政投入，建立健全稳定和竞争相协调的投入机制，强化对人工智能基础研究与技术开发的支持。

鼓励企业和社会力量以设立基金、联合资助、慈善捐赠等形式多渠道参与基础研究与技术开发。

第二十条　鼓励高等院校、科研机构、企业和其他组织面向社会开放重大科研基础设施和大型科研仪器。

发挥国际科技信息中心、国际创新产业信息服务平台和大型科学仪器共享平台作用，完善开放共享的评价考核和激励机制。

第二十一条　市科技创新部门应当创新人工智能项目管理方式，公开征集科技创新项目和成果，通过非周期性项目资助等方式予以支持。

探索实行项目经理人或者经理机构管理模式，委托第三方专业机构或者专人负责项目管理工作，优化过程管理、项目监督和绩效评价。

允许技术路线明显不同的多个牵头单位同时获得前期立项，在项目周期时间内定期开展考核，根据动态竞争结果给予资助，对实施效果良好、发展潜力大的项目可以追加支持。

第二十二条　建立以质量、绩效、贡献为导向的项目评价制度，准确反映人工智能科技成果创新水平、转化应用绩效和对经济社会发展的实际贡献。

完善自由探索型和任务导向型科技项目分类评价制度，建立非共识科技项目的评价机制。

第二十三条　市科技创新部门应当建立有利于促进科技成果转化的激励机制，推动各类创新主体开展科技成果转化。

鼓励和支持人工智能领域国家科技重大专项和重点研发计划项目所取得的研究成果在深圳开展产业化应用研究，推动知识产权资本化。鼓励人工智能企业离岸创新成果在本市转化，在相关方面视同国内创新成果支持。

支持高等院校、科研机构的专业技术人员按照有关规定离岗创业、在职创业或者到企业兼职从事人工智能领域科技成果转化。

第二十四条　支持和鼓励社会资本设立人工智能科技成果转化专业服务机构，提供交易代理、价值评估、人才培训、创业孵化等全方位科技成果转化服务。

市人民政府及其有关部门应当遵循市场导向和政府引导相结合的原则，在平台建设、购买服务、人才培养等方面加强对人工智能科技成果转化专业服务机构的扶持。

第二十五条　赋予人工智能创新团队和领军人才有关技术路线决定权和经费使用权。对承担重大科技攻关任务的科研人员，采取灵活的薪酬制度和奖励措施。

第三章　产业基础设施建设

第二十六条　市人民政府应当统筹规划以通信网络、数据中心、计算系统、一站式开发平台等为核心的产业基础设施建设，完善以市场为主体的建设运营机制，为人工智能产业发展提供公共服务。

第二十七条　市人民政府应当优化网络基础设施建设协调机制，解决用电、用地、审批、入场等问题。

第二十八条　市产业主管部门应当完善数据中心运行评估评价体系，探索提升数据中心能效标准，搭建支撑人工智能发展的绿色数据中心。

第二十九条　市政务服务数据管理部门应当按照公共数据资源体系整体规划和相关制度规范要求，构建人工智能产业公共数据资源体系。

第三十条　市市场监管部门应当会同有关部门建立人工智能应用领域的公共数据和行业数据标准体系，实现数据互通。

第三十一条　市人民政府应当建设公共数据开放平台，建立人工智能应用领域的公共数据共享目录和共享规则，推动公共数据分类分级有序开放。

第三十二条　鼓励从事人工智能研究和应用的组织和个人依托公共数据开放平台，开发人工智能产品和服务，推动公共数据在人工智能场景的创新应用。

第三十三条　推动人工智能领域数据的流通利用，促进数据要素资源化、资产化、资本化发展。

从事人工智能研究和应用的组织和个人对外提供其依法获取的个人数据的，除法律、法规另有规定的外，应当进行去标识化处理。

第三十四条　鼓励和支持高等院校、科研机构、企业和其他组织建设人工智能算力基础设施、开源开发平台和开源社区，利用国家超级计算深圳中心、鹏城云脑等计算平台，开放算力资源，降低企业开发成本，缩短开发周期，培育共享协作的开源治理生态。

第三十五条　鼓励和支持企业面向细分行业场景，建设人工智能开放创新平台，向行业上下游企业开放人工智能关键共性技术。

第三十六条　市人民政府应当推动人工智能测试检测以及认证平台建设，提供功能测试、安全性测试、可靠性评估、伦理安全风险评估等服务。

支持设立基础电子元器件检测认证及实验平台，面向智能终端、5G、智能汽车、高端装备等重点市场，加快完善相关标准体系，降低测试认证成本。

第四章　应用场景拓展

第三十七条　市人民政府应当推进人工智能在民生服务、社会治理、经济发展等领域的融合应用，支持人工智能新技术、新产品、新模式的应用推广。

探索搭建世界级先进技术应用推广平台，加快汇聚国内外前沿技术创新成果和高端创新要素。

第三十八条　本市国家机关、法律法规授权的具有管理公共事务职能的组织以及公共企事业单位应当率先使用人工智能产品和服务，推动社会管理数字化、智能化。

推进人工智能技术在行政和司法领域的应用，提升政务服务和司法服务的规范化、便利化、信息化水平。

第三十九条　推进人工智能技术在医疗、教育、就业、养老、文化、交通、住房保障等民生服务领域的应用，推动公共资源向基层延伸，构建优质、均衡、智能的民生服务体系。

第四十条　推进人工智能技术在社会治理、法律服务、社会治安防控、应急救援等领域的应用，提升政府治理能力和治理水平。

推进人工智能技术在金融风险、国有资产、规划投资、财政、税收、审计、统计等领域的应用，为本市制定经济政策、监控经济运行状态提供依据。

推进人工智能技术在自然资源、生态环境、水利、节能减排等领域的应用，提升对生态风险的防范处理能力。

第四十一条　推动人工智能技术在科技创新、产业发展、生产制造、商贸流通、金融服务等领域规模化应用，支持企业应用人工智能提升研发、生产和服务的智能化水平。

鼓励企业利用人工智能技术开展技术改造。市产业主管部门可以对企业开展智能化改造、技术装备升级换代改造给予资金支持。

第四十二条　支持保护儿童、老年人、残疾人以及其他特殊人群权益的人工智能产品和服务，保障和改善其基本服务需求和服务体验。

第四十三条　市产业主管部门应当建立人工智能应用场景开放制度，定期制定并发布人工智能场景需求清单，公开征集应用场景解决方案，吸引境内外高水平的人工智能产品和服务供给方。

探索建立人工智能应用场景供需市场化运营机制。

第四十四条　除涉及国家安全、公共利益和公民人身安全的领域外，对于国家、地方尚未制定标准但符合国际先进产品标准或者规范的低风险人工智能产品和服务，允许通过测试、试验、试点等方式开展先行先试。

第四十五条　建立电子元器件和集成电路交易平台，确立相关市场准入的实验标准和评估流程，降低5G、物联网等新一代信息技术和新型基础设施在相关领域准入门槛，推动相关融合应用示范。

第四十六条　鼓励医疗机构建立注册类医疗器械临床试验伦理审查互认机制，提高人工智能医疗器械的临床试验效率。允许采信由国家认证认可监督管理委员会会同国家药品监督管理局认定的第三方检验机构出具的医疗器械注册检验报告。

鼓励本市医疗机构使用辅助决策、影像或数据处理、医疗数据分析挖掘、医疗助理等人工智能产品与服务。

第五章　促进与保障

第四十七条　市人民政府及其有关部门应当根据人工智能产业发展实际，统筹规划人工智能产业布局，在资金、产业用地、人才等方面对人工智能产业予以支持。

第四十八条　市人民政府应当根据人工智能产业发展规划，建立符合国际贸易准则的产业政策，维护市场公平竞争，为人工智能产业国际化发展提供有利的政策环境。

第四十九条　推动建设人工智能产业园区，引导人工智能产业聚集发展。市规划和自然资源部门编制建设用地供应计划时，应当合理保障人工智能园区建设用地需求。探索建立宽松灵活的产业空间管理机制，对于符合条件的企业，合理确定开发强度和配套功能。

第五十条　支持前海深港现代服务业合作区、河套深港科技创新合作区、光明科学城等区域自主开展人工智能基础研究和应用基础研究，建立与国际接轨的科研管理制度，探索实施更加开放、便捷的国际组织注册制度，吸引港澳台以及国际人工智能高端创新要素聚集。

第五十一条　支持本地高等院校开设人工智能相关学科和交叉学科，鼓励企业创办研究机构、与学校联合建设实验室，建立产学研合作复合型人才培养模式。推动开展人工智能基础教育和应用型职业技能教育。

第五十二条　市人才工作部门应当制订、实施与国际接轨的人才政策，吸引国际高端人才，建立海外人才储备库。以重大项目聚集国内外人工智能顶尖人才以及高水平团队。

第五十三条　建立以创新价值、能力、贡献为导向的科技人才评价体系，将科技成果转化创造的经济效益和社会效益作为人工智能人才职称评审的重要评价因素。

建立健全以用人单位人才评价为主导的人工智能创新人才评定机制。

鼓励企业通过竞赛、实训等方式，健全人工智能人才评定工具及机制。

第五十四条　人工智能企业引进的人才，在企业设立、项目申报和出入境、住房、外汇管理、医疗保障、子女就学等方面，按照有关规定享受本市人才政策待遇。

第五十五条　发挥市人民政府投资引导基金扶持作用，按照我市产业集群发展规划，聚焦人工智能核心领域与关键环节开展专项扶持。

鼓励社会资本参与人工智能产业发展。发挥中小微企业融资担保基金作用，加大对人工智能初创企业信用担保力度。

第五十六条　探索完善适应人工智能产品和服务的专门性保险赔偿体系，为人工智能产品和服务提供全链条的保险保障。

第五十七条　支持社会力量开展人工智能奖励活动，对在人工智能基础研究、关键核心技术攻关、科技成果推广应用等方面取得成果或者做出贡献的个人、组织给予奖励。

第五十八条　加强新技术、新业态、新模式知识产权保护，推动建立人工智能产业领域及其关键技术环节的知识产权保护制度。

第五十九条　培育本市符合国际发展趋势、具有市场竞争力的人工智能标准组织和行业组织。

鼓励行业组织提供创业培育和辅导、知识产权保护、投资融资、可信技术研发、风险分析和控制、技术支持等服务。

第六十条 支持和鼓励举办人工智能境内外高水平的学术交流和产业合作活动。建立与国际标准化组织、有影响力国际学术和产业组织的标准交流合作机制。

鼓励高等院校、科研机构等参与和主导国际科学计划和科学工程。鼓励企业参与有影响力的国际组织并开展相关活动，推动人工智能产品和服务在国内外示范应用。

第六十一条 加强人工智能伦理安全规范和社会价值观引导，开展人工智能知识宣传、教育、培训、科普。

市产业主管部门及其他部门应当利用广播、电视、报刊和互联网等媒体及时宣传人工智能产业发展情况和取得的成效，做好舆论引导，帮助公众应对人工智能发展带来的生活方式、就业形式以及伦理道德等方面的变化。

第六十二条 市产业主管部门应当于每年上半年向社会发布本市上一年度人工智能产业发展年度计划实施情况的报告。

第六章 治理原则与措施

第六十三条 本市人工智能产业治理遵循和谐友好、公平公正、包容共享、尊重隐私、安全可控、共担责任、开放协作、敏捷治理原则，推动经济、社会以及生态可持续发展。

第六十四条 建立和完善政府规范、行业自律、企业自治、社会监督的人工智能治理机制，推动形成具有广泛共识的人工智能治理框架和标准规范，促进产业多元主体协同共治。

第六十五条 市人民政府应当按照国家人工智能治理相关规定，设立市人工智能伦理委员会，履行下列职责：

（一）研究制定人工智能领域的伦理安全规范；

（二）建立健全人工智能伦理安全规范管理制度，引导和规范人工智能伦理安全规范的制订和实施；

（三）分析研判数据和算法对信息权益保护、社会伦理道德、劳动就业等造成的影响；

（四）发布人工智能伦理安全实践指南、人工智能伦理安全白皮书以及人工智能企业伦理安全治理优秀案例集等，引导不同类型的人工智能企业建立完善伦理安全治理制度；

（五）评估、监督本市人工智能企业的伦理安全规范执行情况；

（六）其他应当开展的活动。

市人工智能伦理委员会的日常工作由市产业主管部门承担。

第六十六条 市人民政府及其有关部门根据人工智能应用的风险等级、应用场景、影响范围等具体情境，实施分级、分类差异化监管，完善人工智能领域监管机制。

高风险的人工智能应用应当采用事前评估和风险预警的监管模式。中低风险的人工智能应用应当采用事前披露和事后跟踪的监管模式。

人工智能应用分级分类监管办法由市人民政府另行制定。

第六十七条　市科技创新部门应当组织开展人工智能社会实验，研究人工智能发展对个人和组织的行为方式、收入变化、社会心理，以及对就业结构、社会公平等方面的综合影响，持续积累数据和实践经验。

市产业主管部门及其他部门应当开展人工智能发展的监测和评估，准确把握技术和产业发展趋势，开展人工智能对经济社会综合影响以及对策研究，及时调整产业发展政策。

第六十八条　行业组织依照法律、法规和章程的规定，开展行业自律管理，引导和督促本行业的经营者依法竞争，维护市场竞争秩序。

鼓励行业组织参与制定人工智能相关行业标准、技术指南、设计准则等行业制度规范，提供信息、技术、培训等服务，开展政策宣传、标准推广等活动。

第六十九条　人工智能企业应当将遵守伦理安全规范纳入本单位职业规范要求，并将伦理安全风险教育、法律法规教育纳入本单位人工智能从业人员培训的内容。

鼓励人工智能企业利用技术创新、技术对抗等方式，防范人工智能产品和服务可能出现的伦理安全风险和合规风险。

第七十条　鼓励和支持单位和个人开展人工智能研究和应用监督活动，向市产业主管部门、行业组织等举报违反法律、法规以及人工智能伦理安全规范的行为。

第七十一条　对于公共决策领域以及涉及公共利益的商业领域的算法，提供人工智能产品和服务的组织或者个人应当采取利于公众理解的方式进行算法说明。

第七十二条　从事人工智能研究和应用的组织或者个人，应当遵守人工智能伦理安全规范，在合理范围内开展相关活动。相关组织或者个人应当对人工智能产品和服务在国家利益、公共安全、商业秩序以及个人权益等方面可能产生的不利影响进行伦理安全规范审查和风险评估。

开展人工智能研究和应用活动，不得从事下列行为：

（一）提供危害国家安全或者社会公共利益的产品和服务；

（二）侵犯个人隐私或者侵害个人信息权益；

（三）提供危害身心健康的产品和服务；

（四）因种族、性别、国籍、民族和宗教信仰等歧视用户；

（五）利用算法技术根据用户的习惯、偏好、支付能力实施价格歧视或者消费欺诈等侵害消费者权益的行为；

（六）利用深度合成技术从事禁止行为；

（七）其他违反有关法律法规和伦理安全规范的行为。

违反前款规定的，依照《中华人民共和国民法典》以及国家安全、个人信息保护、消费者权益保护等有关法律、法规给予处罚或者追究相应责任。

第七章　附　则

第七十三条　本条例自 2022 年 11 月 1 日起施行。

深圳经济特区智能网联汽车管理条例

（2022 年 6 月 23 日深圳市第七届人民代表大会常务委员会第十次会议通过）

第一章　总　则

第一条　为了规范智能网联汽车应用，保护人身安全，保护公民、法人及其他组织的财产安全和其他合法权益，保障道路交通安全，促进智能网联汽车产业高质量、可持续发展，根据法律、行政法规的基本原则，结合深圳经济特区实际，制定本条例。

第二条　深圳经济特区范围内智能网联汽车的道路测试和示范应用、准入和登记、使用管理等相关活动适用本条例。

第三条　本条例所称智能网联汽车，是指可以由自动驾驶系统替代人的操作在道路上安全行驶的汽车，包括有条件自动驾驶、高度自动驾驶和完全自动驾驶三种类型。

有条件自动驾驶，是指自动驾驶系统可以在设计运行条件下完成动态驾驶任务，在自动驾驶系统提出动态驾驶任务接管请求时，驾驶人应当响应该请求并立即接管车辆。

高度自动驾驶，是指自动驾驶系统可以在设计运行条件下完成所有动态驾驶任务，在特定环境下自动驾驶系统提出动态驾驶任务接管请求时，驾驶人应当响应该请求并立即接管车辆。

完全自动驾驶，是指自动驾驶系统可以完成驾驶人能够完成的所有道路环境下的动态驾驶任务，不需要人工操作。

本条例所称车路协同基础设施，是指通过车与路、车与车的无线信息交互共享，实现车辆与道路基础设施之间、车辆与车辆之间协同控制的相关基础设施。

第四条　智能网联汽车管理应当遵循依法有序、严格监管、安全可控的原则，结合技术发展态势、标准规范、基础设施以及其他相关因素，对不同发展阶段的智能网联汽车采取相适应的管理措施。

第五条　智能网联汽车列入国家汽车产品目录或者深圳市智能网联汽车产品目录，并取得相关准入后，可以销售；经公安机关交通管理部门登记，可以上道路行驶；经交通运输部门许可，可以从事道路运输经营活动。

第六条　市人民政府应当制定智能网联汽车产业发展政策，优化智能网联汽车发展环境，促进智能网联汽车产业健康有序高质量发展。

第七条　市人民政府应当统筹建设智能网联汽车政府监管平台，实现车路云一体化监管，保障交通安全、网络安全、数据安全。

第八条　市交通运输部门会同市工业和信息化部门、市公安机关交通管理部门开展智能网联汽车道路测试和示范应用监督管理工作，负责智能网联汽车道路运输管理工作。

市工业和信息化部门负责制定智能网联汽车产品地方标准，负责智能网联汽车产品准入管理工作。

市市场监管部门负责批准和发布智能网联汽车产品地方标准，负责智能网联汽车认证、检测和缺陷产品召回等监督管理工作。

市公安机关交通管理部门负责智能网联汽车登记和道路交通安全管理工作。

市网信部门负责统筹协调智能网联汽车网络安全、网络数据安全的相关监督管理工作。

其他有关部门在各自职责内开展智能网联汽车监督管理工作。

第九条　市工业和信息化部门可以组织建立智能网联汽车共性技术研发平台，为智能网联汽车相关传感器、控制器、执行器、大数据、云计算、通信网络、人工智能等方面的技术研发和标准制定提供支持。

鼓励智能网联汽车相关企业开展技术创新、参与技术交流活动。

第十条　鼓励保险企业开发覆盖设计、制造、使用、经营、数据与算法服务以及其他智能网联汽车产品全链条风险的保险产品。

开展道路测试、示范应用或者上道路行驶的智能网联汽车，应当按照有关规定投保商业保险。

第二章　道路测试和示范应用

第十一条　本条例所称道路测试，是指智能网联汽车在指定道路路段进行的自动驾驶功能测试活动。

本条例所称道路测试主体，是指提出道路测试申请、组织道路测试并承担相应责任的单位。

第十二条　本条例所称示范应用，是指在指定道路路段进行具有试点、试行效果的智能网联汽车载人、载物运行活动。

本条例所称示范应用主体，是指提出示范应用申请、组织示范应用并承担相应责任的一个单位或者多个单位联合体。

第十三条　市交通运输部门应当会同市工业和信息化部门、市公安机关交通管理部门建立联合工作机制，根据本条例和国家有关规定，制定深圳市道路测试和示范应用的具体办法，并组织实施。

第十四条　实行道路测试和示范应用申报管理制度。道路测试和示范应用主体应当依照规定向市相关主管部门提出申请，经市相关主管部门确认，并取得市公安机关交通管理部门核发的试验用机动车临时行驶车号牌，方可在深圳市开展道路测试或者示范应用。

道路测试主体申请将已经或者正在其他省、市进行道路测试的智能网联汽车在深圳市进行相同活动的，可以持原申请材料、异地道路测试的相关材料以及在深圳市开展道路测试的安全性自我声明，经市相关主管部门确认，取得试验用机动车临时行驶车号牌。

第十五条　在示范应用过程中，示范应用主体应当提前向搭载货物的所有人、管理人和搭载人员书面告知相关风险，并采取必要安全措施。

开展道路测试和示范应用不得干扰正常道路交通活动，不得非法从事道路运输经营活动，不得搭载危险货物。

第十六条　市相关主管部门应当选择具备支撑自动驾驶及网联功能实现的适当路段、区域、时段，供智能网联汽车开展道路测试和示范应用。

市相关主管部门应当向社会公布开展道路测试和示范应用的路段、区域、时段，并设置相应的标识，发布安全注意事项等提示信息。

第十七条　市人民政府可以选择车路协同基础设施较为完善的行政区全域开放道路测试、示范应用，探索开展商业化运营试点。

在全域开放的行政区开展道路测试、示范应用的具体办法由所在区人民政府另行制定，报市人民政府批准后公布实施。

第十八条　鼓励有条件的智能网联汽车相关企业建设道路和交通场景仿真模拟平台，对智能网联汽车的自动驾驶系统进行仿真测试和技术验证。

第十九条　智能网联汽车在道路测试、示范应用期间发生交通违法或者交通事故，以及本章未明确规定的其他事项和情形，按照国家有关主管部门关于道路测试和示范应用的规定处理。

第三章　准入和登记

第二十条　实行智能网联汽车产品准入管理制度。

市工业和信息化部门应当根据智能网联汽车产品生产者的申请，将符合深圳市地方标准的智能网联汽车产品列入深圳市智能网联汽车产品目录，并向社会公布。

未列入国家汽车产品目录或者深圳市智能网联汽车产品目录的智能网联汽车产品，不得在深圳市销售、登记。

第二十一条　市工业和信息化部门应当根据技术成熟程度和产业发展需要，组织制定智能网联汽车产品地方标准，由市市场监管部门依法批准、发布。

第二十二条　智能网联汽车产品地方标准应当符合智能网联汽车技术的发展方向，不得排斥不同发展路径的技术，并应当根据技术发展情况适时更新。

第二十三条　鼓励智能网联汽车相关行业协会参考国际先进标准，组织智能网联汽车和相关行业的企业、机构，制定引领性、创新性的智能网联汽车产品团体标准，报市工业和信息化部门备案，并通过相关标准信息平台向社会公布。

第二十四条　智能网联汽车产品生产者申请将产品列入深圳市智能网联汽车产品目录的，应当将相关资料提交市工业和信息化部门审核评估。通过审核评估后，将产品提交市工业和信息化部门认可的检验检测机构进行检验检测。取得产品检验检测合格报告后，由市工业和信息化部门将符合深圳市地方标准的产品列入深圳市智能网联汽车产品目录。

第二十五条　市工业和信息化部门可以对准入的智能网联汽车产品设置使用范围、应用场景等限制性措施。

第二十六条　在深圳市销售的智能网联汽车产品，应当具备将车载设备接入政府监管平台和按照监管要求上传运行安全相关数据的能力。销售智能网联汽车产品时，应当将车载设备接入政府监管平台，并按照监管要求上传运行安全相关数据。

第二十七条　实行智能网联汽车登记制度。列入国家汽车产品目录或者深圳市智能网联汽车产品目录的智能网联汽车，经公安机关交通管理部门登记后，方可上道路行驶。

第二十八条　申请办理智能网联汽车登记，除提交申请机动车登记所需的资料、凭证外，还应当符合下列条件：

（一）车辆车载设备运行安全相关数据已按规定接入政府监管平台；

（二）已投保机动车交通事故责任强制保险和机动车第三者责任保险；

（三）具有载人功能的智能网联汽车还应当投保机动车车上人员责任保险。

智能网联汽车登记的具体办法，由市公安机关交通管理部门另行制定。

第二十九条　智能网联汽车所有人、管理人办理车辆登记、核发检验合格标志、处理道路交通安全违法行为或者交通事故等交通管理业务时，应当向公安机关交通管理部门提供真实有效的通讯地址、移动电话号码等信息；提供的信息变更的，应当自变更之日起十日内告知公安机关交通管理部门。

第三十条　智能网联汽车产品生产者、销售者应当对其生产、销售的产品质量安全负责，建立完善产品质量安全追溯机制。

第三十一条　智能网联汽车产品生产者应当在车辆使用说明书中详细介绍一般故障的处置方法。

智能网联汽车产品生产者、销售者应当建立健全产品售后服务机制，在车辆发生或者可能发生危及人身、财产安全的重大故障或者紧急状况时，按照车辆所有人、管理人、驾驶人或者乘客的要求，提供及时、全面的技术支持或者救援服务，保障其人身、财产安全。

第三十二条　列入深圳市智能网联汽车产品目录的产品更新升级自动驾驶系统和其他涉及汽车安全的设施设备的，智能网联汽车产品生产者应当向市工业和信息化部门备案。

第三十三条 智能网联汽车产品生产者获知其生产的产品可能存在危及人身、财产安全缺陷的，应当立即组织调查分析，并如实向市市场监管部门报告调查分析结果；确认智能网联汽车产品存在危及人身、财产安全缺陷的，应当立即停止生产、销售、进口缺陷产品，并实施召回。

智能网联汽车产品经营者获知其经营的产品存在危及人身、财产安全缺陷的，应当立即停止销售、租赁、使用缺陷产品，并协助生产者实施召回。

第四章　使用管理

第三十四条 有条件自动驾驶和高度自动驾驶的智能网联汽车，应当具有人工驾驶模式和相应装置，并配备驾驶人。

完全自动驾驶的智能网联汽车可以不具有人工驾驶模式和相应装置，可以不配备驾驶人。但是，无驾驶人的完全自动驾驶智能网联汽车只能在市公安机关交通管理部门划定的区域、路段行驶。

第三十五条 智能网联汽车驾驶人应当按照道路通行规定和车辆使用说明书的要求，掌握并规范使用自动驾驶功能。

有条件自动驾驶和高度自动驾驶的智能网联汽车在自动驾驶模式下行驶时，驾驶人应当处于车辆驾驶座位上，监控车辆运行状态和周围环境，随时准备接管车辆；智能网联汽车发出接管请求或者处于不适合自动驾驶的状态时，驾驶人应当立即接管车辆。

无驾驶人的完全自动驾驶智能网联汽车应当具备在发生故障、不适合自动驾驶或者有其他影响交通安全的情况时，开启危险警示灯、行驶至不妨碍交通的地方停放或者采取降低速度、远程接管等有效降低运行风险措施的功能。

第三十六条 智能网联汽车产品生产者应当为车辆配置自动驾驶模式外部指示灯，智能网联汽车在自动驾驶模式下行驶时应当开启外部指示灯，向道路上的其他车辆和行人发出明显的安全提示。

用于道路运输经营活动的智能网联汽车应当以显著的车身标识进行安全提示；用于公交客运的，还应当在车辆内部播放语音提示。

第三十七条 智能网联汽车车载设备应当记录和存储车辆发生事故或者故障前至少九十秒的位置、运行状态、驾驶模式、车内外监控视频等数据，并保持数据的连续性和完整性。

前款规定的数据存储期不得少于三十日。

第三十八条 智能网联汽车所有人、管理人应当对自动驾驶系统和其他涉及智能网联汽车安全的设施设备进行定期维护。

智能网联汽车所有人、管理人应当按照市公安机关交通管理部门的相关要求，根据车辆型号、用途、使用年限等不同情况，定期对智能网联汽车进行安全技术检验。

第三十九条　使用智能网联汽车从事道路运输经营活动的，经营者应当取得道路运输经营许可证，车辆应当取得道路运输证。市交通运输部门应当制定智能网联汽车道路运输的准入条件和配套规范，并组织实施。

第五章　车路协同基础设施

第四十条　市、区人民政府可以结合智能网联汽车通行需要，统筹规划、配套建设智能网联汽车通用的通信设施、感知设施、计算设施等车路协同基础设施。

智能网联汽车相关企业因开展道路测试、示范应用的需要，可以向市交通运输、公安机关交通管理、城管执法等部门申请在其管理的公用基础设施上搭建车路协同基础设施，相关主管部门应当予以支持。

第四十一条　市交通运输部门、市公安机关交通管理部门可以在智能网联汽车通行路段设置特有的交通信号，智能网联汽车上道路行驶应当按相关交通信号的指示通行。

第四十二条　鼓励开放共享车路协同基础设施的数据信息、通信网络等资源，但是涉及国家安全、公共安全、个人信息的数据除外。

第四十三条　车路协同基础设施中涉及通信技术的设施设备应当按规定取得国家工信部门的入网认证，涉及人身、财产安全的设施设备应当按照国家相关强制性标准或者要求取得可靠性认证报告。

第六章　网络安全和数据保护

第四十四条　市网信部门统筹协调全市智能网联汽车产品、服务及其供应链的网络安全风险监督管理工作，市交通运输、公安、工业和信息化等部门按照各自职责承担相关监督管理工作。

第四十五条　市网信部门应当统筹协调智能网联汽车网络安全事件应急预案的制定工作。市交通运输、公安、工业和信息化等部门按照各自职责承担智能网联汽车网络安全事件应急预案的制定工作，对智能网联汽车网络安全事件分级、事件处置职责分工、预防预警机制、处置程序、应急保障措施等作出规定，并组织应急演练和处置工作。

第四十六条　智能网联汽车相关企业应当依法取得网络关键设备和网络安全专用产品的安全检测认证，依法制定智能网联汽车网络安全事件应急预案，并建立网络安全评估和管理机制，确保网络数据的完整性、安全性、保密性和可用性，防止网络数据泄露和被窃取、篡改。

第四十七条　智能网联汽车相关企业应当依照国家相关规定，制定数据安全管理制度和隐私保护方案，采取措施防止数据的泄露、丢失、损毁，并将存储数据的服务器设在中华人民共和国境内。未经批准，不得向境外传输、转移相关数据信息。

在发生或者可能发生涉及国家安全、用户个人信息等数据泄露、损毁、丢失等情况时，智能网联汽车相关企业应当立即采取补救措施，按照规定及时告知用户并向有关部门报告。

第四十八条　禁止利用智能网联汽车从事下列活动：

（一）非法收集、处理、利用个人信息；

（二）采集与本车辆行驶和交通安全无关的信息；

（三）非法采集涉及国家安全的信息。

第四十九条　智能网联汽车研发、生产、运营等相关企业或者组织，经公安机关交通管理部门同意，可以获取与其智能网联汽车产品相关的交通违法、交通事故等去标识化数据信息。

第七章　交通违法和事故处理

第五十条　依法登记的智能网联汽车发生道路交通安全违法情形或者交通事故的，适用本章规定。

第五十一条　有驾驶人的智能网联汽车发生道路交通安全违法情形的，由公安机关交通管理部门依法对驾驶人进行处理。

完全自动驾驶的智能网联汽车在无驾驶人期间发生道路交通安全违法情形的，由公安机关交通管理部门依法对车辆所有人、管理人进行处理。

依照本条第二款规定处理交通违法，对违法行为人的处罚不适用驾驶人记分的有关规定。

第五十二条　有驾驶人的智能网联汽车发生交通事故的，驾驶人应当立即停车，保护现场；造成人身伤亡的，驾驶人应当立即抢救受伤人员，并迅速报警。

完全自动驾驶的智能网联汽车在无驾驶人期间发生交通事故的，当事人应当立即报警，车辆所有人、管理人应当保存事故过程信息。

第五十三条　有驾驶人的智能网联汽车发生交通事故造成损害，属于该智能网联汽车一方责任的，由驾驶人承担赔偿责任。

完全自动驾驶的智能网联汽车在无驾驶人期间发生交通事故造成损害，属于该智能网联汽车一方责任的，由车辆所有人、管理人承担赔偿责任。

第五十四条　智能网联汽车发生交通事故，因智能网联汽车存在缺陷造成损害的，车辆驾驶人或者所有人、管理人依照本条例第五十三条的规定赔偿后，可以依法向生产者、销售者请求赔偿。

第五十五条　智能网联汽车车载设备、路侧设备、监管平台等记录的车辆运行状态和周边环境的客观信息，可以作为认定智能网联汽车交通事故责任的重要依据。

第八章　法律责任

第五十六条　违反本条例第十四条的规定，擅自开展道路测试或者示范应用的，由市公安机关交通管理部门扣押用于道路测试或者示范应用的智能网联汽车，对道路测试或者示范应用主体处以十万元以上五十万元以下罚款。

第五十七条　违反本条例第二十条第三款的规定，销售未列入国家汽车产品目录或者深圳市智能网联汽车产品目录的产品的，由市市场监管部门没收非法销售的智能网联汽车产品，并处以非法产品价值三倍以上五倍以下罚款。

第五十八条　智能网联汽车产品生产者隐瞒有关情况或者提供虚假材料办理智能网联汽车产品准入的，由市工业和信息化部门给予警告，自处罚决定生效之日起一年内不再受理同一生产者提出的智能网联汽车产品准入申请。

第五十九条　智能网联汽车产品生产者以欺骗、贿赂等不正当手段取得智能网联汽车产品准入的，由市工业和信息化部门撤销产品准入，给予警告，并处以五十万元以上一百万元以下罚款，自处罚决定生效之日起三年内不再受理同一生产者提出的智能网联汽车产品准入申请。

第六十条　智能网联汽车产品生产者、销售者违反本条例第三十一条第二款的规定，未建立技术支持或者救援服务机制的，由有关部门依法责令限期改正；逾期未改正的，处以五万元以上五十万元以下罚款。

第六十一条　违反本条例第三十九条的规定，未取得道路运输经营许可证和道路运输证，擅自从事道路运输经营的，由市交通运输部门依法予以处罚。

第六十二条　违反本条例第四十六条、第四十七条、第四十八条的规定，未依法保护网络和数据信息安全的，由有关部门依法予以处罚。

第六十三条　违反本条例的有关规定受到处罚的，由有关部门按照相关规定将违法行为信息纳入市公共信用信息系统。

第九章　附　则

第六十四条　本条例自 2022 年 8 月 1 日起施行。

深圳经济特区绿色金融条例

（2020 年 10 月 29 日深圳市第六届人民代表大会常务委员会第四十五次会议通过）

第一章 总 则

第一条 为了推动绿色金融发展，提升绿色金融服务实体经济能力，推进深圳可持续金融中心建设，促进经济社会可持续发展，根据有关法律、行政法规的基本原则，结合深圳经济特区实际，制定本条例。

第二条 深圳经济特区绿色金融相关活动适用本条例。

本条例所称的绿色金融，是指为支持应对气候变化、环境改善、资源节约高效利用和生态系统保护等经济活动所提供的金融服务。

第三条 绿色金融发展坚持标准引领、科技支撑、市场主导、政策激励、监管约束的原则。

第四条 金融机构提供金融产品和服务，应当有利于节约资源、保护生态环境，促进绿色金融发展。

本条例所称金融机构，是指从事金融服务的企业，包括银行业金融机构、证券业金融机构、保险业金融机构和其他从事金融服务的机构。

第五条 市人民政府应当建立绿色金融发展领导协调机制，统一协调绿色金融发展工作。

市地方金融监管部门具体负责统筹、协调、指导绿色金融发展，组织实施绿色金融业绩评价，并依法对绿色金融活动实施监督管理。

中国人民银行驻深机构、国家银行保险监管部门驻深机构和国家证券监管部门驻深机构在各自职责范围内负责绿色金融相关监督和管理工作。

市发展改革、科技创新、工业和信息化、财政、生态环境、市场监管、住房建设、交通运输、水务、国资等部门在各自职责范围内负责绿色金融相关监督和管理工作。

第六条 充分发挥绿色金融专业委员会、行业协会等社会组织在绿色金融创新研究、政策建议、国际合作、标准制定和自律管理等方面的作用。

深圳证券交易机构在其职责范围内负责绿色金融相关工作。

第七条 市地方金融监管部门以及其他相关部门、绿色金融专业委员会、行业协会等社会组织应当持续开展绿色金融宣传和教育，形成支持绿色金融发展、共建生态文明的良好氛围。

第二章　制度与标准

第八条　金融机构应当建立符合绿色金融发展要求的法人治理结构和组织体系，健全绿色金融工作领导决策机制以及相应的执行、监督机制，提供相应的资源和执行能力保障，保障金融机构的治理结构和组织体系能够有效支撑绿色金融发展目标。

鼓励金融机构设立专门开展绿色金融业务的分支机构、营业部、事业部等，并建立健全绿色金融专门机构的组织架构、绩效考核、激励约束和内控制度。

相关金融监管部门应当为金融机构设立绿色分支机构提供便利。

第九条　银行业金融机构应当按照国家金融监管部门的要求，参照国际公认的绿色信贷管理模式，完善绿色信贷管理制度，配套绿色信贷专项规模，对客户的环境和社会风险进行分类，开展相应风险评估，建立绿色信贷客户名单，开辟绿色信贷快速审批通道。

银行业金融机构应当建立绿色信贷统计制度，按照国家金融监管部门的要求，重点统计、分析绿色信贷余额和比重、违约率、绿色信贷资产分布和质量，以及绿色贷款的环境效益等。

第十条　证券业金融机构应当在债券发行业务过程中主动询问发行人发行绿色债券的意愿，并对绿色债券发行提供专业意见和服务。

第十一条　保险业金融机构应当建立保险资金绿色投资制度，明确保险资金用于绿色投资的策略、方向、比重、风险管控等要求。

第十二条　机构投资者应当建立绿色投资管理制度，确定绿色投资策略，对资产管理人在绿色投资范围、比重、资产管理等方面的责任和义务提出明确要求，并在资产管理合同中予以载明。

第十三条　资产管理人应当按照资产管理合同中关于绿色投资的要求，建立相应的绿色投资管理制度，履行绿色投资义务，并在股权类投资标的的投资合同中明确被投资企业应当履行的绿色管理责任。

第十四条　绿色融资主体取得绿色信贷、发行绿色债券、获得绿色基金投资以及以其他方式取得绿色资金的，应当建立绿色资金使用与管理制度，按照相关规定以及与出资人约定的用途进行使用和管理，并定期向出资人报告使用与管理情况。

第十五条　市地方金融监管部门应当推广国家绿色金融标准，组织制定国家绿色金融标准配套制度或者补充性地方绿色金融标准。

市地方金融监管部门应当会同市市场监管部门组织制定绿色金融标准规划，拟定绿色金融标准目录。

第十六条　市地方金融监管部门和相关金融监管部门应当支持金融机构、证券交易机构、认证和评级机构等相关机构参与国际和国内绿色金融标准制定工作，推动国内和国际标准互认。

第十七条　市地方金融监管部门应当会同国家驻深金融监管机构，制定绿色融资主体和绿色金融机构的认定、评价和认证标准。

第十八条　市发展改革、工业和信息化、生态环境、住房建设、交通运输等部门应当根据需要组织制定相关领域绿色企业和项目技术标准，为绿色金融活动提供技术规范指引。

第十九条　市地方金融监管部门应当会同国家驻深金融监管机构制定绿色金融统计标准，建立绿色金融统计制度，将绿色金融统计纳入地方统计调查项目，将绿色产业增加值或者产值纳入相关统计指标。

第二十条　鼓励金融机构使用环境压力测试和情景分析等方法和工具，对金融机构在气候变化、环境监管和可持续发展等压力情况下面临的信用风险、市场风险和其他金融风险进行量化分析。

第三章　产品与服务

第二十一条　银行业金融机构应当优化现有绿色信贷产品，创新绿色信贷品种，推广新能源贷款、能效贷款、合同能源管理收益权质押贷款等能源信贷品种，创新绿色供应链、绿色园区、绿色生产、绿色建筑、个人绿色消费等绿色信贷品种，降低绿色信贷资金成本，扩大绿色信贷规模。

第二十二条　保险业金融机构应当创新绿色保险产品和服务，开展环境污染强制责任保险、绿色建筑质量保险、绿色产业产品质量责任保险以及其他绿色保险业务。

建立巨灾保险制度，优化巨灾保险共保体，完善以保障自然灾害风险和重大事故风险的巨灾保障体系。

第二十三条　从事涉及重金属、危险废物、有毒有害物质等环境高风险企业，应当投保环境污染强制责任保险。投保环境污染强制责任保险的企业范围由市生态环境部门另行制定并公布。

保险业金融机构应当建立风险管理机制，在承保前开展环境风险评估，承保后开展风险管理服务，排查风险隐患，并按照合同履行理赔责任。

国家银行保险监管部门驻深机构应当建立环境污染强制责任保险产品和服务监管机制，实行统一的保险条款和基础保险费率。

第二十四条　支持信托金融机构采用资金信托、慈善信托或者服务信托的方式，通过资产证券化、产业基金、股权投资、可转债投资等形式，为绿色企业提供金融服务。

第二十五条　鼓励金融租赁机构开展绿色资产、大型成套设备等固定资产融资租赁业务，支持企业绿色运营。

第二十六条　投资咨询机构在为个人投资者提供投资建议时，应当询问个人投资者在绿色领域的投资偏好，并按照投资者陈述的绿色投资偏好推荐合适的投资产品。

第二十七条　鼓励银行业金融机构发行绿色金融债券。

鼓励金融机构承销绿色公司债券、绿色企业债券、绿色债务融资工具、绿色资产支持证券、绿色担保支持证券等。

市人民政府可以发行地方政府债券支持绿色领域项目建设。

第二十八条　支持金融机构开展环境权益抵押和质押融资业务；鼓励金融机构参与粤港澳大湾区碳交易市场跨境交易业务。

支持专业服务机构根据市场需求，提供碳排放权、排污权、节能量（用能权）、水权等环境权益相关的资产评估、认证、咨询、资产处置等服务。

第二十九条　支持深圳排放权交易机构开展下列业务：

（一）提供环境权益交易和相关金融服务；

（二）运营管理碳普惠统一平台；

（三）开展碳资产和绿色资产境内和跨境交易；

（四）创新节能减排、绿色低碳、生态环保领域的交易品种。

第三十条　融资租赁、商业保理、融资担保等地方金融机构应当在各自业务范围内探索开展绿色金融活动，创新绿色金融产品与服务。

第四章　投资评估

第三十一条　金融机构应当建立绿色投资评估制度，对本条例第三十二条规定的投资项目进行投资前评估，并开展投资后管理。

金融机构可以委托专业机构协助开展绿色投资评估工作。

第三十二条　深圳经济特区内的投资项目符合下列情形之一的，提供金融产品和服务的金融机构应当依照本条例第三十三条至第三十五条的规定开展绿色投资评估：

（一）项目总金额达到五千万元，且依法需要进行环境影响评价；

（二）项目年温室气体排放量预期达到三千吨二氧化碳当量；

（三）法律、法规规定需要开展绿色投资评估的其他情形。

第三十三条　金融机构应当对投资项目主体提供的环境影响评价相关报告进行评估。评估内容包括评价程序的合规性、评价机构的适当性、评价结论的合理性等。评估结论应当包括项目实施可能对相关区域、河流、流域、海域生态系统产生的整体影响，对相关区域生物产生的多样性影响，对环境和人群健康产生的长远影响等。

第三十四条　金融机构应当对投资项目主体进行环境风险管控能力评价。评价内容包括环境风险管控的内部制度、治理结构和组织体系，以及环境风险管控制度和措施的持续意愿和执行能力等。

第三十五条　金融机构应当开展投资项目环境效益评价。评价内容包括项目实施的经济效益、社会效益与环境效益之间的关系，项目短期环境效益、中期环境效益与长期环境效益之间的关系等。

第三十六条 金融机构应当将绿色投资评估内容纳入投资后管理，坚持持续性、及时性、全方位、谨慎性、真实性原则，建立健全投资后管理制度。

第三十七条 多个金融机构对同一个需要开展绿色投资评估项目进行联合投资的，可以委托其中一个金融机构开展绿色投资评估工作，也可以联合开展绿色投资评估工作。

第五章 环境信息披露

第三十八条 金融机构应当依照本条例规定对资金投向的企业、项目或者资产所产生的环境影响信息进行披露。

接受投资的企业或者项目、资产所属企业应当按照要求向金融机构提交环境信息资料。

第三十九条 下列主体应当自 2022 年 1 月 1 日起按照类别披露环境信息：

（一）在深圳市注册的金融行业上市公司；

（二）绿色金融债券发行人；

（三）享受绿色金融优惠政策的金融机构。

除前款规定的主体外，符合以下条件的，应当自 2023 年 1 月 1 日起披露环境信息：

（一）总部或者分支机构在深资产规模五百亿元以上的银行；

（二）资产管理规模一百亿元以上的公募基金管理人；

（三）资产管理规模五十亿元以上的私募基金管理人；

（四）资产管理规模一百亿元以上的机构投资者。

第四十条 环境信息披露应当按照下列规定进行：

（一）在深圳市注册的金融行业上市公司，按照上市交易平台关于环境信息披露的要求进行披露；

（二）绿色金融债券发行人，按照国家金融监管部门关于绿色债券发行披露的要求进行披露；

（三）享受绿色金融优惠政策的金融机构，按照优惠政策制定部门关于环境信息披露的要求进行披露；

（四）符合本条例第三十九条第二款规定的金融机构，按照国家金融监管部门关于环境信息披露的要求进行披露。

国家金融监管部门未制定环境信息披露相关规定的，由市地方金融监管部门会同中央驻深金融监管机构制定环境信息披露办法。

第四十一条 环境信息披露责任主体应当在每年 6 月 30 日前，以财务报告、环境信息披露报告、企业社会责任报告、环境报告或者环境、社会和管治报告等形式，合并或者单独披露上一年度的环境信息。

第四十二条　环境信息披露责任主体应当向监管部门指定的平台以及绿色金融公共服务平台提交披露报告，按照规定在其互联网官方网站以及报告平台公开披露相关环境信息。

第六章　促进与保障

第四十三条　市、区人民政府应当将绿色金融发展纳入国民经济和社会发展规划，明确规划目标、责任分工和具体工作措施。

市人民政府应当加强统筹协调，合理布局绿色金融重大战略项目、重大绿色环保工程和重大绿色金融基础设施。

第四十四条　市地方金融监管部门应当加强绿色金融信息系统建设，加快推动绿色企业（项目）库、绿色金融公共服务平台、绿色金融监管系统的建设，整合市场监管、税务、金融、环保等监管信息，将污染物达标排放情况、环保违法违规记录等环境和社会风险信息与征信体系连接，为金融机构、相关企业、认证和评级机构、金融监管机构等提供相关服务。

市人民政府相关部门应当推动获得绿色金融支持的企业在绿色金融公共服务平台或其他指定平台提交其环境绩效相关信息，为金融机构、认证和评级机构从事绿色金融活动提供便利。

第四十五条　市、区人民政府以及各部门选择合作金融机构时，应当将金融机构实施环境信息披露的情况和绿色金融业绩评价结果作为重要依据。

第四十六条　市人民政府应当建立健全与绿色金融发展相适应的人才培养、引进、使用、评价、激励、流动机制，将绿色金融人才作为重点引进和培育的高层次金融人才予以扶持。

第四十七条　支持设立绿色产业投资基金，吸引有实力的机构投资者和社会资本投资环保、节能、清洁能源、绿色交通、绿色建筑和海绵城市建设等领域的企业和项目。

市、区人民政府应当按照政府引导基金规模的一定比例，联合社会资本设立绿色产业投资基金，政府引导基金的出资比例可以达到百分之五十。归属政府引导基金的投资超额收益部分可以向社会资本让利，其中天使投资引导基金最高让利可以达到百分之百。

第四十八条　市、区人民政府可以对绿色金融活动予以补贴、贴息或者奖励。

第四十九条　市人民政府设立的政策性融资担保机构应当为绿色融资主体提供信用增进服务。市地方金融监管部门应当确定政策性融资担保机构绿色融资担保业务规模比例、年度增长率等业绩评价指标。

第五十条　市人民政府应当将中小微企业的绿色信贷风险补偿纳入中小微企业银行贷款风险补偿资金池，并可以在资金池现有风险分担比例的基础上适当提高政府风险分担比例。

第五十一条　支持中国人民银行驻深机构采取下列促进绿色金融发展的措施：

（一）鼓励银行业金融机构开展绿色信贷、发行并投资绿色债券；

（二）探索开展绿色信贷证券化；

（三）强化货币政策工具引导，运用再贷款、再贴现支持绿色信贷发展；

（四）支持金融机构和企业开展跨境绿色投融资活动并提供便利；

（五）其他支持绿色金融发展的措施。

第五十二条　支持国家银行保险监管部门驻深机构采取下列促进绿色金融发展的措施：

（一）鼓励银行业金融机构提高绿色信贷不良容忍度；

（二）探索有条件的银行业金融机构在设置总体资产风险权重下限的基础上开展降低绿色资产风险权重和提高棕色资产风险权重的试点；

（三）引导银行业金融机构针对绿色技术创新开展投贷联动业务；

（四）推动绿色保险产品创新，为绿色保险产品备案提供便利；

（五）指导保险业金融机构建立绿色投资制度，开展绿色投资；

（六）其他支持绿色金融发展的措施。

第五十三条　支持国家证券监管部门驻深机构采取下列促进绿色金融发展的措施：

（一）在同等条件下为绿色企业开辟优先上市辅导便利通道；

（二）引导降低绿色股票、绿色债券交易手续费；

（三）引导开展国际合作，引进境外绿色投资者投资绿色债券；

（四）鼓励证券公司承销绿色债券，将承销绿色债券作为证券公司履行社会责任的重要内容纳入评价范围；

（五）其他支持绿色金融发展的措施。

第五十四条　深圳证券交易机构应当在职责范围内加强上市公司环境信息披露监督管理，为绿色债券发行和上市交易提供便利通道，开发推广绿色金融相关指数，扩大国际绿色金融合作，推动资本市场绿色金融发展。

第五十五条　市人民政府应当推动建立服务企业清洁、低碳、绿色发展的环境权益交易市场，促进深圳碳交易市场发展，完善碳普惠制度，积极培育高效便捷的排污权、节能量（用能权）、水权交易市场。

第五十六条　鼓励金融机构和金融科技企业利用区块链、人工智能、大数据、云计算、物联网等金融科技手段支持绿色金融创新发展。

第五十七条　支持金融机构和其他相关组织加入国际知名绿色金融、可持续金融组织；支持国际知名绿色金融、可持续金融组织等社会组织在深圳设立地区中心、分中心或者分支机构。

第五十八条　市国有资产监督管理部门应当探索设立现代绿色金融服务机构，将绿色金融发展纳入国有金融机构绩效考核评价体系。

第五十九条　市人民政府应当按照有关规定对在绿色金融发展中表现突出的单位和个人给予表彰和奖励；将绿色金融纳入市金融创新奖评选范围，按照相关规定评选和奖励。

第七章　监督与管理

第六十条　市地方金融监管部门应当会同中央驻深金融监管机构建立绿色金融发展联席会议制度，促进绿色金融发展。

第六十一条　市地方金融监管部门应当积极探索创新和完善促进绿色金融发展的体制机制，支持以区块链为基础的跨境绿色资产标准化、认证、仓储和交易平台建设，探索构建跨境合作机制。具体管理办法由市地方金融监管部门会同中央驻深金融监管机构制定。

第六十二条　金融机构不得以绿色金融产品的名义对不具备绿色特性的金融产品进行宣传、销售或者推广；相关企业不得以绿色融资的名义为不具备绿色特性的项目申请绿色资金；认证和评级机构不得为不具备绿色特性的企业或者项目出具绿色认证报告或者绿色评级报告。

金融机构、相关企业以及认证和评级机构应当按照诚实信用的原则，建立防范前款禁止行为的工作机制，明确相关责任，依法依规开展绿色金融相关活动。

第六十三条　绿色金融认证和评级机构开展认证、评级活动，应当遵守下列规定：

（一）按照相关认证、评级规范要求，独立、客观、公正地开展认证、评级工作，并对其出具的认证、评级报告的规范性、真实性和准确性负责；

（二）认证、评级机构及其人员与被认证、评级对象有利害关系的，应当回避；

（三）履行保密义务，不得非法泄露被认证、评级对象的相关数据和信息。

第八章　法律责任

第六十四条　金融机构和相关主体违反本条例第八条至第十四条的规定，未建立绿色金融相关制度或者未按照规定开展有关活动的，由市地方金融监管部门责令限期改正。

第六十五条　环境高风险企业违反本条例第二十三条第一款的规定，未投保或者续保环境污染强制责任保险的，由市生态环境部门责令限期投保或者续保；拒不投保或者续保的，处保险费三倍罚款。

第六十六条　金融机构违反本条例第三十二条至第三十五条的规定，未对投资项目开展绿色投资评估的，由市地方金融监管部门责令限期改正，处五万元以上二十万元以下罚款；项目发生应当处警告以外行政处罚的生态环境损害事件的，按照提供贷款或者投资金额的百分之一以上百分之十以下处以罚款。

第六十七条　金融机构违反本条例第三十六条的规定，未将绿色投资评估内容纳入投资后管理的，由市地方金融监管部门责令限期改正，处五万元以上二十万元以下罚款。

第六十八条　本条例第三十九条规定的环境信息披露责任主体违反本条例第四十条至第四十二条规定，未按照规定披露环境信息的，由市地方金融监管部门责令限期改正；拒不改正，或者虚构、捏造数据或者信息的，处二万元以上十万元以下罚款。

第六十九条 环境信息披露责任主体违反本条例关于环境信息披露规定的，除依法予以处罚外，相关部门还可以采取下列措施：

（一）将该机构的违法行为信息提供给信用信息管理机构，并通过绿色金融公共服务平台网站、政府网站或者新闻媒体向社会公布；

（二）按照有关规定采取信用联合惩戒措施。

第七十条 金融机构、相关企业或者认证和评级机构违反本条例第六十二条规定的，由市市场监管部门和国家驻深金融监管机构按照有关规定处理。

第七十一条 认证和评级机构违反本条例第六十三条规定，存在下列情形之一的，由市市场监管部门处一万元以上五万元以下罚款：

（一）违反职业道德规范和独立性要求的；

（二）认证、评级报告存在重大遗漏或严重失实的；

（三）有利害关系应当回避但未回避的；

（四）非法泄露被认证、评级对象的相关数据和信息的。

第九章 附 则

第七十二条 本条例下列用语的含义：

（一）绿色信贷，是指银行业金融机构为支持应对气候变化、环境改善、资源节约高效利用和生态保护等经济活动所提供的信贷产品及服务。

（二）绿色供应链，是指将环境保护和资源节约的理念贯穿于企业从产品设计到原材料采购、生产、运输、储存、销售、使用和报废处理的全过程，使企业的经济活动与环境保护相协同的上下游关系。

（三）绿色保险，是指保险业金融机构为支持应对气候变化、环境改善、资源节约高效利用和生态保护，对节能环保、清洁能源、绿色交通、绿色建筑等领域提供的保险产品。

（四）绿色债券，是指将募集资金专门用于支持符合规定条件的绿色产业、绿色项目或为绿色产业、绿色项目进行再融资，依照法定程序发行、约定在一定期限还本付息的有价证券。绿色债券可以分为绿色金融债券、绿色企业债券、绿色公司债券、绿色债务融资工具等非结构化融资产品，绿色资产支持证券等结构化融资产品，以及其他绿色债券产品。

（五）绿色融资主体，是指为绿色资产或者绿色项目进行融资活动，承担融资责任和风险的法人。

（六）绿色基金，是指以促进绿色发展、改善生态环境为目标，投资于能产生环境效益或从事环境相关业务企业和项目的公募基金产品或其他投资主体。绿色基金可以分为绿色产业投资基金和绿色证券投资基金。

（七）碳普惠，是指对小微企业、社区家庭和个人的节能减碳行为进行具体量化和赋予一定价值，并建立起以商业激励、政策鼓励和核证减排量交易相结合的正向引导机制。

（八）环境权益，是指政府对行为主体在自然资源和环境容量消耗数量方面设定许可、进行总量控制而产生的权益。主要包括碳排放权、排污权、水权、节能量（用能权）、绿色电力证书等。

（九）绿色融资担保，是指为绿色企业、绿色项目，或者以绿色资产作为主要反担保措施的项目提供融资性担保服务。

（十）棕色资产，是指特定会计主体在高污染、高碳（高能耗）和高水耗等非资源节约型、非环境友好型经济活动中形成的，能以货币计量，预期能带来确定效益的资源。

第七十三条　本条例自 2021 年 3 月 1 日起施行。

深圳经济特区医疗条例

（2022年6月23日深圳市第七届人民代表大会常务委员会第十次会议修订）

第一章 总 则

第一条 为了促进医疗卫生事业高质量发展，规范医疗执业行为，维护医疗秩序，保障医患双方合法权益，根据有关法律、行政法规的基本原则，结合深圳经济特区实际，制定本条例。

第二条 医疗卫生事业应当以人民为中心，坚持公益性原则，以公立医疗机构为主体、社会办医疗机构为补充，以基层为重点，中西医并重，加强医学科学研究、成果转化和应用，扩大优质医疗资源供给，保障居民享有公平可及、系统连续的高质量基本医疗卫生服务。

医疗卫生服务应当尊重生命、维护健康，遵循医学规律，体现医学人文关怀。

第三条 市、区人民政府应当加强对医疗卫生事业的组织领导，将医疗卫生事业纳入国民经济和社会发展规划，健全医疗卫生服务体系，完善基本医疗卫生制度，保障基本医疗卫生服务公平可及。

第四条 卫生健康部门负责本行政区域内医疗卫生行政管理相关工作。

发展改革、教育、公安、民政、财政、人力资源保障、规划和自然资源、住房建设、市场监管、医疗保障等部门在各自职责范围内保障和促进医疗卫生事业发展。

第五条 全社会应当共同关心和支持医疗卫生事业发展，尊重医疗卫生人员，维护良好安全的医疗卫生服务秩序，共同构建和谐医患关系。

医疗卫生人员应当弘扬敬佑生命、救死扶伤、甘于奉献、大爱无疆的职业精神，遵守行业规范，恪守医德医风。

第二章 医疗资源配置与保障

第一节 医疗资源配置规划

第六条 市、区人民政府应当科学配置医疗资源，建立体系完整、布局合理、定位明确、功能完善、分工协作的优质高效整合型医疗卫生服务体系。

第七条 市人民政府应当根据本市人口动态变化趋势、基本医疗卫生服务需求和现有医疗机构数量、结构及分布状况，编制全市医疗机构设置规划，并向社会公布。全市医疗机构设置规划每五年调整一次。

全市医疗机构设置规划应当明确医疗机构的功能定位、配置数量、床位总量、专科结构、区域布局、单体规模限制标准等内容。

第八条 纳入全市医疗机构设置规划的医疗机构，按照其功能定位由市、区人民政府举办或者由社会力量举办。

区人民政府应当按照下列标准，完善基层医疗卫生服务体系：

（一）每个区至少组建一家基层医疗联合体，每百万常住人口至少组建一家基层医疗联合体；

（二）每个社区至少举办一家社区健康服务机构。

第九条 举办公立医疗机构应当符合全市医疗机构设置规划，未经市卫生健康部门审核并报市人民政府批准，不得在全市医疗机构设置规划之外新建、改建和扩建公立医疗机构。

社会力量可以在全市医疗机构设置规划以外举办医疗机构。

第十条 市卫生健康部门应当制定与全市医疗机构设置规划相衔接的全市医学重点学科建设规划，推动各级医疗机构学科错位配置和协同发展。

医学重点学科的具体管理办法，由市卫生健康部门另行制定。

第二节 分级诊疗制度

第十一条 市、区人民政府应当建立完善以区域医疗中心为医学学科建设核心、基层医疗联合体牵头医院为疾病防治主体、社区健康服务机构为居民健康管理服务平台的分级诊疗体系，推行基层首诊、双向转诊、急慢分治、上下联动的分级诊疗制度。

第十二条 市卫生健康部门应当根据医疗机构的医疗、科研、教学水平和能力，以市属医疗机构为主体，设立区域医疗中心。

区域医疗中心主要开展相关学科疑难危重症诊疗，主要提供住院、急诊急救、专科门诊等服务，并按照要求组建重大疾病防治中心、专科医疗联盟等，对基层医疗联合体和其他医疗机构提供人才培训和技术指导。

第十三条 基层医疗联合体牵头医院主要开展常见病、多发病、慢性病的诊疗、康复、护理以及安宁疗护和急诊急救服务，并为联合体内的医疗机构提供人才培训和技术指导。

第十四条 社区健康服务机构主要开展居民健康管理服务和全科门诊、康复、护理、安宁疗护服务。

公立医疗机构应当与其举办的社区健康服务机构实行一体化运营管理。

第十五条 公立医疗机构应当按照要求开展预约诊疗服务。

公立医疗机构门诊号源由市卫生健康信息化平台统一管理，并优先满足社区健康服务机构为患者提供的预约和转诊服务。

第十六条　医疗机构应当按照规定建立完善转诊服务制度，确定转诊服务机构或者人员，并公开转诊服务流程和咨询方式。基层医疗联合体牵头医院应当制定联合体内医疗机构转诊规范，并组织实施。

转诊管理办法以及转诊标准，由市卫生健康部门会同市医疗保障部门另行制定。

第三节　保障措施

第十七条　市、区人民政府应当建立健全与医疗机构设置规划、分级诊疗制度、医学重点学科规划和建设、信息化建设相衔接，与地方财力水平相适应的分类分级医疗卫生投入制度，主要保障基本医疗卫生服务供给，确保医疗卫生事业可持续发展。

第十八条　市规划和自然资源、城市更新和土地整备、住房建设等有关部门应当将全市医疗机构设置规划的医疗设施建设用地、用房分别纳入全市国土空间规划和相关专项规划予以保障。

第十九条　市医疗保障部门应当会同市卫生健康部门，制定本市医疗服务项目价格标准，并实行动态调整。

公立医疗机构、社会办非营利性医疗机构应当按照本市医疗服务项目提供医疗服务。社会办营利性医疗机构在本市医疗服务项目外设立医疗服务项目的，应当符合医疗服务技术规范，并报卫生健康部门备案。

公立医疗机构提供基本医疗服务应当执行政府指导价，提供新增医疗服务项目、市场调节价医疗服务项目和特需医疗服务项目的，可以自行制定服务价格，并报卫生健康部门备案。社会办医疗机构提供医疗服务实行市场调节价。

第二十条　市医疗保障部门应当构建以促进健康为导向的创新型医疗保险制度，实现医疗保障待遇公平适度、基金运行稳健持续、管理服务优化便捷，推进医疗保障和医药服务质量协同发展。

第二十一条　支持医疗机构开展临床研究、临床试验、学术交流、技术开发与合作，推动医学研究成果的转化应用。

公立医疗机构与科研事业单位适用同等的科研和转化政策。

第三章　医疗机构

第一节　医疗机构登记

第二十二条　自然人、法人或者非法人组织可以在本市申请设立医疗机构。

境外机构或者自然人在本市申请设立医疗机构的，按照国家和广东省有关规定办理。

第二十三条　设立医疗机构应当进行主体资格登记，但是下列医疗机构除外：

（一）企业、学校、养老机构等组织设立的对内提供服务的医疗机构；

（二）非营利性医疗机构设立的实行一体化运营管理的医疗机构。

第二十四条　公立医疗机构以及事业单位、社会团体、企业等组织利用国有资产举办的非营利性医疗机构，应当依法向机构编制部门办理主体资格登记。

自然人、法人或者非法人组织利用非国有资产举办的非营利性医疗机构，应当依法向民政部门办理主体资格登记；举办的营利性医疗机构，应当依法向市场监管部门办理主体资格登记。

第二十五条　主体资格登记机关应当按照符合医疗机构管理有关规定的医疗机构名称予以登记，并注明主体类型。

自然人、法人或者非法人组织在办理医疗机构主体资格登记前，可以向卫生健康部门查询医疗机构名称事项。

第二十六条　市、区人民政府以及公立医疗机构不得举办或者参与举办营利性医疗机构；不得与自然人、法人或者非法人组织合作举办非独立法人资格的医疗机构。

社区健康服务机构应当为非营利性医疗机构。

第二十七条　医疗机构开展执业活动，应当向卫生健康部门申请执业登记，取得医疗机构执业许可证。

医疗机构应当按照执业许可证登记的范围开展执业活动；开展法律、法规规定需要另行取得单项诊疗服务许可的执业活动的，应当依法取得许可。

第二十八条　医疗机构执业登记主要包括下列事项：

（一）名称、执业地址、类别、级别；

（二）医疗机构负责人、医疗业务负责人；

（三）经营性质、服务对象；

（四）诊疗科目、床位数量；

（五）执业许可证登记号、有效期限、首次登记日期、发证日期及发证机关；

（六）国家或者广东省卫生健康部门规定的其他登记事项。

第二十九条　有下列情形之一的，不得担任医疗机构负责人：

（一）属于无民事行为能力人或者限制民事行为能力人的；

（二）曾担任被吊销医疗机构执业许可证的医疗机构负责人的；

（三）担任其他医疗机构负责人期间受过开除处分的；

（四）受过吊销医疗卫生人员执业证书处罚的；

（五）曾因未取得医疗机构执业许可证擅自执业受过行政处罚的机构负责人；

（六）曾因未取得医师执业证书开展执业活动受过行政处罚的；

（七）受过刑事处罚的；

（八）法律、法规规定的其他情形。

第三十条　医疗机构申请执业登记，符合下列条件的，卫生健康部门应当核发医疗机构执业许可证：

（一）应当进行主体资格登记的医疗机构已经取得主体资格；

（二）符合市卫生健康部门制定的本市医疗机构设置标准，无本市医疗机构设置标准的，应当符合国家或者广东省卫生健康部门制定的医疗机构基本标准；

（三）医疗机构的名称和地址符合有关规定；

（四）配备信息系统并按照要求接入市卫生健康信息化平台；

（五）医疗机构负责人不存在本条例第二十九条规定情形；

（六）除对内提供服务的医疗机构以外，配备有一名具有五年以上执业医师执业经历，且未受过吊销医师执业证书处罚的医疗业务负责人；

（七）不存在法律、法规规定的其他不得核发医疗机构执业许可证的情形。

医疗机构负责人符合前款第六项规定条件的，可以兼任本机构医疗业务负责人。

医疗机构执业登记具体办法由市卫生健康部门另行制定。

第三十一条　依法取得主体资格的医疗机构，其医疗机构执业许可证上载明的名称应当与主体资格登记的名称相一致；医疗机构执业许可证上载有两个以上名称的，其第一名称应当与主体资格登记的名称相一致。

第三十二条　商业、办公、工业等用房符合医疗机构设置标准和医疗执业要求的，可以作为医疗用房。

医疗机构执业场所依法需要办理规划国土、环境保护、消防等行政许可的，在取得相应许可后方可进行施工和开展执业活动。

第三十三条　医疗机构变更执业地址、类别、级别、服务对象、诊疗科目、床位数量或者医疗业务负责人的，应当向卫生健康部门申请变更执业登记。

医疗机构变更名称或者医疗机构负责人的，应当在办理变更主体资格登记后向卫生健康部门申请变更执业登记。卫生健康部门发现医疗机构执业许可证登记的名称或者医疗机构负责人与主体资格登记不一致的，应当责令其限期改正。

第三十四条　医疗机构停业的，应当向卫生健康部门备案；停业后重新开业的，应当向卫生健康部门书面报告。

除改建、扩建原因外，医疗机构停业不得超过一年。

第三十五条　医疗机构有下列情形之一的，卫生健康部门应当注销其医疗机构执业许可证：

（一）申请注销的；

（二）医疗机构执业许可证有效期届满未延续；

（三）被吊销或者注销主体资格的；

（四）执业登记的名称或者医疗机构负责人与主体资格登记不一致且逾期不改正；

（五）医疗机构执业许可证依法被撤销、撤回或者吊销；

（六）未在规定时间内提出再次校验，或者再次校验不合格的；

（七）暂缓校验期间，违反规定擅自开展诊疗活动的；

（八）非因改建、扩建原因，停业或者医疗服务业务量持续为零超过一年的；

（九）执业地址改为他用，或者医疗机构对其执业地址已无合法使用权限的；

（十）非独立法人资格的医疗机构的举办者依法被吊销或者注销主体资格；

（十一）法律、法规规定的其他情形。

第二节　公立医疗机构

第三十六条　市、区人民政府应当履行对公立医疗机构的领导、保障、管理和监督责任，建立权责清晰、管理科学、治理完善、运行高效、监督有力的现代化管理制度，充分发挥公立医疗机构在保障居民基本医疗卫生服务中的主体作用。

第三十七条　市、区卫生健康部门代表同级人民政府履行公立医疗机构出资人的职责，行使出资人的权利。

卫生健康部门可以采取所有权经营权分离的方式，与知名医学院校、高水平医院合作运营公立医疗机构。合作运营协议应当报同级人民政府批准。

第三十八条　公立医疗机构应当健全现代医院管理制度，按照有关法律、法规、规章和章程的规定运营管理并提供医疗卫生服务，依法享有人事管理、运营管理等自主权。

第三十九条　公立医疗机构的下列事项应当经卫生健康部门审核批准：

（一）制定和修改章程；

（二）制定中长期发展规划；

（三）制定年度财务预算、决算方案，处置重大资产；

（四）设立或者参与设立其他机构、允许其他机构使用本机构名称、参与涉外合作项目和其他重大投资、合作项目；

（五）新建、改建、扩建项目；

（六）按照管理权限需由卫生健康部门批准的人员聘任；

（七）拟停业或者停止开展部分诊疗科目的诊疗服务；

（八）法律、法规、规章规定的其他事项。

公立医疗机构章程经卫生健康部门批准后，应当报机构编制部门备案。

第四十条　公立医疗机构工作人员实行总量管理，并动态调整。公立医疗机构应当在总量内聘用工作人员，并与工作人员签订合同，建立统一的岗位管理和薪酬分配体系。

市人民政府应当建立健全公立医疗机构人员总量核定、人员管理、岗位设置、人员招聘、薪酬分配、岗位考核等制度。

第四十一条　禁止公立医疗机构将科室以及人员收入与药品、医用耗材、检查、检验等业务收入挂钩，或者变相转化为与经济效益高的医疗服务工作量挂钩。

第四十二条　公立医疗机构及其工作人员应当按照有关规定参加社会保险、缴交住房公积金和年金。

第四十三条　卫生健康部门应当建立以医疗质量和安全、学科发展、运营效率、满意度等为主要指标体系的公立医疗机构绩效考核制度。

公立医疗机构应当合理控制医疗费用的增长，保证公立医疗机构的公益性。

第三节　社会办医疗机构

第四十四条　市人民政府在编制全市医疗机构设置规划时，应当统筹公立医疗机构和社会办医疗机构的发展，为社会办医疗机构预留发展空间。

支持社会办医疗机构高质量发展，满足居民多层次、多样化医疗卫生服务需求。

第四十五条　社会办营利性医疗机构按照法律、法规、规章和章程的规定自主经营、自负盈亏，其收益可以作为出资人的经济回报。

社会办非营利性医疗机构的收益只能用于其自身建设和发展，不得向出资人、举办者分配或者变相分配。

第四十六条　鼓励社会力量依法举办非营利性医疗机构。

市、区人民政府可以通过财政补助等措施，支持社会办非营利性医疗机构发展，并依法实施监督管理。

第四十七条　卫生健康部门应当会同机构编制、民政、国有资产监督管理等部门根据职责对社会办非营利性医疗机构的产权归属、财务运营、资金使用结余等情况进行监督管理。

社会办非营利性医疗机构应当每年向卫生健康部门报送经会计师事务所审计的财务报告。

第四十八条　社会办非营利性医疗机构注销主体资格前，应当成立清算组织，完成清算工作。

社会办非营利性医疗机构终止时，应当依法处置剩余财产，不得向出资人、举办者或者工作人员分配剩余财产。

第四十九条　支持社会办医疗机构与公立医疗机构通过人才交流、技术支援、资源共享等方式，依法建立合作或者协作关系。

经卫生健康部门同意并报同级人民政府批准后，公立医疗机构可以接受委托经营管理社会办非营利性医疗机构。

公立医疗机构不得接受委托经营管理社会办营利性医疗机构。

第四章　医疗卫生人员

第一节　一般规定

第五十条　医疗卫生人员依法享有下列权利：

（一）在执业活动中，人格尊严、人身安全不受侵犯；

（二）获得符合劳动安全和卫生防护有关规定的工作条件、值班环境、设施设备和防护用品；

（三）休息、休假和休养；

（四）每年定期体检；

（五）获得心理疏导和与职业相关的法律服务；

（六）参加继续教育、专业培训、学术交流和职称评定；

（七）公平获得薪酬待遇、社会保障和福利、特殊岗位津贴；

（八）对政府及其有关部门和所在医疗机构的工作提出意见、建议，参与所在机构的民主管理；

（九）法律、法规、规章规定的其他权利。

第五十一条　医疗卫生人员依法履行下列义务：

（一）遵守法律、法规、规章和行业规范，履行岗位职责；

（二）恪守职业道德，尊重、关心患者；

（三）对患者的个人信息和隐私保密；

（四）宣传推广与岗位相适应的健康科学知识，对患者进行健康教育和健康指导；

（五）突发事件应急处置期间，服从卫生健康部门和医疗机构的调遣；

（六）法律、法规、规章规定的其他义务。

第五十二条　医疗卫生人员不得有下列行为：

（一）索取、收受患者或者其亲属的现金、有价证券、支付凭证或者财物；

（二）因职务行为违规收取第三方提供的任何形式的报酬；

（三）向患者或者其亲属推荐非处方药品、保健品、非医疗用品并以此违规收取第三方提供的任何形式的报酬；

（四）为实现商业目的统计医师以及临床科室有关药品、医用耗材的用量信息，或者为医药营销人员统计提供便利。

第五十三条　医疗机构与医疗卫生人员签订聘用合同或者劳动合同时，应当就医疗卫生人员在本单位的工作时间、薪酬待遇和是否允许到其他机构多点执业等事项进行书面约定。

第五十四条　市卫生健康部门应当建立完善医师规范化培训制度，开展住院医师、公共卫生医师、专科医师等规范化培训。

住院医师、公共卫生医师、专科医师规范化培训基地应当依法与面向社会招录的培训对象签订劳动合同。

培训对象为高校应届毕业生，培训合格当年在医疗卫生机构就业的，在招聘、派遣、落户等方面，与当年应届毕业生同等对待。培训对象取得住院医师或者公共卫生医师规范化培训合格证，并具有本科学历的，在人员招聘、职称晋升、岗位聘用、薪酬待遇等方面，与相应专业学位硕士研究生同等对待。

第五十五条　市卫生健康部门应当根据医师、护理人员、药学人员、医技人员、医学研究人员等各类医疗卫生人员的特点，建立医疗卫生人员专业技术能力分类评价制度。

医疗卫生人员专业技术能力评价应当包括工作实绩、医德医风、患者满意度、依法执业情况等内容，评价结果应当作为人员聘用、薪酬待遇核定、职称评审、人才等级评定和选拔任用等的主要参考依据。

医疗卫生人员专业技术能力评价办法和标准由市卫生健康部门另行制定。

第五十六条　市、区卫生健康部门应当建立医疗卫生人员执业电子档案。执业电子档案纳入市卫生健康信息化平台管理，并向医疗卫生人员本人和其执业的医疗机构开放。

医疗卫生人员专业技术能力评价结果应当录入其执业电子档案。

第二节　医疗卫生人员执业

第五十七条　已取得医师资格证书并向卫生健康部门申请注册取得医师执业证书的医师，可以按照注册的执业地点、执业类别、执业范围，在其主执业机构开展执业活动。

执业医师参加专业培训，并经市级以上卫生健康部门考核合格的，可以申请增加注册同类别的相应专业作为执业范围。

临床医师取得中医类医师资格证书，可以申请增加注册中医类别专业作为执业范围；中医医师取得临床类医师资格证书，可以申请增加注册临床类别专业作为执业范围。

第五十八条　已取得护士资格证书或者通过国家护士执业资格考试，并向卫生健康部门申请注册取得护士执业证书的护士，可以在其主执业机构开展执业活动。

第五十九条　从事药学、检查、检验、康复治疗等的医疗卫生人员在本市医疗机构执业的，应当依法取得相应的执业资格或者职称证书，并通过市卫生健康信息化平台办理执业备案，明确其主执业机构。

第六十条　医疗卫生人员在其主执业机构以外的医疗机构执业的，应当向卫生健康部门办理备案。有下列情形之一的，可以不办理备案：

（一）在属于同一法人单位的医疗机构执业的；

（二）在与主执业机构一体化运营管理的其他医疗机构执业的；

（三）其他依法不需办理备案的情形。

第六十一条　经依法注册的香港和澳门特别行政区医疗专业技术人员，向市卫生健康部门备案后，可以在其主执业机构以外的本市医疗机构开展相应的执业活动。属于短期执业的，还应当取得其主执业机构同意。

第六十二条　医师、护士注册后有下列情形之一的，卫生健康部门应当注销其执业证书：

（一）死亡；

（二）受刑事处罚的；

（三）被吊销执业证书的；

（四）中止执业活动满两年的；

（五）其他依法应当注销的情形。

医疗机构发现其医师、护士有前款情形之一的，应当自知道或者应当知道之日起三十日内，报告准予注册的卫生健康部门。

医师、护士因受刑事处罚被注销执业证书的，自刑事处罚执行完毕之日起两年内或者缓刑期间，不得重新申请执业注册。

第六十三条　医师、护士注册后有下列情形之一的，其所在医疗机构应当自办理相关手续之日起三十日内，向卫生健康部门备案：

（一）调离、退休、退职的；

（二）被辞退、开除的；

（三）省级以上卫生健康部门规定的其他情形。

备案满两年且未继续执业的，卫生健康部门应当注销其执业证书。

第六十四条　建立专科护士制度。鼓励护士根据学科发展需要参加专科护士专业培训，取得专科护士证书。

符合下列条件的，参加专科护士专业培训，并经市卫生健康部门考核合格，可以取得专科护士证书：

（一）具有本科以上护理专业学历；

（二）具有五年以上临床护理工作经验，以及两年以上相关专科岗位工作经历；

（三）取得中级以上护理专业技术资格。

专科护士专业培训规范和标准由市卫生健康部门制定。

第六十五条　取得专科护士证书的护士，可以在护理专科门诊或者社区健康服务机构开展下列执业活动：

（一）开具检查申请单、治疗申请单等；

（二）开具外用类药品。

专科护士的具体管理办法由市卫生健康部门会同市医疗保障部门另行制定。

第六十六条 在医疗机构开展药品质量管理、药学服务的人员，应当取得药师专业技术职务任职资格。

药士可以从事处方调配工作，并在药师的指导下非独立开展其他药品质量管理和药学服务。

第六十七条 鼓励有条件的医疗机构开设护理专科门诊和药学门诊，提供专科护理和临床药学服务。

护理专科门诊和药学门诊收费按照医疗服务项目以及价格的有关规定执行。

第六十八条 开展医疗执业活动的人员应当具备相应的执业资质。

医疗卫生人员执业不得有下列行为：

（一）除法律、法规规定的特殊情形外，在注册和备案的执业机构以外的医疗机构执业；

（二）超出所在医疗机构核准开展的诊疗科目开展执业活动；

（三）开展与所需的技术职务任职资格、工作经历、培训考核等条件不符的医疗卫生技术活动；

（四）在其取得的执业资质以内超出专业范围开展执业活动；

（五）执业助理医师单独执业；

（六）除紧急救治或者依法上门提供医疗服务外，在应当进行医疗机构执业登记而未登记的场所开展执业活动；

（七）在被责令停止执业期间开展执业活动。

第六十九条 境外医疗专业技术人员在本市执业累计超过一年的，可以在其注册的主执业机构参加医疗卫生人员专业技术能力评价。

境外医师在本市执业累计超过三年的，应当在其注册的主执业机构参加医师定期考核。

第五章 医疗服务

第一节 医疗服务对象

第七十条 居民的生命安全、身体健康受法律保护，任何组织和个人不得非法侵害。

医疗机构及其医疗卫生人员应当关心爱护、平等对待患者，尊重患者人格尊严，保护患者隐私，依法提供预防、保健、诊疗、护理、康复、安宁疗护等医疗服务。

第七十一条 居民接受医疗服务依法享有下列权利：

（一）获得基本医疗服务；

（二）获悉本人健康状况、医疗措施、医疗风险、医疗费用等信息；

（三）对医疗措施及其替代方案有知情同意权；

（四）查阅、复制、复印本人病历资料，发生医疗纠纷时，要求封存病历资料和检验样本等；

（五）个人信息和隐私不受非法侵害；

（六）对医疗机构的管理和医疗服务等提出意见、建议，对违法违规行为进行投诉、举报等；

（七）法律、法规、规章规定的其他权利。

第七十二条　居民接受医疗服务应当履行下列义务：

（一）尊重医疗卫生人员的人格尊严，遵守诊疗制度和医疗服务秩序；

（二）按照规定出示本人有效身份证件，实名就医；

（三）如实陈述自己的病征、病史、过敏史等诊疗所需信息；

（四）接受、配合医疗机构及其医疗卫生人员依法开展医学诊查、疾病调查、医学处置等措施；

（五）符合出院条件或者转诊标准的，及时办理出院或者转诊手续；

（六）及时、足额支付医疗费用；

（七）法律、法规、规章规定的其他义务。

第七十三条　在医疗机构内开展陪护活动的人员，应当接受医疗机构的管理和指导。

鼓励医疗机构开设无陪护病房。

第七十四条　医疗机构应当为军人、老年人、残疾人就诊提供挂号、检查、检验等便利。

医疗机构对身份不明或者无力支付急救费用的急危重症患者实施救治后，符合疾病应急救助相关规定的，可以按照规定申请从市疾病应急救助基金中支付相应费用。

第二节　医疗服务规范

第七十五条　医疗机构应当在其执业场所显著位置悬挂医疗机构执业许可证以及有关单项诊疗服务许可证，并公示诊疗时间、医师资质、药品以及医疗服务价格等信息。

医疗机构悬挂的牌匾、印章、收费凭证和医学文书中的机构名称应当与医疗机构执业许可证载明的机构名称相同。医疗机构执业许可证上载有两个以上名称的，应当与第一名称相同。

医疗卫生人员开展医疗执业活动时应当佩带有本人姓名、照片、职务或者技术职称的标牌。

第七十六条　医疗机构及其医疗卫生人员应当及时向患者说明病情、医疗措施、医疗风险以及医疗费用等信息；不能或者不宜向患者说明的，应当向其近亲属说明。

第七十七条　属于下列情形之一的，医疗机构及其医疗卫生人员应当及时向患者具体说明医疗风险、替代医疗方案等情况，并取得其明确同意；不能或者不宜向患者说明的，应当向患者近亲属说明，并取得其明确同意：

（一）实施手术、输血、麻醉、特殊检查、特殊治疗、有创医疗美容项目、器官移植、辅助生殖的；

（二）采用药品说明书未明确的用法使用药品的；

（三）开展临床研究、临床试验的；

（四）开具本医疗机构用药目录外药品或者为医疗保险患者开具自费药品的。

因抢救生命垂危的患者等紧急情况，不能取得患者或者其近亲属意见的，经医疗机构负责人或者医疗机构授权的负责人批准，可以立即实施相应的医疗措施。

第七十八条　收到患者或者其近亲属提供具备下列条件的患者生前预嘱的，医疗机构在患者不可治愈的伤病末期或者临终时实施医疗措施，应当尊重患者生前预嘱的意思表示：

（一）有采取或者不采取插管、心肺复苏等创伤性抢救措施，使用或者不使用生命支持系统，进行或者不进行原发疾病的延续性治疗等的明确意思表示；

（二）经公证或者有两名以上见证人在场见证，且见证人不得为参与救治患者的医疗卫生人员；

（三）采用书面或者录音录像的方式，除经公证的外，采用书面方式的，应当由立预嘱人和见证人签名并注明时间；采用录音录像方式的，应当记录立预嘱人和见证人的姓名或者肖像以及时间。

第七十九条　医疗机构开展执业活动不得有下列行为：

（一）除法律、法规规定的特殊情形外，使用未注册或者未备案在本机构的医疗卫生人员开展执业活动；

（二）使用不具备岗位所需的技术职务任职资格、工作经历、培训考核等条件的医疗卫生人员开展执业活动；

（三）使用医疗卫生人员在其取得的执业资质的专业范围以外开展执业活动；

（四）使用执业助理医师单独开展执业活动；

（五）使用医疗卫生人员开展其所取得执业资质以外的医疗执业活动；

（六）使用未按照规定办理注册的境外医疗卫生人员开展执业活动；

（七）使用非医疗卫生人员开展执业活动。

第八十条　医疗机构可以按照规定安排医疗卫生人员到患者居住场所、照护机构为其提供适宜居家开展的诊疗、康复、护理、安宁疗护等医疗服务。

第八十一条　市卫生健康部门应当根据医学技术发展和监督管理的实际，确定医学检查检验结果互认项目的范围，并予以动态调整。医学检查检验结果互认项目的范围应当向社会公布。

医疗机构应当通过市卫生健康信息化平台共享医学检查检验结果；对属于互认范围的医学检查检验结果，并能提供规范完整的检查检验报告和相应影像资料的，在疾病周期性变化规律时间范围内，经执业医师评估应当予以互认，不得重复检查检验。

医学检查检验结果互认具体办法由市卫生健康部门另行制定。

第八十二条　医疗机构及其从业人员不得以虚假诊断、夸大病情或者疗效等方式，欺骗、诱导患者接受医疗服务。

医疗机构及其医疗卫生人员不得违反诊疗、操作规范和医学伦理，对患者实施不必要的检查、检验或者治疗。

第八十三条　医疗机构应当建立完善病历管理制度，定期开展病历管理培训和病历质量检查、评估，并按照有关规定妥善保管病历。

医疗卫生人员应当按照规定填写病历等医学文书。

医疗卫生人员未经亲自诊查、调查，不得签署诊断、治疗、流行病学调查等证明文件或者有关出生、死亡等证明文件。

医疗机构及其从业人员不得伪造、篡改、隐匿或者擅自销毁病历等医学文书以及有关资料。

第八十四条　医疗机构应当加强病房管理和患者安全保障，建立病房探视制度，合理设定病房探视时间、条件等。

探视人员应当遵守医疗机构病房管理和探视有关规定。

第三节　医疗技术临床应用

第八十五条　市卫生健康部门应当建立完善医疗技术临床应用质量管理与控制制度，制定本市常用医疗技术通用名称目录；属于手术的，应当根据手术风险和难易程度明确手术级别。

第八十六条　医疗机构应当建立医疗技术临床应用评估制度，制定本机构开展临床应用的医疗技术目录并动态调整，对目录内的医疗技术和手术进行分类分级管理。

医疗机构制定开展临床应用的医疗技术目录应当规范使用市卫生健康部门制定的医疗技术通用名称。

第八十七条　医疗机构及其医疗卫生人员应当按照有关规定开展医疗技术临床应用和手术。

医疗机构应当对本机构医疗技术临床应用情况进行日常监测和定期评估。

医疗技术临床应用和手术管理的具体办法由市卫生健康部门另行制定。

第八十八条　卫生健康部门在监督检查中发现医疗机构开展医疗技术临床应用存在医疗质量、安全、伦理等问题的，应当责令医疗机构立即改正或者停止开展临床应用。

第四节　药品管理

第八十九条　医疗机构应当依法设置药学部门或者配备符合资质的药学技术人员，负责本机构的药事管理和药学服务。

基层医疗联合体或者连锁医疗机构可以统一设置药学部门和配备药学技术人员，为基层医疗联合体内的医疗机构或者连锁经营的医疗机构提供药事管理和药学服务。

第九十条　医疗机构应当根据本机构疾病诊疗特点，制定和优化用药目录，根据临床需求和安全有效、经济合理的原则配备使用药品，优先配备使用国家基本药物。

社区健康服务机构应当配备市卫生健康部门制定的慢性病用药目录内的药品。

公立医疗机构应当通过符合规定的招标采购平台，实行药品和医用耗材集中采购。鼓励社会办医疗机构通过符合规定的招标采购平台集中采购药品和医用耗材。

第九十一条　鼓励基层医疗联合体建立药品联动管理机制，规范联合体内的医疗机构用药目录并完善供应保障机制。基层医疗联合体牵头医院应当加强对联合体内其他医疗机构的用药指导，促进药品供应和药学服务同质化。

第九十二条　医疗机构应当建立用药管理制度，对医师处方、用药医嘱的适宜性进行审核，严格规范医师用药行为。

第九十三条　药品上市许可持有人应当对药品的临床试验、上市后研究、药物警戒、不良反应监测及报告与处理等承担责任。医疗机构应当配合药品上市许可持有人、药品生产经营企业以及有关部门开展药物警戒活动。

第五节　智慧医疗服务

第九十四条　市、区人民政府应当推进医疗服务、医疗保障、药品监管信息化协同发展，促进信息资源共享，支持互联网医疗服务发展。

市卫生健康部门应当制定全市统一的医疗服务信息化建设标准和管理规范。区卫生健康部门和公立医疗机构建设卫生健康信息化项目，应当符合本市医疗服务信息化建设标准和管理规范。

第九十五条　市卫生健康部门应当建设市卫生健康信息化平台，建立和完善居民电子健康档案和电子病历数据库，优化预约诊疗和互联网诊疗服务，促进医疗服务协同发展，构建线上线下一体化医疗服务模式。

第九十六条　医疗机构应当按照有关规定建设本机构信息系统，规范、准确、真实、完整记录医疗服务信息，并按照规定录入或者上传至市卫生健康信息化平台，依法共享居民电子健康档案、电子病历信息。

第九十七条　市卫生健康部门应当制定卫生健康数据管理办法，促进卫生健康数据有序流动和开放共享。

医疗机构开展医疗服务数据活动应当遵守有关规定，并对信息网络安全、个人信息和隐私保护承担主体责任。

第九十八条　市卫生健康部门应当会同市市场监管、医疗保障等部门为医疗机构、药品零售企业、医疗保险经办机构等提供电子处方流转和处方调剂、保险结算支付等服务，并加强信息安全管理，支持处方流转信息追溯。

医疗机构、药品零售企业可以按照规定将其处方系统、处方药销售系统与电子处方共享的平台对接。

第九十九条　取得互联网诊疗活动资质的医疗机构可以利用互联网信息技术为常见病、慢性病患者提供在线复诊、开具电子处方等互联网诊疗服务。

医疗机构取得互联网诊疗活动资质的，其举办的实行一体化运营管理非独立法人资格的社区健康服务机构可以在其诊疗科目范围内开展互联网诊疗服务。

居民接受互联网诊疗服务时，医疗机构可以查阅其电子健康档案。

第一百条　居民健康管理服务单位可以运用互联网技术和居民电子健康档案，对与其签订居民健康管理服务协议的居民开展健康监测、评价，并根据监测数据辅助临床诊疗，提供医疗和健康管理服务。

第一百零一条　鼓励医疗机构使用移动通信技术和智能健康装备等方式，依法收集患者健康监测信息，推动人工智能辅助诊断和智慧医疗服务创新发展。

第六节　医疗服务质量评价

第一百零二条　卫生健康部门应当建立医疗机构医疗服务质量评价制度，对医疗机构的医疗服务质量和公众满意度等进行监测与评价。

第一百零三条　医疗机构应当建立以医疗质量持续改进为目标的医疗服务质量自查制度，至少每半年对医疗服务质量、效率、费用和公众满意度等方面开展自查，并将自查情况向卫生健康部门报告。

第一百零四条　医疗机构应当建立医疗服务质量报告制度和医疗风险预警及应急处置机制，发现医疗服务质量和安全问题的，应当及时告知当事人及有关方并采取应急处置措施。

医疗机构应当确定专门机构负责受理和答复服务对象对医疗服务质量的投诉、咨询等。

第六章　医疗秩序与纠纷处理

第一百零五条　医疗机构执业场所是医疗机构提供医疗服务的公共场所，医疗机构及其医疗卫生人员的执业活动受法律保护。

医疗机构应当按照规定建立安全检查制度，根据实际情况对进入医疗机构的人员进行必要的安全检查。除急危重症患者外，对拒不接受安全检查的人员，医疗机构安保人员有权采取措施制止其进入医疗机构，制止无效的立即报告公安机关。

第一百零六条 公安机关应当维护医疗机构治安秩序，预防和打击侵害医疗卫生人员、患者人身安全以及扰乱医疗机构正常秩序的违法犯罪行为。

第一百零七条 卫生健康部门应当制定医疗机构安全秩序管理规范，加强对医疗机构安全秩序管理工作的指导、监督和检查。

第一百零八条 任何人不得有下列行为：

（一）实施暴力或者以暴力相威胁、要挟医疗机构，或者聚众闹事、围堵、强占、冲击医疗机构等；

（二）违反规定携带易燃易爆、有毒、有放射性、有腐蚀性以及其他可能危及人身或者财产安全的危险物品进入医疗机构；

（三）侮辱、威胁、恐吓、谩骂、伤害或者诽谤、诬告陷害医疗卫生人员或者其近亲属，或者采取恶意拦截、尾随、网络曝光个人信息等方式干扰医疗卫生人员正常生活；

（四）在医疗机构执业场所以虚假信息欺骗、蒙蔽患者，介绍患者到其他场所接受医疗服务；

（五）盗窃、抢夺、故意损毁、隐匿、占用医疗机构的医疗设施设备以及病历、档案等重要资料；

（六）符合出院条件或者转诊标准滞留医疗机构，扰乱医疗秩序的；

（七）在医疗机构违规停放尸体，阻挠将尸体移放太平间或者殡仪馆等；

（八）其他扰乱医疗机构正常秩序、威胁医疗卫生人员人身安全的行为。

第一百零九条 医疗卫生人员人身安全受到威胁或者侵害的，可以采取避险保护措施；医疗机构安保及相关人员应当及时制止违法行为，报告公安机关，并保留、固定相关证据，配合公安机关进行调查。

医疗机构应当对医疗卫生人员的避险行为提供支持，并可以在不危及医疗安全的情况下暂停相关区域医疗服务；安全威胁消失后，应当及时恢复提供医疗服务。

第一百一十条 患者或者其代理人、死亡患者法定继承人或者其代理人（以下统称患方）需要查阅或者复印、复制病历的，对已完成的病历，医疗机构应当在正常工作时间六小时内提供查阅或者复印、复制服务；对未完成的病历，应当在规定的时间内完成。

医疗机构应当对复印、复制的病历加盖与原件相符的证明印记并标注复印、复制时间。经过修改的病历，应当保留修改痕迹，已经复印、复制给患方的，应当主动重新复印、复制给患方。

疑难病例讨论、手术前讨论、死亡病例讨论等结论性意见，应当在病程记录中予以记录。讨论记录等讨论性医学文书作为病历资料的附件保存，医疗机构可以不向患方公开。

医疗机构按照有关规范要求制作电子病历的，可以不制作和保存纸质病历，但是应当提供电子病历查阅、打印或者复制服务。

第一百一十一条　发生医疗纠纷的，医疗机构应当立即告知患方医疗纠纷处理的相关规定，并通知患方到医疗机构共同封存病历和检验样本等。医疗机构未按照规定履行告知或者通知义务的，由医疗机构承担相应不利后果，但是无法告知或者通知的除外。

第一百一十二条　患者在医疗机构死亡的，医疗机构应当通知死者近亲属依法处置遗体。无法通知死者近亲属或者超过规定时间死者近亲属不同意移送遗体的，医疗机构应当通知殡仪馆，并报医疗机构所在地的区卫生健康部门和公安机关备案，殡仪馆应当及时接收、运送遗体。

殡仪馆接收、运送遗体遇到恐吓、阻拦等不法侵犯时，公安机关应当依法及时处理，保障遗体的接收和运送。

第一百一十三条　患者死亡，死因不能确定或者死者近亲属对死因有异议的，医疗机构应当书面告知死者近亲属可以在患者死亡之日起七日内，委托相关鉴定机构进行尸检。

死者近亲属未依法处置遗体或者逾期不委托尸检，影响死因判定的，由死者近亲属承担相应不利后果。医疗机构未告知死者近亲属可以委托鉴定的，由医疗机构承担相应责任，但是无法告知的除外。

第一百一十四条　市卫生健康部门和司法行政部门应当共同设立医疗损害鉴定专家库，规范医疗损害鉴定工作。

发生医疗纠纷需要进行医疗损害鉴定的，鉴定机构应当成立由三名以上单数成员组成的鉴定组。鉴定组成员中鉴定事项涉及的主要学科的鉴定人不得少于鉴定组成员的二分之一。

鉴定机构开展鉴定活动，不符合前款规定的，委托人或者当事人可以要求重新鉴定。

第一百一十五条　发生医疗纠纷，当事人可以选择下列途径解决：

（一）自行协商；

（二）向人民调解组织申请调解；

（三）向卫生健康部门申请行政调解；

（四）向医疗纠纷仲裁机构申请仲裁；

（五）向人民法院提起诉讼。

医疗纠纷经依法设立的调解组织调解达成协议的，当事人可以依法向人民法院申请司法确认。

第一百一十六条　医疗机构应当按照有关规定购买医疗执业责任保险。鼓励医师购买医师执业保险。

鼓励患者根据医疗风险程度和自身需求购买医疗意外保险。鼓励医疗机构在提供门诊和住院服务时，为患者购买医疗意外保险提供便利。

第七章　监督管理

第一百一十七条　市、区人民政府应当建立由卫生健康部门牵头，发展改革、公安、民政、财政、人力资源保障、生态环境、市场监管、应急管理、医疗保障等部门参加的医疗卫生行业综合监管协同机制，统筹协调解决跨部门的重大问题。

第一百一十八条　医疗机构应当建立健全依法执业、规范服务、医疗质量和安全、人力资源、财务资产、绩效考核等内部管理制度，加强对从业人员的管理和考核。

基层医疗联合体牵头医院应当对联合体内的其他医疗机构的依法执业、规范服务、医疗质量和安全等予以指导。

第一百一十九条　医疗行业组织应当依照法律、法规、规章和章程的规定开展行业自律管理，履行下列职责：

（一）建立执业行为规范、惩戒制度、医疗风险管控制度等行业管理制度；

（二）反映医疗行业的意见和要求，维护医疗机构以及医疗卫生人员的合法权益；

（三）组织开展业务培训和依法执业、职业道德规范、执业准则教育；

（四）受理对会员的投诉或者举报，对会员的执业资质和执业行为进行检查，对违反职业道德规范和执业准则的行为予以惩戒；

（五）协调处理行业内部争议；

（六）法律、法规、规章规定的其他职责。

第一百二十条　医疗行业组织应当对在履行职责过程中获取的医疗机构商业秘密、医疗卫生人员及患者个人信息和隐私等，依法予以保密。

第一百二十一条　卫生健康部门负责医疗执业活动的监督管理。医疗机构及其从业人员应当配合接受卫生健康部门的监督检查。

卫生健康部门实施监督检查，可以采取下列措施：

（一）进行现场检查；

（二）询问有关人员；

（三）要求被检查对象提供与检查事项有关的资料，并作出解释和说明；

（四）采取记录、录音、录像、拍照或者复制等方式收集有关情况和资料；

（五）应用现代化技术或者设备，对手术室、诊室和检查室以外的医疗机构重点区域进行在线监测、监控；

（六）查封医疗场所，查封或者扣押医疗器械、药品、资料等；

（七）对可能被转移、隐匿或者灭失的证据材料予以先行登记保存；

（八）委托、聘请第三方专业机构或者专业人员协助开展检查或者提供专业意见；

（九）法律、法规、规章规定的其他措施。

第一百二十二条　卫生健康部门应当与医疗机构主体资格登记部门建立医疗机构信息共享和联动机制，及时通报医疗机构主体资格、执业信息等内容的登记、变更和注销等情况。

第一百二十三条　市卫生健康部门应当建立医疗卫生行业监管平台，与民政、市场监管、医疗保障等医疗卫生行业综合监管相关部门实现数据互联互通，与公安机关建立信息通报机制，对医疗机构及其医疗卫生人员的医疗服务信息进行收集，综合运用数据分析、图像识别、行为分析等技术措施，对医疗服务行为进行全过程、智能化监督管理。

第一百二十四条　市卫生健康部门应当建立完善医疗卫生行业诚信体系和信息披露制度，记录医疗机构和医疗卫生人员的执业情况，并定期向社会公开。

医疗机构应当建立健全信息公开工作制度，依法、全面、及时、准确公开相关信息。

第一百二十五条　医疗保障部门应当充分发挥医疗保险对医疗服务行为和费用的调控引导和监督制约作用，加强对纳入医疗保障基金支付范围的医疗服务行为和医疗费用的监督。

第一百二十六条　卫生健康、财政、医疗保障等部门建立健全综合监管结果协同运用机制。医疗机构的医疗服务质量评价结果和医疗机构及医疗卫生人员的监督情况，应当作为医疗机构的评审评价、医疗保险定点协议管理、重点学科建设、财政补助、评先评优、绩效考核等的重要依据。

第一百二十七条　本市建立行政机关、司法机关、医疗机构以及市场主体共同参与的跨部门、跨领域、跨区域的涉医失信联合惩戒机制，可以依照有关规定采取联合惩戒措施。

对实施本条例第一百零八条所列禁止行为的人员，到医疗机构就诊的，除急危重症患者外，医疗机构可以对其采取限制先看病后付费等就诊便利化措施。

第一百二十八条　卫生健康、民政、市场监管、医疗保障等部门应当畅通涉医信访投诉举报渠道，并向社会公布。

第八章　法律责任

第一百二十九条　市、区人民政府和有关部门未依照本条例规定履行相关职责的，由相关部门责令改正，给予通报批评；造成不良后果或者影响的，对负有责任的领导人员和直接责任人员依法给予处理。

第一百三十条　医疗机构违反本条例规定，有下列情形之一的，由卫生健康部门责令改正，予以警告；逾期不改正或者情节严重的，处一万元以上三万元以下罚款：

（一）未按照规定建立转诊服务制度，未确定转诊服务机构或者人员，或者未向服务对象公开转诊服务流程、咨询方式的；

（二）社会办营利性医疗机构自行设立医疗服务项目未按照规定备案；

（三）停业未按照规定备案的；

（四）社会办非营利性医疗机构未按照规定报送财务报告；

（五）医疗卫生人员存在依法应当注销其执业证书或者备案的情形，其所在医疗机构未按照规定报告或者备案；

（六）医疗机构未建立用药管理制度，对医师处方、用药医嘱的适宜性进行审核的；

（七）未制定本机构的医疗技术目录或者未规范使用医疗技术通用名称的；

（八）未按照规定将医疗服务信息录入、上传至市卫生健康信息化平台的；

（九）未按照规定报告医疗服务质量自查情况的。

第一百三十一条　违反本条例第二十七条第一款规定，未取得医疗机构执业许可证开展执业活动的，由卫生健康部门责令立即停止违法行为，没收违法所得和药品、医疗器械，没有违法所得、违法所得无法确定或者违法所得不足一万元的，并处五万元以上二十万元以下罚款；违法所得一万元以上的，并处违法所得五倍以上二十倍以下罚款。

第一百三十二条　除紧急救治外，医疗机构违反本条例第二十七条第二款规定，超出执业许可证登记范围开展执业活动，或者未取得单项诊疗服务许可开展依法需要另行许可的诊疗活动的，由卫生健康部门责令立即停止相关执业活动，没收违法所得，没有违法所得、违法所得无法确定或者违法所得不足一万元的，并处五万元以上二十万元以下罚款；违法所得一万元以上的，并处违法所得五倍以上二十倍以下罚款；情节严重的，并吊销医疗机构执业许可证、相关诊疗科目或者单项诊疗服务许可证。

第一百三十三条　公立医疗机构违反本条例规定，有下列情形之一的，由卫生健康部门责令改正；逾期不改正的，按照管理权限对负有责任的领导人员和直接责任人员给予警告、记过或者记大过处分，情节严重的，给予降级或者撤职处分：

（一）与其举办的社区健康服务机构不实行一体化运营管理的；

（二）未按照规定将门诊号源纳入市卫生健康信息化平台统一管理的；

（三）违反章程规定，对医疗机构运营产生不良影响的；

（四）未按照规定将有关运营管理事项报卫生健康部门审核批准的；

（五）将科室或者其人员收入与药品、医用耗材、检查、检验等业务收入挂钩或者变相转化为与经济效益高的医疗服务工作量挂钩的；

（六）举办或者参与举办营利性医疗机构的；

（七）与自然人、法人或者非法人组织合作举办非独立法人资格的医疗机构的；

（八）未经批准接受委托经营管理其他医疗机构的。

第一百三十四条　违反本条例第四十五条第二款、第四十八条第二款规定，社会办非营利性医疗机构向出资人、举办者分配或者变相分配收益，或者终止时向出资人、举办者或者工作人员分配剩余财产的，由卫生健康部门责令出资人、举办者、工作人员退回所分配或者变相分配的收益或者财产，对医疗机构处分配或者变相分配收益或者财产二倍以上十倍以下的罚款。

第一百三十五条　医疗卫生人员违反本条例第五十二条规定的，由卫生健康部门责令改正，给予警告，没收违法所得，并处一万元以上三万元以下的罚款；情节严重的，并责令停止执业活动六个月以上一年以下直至吊销其执业证书。

第一百三十六条　违反本条例第六十八条第一款规定，非医疗卫生人员开展医疗执业活动的，由卫生健康部门责令改正，处二万元以上五万元以下罚款；属于非医师行医的，没收违法所得，没有违法所得、违法所得无法确定或者违法所得不足一万元的，并处二万元以上十万元以下罚款；违法所得一万元以上的，并处违法所得二倍以上十倍以下的罚款。

有下列情形之一的，按照前款规定处理；情节严重的，并责令停止执业活动六个月以上一年以下：

（一）医疗卫生人员开展其所取得执业资质以外的医疗执业活动；

（二）境外医疗卫生人员未按照规定办理注册在本市开展医疗执业活动。

第一百三十七条　医疗卫生人员违反本条例第六十八条第二款规定，由卫生健康部门责令改正，按照下列规定处理：

（一）违反第一项规定的，处一千元以上五千元以下罚款；

（二）违反第二项规定的，处五千元以上一万元以下罚款，情节严重的，处一万元以上三万元以下罚款；

（三）违反第三项至第五项规定的，处一万元以上三万元以下罚款，情节严重的，并责令停止执业活动六个月以上一年以下；

（四）违反第六项规定的，处一万元以上三万元以下罚款，并责令停止执业活动六个月以上一年以下，情节严重的，并吊销其执业证书；

（五）违反第七项规定的，处一万元以上三万元以下罚款，并吊销其执业证书。

第一百三十八条　医疗机构违反本条例第七十五条第一款、第二款规定的，由卫生健康部门责令改正，处五千元罚款。

医疗卫生人员违反本条例第七十五条第三款规定的，由卫生健康部门责令改正，处五百元罚款。

第一百三十九条　医疗机构及其医疗卫生人员违反本条例第七十六条、第七十七条规定的，由卫生健康部门责令改正，对医疗机构给予警告，处一万元以上五万元以下罚款；对负有责任的医疗卫生人员给予警告，处一万元以上二万元以下罚款，情节严重的，并责令停止执业活动一个月以上六个月以下。

第一百四十条　医疗机构违反本条例第七十九条规定的，由卫生健康部门责令改正，按照下列规定处理：

（一）违反第一项规定的，按照每使用一人一万元的标准处以罚款；

（二）违反第二项至第四项规定的，按照每使用一人二万元的标准处以罚款，情节严重的，并责令停业或者限制开展部分执业活动一个月以上六个月以下；

（三）违反第五项至第七项规定的，按照每使用一人五万元的标准处以罚款，情节严重的，并吊销医疗机构执业许可证、相关诊疗科目或者单项诊疗服务许可证。

第一百四十一条　医疗机构违反本条例第八十二条规定的，由卫生健康部门责令改正，没收违法所得，没有违法所得、违法所得无法确定或者违法所得不足一万元的，并处五万元以上十五万元以下罚款；违法所得一万元以上的，并处违法所得五倍以上十五倍以下罚款；情节严重的，并责令停业或者限制开展部分执业活动一个月以上六个月以下；有下列情形之一的，并吊销医疗机构执业许可证、相关诊疗科目或者单项诊疗服务许可证：

（一）两年内曾因相同违法行为被处以行政处罚；

（二）医疗机构被司法机关认定为涉黑涉恶；

（三）医疗机构或者其从业人员因违反本条例第八十二条规定，构成诈骗或者强迫交易罪被依法追究刑事责任；

（四）造成患者重度残疾或者死亡；

（五）造成严重不良社会影响。

医疗机构从业人员违反本条例第八十二条规定的，由卫生健康部门处一万元以上五万元以下罚款，属于医疗卫生人员的并责令停止执业活动六个月以上一年以下；情节严重的，处五万元以上十万元以下罚款，属于医疗卫生人员的并吊销其执业证书。

第一百四十二条　违反本条例第八十三条第一款、第一百一十条第一款或者第二款规定，医疗机构有下列行为之一的，由卫生健康部门责令改正，给予警告，处一万元以上五万元以下罚款：

（一）未建立病历管理制度或者未定期开展病历管理培训、病历质量检查、评估；

（二）未按照规定保管病历；

（三）未按照规定复印、复制病历。

第一百四十三条　违反本条例第八十三条第二款规定，医疗卫生人员未按照规定填写病历等医学文书的，由卫生健康部门责令改正，给予警告，处一万元以上五万元以下罚款；情节严重的，并可以责令停止执业活动一个月以上六个月以下。

第一百四十四条　违反本条例第八十三条第三款、第四款规定的，由卫生健康部门责令改正，对医疗机构从业人员处三万元以上五万元以下罚款，属于医疗卫生人员的，并责令停止执业活动一个月以上六个月以下；情节严重的，处五万元以上十万元以下罚款，属于医疗卫生人员的，并责令停止执业活动六个月以上一年以下直至吊销其执业证书。

医疗机构对其从业人员违反本条例第八十三条第三款、第四款规定负有责任的，由卫生健康部门处十万元以上十五万元以下罚款；情节严重的，处十五万元以上二十万元以下罚款。

第一百四十五条　医疗机构及其医疗卫生人员违反本条例第八十七条规定开展医疗技术临床应用或者手术的，对医疗机构由卫生健康部门责令改正，没收违法所得，没有违法所得、违法所得无法确定或者违法所得不足一万元的，并处五万元以上二十万元以下罚款；违法所得一万元以上的，并处违法所得五倍以上二十倍以下罚款；情节严重的，并责令停业或者限制开展部分执业活动一个月以上六个月以下，直至吊销医疗机构执业许可证、相关诊疗科目或者单项诊疗服务许可证；对负有责任的医疗卫生人员，由卫生健康部门责令改正，给予警告，处一万元以上三万元以下罚款；情节严重的，并责令停止执业活动六个月以上一年以下直至吊销其执业证书。

第一百四十六条　违反本条例第一百零八条规定的，由公安机关依法处理。

第一百四十七条　医疗机构及其从业人员违反本条例第一百二十一条第一款规定，阻碍卫生健康部门执行职务，拒绝执法人员进入现场，或者不配合监督检查的，由卫生健康部门责令医疗机构停业一个月以上六个月以下，责令相关医疗卫生人员停止执业活动一个月以上六个月以下；情节严重的，吊销医疗机构执业许可证以及相关医疗卫生人员的执业证书。

第一百四十八条　医疗机构取得医疗机构执业许可证或者单项诊疗服务许可后不符合许可条件的，由卫生健康部门责令其限期整改，存在重大医疗安全隐患或者可能危及公众生命健康安全的，可以责令其立即停业或者限制开展部分执业活动。医疗机构经整改后仍不符合许可条件的，重新核定其级别，或者注销其医疗机构执业许可证、相关诊疗科目或者单项诊疗服务许可证。

第一百四十九条　医疗机构被吊销相关诊疗科目或者单项诊疗服务许可证的，三年内不得再次申请相关诊疗科目或者单项诊疗服务许可。

医疗机构被吊销医疗机构执业许可证的，五年内不得再次申请执业登记，其负责人以及出资人、举办者五年内不得出资、举办医疗机构或者作为医疗机构的实际控制人，医疗业务负责人五年内不得担任医疗机构负责人或者医疗业务负责人。

第九章　附　则

第一百五十条　本条例下列用语的含义：

（一）公立医疗机构，是指人民政府举办或者参与举办的非营利性医疗机构。

（二）社会办医疗机构，是指除人民政府以外的社会力量举办的医疗机构，包括非营利性和营利性医疗机构。

（三）区域医疗中心，是指在一个服务区域内主要开展危重症和疑难复杂疾病诊疗服务，承担本市高水平医学重点学科建设、人才培养、医学科学研究和重大疾病防治任务的医疗机构。

（四）基层医疗联合体，是指在一个服务区域内，由三级医院或者业务能力较强的医院牵头，联合社区健康服务机构、护理院、专业康复机构、区域内其他医疗卫生机构等组成的基层医疗集团以及其他形式的联合体。

（五）基层医疗机构，是指一级医院、社区健康服务机构、门诊部、中医馆、诊所、医务室、卫生所等医疗机构。

（六）一体化运营管理，是指医疗机构与其举办的非独立法人资格医疗机构，在行政管理、资源配置、业务管理、信息化建设、绩效考核等方面实行统一管理。

（七）临床研究，是指医疗机构开展的，以自然人个体或者群体（包括医疗健康信息）为研究对象，不以药品、医疗器械（含体外诊断试剂）等产品注册为目的，研究疾病的诊断、治疗、康复、预后、病因、预防及健康维护等的活动。

（八）医疗机构执业登记，包括执业许可和备案登记。

（九）医院级别，是指卫生健康部门根据医院的床位数量、诊疗科目及科室设置、房屋、人员及设备配备等情况核定为一级、二级、三级。

（十）床位数量，包含牙椅和血液透析机数量。

（十一）医疗服务业务量，是指医疗机构门（急）诊诊疗人次数、住院床日数和家庭病床的巡诊人次数。

（十二）医疗卫生人员（含境外医疗卫生人员），是指按照规定取得医师、护士（师）、药师（士）、技师（士）、康复治疗师等相应资格或者职称从事医疗卫生技术工作的人员。

（十三）单项诊疗服务许可，是指母婴保健技术服务、人类辅助生殖技术、放射诊疗服务等法律、法规规定需要另行申请取得相应许可证的诊疗服务许可。

（十四）病历，是指医疗卫生人员在医疗活动过程中形成的文字、符号、图表、影像、切片等资料的总和，含门（急）诊病历和住院病历。

（十五）电子病历，是指医疗机构使用信息系统生成的数字化信息，并能实现数字化存储、管理、传输和重现病历；使用文字处理软件编辑、打印的病历文档，不属于电子病历。

第一百五十一条　本条例自 2023 年 1 月 1 日施行。

本条例施行前已在本市执业的药学、检查、检验、康复治疗等医疗卫生人员，应当自本条例施行之日起一年内，通过市卫生健康信息化平台办理执业备案。

深圳经济特区生态环境保护条例

（2021年6月29日深圳市第七届人民代表大会常务委员会第二次会议通过）

第一章 总 则

第一条 为了保护和改善生态环境，推进生态文明建设，打造人与自然和谐共生的美丽中国典范，根据有关法律、行政法规的基本原则，结合深圳经济特区实际，制定本条例。

第二条 生态环境保护应当坚持节约优先、保护优先、自然恢复为主，着力提升生态环境质量，形成节约资源和保护环境的空间格局、产业布局、生产方式、生活方式，实现绿色低碳循环发展。

第三条 市、区人民政府对本行政区域生态环境质量负责，统一领导本行政区域生态环境保护工作。

市、区人民政府设立本级生态环境保护委员会，作为生态环境保护的综合协调机构，负责统筹本行政区域生态环境保护工作，协调解决生态环境保护工作中的重大问题。

第四条 市、区人民政府及其有关部门制定重大公共政策、规划和作出其他重大决策前，应当根据需要对决策事项涉及的生态环境影响进行评估，评估结果作为决策的重要依据。

第五条 市、区人民政府应当建立稳定的生态环境保护财政资金投入机制，提高资金的使用效益。

鼓励和引导社会资本参与生态环境保护，推动建立多元化、市场化的生态环境保护投融资机制。

第六条 市、区人民政府应当加快建设绿色低碳循环发展的经济体系，构建以市场为导向的绿色技术创新体系，大力发展绿色产业，促进绿色消费，发展绿色金融。

第七条 市人民政府应当构建以绿色发展为导向的生态文明建设目标考核体系，对市人民政府相关部门、区人民政府、重点国有企业及其主要负责人的生态文明建设重点目标任务完成情况实施考核，考核结果作为考核对象奖惩、任免的重要依据。

第八条 市、区人民政府应当每年向本级人民代表大会常务委员会报告生态环境保护工作，依法接受监督。

第九条 市生态环境部门对本市生态环境保护工作实施统一监督管理。市生态环境部门的派出机构负责辖区生态环境保护监督管理工作。

市发展改革、工业和信息化、公安、财政、规划和自然资源、住房建设、交通运输、水务、商务、应急管理、市场监管、城管和综合执法等部门，在各自职责范围内负责生态环境保护监督管理工作。

第十条　市人民政府应当推动建立粤港澳大湾区生态环境保护协调机制和数据共享机制，加强粤港澳大湾区生态环境保护合作，推动区域生态环境一体化协同保护。

第二章　保护和修复

第一节　一般规定

第十一条　市人民政府应当按照国家和广东省有关规定，划定生态保护红线，组织开展生态保护和生态修复活动。

禁止不符合生态保护红线空间管控要求的开发活动；不得减少生态保护红线面积；未经法定程序，不得改变土地用地性质。

第十二条　编制、修订国土空间规划应当坚持生态优先，科学布局生态、农业、城市等功能空间，明确生态保护红线、永久基本农田、城市开发边界等空间管控要求。

第十三条　市人民政府应当以生态环境质量不断改善为目标，划定生态环境管控区域，实施生态环境分区管控。

市、区人民政府及其有关部门调整空间和产业布局，编制土地利用和区域开发建设等规划，组织区域开发建设等，应当符合生态环境分区管控要求。

第十四条　市生态环境部门可以会同市场监管部门根据生态环境保护需要，编制严于国家标准或者广东省标准的生态环境质量标准、生态环境风险管控标准、污染物排放标准等生态环境强制性地方标准，报市人民政府批准后公布实施。

市生态环境、市场监管、工业和信息化等部门可以根据生态环境保护需要，对影响生态环境的产品原材料、生产加工过程、有害物质限量等，编制严于国家标准或者广东省标准的产品环境保护强制性地方标准，报市人民政府批准后公布实施。

鼓励企业和社会团体以国家和地方标准为基础，借鉴国内外先进标准，编制和实施严于国家标准或者地方标准的相关企业标准、团体标准。

第十五条　市人民政府可以根据生态环境保护的需要，决定提前执行国家和广东省污染物排放标准相应排放控制要求和国家机动车大气污染物排放标准中相应阶段排放限值。

第二节　生态保护

第十六条　市生态环境部门应当会同相关部门根据相关规划和生态环境质量标准，组织编制本市生态环境功能区划，明确各类生态环境质量标准的适用区域，报市人民政府批准后公布实施。

第十七条　市规划和自然资源部门应当按照国家和广东省有关规定，根据生态保护红线和国土空间保护发展要求，编制自然保护地规划，建立由自然保护区和自然公园组成的自然保护地体系，将重要的自然生态系统、自然遗迹、自然景观、特有物种栖息地和野生动植物天然集中分布区纳入自然保护地体系。

自然保护地规划报市人民政府批准后公布实施。

第十八条　市人民政府应当建设陆海统筹的生态监测网络，对全市生态系统质量和功能实施监测。

第十九条　市人民政府应当建立多层次生态状况调查评估机制，定期对重点区域、重点流域、重点海域、生态保护红线区域、自然保护地和其他典型生态系统的生态状况开展调查评估。

第二十条　市人民政府应当组织建立生态系统生产总值核算体系，逐步扩大核算范围，定期对生态系统生产总值进行统计核算并公布核算结果。

生态系统生产总值核算结果应当作为生态文明建设目标考核、生态保护补偿等的重要依据。

第二十一条　实行区域空间生态环境评价分类管理制度。

区人民政府应当按照区域空间生态环境评价相关技术规范，划定本行政区域生态环境管控区域评价单元，组织开展区域空间生态环境评价，并根据评价结果制定区域空间生态环境管理清单，报市人民政府批准后公布实施。

在已经开展区域空间生态环境评价的区域，纳入重点项目名录的建设项目，应当依法进行环境影响评价；未纳入重点项目名录的建设项目无需进行环境影响评价，应当执行区域空间生态环境管理清单有关规定。

区域空间生态环境评价相关技术规范和重点项目名录由市生态环境部门另行制定。

第二十二条　鼓励建设项目开展环境效益评价，重点评价建设项目在生态保护、应对气候变化、环境质量改善等方面的积极效益。

环境效益评价结果可以作为绿色产业认定、专项资金补贴、政府投资、绿色投资的重要依据。

第二十三条　市人民政府应当根据国家饮用水水源保护区划定标准，划定、调整饮用水水源保护区，报省人民政府备案后公布实施。

市、区人民政府应当组织相关部门对饮用水水源保护区以及供水单位周边区域的环境状况和污染风险进行调查评估，采取相应的风险防范措施，提高饮用水水源环境安全保障水平。

市人民政府应当推动建立跨行政区域饮用水水源保护协作机制，加强跨行政区域饮用水水源水质管理。

第二十四条 市、区人民政府应当根据国家和广东省有关规定，建立和完善生态保护补偿机制，落实禁止开发区域、重点生态功能区以及森林、河湖水系、湿地、海洋、耕地等重点领域生态保护补偿。

第二十五条 市人民政府应当建立环境健康监测、调查和风险评估制度，开展空气、地表水、地下水等环境要素对健康影响的监测、调查和风险评估，加强环境健康风险管理。

支持环境健康科学技术研究、开发和应用。

第二十六条 市人民政府应当建立健全海洋生态灾害监测预警与应急处置体系，并对海洋生态灾害发生次数、强度和造成的损失等情况开展海洋生态灾害调查和风险评估。

第三节 生态修复

第二十七条 生态修复应当采取自然恢复为主、自然恢复与人工修复相结合的方式，提升生态系统自我恢复能力，保障生态系统的稳定性和连续性。

第二十八条 市、区人民政府应当科学制定生态修复规划，对生态功能退化或者丧失的河湖水系、红树林湿地、岸线等区域、流域，组织实施系统性生态修复、重要生态廊道节点生态修复等工程，提升生态系统质量和功能。

第二十九条 城市开发建设应当保护地表水系、滩涂湿地、自然地貌以及野生动植物等自然生态系统和自然景观。建设单位应当按照规定制定生态保护和修复方案，并与开发建设工程同步实施。

市、区人民政府应当对不符合生态环境保护要求的已建项目，分类、分期组织实施整改。

第三十条 市规划和自然资源部门应当会同相关部门制定、完善生态修复标准。

承担生态修复项目的单位应当按照生态修复标准开展生态修复，对生态修复全过程实施生态环境质量监测，编制生态修复评估报告，报告作为生态修复项目竣工验收的依据。

市生态环境部门应当对实施生态修复的重点区域、重点流域、重点海域开展生态修复成效评估；评估发现问题的，应当及时督促相关单位实施整改。

第三十一条 除国家批准建设的重大项目外，禁止围填海。

经国家批准的重大项目需要围填海的，建设单位应当依法编制围填海项目生态保护和修复方案，与围填海工程同步实施。

第四节 生物多样性保护

第三十二条 市、区人民政府应当加强生物多样性保护工作，系统开展生态系统多样性、物种多样性和遗传多样性保护以及生物安全治理。

市生态环境部门应当组织编制生物多样性保护行动计划，确定生物多样性保护总体目标、战略任务和优先行动，明确重点保护范围和保护区域，报市人民政府批准后公布实施。

市生态环境部门应当定期组织编制生物多样性白皮书，明确生物多样性现状、保护成效、保护举措和未来行动方向，报市人民政府批准后公布。

第三十三条　市规划和自然资源、水务、城管和综合执法等部门应当根据职责分工，加强对野生生物天然集中分布区和迁徙洄游通道的保护，对生态功能严重退化的栖息地、破碎化的典型生态系统开展生物多样性保护与生态修复。

第三十四条　市规划和自然资源、市场监管、城管和综合执法等部门应当采取有效措施，重点保护珍稀濒危物种、重要种质资源、极小种群物种和区域特有物种，对受威胁的野生物种实施抢救性保护。

市规划和自然资源、生态环境部门可以结合国家和广东省重点保护物种名录与重要自然栖息地保护清单，根据需要制定本市重点保护物种补充名录与重要自然栖息地保护补充清单，报市人民政府批准后公布实施。

第三十五条　市规划和自然资源、市场监管、城管和综合执法等部门应当建立和完善野生动植物就地和迁地保护机制，建设种质资源库、动物细胞库等离体保存设施。

对生物遗传资源进行收集研究和开发利用的，不得影响野生生物种群的遗传完整性，不得损害生态安全和生物多样性。

第三十六条　市人民政府应当加强对外来入侵物种的防范和应对，保护本地物种安全。

市市场监管部门应当会同规划和自然资源、生态环境等部门制定外来入侵物种管理办法和补充名录。

市规划和自然资源、生态环境、市场监管、城管和综合执法、海关等部门应当根据职责分工，开展对外来入侵物种的调查、评估、防控等工作。

第三十七条　任何组织或者个人未经批准，不得擅自引进、释放或者丢弃外来物种。

引进外来物种的，应当依法向国家、广东省或者本市引进外来物种的主管部门提出申请。因科学研究、生物防治、种群结构调节等需要向野外释放外来物种的，应当具备防止逃逸、扩散、外泄的条件和控制措施，并报市市场监管、规划和自然资源等部门批准。

第三十八条　城市绿地建设和管理应当符合生态环境保护要求，促进生物多样性保护。非景观和服务功能绿地应当实施近自然运营维护，提升生态系统质量和功能。

禁止大面积过度种植单一品种的观赏林。

第三十九条　市、区人民政府应当建立和完善城市碧道、绿道和森林步道的规划、建设、运营和维护机制，推动碧道、绿道和森林步道互联互通，优化河湖岸线和水务设施景观，提升碧道、绿道和森林步道的生态功能效益，防止造成生物多样性减少、物种隔离、迁徙障碍等。

第三章　污染防治

第一节　一般规定

第四十条　市、区人民政府应当建立环境污染监测预警机制，组织编制应急预案。

在环境受到严重污染，发生或者可能发生危害人体健康和安全的紧急情况时，市、区人民政府应当向社会发布环境污染的预警信息，并按照预警级别及时启动应急预案，采取相应响应措施。

公民、法人和其他组织应当配合市人民政府及其有关部门采取的环境污染应急响应措施。

第四十一条　城市开发建设应当根据相关规划同步规划和建设城市污水处理设施、垃圾转运和处理设施、医疗废物集中处理设施以及其他危险废物集中处理设施等环境保护基础设施。

环境保护基础设施的建设、运营和升级改造，应当采用先进的工艺技术和污染防治方式。

第四十二条　向环境排放污染物的生产经营单位（以下简称排污单位）应当履行环境保护主体责任，依法采取有效措施防治环境污染。

排污单位主要负责人对本单位的环境保护工作负责，履行下列环境保护管理职责：

（一）建立环境保护责任制度，明确责任人员、责任范围和考核标准等；

（二）组织制定环境保护制度和操作规程，实施教育培训计划；

（三）保障环境保护所需要的资金投入；

（四）保证生产流程符合环境保护法律、法规以及标准的要求；

（五）法律、法规规定的其他环境保护管理职责。

第四十三条　重点排污单位应当设立环境保护管理机构或者配备专职管理人员，履行本单位环境保护管理相关职责。

本市重点排污单位名录由市生态环境部门按照国家、广东省有关规定，结合重点污染物排放总量控制指标、排污单位污染物排放情况等因素确定并公布。

第四十四条　市、区人民政府应当合理规划产业布局，推动工业园区建设，引导排污单位入驻工业园区，实现资源综合利用、污染集中治理。

新建涉重金属污染物排放的建设项目，应当进入已经建成的工业园区，但是因安全生产原因不适合进入工业园区的项目除外。

第四十五条　工业园区经营管理单位应当建立园区环境保护责任制度，履行下列环境保护管理职责：

（一）设立园区环境保护管理机构，配备专职管理人员；

（二）严格执行生态环境准入有关规定；

（三）按照规定组织建设和管理工业废水、废气集中处理设施和固体废物收集、贮存设施等园区环境保护基础设施，组织开展园区污染物排放监测；

（四）推进清洁生产和节能减排；

（五）建立入园排污单位环境管理台账，记录入园排污单位的环境影响评价、排污许可证申领、排污登记等情况；

（六）对入园排污单位开展环境保护巡查，发现环境违法行为的，及时制止并向所在辖区生态环境部门派出机构报告；

（七）法律、法规规定的其他环境保护管理职责。

第四十六条　下列排污单位应当按照有关规定安装污染物排放自动监测设备和在线视频监控设备，接入市生态环境部门的监控设备终端并确保正常运行：

（一）重点排污单位；

（二）配套建设污染物集中处理设施的工业园区；

（三）其他未纳入重点排污单位管理，但因严重干扰周围环境、影响居民生活，纳入市生态环境部门重点监管的建筑施工工地、餐饮等排污单位。

前款规定的排污单位应当对监测数据和监控记录的真实性和准确性负责。

第四十七条　排污单位应当按照有关规定，设置污染物排放口，建设污染防治设施并确保正常运行。

排污单位进入破产程序的，破产管理人应当按照规定管理和处置污染防治设施以及污染物，防止发生环境污染。

严禁通过暗管、渗井、渗坑、灌注或者稀释以及不正常运行污染防治设施等方式违法排放污染物。

第四十八条　排污单位可以委托污染防治设施运营机构对自有污染防治设施实施运营管理，也可以将污染物委托具有相应处理能力的机构集中处理。排污单位和受委托单位应当签订协议，明确双方权利、义务和环境保护责任。

委托污染防治设施运营机构运营管理污染防治设施的，由排污单位承担污染治理责任；受委托单位未按照法律、法规规定以及相关标准运营管理或者弄虚作假的，由受委托单位依法承担相应责任。

委托具有相应处理能力的机构集中处理污染物的，由受委托单位承担污染治理责任。

第四十九条　鼓励排污单位开展清洁生产技术升级改造。在未改变项目性质、未增加主要污染物排放量和排放种类的前提下，下列清洁生产技术升级改造项目无需进行环境影响评价：

（一）采用无毒、无害或者低毒、低害的原材料，替代毒性大、危害严重的原材料的；

（二）采用资源利用率高、污染物产生量少的工艺和设备，替代资源利用率低、污染物产生量多的工艺和设备的；

（三）对生产过程中产生的一般工业固体废物、废水和余热等进行综合利用或者循环使用的；

（四）采用先进污染防治技术的。

其他纳入建设项目重大变动清单的技术升级改造项目，应当依法进行环境影响评价。

第五十条　市生态环境部门可以会同市卫生健康部门根据污染物对生态环境和公众健康的影响，在国家制定的有毒有害污染物名录的基础上，制定本市有毒有害污染物补充名录，报市人民政府批准后公布实施。

排放前款规定的国家和本市名录所列有毒有害污染物的排污单位，应当按照有关规定建立环境风险预警体系，对污染物排放口和周边环境实施定期监测，排查环境安全隐患，并采取有效措施防范环境风险。

第二节　污染物排放总量控制

第五十一条　市人民政府应当根据国家和广东省核定的重点污染物排放总量控制指标，制定本市重点污染物排放总量控制计划，明确排污单位重点污染物排放总量控制指标分配标准、达标要求、削减任务和考核办法。

市生态环境部门可以根据需要，在国家和广东省确定的重点污染物以外，组织制定其他重点污染物的排放总量控制指标和控制计划，报市人民政府批准后公布实施。

第五十二条　建立和完善排污权交易制度。

排污单位可以通过排污权交易有偿取得重点污染物排放总量控制指标和市生态环境部门确定的其他重点污染物排放总量控制指标。

市生态环境部门应当根据交易结果调整交易双方的污染物排放指标。

第五十三条　市生态环境部门可以在国家固定污染源排污许可分类管理的基础上，结合实际制定本市排污许可分类管理名录。

纳入排污许可管理的排污单位，应当按照规定申领排污许可证；应当取得而未取得排污许可证或者排污许可证被依法吊销的，不得排放污染物。

未纳入排污许可管理的排污单位，无需申领排污许可证，但是其排放的污染物应当符合国家和地方污染物排放标准，并按照有关规定进行排污登记。

第五十四条　市生态环境部门可以按照权限分级核发排污许可证，市生态环境部门派出机构可以以自己的名义核发排污许可证。

第五十五条　排污单位应当按照排污许可证规定的排放浓度、排放量等许可事项排放污染物，并遵守排污许可证载明的环境保护管理要求，按照规定编制和提交排污许可证执行报告。

污染物排放标准、重点污染物排放总量控制指标调整的，市生态环境部门应当及时告知相关排污单位；需要变更排污许可证相关事项的，由市生态环境部门依法予以变更。

第三节　水、大气、土壤污染防治

第五十六条　新建、改建或者扩大污水入河排放口应当符合水环境保护规划和功能区划要求。

建设单位应当在新建、改建或者扩大污水入河排放口前，依法开展科学论证，编制论证报告，并向市生态环境部门备案。污水入河排放口对水功能区影响轻微或者环境影响评价文件中已经进行论证的，可以简化或者豁免论证报告。

第五十七条　排污单位应当采取有效措施收集和处理所产生的全部废水，防止污染环境。含有第一类水污染物或者有毒有害水污染物的工业废水，应当分类收集和处理，不得直接排放或者稀释排放。

排污单位应当在产生第一类水污染物或者有毒有害水污染物的车间或者车间废水处理设施出水口，设置符合规范要求的排放口和监测点，废水经处理达标后方可排入综合废水处理设施。

第五十八条　排污单位将工业废水外运集中处理的，应当在收集、贮存工业废水的场所安装在线视频监控设备，并确保监控设备正常运行。

排污单位、运输单位和处理单位应当按照规定填写工业废水外运处理联单。

严禁在收集、贮存、运输过程中排放工业废水。

第五十九条　同时符合下列条件的，排污单位可以向生态环境部门和水务部门申请调整排放至城市污水集中处理设施的特定水污染物预处理排放浓度限值，经生态环境部门和水务部门同意后，依法办理或者变更排污许可证和排水许可证：

（一）排放的废水属于可生化性较好的工业废水；

（二）废水通过密闭管道向城市污水集中处理设施排放，且不得影响污水管网正常运行；

（三）申请调整的特定污染物不属于第一类水污染物或者有毒有害水污染物；

（四）城市污水集中处理设施运营单位具备处理特定水污染物的工艺与能力，同意接收处理特定水污染物并保证申请调整的特定水污染物能够处理达到相关排放标准。

第六十条　市生态环境部门应当根据本市大气环境特征以及细微颗粒物、臭氧、二氧化氮等污染现状，制定大气环境污染防治行动计划，报市人民政府批准后公布实施。

第六十一条　市生态环境部门应当会同相关部门根据区域大气环境质量状况，划定禁止或者限制使用高排放非道路移动机械、高污染燃料、高排放生产工艺的区域以及高排放机动车限行区域和时段，报市人民政府批准后公布实施。

任何组织和个人不得在前款规定的禁止或者限制区域内使用高排放非道路移动机械、高污染燃料、高排放生产工艺；禁止高排放机动车在前款规定的限行区域和时段内通行。

第六十二条　船舶在本市管辖海域航行、停泊、作业的，应当符合本市大气污染物控制排放要求。

船舶进入大气污染物排放控制区时，应当使用低硫燃油或者采取使用清洁能源、尾气后处理等与使用低硫燃油等效的替代措施；具备岸电使用条件的，船舶靠泊时应当按照规定使用岸电。

第六十三条　非道路移动机械、锅炉、工业窑炉使用单位和从事垃圾清运、快递物流等行业的生产经营单位，应当逐步使用电力、天然气等清洁能源。具体行业名录由市相关行业主管部门会同市生态环境部门制定。

第六十四条　建立非道路移动机械信息编码登记管理制度。市生态环境部门应当组织建立非道路移动机械信息编码登记管理平台，对在本市使用的非道路移动机械的基本信息、污染控制技术信息、排放检验信息等进行登记管理。

市住房建设、交通运输、水务、城管和综合执法等部门应当组织、督促本行业使用非道路移动机械的单位在该平台登记。

第六十五条　从事道路运输、环卫、邮政、快递等行业的生产经营者，应当建立机动车污染物排放防治责任制度，定期开展机动车环保检验、维护，确保机动车符合相关排放标准。

第六十六条　土壤污染责任人应当承担土壤污染风险管控和修复责任，无法确定土壤污染责任人的，由土地使用权人实施土壤污染风险管控和修复。

土地使用权人变更的，应当通过协议约定土壤污染风险管控和修复义务；没有约定的，由承继的土地使用权人负责土壤污染风险管控和修复。

第六十七条　纳入土地整备计划的污染地块和疑似污染地块，由土壤污染责任人负责土壤污染风险管控和修复。无法确定土壤污染责任人的，由土地使用权人负责土壤污染风险管控和修复。

列入城市更新计划的污染地块和疑似污染地块，由城市更新项目实施主体依照城市更新相关法规承担土壤污染风险管控和修复责任。

第六十八条　土地储备部门负责开展已收储污染地块和疑似污染地块的土壤污染状况调查，并承担已收储污染地块的土壤污染风险管控和修复责任。

第六十九条　供水水库一级水源保护区以及水库、河道、海堤的管理范围内的土地，由土地使用权人或者实际管理的单位负责土壤污染状况调查和风险评估。经调查属于污染地块的，由土壤污染责任人负责风险管控和修复。无法认定污染责任人的，由土地使用权人或者实际管理的单位组织实施土壤污染风险管控和修复。

非农业用地转为农业用地的，市市场监管部门应当组织开展土壤污染状况调查和风险评估，经评估符合农业用地土壤污染风险管控标准的，方可用于农业生产。

加强土壤环境保护和质量提升，治理农业面源污染，探索实施化肥农药购买实名制。

第七十条　市生态环境部门应当会同相关部门定期组织开展地下水基础环境状况调查，根据调查结果建立地下水污染分区防治体系，公布地下水污染场地清单。

列入地下水污染场地清单的，由污染责任人负责开展地下水污染场地风险管控和修复。

第四节　海域污染防治

第七十一条　市生态环境部门应当根据近岸海域环境质量改善目标和污染防治要求，确定重点污染物排海总量控制指标。

对超过重点污染物排海总量控制指标的海域，应当暂停审批涉该海域重点污染物排海总量控制指标的建设项目环境影响评价文件。

第七十二条　市生态环境部门应当会同有关部门制定污水入海排放口分类管理规范，建立污水入海排放口数据共享机制。

禁止在海洋自然保护区、重要渔业水域、海滨风景名胜区、生态保护红线区域和其他需要特别保护的区域设置污水入海排放口。

建设单位应当在新建、改建或者扩大污水入海排放口前，依法开展科学论证，编制论证报告，报市生态环境部门备案。环境影响评价文件中已经对污水入海排放口建设进行论证的，可以简化或者豁免论证报告。

第七十三条　市人民政府应当根据海洋生态环境保护需要和近岸海域水质改善目标，合理确定入海河流的环境管理目标、任务和保障措施，并对入海河流实行重点污染物特别排放限值管理。

第七十四条　沿海单位应当按照规定制定突发海洋环境事件应急预案，分别向所在辖区的生态环境、海洋渔业部门派出机构备案，并落实突发海洋环境事件应急处置措施。

需要制定突发海洋环境事件应急预案的单位名录由市生态环境部门确定并公布。

第七十五条　沿海各区人民政府应当建立本行政区域内海洋垃圾清理工作机制。有使用单位的沿海陆域（含海岛），由用海、用岸单位负责清理；没有使用单位的沿海陆域（含海岛），由沿海各区人民政府组织清理。

任何组织和个人不得向海岸带倾倒垃圾和其他废弃物。

第七十六条　港口、码头、装卸站和船舶修造厂等应当按照有关规定配套建设船舶污染物、废弃物的接收设施，并确保接收设施正常运行。

任何船舶不得将未经处理或者处理后不符合排放要求的压载水和沉积物排入海域。

海事部门依法对船舶压载水置换、处理和沉积物处置实施监督管理。

第七十七条　未取得海洋倾倒废弃物许可证的，不得在本市管辖海域使用开底船舶或者带有自卸装置的船舶从事运泥作业。

第五节 固体废物和其他污染防治

第七十八条 公民、法人和其他组织应当采取有效措施，减少固体废物的产生，并按照规定分类投放、收集、运输、处理生活垃圾等固体废物，促进资源循环利用，减少环境污染。

第七十九条 工业固体废物产生者应当按照相关标准设立工业固体废物贮存间。

转移一般工业固体废物的，应当按照规定填报一般工业固体废物转移联单。纳入转移联单管理的一般工业固体废物种类由市生态环境部门确定并公布。

第八十条 危险废物产生者对危险废物实施资源化利用的，应当符合危险废物管理要求和相关标准，建立资源化利用台账，并按照规定向市生态环境部门报告危险废物利用方式、去向等。

未自行实施资源化利用的，危险废物产生者应当按照有关规定将危险废物交由具有相应资质的单位进行利用或者处置。

第八十一条 从事危险废物收集活动的，应当向市生态环境部门申领危险废物收集许可证，按照许可证的规定从事相应类别危险废物收集、贮存活动。危险废物收集许可证允许收集、贮存的危险废物类别，由市生态环境部门另行规定。

危险废物收集者应当将收集、贮存的危险废物交由具有相应资质的单位进行利用或者处置。

第八十二条 禁止生产、销售不符合规定的塑料制品。

商场、超市、药店、书店、餐厅等经营者和展会活动的主办方、参展方，不得提供不符合规定的塑料制品。

宾馆、酒店等场所经营者不得主动提供一次性塑料用品，但是可以通过设置自助贩卖机、供应续充型洗洁剂等方式提供相关服务。

第八十三条 从事电子商务、快递、外卖等行业的生产经营者应当遵守国家和地方有关禁止、限制使用不可降解塑料包装袋等一次性塑料制品的规定，优先采用可重复使用、易回收利用的包装物，优化物品包装，减少包装物的使用，并按照规定回收利用包装物。

第八十四条 对于未达到声环境质量标准的区域，市、区人民政府应当组织编制声环境质量改善方案，分阶段减轻、消除噪声影响，改善声环境质量。

第八十五条 建设单位应当将包含噪声污染防治在内的污染防治费用列入工程造价，并在施工承包合同中明确施工单位的噪声污染防治责任。

施工单位应当按照有关规定制定噪声污染防治实施方案，并报送建设单位，严格落实噪声污染防治实施方案中各项防治措施，确保噪声排放符合规定标准。建设单位应当每月组织对施工单位噪声污染防治措施落实情况进行检查，并将检查情况向社会公开。

第八十六条　实行建设工程施工总承包的，由总承包单位对施工现场的噪声污染防治负责。

第八十七条　施工单位进行电焊作业或者夜间施工使用灯光照明的，应当采取有效遮蔽光照措施，避免光照直射居民住宅。

第八十八条　景观照明工程技术规范应当明确环境保护相关要求。

在室外使用灯光等照明设备的，应当符合前款技术规范有关环境保护的要求，控制和减少对居民和动植物的不利影响。

第八十九条　安装建筑物玻璃幕墙的，应当符合有关环境保护设计标准和规范。

建设单位在方案设计阶段，应当委托相关机构对玻璃幕墙的光反射影响进行评估。经评估可能对周围环境产生反光影响的，应当采用低辐射率镀膜玻璃、非抛光金属板等材料，防止玻璃幕墙反光对周围居民和动植物产生不利影响。

市规划和自然资源部门负责玻璃幕墙工程建设的规划控制和方案审批。市、区住房建设部门应当制定玻璃幕墙光反射影响标准，并对玻璃幕墙的施工图设计、施工以及验收进行监督管理。

第九十条　市人民政府应当将辐射污染防治纳入生态环境保护规划，建立和完善辐射污染防治监督管理机制，加强辐射污染监管机构建设，提高辐射污染防治能力。

生产、销售、运输和使用辐射设施设备以及放射性物质的单位应当建立健全辐射污染防治工作责任制，采取有效安全防护措施，保障环境安全。

第九十一条　建筑物业主、土地使用权人或者物业管理人不得将物业出租或者出借给从事不符合生态环境保护法律、法规规定的生产经营活动的组织和个人。

建筑物业主、土地使用权人或者物业管理人发现承租人或者承借人的生产经营活动涉嫌违反生态环境保护法律、法规规定的，应当及时劝阻并向所在辖区生态环境部门派出机构报告。

第九十二条　从事畜禽养殖的，应当符合有关畜禽养殖污染防治要求。禁止在人口集中区域和环境敏感区域以及法律、法规规定的其他禁止养殖区域从事畜禽养殖。

第九十三条　从事水产养殖的，应当依法取得养殖许可证，并按照养殖许可证规定的面积、范围、用途等开展养殖活动。

市海洋渔业部门应当科学划定水产禁止养殖区、限制养殖区和允许养殖区，报市人民政府批准后公布实施。

第四章　应对气候变化

第一节　一般规定

第九十四条　市、区人民政府应当建立应对气候变化领导协调机制，统一领导本行政区域应对气候变化工作。

市、区人民政府有关部门和驻深单位在各自职责范围内负责应对气候变化相关工作。

第九十五条　市、区人民政府应当定期确定并公布温室气体排放控制目标。

市生态环境部门应当会同相关部门根据国家和广东省有关规定，建立健全温室气体排放统计制度，组织编制温室气体排放清单。

第九十六条　支持建立应对气候变化技术创新体系，加强对重大低碳技术和适应气候变化共性技术创新的政策引导和资金支持，促进低碳产品和低碳技术推广应用；支持应对气候变化技术研发、示范与推广以及基础能力建设，推动绿色低碳产业发展。

第九十七条　完善气候投融资机制，拓宽气候项目融资渠道，支持社会资本和依法引进的境外资金投资气候项目。

充分利用税收、财政、价格、金融等经济政策工具支持碳排放达峰和碳中和目标的实现，推动气候适应型城市建设。

第九十八条　市地方金融监管部门应当会同市发展改革、工业和信息化、生态环境、住房建设、交通运输、市场监管等部门组织制定相关领域绿色企业、绿色项目标准，并根据需要组织制定绿色企业、绿色项目清单。

第九十九条　政府采购应当按照国家规定优先采购节能环保产品、绿色产品。

鼓励企业优先采购和使用节能、节水、节材等有利于生态环境保护的原材料、产品和服务。

第一百条　市、区人民政府应当完善气候变化监测系统和气候灾害监测、预测、预警体系，制定气候灾害应急预案，建立数据共享平台，定期评估气候变化对生态系统、基础设施、重点经济领域以及居民健康和财产安全的影响。

第一百零一条　市、区人民政府应当建立完善气候风险管理机制，提高防洪排涝、公共交通等重大基础设施以及重要产业和重点区域抵御气候风险的能力。

第二节　碳排放达峰和碳中和

第一百零二条　市人民政府应当科学编制碳排放达峰行动方案和碳中和路线图，并制定年度实施计划，加快推动工业、交通、建筑等重点领域绿色低碳转型发展。

市相关主管部门应当制定工业、交通、建筑等重点行业碳排放达峰方案。

第一百零三条　市人民政府应当建立本市碳排放管控机制。建设单位应当根据本市碳排放管控要求，对碳排放量进行评估，并提出燃料清洁替代、余热余能利用、节能降耗和清洁运输等降碳方案。

市人民政府可以制定重点行业碳排放强度标准，并将碳排放强度超标的建设项目纳入行业准入负面清单。

第一百零四条　市发展改革部门应当推动能源低碳发展，合理发展风能、太阳能、氢能等非化石能源，逐步提高非化石能源占一次能源消费比重。

第一百零五条　市住房建设部门应当结合实际提高绿色建筑发展要求，推进绿色建筑高质量发展。

国家机关办公建筑、大型公共建筑和国有资金参与投资建设的其他公共建筑应当严格执行公共建筑能耗标准。

第一百零六条　市交通运输部门应当推广节能低碳型交通工具，支持新能源汽车发展，提高公共交通出行分担率，引导绿色出行。

第一百零七条　在本市碳排放达峰后，年温室气体排放量预期达到三千吨二氧化碳排放当量的新建、改建或者扩建项目，应当制定碳中和计划和实施方案。

第三节　碳排放权交易

第一百零八条　市人民政府应当建立和完善碳排放权交易制度，通过设定固定总量的排放额度，约束纳入碳排放权交易的单位的年度碳排放。

支持碳排放权交易机构创新碳市场交易品种，增加生态系统碳减排指标和碳普惠指标。

第一百零九条　企业开展造林绿化、森林抚育、湿地保护与恢复以及海洋生态保护等措施和行动的，可以按照规定换算成碳减排指标，用于抵销企业自身碳排放量或者在碳排放权交易市场上进行交易。

第一百一十条　市人民政府应当建立碳普惠机制，推动建立本市碳普惠服务平台，对小微企业、社区家庭和个人的节能减排行为进行量化，通过政策鼓励与市场激励，引导全社会绿色低碳生产、生活。

第五章　信息公开和公众参与

第一百一十一条　市、区人民政府及其有关部门应当依法主动公开生态环境保护相关信息。

公民、法人和其他组织可以依法申请市、区人民政府及其有关部门公开生态环境保护相关信息。

第一百一十二条　碳排放权交易机构应当建立健全信息披露制度，及时公布碳排放权交易等信息。

纳入碳排放权交易市场的单位应当按照规定，及时公开有关碳排放权交易和相关活动信息，接受社会监督。

第一百一十三条　重点排污单位应当按照有关规定，及时、准确公开本单位的环境信息，接受市生态环境部门和社会监督。

金融机构等其他单位应当按照有关规定公开本单位资金投向的企业、项目或者资产所产生的环境信息。

鼓励其他排污单位参照重点排污单位环境信息公开途径、方式等公开本单位环境信息。

第一百一十四条　鼓励具有相应资质的专业机构依法开展生态环境信息监测、收集、分析、应用，为产业发展、企业经营等提供生态环境信息咨询服务。

前款规定的专业机构可以依法向社会发布生态环境相关信息，并对信息采集的合法性和内容的真实性负责。

第一百一十五条　市生态环境部门及其他相关部门可以按照规定记录、公布生产经营单位及其法定代表人、主要负责人的生态环境信用信息，并纳入公共信用信息管理系统。

市生态环境部门可以建立重点排污单位环境信用评价制度，并将动态信用评价结果向社会公布。

第一百一十六条　区人民政府应当根据本市自然保护地规划，划定适当区域开展自然生态教育与体验等活动。

城市污水处理、固体废物处置等环境保护基础设施应当作为生态环境宣传教育的重要场所，定期向公众开放。

第一百一十七条　市、区人民政府应当加强生态环境教育基地建设，可以通过财政补贴、购买服务等方式，支持、引导学校、企业、社会组织和志愿者组织创建生态环境教育基地和自然学校。

中、小学校应当依照有关规定将生态环境教育纳入教学内容，开展生态环境教育实践，培养学生的生态环境保护意识。

第一百一十八条　广播、电视、报刊、互联网媒体和公共场所广告媒介应当积极开展生态环境保护公益宣传，发布生态环境保护公益广告。

鼓励社会组织和个人以资金、技术、志愿服务等方式参与生态环境保护公益宣传活动。

第一百一十九条　市生态环境部门及其他相关部门可以邀请相关领域专家、市民代表等参与生态环境保护监督工作。

第一百二十条　支持社会组织和志愿者组织开展生态环境保护科学技术普及、志愿活动等生态环境公益活动。

第一百二十一条　任何组织和个人有权向市生态环境部门或者其他相关部门举报生态环境违法行为。

市生态环境部门或者其他相关部门接到举报后，应当及时处理和反馈，并对举报人的相关信息予以保密。

第一百二十二条　人民检察院、有关行政机关和社会组织为了保护社会公共利益，对污染环境、破坏生态并造成实际损害或者存在重大损害风险的行为，可以依法向人民法院提起生态环境公益诉讼。

支持有关社会组织依法提起与其宗旨和主要业务相关的生态环境民事公益诉讼。

第六章　监督管理

第一百二十三条　市生态环境部门应当加强生态环境保护的监督管理。市生态环境部门派出机构可以以自己名义开展辖区生态环境保护监督管理，依法查处生态环境违法行为。

第一百二十四条　纳入排污许可管理的排污单位，由市生态环境部门对排污单位执行排污许可证规定的排放浓度、排放量等许可事项和载明的环境保护管理要求实施监督检查。

未纳入排污许可管理的排污单位，由市生态环境部门依法对其执行环境影响评价或者区域空间生态环境管理清单的情况、配套污染防治设施建设和运行情况、污染物排放情况等实施监督检查。

第一百二十五条　市生态环境部门及其他相关部门可以采用自动监测监控、遥感监测、雷达监控、远红外摄像等技术手段进行监督检查。

按照国家、广东省和本市有关规定用于计量检定、校准、对比监测的自动监测监控、遥感仪器等监测设备取得的数据，可以作为市生态环境部门及其他相关部门实施监督管理的依据。

第一百二十六条　有下列情形之一的，市生态环境部门及其他相关部门可以依法对有关设施、设备和场所实施查封、扣押：

（一）违法排放污染物造成或者可能造成环境严重污染的；

（二）可能导致有关证据灭失或者被隐匿的；

（三）违法收集、转移、处置放射源、固体废物的；

（四）在生态保护红线、饮用水源保护区、自然保护地等区域内违法从事开发建设或者生产经营活动的；

（五）违反法律、法规规定在中午或者夜间进行建筑施工作业产生噪声，拒不改正的；

（六）在商业经营活动和营业性文化娱乐活动中使用高音广播喇叭、音响器材等设备设施产生噪声，严重干扰周围环境或者他人生活，拒不改正的；

（七）法律、法规规定的其他情形。

第一百二十七条　市生态环境部门及其他相关部门在监督检查过程中，发现涉嫌环境犯罪的，应当将犯罪线索移送公安机关，由公安机关依法处理。

第一百二十八条　街道办事处在日常监督巡查工作中发现以下情形的，应当及时报送辖区生态环境部门派出机构，市生态环境部门派出机构应当按照有关规定及时处理：

（一）排放异味气体和异常废水的；

（二）非法倾倒、处置废弃物的；

（三）未按照规定在污水入河排放口、入海排放口设置标识的；

（四）存在油烟直排、扬尘污染、噪声扰民等行为的；

（五）其他环境违法行为。

第一百二十九条　市生态环境部门应当建立本市排污单位管理信息库，将排污单位的相关信息纳入排污单位管理信息库，实施动态管理。

排污单位管理信息库的数据应当依照有关规定与其他相关部门、街道办事处共享。

第一百三十条　市司法行政部门应当会同市生态环境部门完善环境损害司法鉴定管理机制，健全环境损害司法鉴定评估标准体系。

市生态环境部门及其他相关部门可以委托环境损害司法鉴定机构对生态破坏和环境污染情况进行鉴定。

环境损害司法鉴定机构在鉴定过程中，遇有特别复杂、疑难、特殊技术问题的，可以委托专家或者专业机构提供咨询意见和技术支持，并对出具的司法鉴定意见负责。

第一百三十一条　市生态环境部门及其他相关部门可以聘请专业技术机构和法律服务机构为企业提供生态环境保护相关的咨询指导和法律服务，提升企业履行生态环境保护责任的能力。

支持工业园区、科研机构和行业协会等建立生态环境保护技术服务平台，为生态环境保护活动提供技术支持。

第一百三十二条　市生态环境部门及其他相关部门可以委托具有相应资质的检测机构对生态破坏和环境污染情况进行采样、分析并出具检测报告，作为监督管理和行政执法的依据。

第一百三十三条　从事环境检测、环境监测设备和污染防治设施维护运营、环境影响评价等活动的机构应当建立和完善质量控制体系。

前款规定的机构及其主要负责人对其出具的数据、报告等文件的真实性和准确性负责；采样与分析人员、审核与授权签字人员分别对原始检测数据、检测报告的真实性负责。

严禁弄虚作假、篡改、伪造或者指使篡改、伪造相关数据和信息。

第七章　法律责任

第一百三十四条　市、区人民政府相关部门及其工作人员在履行生态环境监督管理职责中玩忽职守、滥用职权、徇私舞弊的，依法对直接负责的主管人员和其他直接责任人员给予处分；构成犯罪的，依法追究刑事责任。

第一百三十五条　排污单位有下列行为之一的，由市生态环境部门责令改正，并按照下列规定给予处罚：

（一）违反本条例第四十二条第二款规定，排污单位主要负责人未按照规定履行环境保护管理职责，拒不改正的，处二万元以上二十万元以下罚款；

（二）违反本条例第四十三条第一款规定，重点排污单位未设立环境保护管理机构或者配备专职管理人员，拒不改正的，处五万元罚款；

（三）违反本条例第五十三条第三款规定，未纳入排污许可管理的排污单位超过国家和地方污染物排放标准排放污染物的，责令限制生产、停产整治，处十万元以上一百万元以下罚款，情节严重的，报经有批准权的人民政府批准，责令停业、关闭；

（四）违反本条例第五十五条第一款规定，未遵守排污许可证载明的环境保护管理要求的，处二万元以上二十万元以下罚款；

（五）违反本条例第五十七条第二款规定，未按照规定在产生第一类水污染物或者有毒有害水污染物的车间或者车间废水处理设施出水口，设置符合规范要求的排放口和监测点的，处二万元以上二十万元以下罚款；

（六）违反本条例第五十八条第一款规定，未在收集、贮存工业废水的场所安装在线视频监控设备，或者监控设备未正常运行的，处二万元以上二十万元以下罚款。

第一百三十六条　相关单位有下列行为之一的，由市生态环境部门责令改正，并按照下列规定给予处罚：

（一）违反本条例第二十一条第三款规定，未纳入重点项目名录的建设项目，未执行区域空间生态环境管理清单有关规定的，依照相关法律、法规规定处罚，法律、法规没有规定的，处五万元以上二十万元以下罚款；

（二）违反本条例第四十五条第一项、第五项、第六项规定，工业园区经营管理单位未设立园区环境保护管理机构并配备专职管理人员，或者未建立入园企业环境管理台账，或者未开展环境保护巡查，拒不改正的，处五万元罚款；

（三）违反本条例第四十五条第二项、第三项规定，工业园区经营管理单位未执行生态环境准入有关规定，或者未按照规定组织建设和管理园区环境保护基础设施，或者未按照规定组织开展污染物排放监测的，处十万元以上五十万元以下罚款；

（四）违反本条例第四十六条第一款规定，排污单位未按照规定安装污染物排放自动监测设备和在线视频监控设备，或者未接入市生态环境部门的监控设备终端，或者污染物排放自动监测设备、在线视频监控设备未正常运行的，处五万元以上二十万元以下罚款；

（五）违反本条例四十八条第二款规定，受委托单位未按照法律、法规规定以及相关标准运营管理污染防治设施或者弄虚作假的，处五万元以上二十万元以下罚款；

（六）违反本条例第五十六条规定，新建、改建或者扩大污水入河排放口不符合水环境保护规划或者功能区划要求的，依照相关法律、法规的规定给予处罚，未按照规定编制论证报告并向市生态环境部门备案，拒不改正的，处二万元罚款；

（七）违反本条例第五十八条第二款规定，排污单位、运输单位或者处理单位未按照规定填写工业废水外运处理联单的，处三万元罚款；

（八）违反本条例第五十八条第三款规定，排污单位、运输单位或者处理单位在收集、贮存、运输过程中排放工业废水的，处十万元以上一百万元以下罚款；

（九）违反本条例第六十一条第二款规定，在禁止或者限制区域使用高排放非道路移动机械的，按照每台非道路移动机械一万元的标准处以罚款，在禁止或者限制区域内使用高污染燃料或者高排放生产工艺的，处二万元以上二十万元以下罚款；

（十）违反本条例第六十四条第二款规定，在本市使用非道路移动机械的单位未按照规定在管理平台登记，拒不改正的，按照每台非道路移动机械二千元的标准处以罚款；

（十一）违反本条例第六十五条规定，从事道路运输、环卫、邮政、快递等行业的生产经营者注册车辆二十辆以上，在一个自然年度内经排放检验不合格的车辆数量超过注册车辆数量百分之十或者同一辆车因不符合排放标准在一个自然年度内受到罚款处罚三次以上的，处五万元以上二十万元以下罚款；

（十二）违反本条例第七十二条第二款规定，在海洋自然保护区、重要渔业水域、海滨风景名胜区、生态保护红线区域和其他需要特别保护的区域设置污水入海排放口，责令关闭，并处二万元以上二十万元以下罚款；

（十三）违反本条例第七十二条第三款规定，建设单位未按照规定编制论证报告并向市生态环境部门备案，拒不改正的，处二万元罚款；

（十四）违反本条例第七十九条第二款规定，转移一般工业固体废物，未按照规定填报一般工业固体废物转移联单，拒不改正的，处三万元罚款；

（十五）违反本条例第八十条第一款规定，危险废物产生者未按照危险废物管理要求和相关标准对危险废物实施资源化利用，拒不改正或者情节严重的，处十万元以上一百万元以下罚款；

（十六）违反本条例第八十五条第二款规定，施工单位超过规定标准排放噪声的，处一万元以上五万元以下罚款；

（十七）违反本条例第八十七条规定，施工单位未采取有效的遮蔽光照措施，使光照直射居民住宅，拒不改正的，处二万元以上十万元以下罚款；

（十八）违反本条例第一百三十三条第二款规定，相关机构弄虚作假、篡改、伪造或者指使篡改、伪造相关数据和信息的，处五万元以上二十万元以下罚款，情节严重的，处二十万元以上五十万元以下罚款。

第一百三十七条　有下列行为之一的，由市生态环境部门责令改正，处二十万元以上五十万元以下罚款；情节严重的，限制开展生产经营活动、责令停产停业或者吊销排污许可证，并处五十万元以上一百万元以下罚款；情节特别严重的，依法报经有批准权的人民政府批准，责令关闭：

（一）违反本条例第四十七条第一款、第三款规定，排污单位通过暗管、渗井、渗坑、灌注、稀释或者不正常运行污染防治设施等方式违法排放污染物的；

（二）违反本条例第五十三条第二款规定，排污单位应当取得而未取得排污许可证排放污染物，或者排污许可证被吊销后排放污染物的；

（三）违反本条例第五十五条第一款规定，排污单位未按照排污许可证规定的排放浓度、排放量等许可事项排放污染物的；

（四）违反本条例第五十七条第一款规定，排污单位未将含有第一类水污染物或者有毒有害水污染物的工业废水分类收集和处理，直接排放或者稀释排放的。

依据前款规定被吊销排污许可证后，排污单位按照要求进行整改，并达到要求的，可以依法向市生态环境部门重新申领排污许可证。但是，依据前款第一项规定被吊销排污许可证的排污单位，自吊销排污许可证之日起六个月内不得重新申领排污许可证。

第一百三十八条　违反本条例第三十七条第一款规定，未经批准，擅自引进、释放或者丢弃外来物种的，依照《中华人民共和国生物安全法》等法律、法规的规定给予处罚。

第一百三十九条　违反本条例第三十八条第二款规定，经规划和自然资源、城市管理等负有相关职责的部门依法认定，属于大面积过度种植单一品种的观赏林的，由负有相关管理职责的主管部门责令改正、恢复原状。

第一百四十条　违反本条例第六十一条第二款规定，在高排放机动车限行区域或者时段内驾驶高排放机动车的，由公安机关交通管理部门责令改正，按照每台二千元的标准处以罚款。

第一百四十一条　违反本条例第六十二条第二款规定的，由海事部门责令改正，处一万元以上十万元以下罚款。

第一百四十二条　有下列行为之一的，由海洋综合执法机构责令改正，并按照下列规定给予处罚：

（一）违反本条例第七十七条规定，未取得海洋倾倒废弃物许可证在本市管辖海域使用开底船舶或者带有自卸装置的船舶从事运泥作业的，处三万元以上十万元以下罚款；

（二）违反本条例第九十三条第一款规定，未经许可从事水产养殖的，责令停止违法行为，限期拆除养殖设施，恢复海域原状，没收违法所得，并处五万元罚款，超出养殖许可证规定的面积、范围等开展水产养殖活动的，处一万元罚款，违反养殖证规定用途的，责令限期拆除设施，恢复海域原状或者养殖功能，并处三万元罚款。

第一百四十三条　违反本条例第八十二条和第八十三条规定，生产、销售、使用不符合规定的塑料制品的，由市场监管、商务、邮政管理等部门依照《中华人民共和国固体废物污染环境防治法》等相关法律、法规和《深圳市生活垃圾分类管理条例》的规定给予处罚。

第一百四十四条　违反本条例第九十二条规定，未遵守畜禽养殖污染防治的要求，或者在禁止养殖区域从事畜禽养殖的，由生态环境、城管和综合执法等部门依照相关法律、法规的规定给予处罚。

第一百四十五条　有下列行为之一，受到罚款处罚，经责令改正，拒不改正的，市生态环境部门和其他相关部门可以自责令改正之日的次日起，按照原处罚数额实施按日连续处罚：

（一）未依法取得排污许可证或者排污许可证被吊销后排放污染物的；

（二）超过噪声排放标准排放建筑施工噪声，或者违反法律、法规规定在中午或者夜间进行建筑施工作业产生噪声的；

（三）法律、法规规定的其他情形。

第八章　附　则

第一百四十六条　本条例自 2021 年 9 月 1 日起施行，《深圳经济特区环境保护条例》同时废止。

◆ 市政府制度成果

深圳市关于进一步促进科技成果产业化的若干措施

（深府办〔2021〕1号）

为深化科技供给侧结构性改革，建立符合社会主义市场经济和科技创新发展规律的科技成果产业化体系，完善"基础研究＋技术攻关＋成果产业化＋科技金融＋人才支撑"全过程创新生态链，强化科技创新对高质量发展的支撑作用，制定本措施。

一、实施高质量成果"创新工程"

（一）基础研究固本强基计划。将不低于30%的市级科技研发资金投向基础研究和应用基础研究，支持围绕前沿基础领域和关键核心技术重大科学问题，开展长周期、高风险的原创性研究，努力实现"从0到1"的重大成果突破。鼓励和支持跨领域、跨学科交叉研究。（责任单位：市科技创新委）

参与实施国家自然科学基金区域创新发展联合基金（广东）和广东省基础与应用基础研究基金深圳市联合基金，积极争取承担更多的重大基础和前沿科研项目，开展多渠道、多层次、多方式的协同合作，产出更多的原创性科研成果。（责任单位：市科技创新委）

鼓励高等院校、科研机构、企业和社会力量多渠道加大对基础研究的投入。（责任单位：市科技创新委）

（二）技术攻坚行动计划。在集成电路、5G、智能网联汽车、超高清显示、生物医药、工业互联网、人工智能、石墨烯等领域，实施清单式排查、矩阵式布局的"链长制"。发挥产学研深度融合优势，按照"理技融合、研用结合"，建立纵横交错、互联互通"创新联合体"。（责任单位：市发展改革委、工业和信息化局、科技创新委）

支持企业联合高等院校、科研机构承担符合我市产业布局的技术攻关面上项目、重点项目、悬赏项目、重大项目和战略性项目。（责任单位：市科技创新委）

实施重大科研平台自主攻关专项，开展科技前沿方向预见、推进技术攻关和设备研发，实现科技成果高效转化，打造综合性国家科学中心核心竞争力。（责任单位：市发展改革委）

支持高等院校、科研机构和企业聚焦国家战略需要，承担国家重点项目和国家战略科研任务。（责任单位：市科技创新委）

鼓励和支持国家重大科技项目所取得的研究成果在深圳开展产业化应用研究。（责任单位：市科技创新委）

（三）联合科研攻关计划。支持企业与境内外高等院校、科研机构成立联合实验室、离岸实验室，创新"科学家＋工程专家＋研发团队"组织模式，开展项目研发和人才培养。（责任单位：市科技创新委）

加大政府间国际科技合作项目支持力度。支持香港和澳门高等院校、科研机构独立或者参与承担市科技计划项目，资助资金按有关规定跨境使用。（责任单位：市科技创新委）

二、实施成果产业化"畅通工程"

（四）概念验证中心支持计划。支持高等院校、科研机构设立概念验证中心，探索实行高等院校、科研机构、企业和资本组成的多元运营机制，为实验阶段的科技成果提供技术概念验证、商业化开发等服务。（责任单位：市科技创新委）

（五）中小试基地支持计划。支持专业性和综合性小试中试基地建设。支持在深圳国家高新区建设科技成果中试工程化服务平台，探索运营新机制。鼓励龙头企业牵头建设小试中试服务平台基地。（责任单位：市发展改革委、科技创新委）

支持小试中试基地开展实验室成果开发和优化、投产前试验或者试生产服务，将符合条件的小试中试基地纳入科技创新券服务机构库。（责任单位：市科技创新委）

（六）应用示范推广计划。在5G、工业互联网、智能交通、医疗与教育、智慧城市、产业数字化、政务服务、工业级无人机、工业级无人车辆、无人机械等领域组织实施应用场景与应用示范项目，支持企业开展新技术新产品应用示范。（责任单位：市发展改革委、教育局、科技创新委、工业和信息化局、交通运输局、卫生健康委及各区）

鼓励和支持深圳国家高新区及其他产业园区，构建多元化应用场景，发展新技术、新产品、新业态、新模式，加快园区内科技成果产业化。（责任单位：市科技创新委、工业和信息化局及各区）

支持企业和科研机构承担或者参与以5G、物联网、工业互联网、人工智能、云计算、区块链、数据中心、智能计算中心、智能交通等为代表的新型基础设施建设，推动先进技术迭代更新和应用推广。（责任单位：市发展改革委、工业和信息化局、科技创新委）

实施创新产品采购制度，编制创新产品（新技术、新产品）目录。使用国有资金采购首台（套）重大技术装备、创新产品和服务，可以采取非招标方式。（责任单位：市工业和信息化局、财政局）

（七）加速转化激励计划。建立知识发现、技术发明到产业发展的全链条成果跟踪反馈机制，推动科技成果加速转化为现实生产力、引领产业变革新方向、催生科技新成果、提升产业新动能，形成科技与产业螺旋上升、双向促进、同频共振。（责任单位：市科技创新委）

三、实施成果产业化"支撑工程"

（八）技术转移促进计划。建设与引进一批高水平的技术转移服务机构，对新认定的国家级、省级和市级技术转移示范机构，按规定予以奖励。支持技术转移机构和技术转移人才培养基地建设。（责任单位：市科技创新委）

鼓励和支持技术合同交易卖方进行登记认定。（责任单位：市科技创新委）

依托国家技术转移南方中心，建设市、区、重点机构"核心节点＋区域分节点＋专业分节点"三级有机融合对接网络，利用大数据、云计算等技术，开展科技成果信息深度挖掘和匹配，促进高水平科技成果与需求企业的常态化精准对接，打造科技成果转移转化公共服务平台。（责任单位：市科技创新委）

（九）知识产权融通计划。建设全国性的知识产权和科技成果产权交易平台，完善确权、登记和公示等基础功能，开展知识产权和科技成果产权交易、知识产权证券化、股权转让、跨境交易等业务，为科技成果交易、转移转化提供一站式服务。优化科技成果信息管理、检索和分析，完善技术成果转化公开交易与监管体系。鼓励高等院校、科研机构、企业依托知识产权和科技成果产权交易平台，开展科技成果转化以及知识产权、科技成果产权和股权交易。（责任单位：深圳证券交易所，市市场监管局、地方金融监管局）

完善知识产权价值评估制度，制定知识产权评估标准，培育具有较强公信力和市场认可度的评估机构。建立市场化高价值专利指标体系，引导和支持企业加强专利储备、提高专利质量。开展高价值专利培育，形成一批规模较大、布局合理、具有国际竞争力的高价值专利组合。（责任单位：市市场监管局）

支持企业以知识产权运营未来收益权为底层资产发行知识产权证券化产品，对成功发行知识产权证券化产品的企业和提供相关服务的中介服务机构，按规定予以奖励。支持企业和科研机构主导制定国际标准、"一带一路"区域标准、国家标准、团体标准。（责任单位：市市场监管局）

（十）成果融资支持计划。建立市科技研发资金与天使投资引导基金等金融资本的联动机制，引导和促进南方创投网投资联盟成员单位对市科技研发资金资助项目提供融资服务。依托国家技术转移南方中心、南方创投网等打造科技成果转化的重要支撑平台，以企业融资及项目合作需求为导向，完善科技成果常态化路演机制，实现评估、咨询、融资等全链条多态化对接，为高科技成果项目在早期、中期及后期各个阶段提供全方位、全流程专业咨询与融资服务。（责任单位：市科技创新委）

（十一）全链条服务计划。实施科技创新券项目。符合条件的中小微企业和创客团队，每年申领不同额度的科技创新券，用于购买研究开发、技术转移、检验检测和知识产权等服务。依托深圳市大型科学仪器设施资源共享平台，提供仪器预约、检验检测、文献查询、项目

合作、技术培训等科技研发一站式服务。共享平台支持使用科技创新券。（责任单位：市科技创新委）

支持企业和团队参加国家和广东省、深圳市创新创业大赛。支持龙头企业举办技术领域大赛，促进大中小企业融通发展，打造高新技术产业集群。（责任单位：市科技创新委）

支持建设以科技成果转化为主要内容、专业服务水平高、创新资源配置优、产业辐射带动强的众创空间、孵化器等创新创业孵化载体。（责任单位：市科技创新委）

支持在境外建设研发中心、科技企业孵化器和科技产业园区等离岸创新创业平台。（责任单位：市科技创新委）

发挥深圳国家高新区企业集聚、技术集聚、产业集聚功能效应，支持深圳国家高新区发展研究开发、技术转移、检验检测认证、创业孵化、知识产权、科技咨询等科技服务机构，为园区内企业提供专业化服务。（责任单位：市科技创新委）

增加研发用房、标准厂房、定制化厂房的供应力度，保障科技成果中试与产业化用地，满足企业工业化生产需求。（责任单位：市规划和自然资源局）

四、实施成果产业化机制"保障工程"

（十二）成果权属改革计划。落实《深圳经济特区科技创新条例》，引导高等院校、科研机构，在不涉及国家秘密、国家安全或者重大社会公共利益的前提下，对全部或者主要利用财政性资金取得的职务科技成果，赋予完成人或者团队科技成果所有权或者长期使用权。约定按份共有的，科技成果完成人或者团队持有的份额不低于70%；长期使用权年限为10年。（责任单位：市科技创新委、教育局、财政局、国资委）

（十三）成果评价激励计划。推动高等院校、科研机构设立技术转移部门，将科技成果转化情况纳入分类考核评价体系。建立高等院校、科研机构和国有企业科技成果向社会公开机制。支持高等院校、科研机构设置专职从事成果转化工作的创新型岗位，主持完成科技成果转化、直接转化收益达到相应规定要求的，可以不受学历、专业技术职务任职年限、任职资格限制，直接申报评审高级职称。（责任单位：市教育局、科技创新委、人力资源保障局、国资委）

探索设立初、中、高级技术经理专业职称体系，并将科技成果转化创造的经济效益和社会效益作为科技成果转化人才职称评审的主要评价因素。（责任单位：市人力资源保障局、科技创新委）

支持高等院校、科研机构的科技人员离岗创业、在岗创业或者到企业兼职从事科技成果转化，并按规定取得相应收入。兼职收入和在职创业、离岗创业收入不受本单位绩效工资总量限制，不计入本单位绩效工资总量；离岗创业的，可在最长5年内保留其人事关系。兼职兼薪或者离岗创业的科技人员，在科技成果转化过程中取得的成绩和参与创业项目的情况，可作为职称评聘、绩效考核、收入分配、续签合同等的重要依据。健全国有企业科研成果转化利益分配机制。（责任单位：市教育局、人力资源保障局、国资委）

（十四）沿途转化计划。加快大湾区综合性国家科学中心先行启动区建设，加强与港澳创新资源的协同配合，开展前瞻性科技创新，促进大湾区技术供需对接，探索科技成果"沿途下蛋、就地转化"机制，支持依托大设施、大平台、大机构孵化以知识产权输出为主的高附加值科技企业。（责任单位：市发展改革委、科技创新委）

（十五）宽容免责计划。建立科技成果转化尽职免责机制，在科技成果转化过程中，高等院校、科研机构负责人履行勤勉尽职义务，严格执行决策、公示等管理制度，在没有牟取非法利益的前提下，免于追究其在科技成果定价、自主决定资产评估以及成果赋权中的相关决策失误责任。（责任单位：各相关部门）

高等院校、科研机构资产管理公司开展科技成果作价投资，经履行勤勉尽责义务仍发生投资亏损的，由高等院校、科研机构及其主管部门审核后，不纳入国有资产对外投资保值增值考核范围，免责办理亏损资产核销手续。（责任单位：市财政局）

本措施涉及条款已有具体实施办法的，结合工作实际继续执行。无具体实施办法或者需要修订的，相关部门应当自本措施发布之日起 6 个月内，依法定程序制定或者完善具体实施办法。

关于加快推动医疗服务跨境衔接的若干措施

（深府办〔2021〕5号）

为贯彻落实《粤港澳大湾区发展规划纲要》《中共中央 国务院关于支持深圳建设中国特色社会主义先行示范区的意见》《深圳建设中国特色社会主义先行示范区综合改革试点实施方案（2020—2025年）》等文件精神，进一步激发港澳服务提供者来深办医活力，推动跨境医疗服务衔接，制定以下措施。

一、总体要求

（一）指导思想

以习近平新时代中国特色社会主义思想为指导，深入贯彻习近平总书记出席深圳经济特区建立40周年庆祝大会和视察广东、深圳重要讲话、重要指示精神，在党中央坚强领导下，按照省委省政府部署安排，抢抓深圳综合改革试点重大历史机遇，以改革创新为动力、以开放合作聚资源，推进粤港澳大湾区优质医疗卫生资源便捷流动，推动卫生健康规则跨境衔接，以更高水平开放引领深圳卫生健康事业高质量发展，为加快实现"病有良医"、打造健康中国"深圳样板"提供支撑。

（二）发展目标

到2022年，在探索与香港、澳门之间的卫生健康规则衔接、要素流通机制方面取得重大成果，港澳服务提供者来深办医行医环境全面优化，形成一批具有较强服务竞争力的港资澳资医疗机构，实现深港澳卫生健康事业协同发展、优势互补、共建共享。

到2025年，依托港澳深度接轨国际先进通行规则，成为全国卫生健康事业创新发展新高地、全国重要的区域医疗中心城市。

二、主要任务

（一）促进医疗资源便捷流动

1.优化审批服务。创新港澳服务提供者来深办医审批服务，精简申办材料、优化审批流程。实施市场监管、生态环境等跨部门并联审批，将登记审查与决定时限从15个工作日压缩至10个工作日。创新网上服务模式，开展港资澳资医疗机构电子化注册试点。贯彻落实港澳医师内地医师资格认定、港澳医疗专业技术人员短期行医政策措施，简化港澳医师、外籍医师在深短期行医注册的审批和续签手续，优化审批程序，压缩审批时限。（责任单位：市卫生健

康委、市生态环境局、市市场监管局，排在第一位的单位为牵头单位，下同）

2. 畅通职称评价渠道。完善在深执业的港澳医师卫生系列高级职称评审管理制度，简化职称评审申报要求，试行告知承诺制，推动在人才认定、岗位聘用、科研立项、学科建设等方面享受同等效力和待遇。开展港澳医疗专业技术人员高级职称认定试点工作。鼓励港澳籍人员参加内地医师资格考试或申请执业资格认定，缩减证明材料。参照我市相关人才政策，对符合条件的首次在深执业的优秀港澳医师，按照规定给予生活补贴。（责任单位：市卫生健康委、市财政局、市人力资源保障局）

3. 先行先试国际前沿医疗技术。建立完善国际前沿药品临床应用准入申请和目录动态调整机制，制定医疗机构国际新药使用不良反应报告制度和保险赔付机制，加快在指定医疗机构先行先试港澳上市药品和医疗器械。探索建立新型医疗技术（包括细胞治疗、免疫治疗、基因治疗等归属药品以外的部分）按风险管理制度，降低风险技术准入门槛；积极争取省级限制类医疗技术目录调整权限，扩大干细胞临床研究备案机构数量。依托深港科技创新特别合作区和香港大学深圳医院，建立国际化临床试验平台，同步开展已经香港批准的新药临床试验。（责任单位：市市场监管局、市科技创新委、市卫生健康委、市医保局、福田区政府）

（二）推动卫生健康规则衔接贯通

4. 加强国际标准规范建设。善用"两制"之利，支持粤港澳医院管理专业人士注册成立民办非企业性质的医院评审评价机构，组织制订与国际接轨、获国际医疗质量协会认可的医院评审认证标准和评价制度，并以粤港澳大湾区内的医院为试点，开展国际医院评审认证，逐步完善推广至"一带一路"沿线国家和地区。深化与港澳研究机构合作，共建国际认可的中医药产品质量标准。对成功在三地实行或被国际标准化组织采用的卫生健康标准规范，经认定后给予奖励。具体奖励方案由相关部门另行制定。（责任单位：市卫生健康委、市财政局、市市场监管局）

5. 完善医疗费用跨境支付。加强与香港、澳门特区政府的协作，推进港澳医疗保障在我市医疗机构跨境使用及直接结算。总结推广香港大学深圳医院"长者医疗券"和"在粤患者复诊特别支援计划"，推动将更多深圳特定医疗机构纳入香港医疗服务费用异地结算单位，推动支付范围覆盖至门诊、住院、家庭医生等服务。将在深符合条件港资澳资医疗机构纳入深圳市医保定点单位，在程序、时限、标准等方面与公立医疗机构同等对待。（责任单位：市卫生健康委、市港澳办、市医保局）

6. 健全港澳患者转介服务制度。加强与香港特区政府的协作，进一步扩大跨境医疗服务转介医疗机构服务范围，在深港两地口岸恢复正常通关后半年内，将香港病人转诊服务深圳定点医疗机构增加到10家以上；启动第三方国际医疗保险结算平台上线工作，试点"一站式"商业医疗保险结算服务，与国际商保公司签订定点协议医疗机构增加到10家以上。建立更加便利的深港两地医疗转运车服务机制，扩展两地转诊医院试点范围，优化医疗转运车辆口岸通关模式，探索建立紧急医疗转运无障碍绿色通道。（责任单位：市卫生健康委、市港澳办、市口岸办、深圳银保监局）

7. 创新医学教育培训模式。加强与香港医学专科学院合作，推进深港医学专科培训中心建设，借鉴香港经验，构建与住院医师规范化培训紧密衔接的专科医师规范化培训和认证制度，形成与国际接轨的"5+3+X"的医学人才培养体系。加快全科医师专业技术等级评价制度建设，建立与国际接轨的全科医师能力建设与评价体系。（责任单位：市卫生健康委）

（三）扩大优质医疗卫生资源供给

8. 推进境内外医疗资源合作。鼓励港澳服务提供者在深按规定以独资、合资等方式设置医疗机构，重点鼓励发展高端品牌国际化医院、康复医院、护理院、专科门诊部和社康机构。符合条件的，纳入我市社会办医财政扶持、"三名工程"资助、临床重点专科建设财政补助等范围，在基本医疗服务、基本公共卫生服务等方面享受我市社会办医同等财政补助补贴或奖励政策。加快香港中文大学（深圳）医院、前海泰康国际医院、萨米医疗中心等国际化医院建设。（责任单位：市卫生健康委、市民政局、市财政局、市建筑工务署）

9. 鼓励发展高水平医疗机构。支持引进港澳等境外资本、境外名医名院名诊所，按照市卫生健康行政部门与其约定的设置标准、发展目标和监管要求，在深开办高水平国际化医院或名医诊疗中心。支持深港口岸经济带罗湖先行区、坪山香港名医诊疗中心的建设发展。支持港澳医疗服务提供主体以独资、合资等方式设置社区健康服务机构。允许社康机构开办名医工作室，开展特需诊疗服务。在国际医院或名医诊疗中心工作的人才，符合条件的可按规定享受我市相关人才政策待遇。（责任单位：市卫生健康委、市发展改革委、市财政局、市人力资源保障局、罗湖区政府、坪山区政府）

10. 探索取消社会办医疗机构乙类大型医用设备配置规划及配置许可。争取广东省有关部门支持，取消对我市社会办医疗机构乙类大型医用设备的配置规划及配置许可，授权我市制定社会办医疗机构配置大型医用设备管理办法，明确配置条件，实行备案管理。探索实施社会办医疗机构购买和慈善机构捐赠资金购买乙类大型医用设备不受配额限制。（责任单位：市卫生健康委）

11. 推动中医药协同创新发展。支持与香港科技大学、澳门科技大学等港澳有关机构开展中医药科研、教学合作和新技术、新疗法、新药物开发。加快推动香港名中医诊疗中心、深澳中医药创新研究院等服务平台建设。支持市中医院打造粤港澳大湾区中医药临床传承创新中心。（责任单位：市卫生健康委、市教育局、市科技创新委）

三、保障措施

12. 加强组织实施。市卫生健康委要加强统筹协调，争取国家有关部委支持，分批次综合授权实施；配合市人大常委会修订《深圳经济特区医疗条例》，依法推动医疗服务跨境衔接等；协同有关部门完善医疗服务跨境衔接政策法规体系，推动建立与国际接轨的卫生健康服务准入与监管新机制。各相关单位要加大跨境医疗服务衔接支持力度，密切协作，形成工作合力。

13. 加强行业监管。市卫生健康委要加强来深办医行医港澳医疗机构及医护人员执业行为监管，建立与港澳卫生行业管理部门对接的医疗服务监管协调机制，健全覆盖港澳服务提供主体的医疗卫生行业综合监管平台，强化事中、事后监管。借鉴港澳及国际先进通行医疗监管规则，探索制定示范性的涉港澳医疗机构运行规则、医护人员执业规范及行政监管法规。

14. 加强宣传引导。市卫生健康委、市市场监管局等部门要采取多种渠道和方式，加强跨境医疗服务政策宣传和解读，回应社会关切。及时总结经验，展示改革创新成效，发挥示范引领作用，为推动粤港澳大湾区医疗服务协同发展、创新发展营造良好社会环境。

附件：主要任务责任分工表（见下页）

附件

主要任务责任分工表

重点任务	序号	具体措施	责任牵头单位
一、促进医疗资源便捷流动	1	优化港澳服务提供者来深办医审批程序,开展港资澳资医疗机构电子化注册试点,简化港澳医师、外籍医师在深短期行医注册审批和续签手续。	市卫生健康委
	2	完善在深执业的港澳医师卫生系列高级职称评审管理制度,开展港澳医疗专业技术人员高级职称认定试点。	市人力资源保障局,市卫生健康委(排在第一位的单位为牵头单位,下同)
	3	参照我市相关人才政策,对符合条件的首次在深执业的优秀港澳医师,按照规定给予生活补贴。	市人力资源保障局,市卫生健康委
	4	建立完善国际前沿药品临床应用准入申请和目录动态调整机制,制订医疗机构国际新药使用不良反应报告制度。	市市场监管局,市卫生健康委
	5	建立国际新药使用不良反应事件保险赔付机制。	市医保局,市卫生健康委
	6	探索建立新型医疗技术按风险管理制度,争取省级限制类医疗技术目录调整权限,扩大开展干细胞临床研究等限制类技术研究的医疗机构范围。	市卫生健康委
	7	依托深港科技创新特别合作区和香港大学深圳医院,建立国际化临床试验平台。	市卫生健康委,福田区政府
二、推动卫生健康规则衔接贯通	8	成立国际医院评审评价机构,制订推广与国际接轨的医院评审认证标准体系。	市卫生健康委
	9	深化与港澳研究机构合作,共建国际认可的中医药产品质量标准。	市卫生健康委
	10	对成功在三地实行或被国际标准化组织采用的卫生健康标准规范,经认定后给予奖励。	市市场监管局
	11	总结推广香港大学深圳医院"长者医疗券"和"在粤患者复诊特别支援计划",推动将更多深圳特定医疗机构纳入香港医疗服务费用异地结算单位。	市卫生健康委,市港澳办
	12	将在深符合条件港资澳资医疗机构纳入深圳市医保定点单位。	市医保局
	13	在深港两地口岸恢复正常通关后半年内,将香港病人转诊服务深圳定点医疗机构和与国际商保公司签订定点协议医疗机构分别增加到10家以上。	市卫生健康委,市银保监局
	14	建立更加便利的深圳与香港两地医疗转运车服务机制。	市卫生健康委,市口岸办,市港澳办
	15	推进深港医学专科培训中心建设,加快建立与国际接轨的医学人才培养体系、全科医师能力建设与评价体系。	市卫生健康委
三、扩大优质医疗卫生资源供给	16	将符合条件港资澳资医疗机构,纳入我市社会办医财政扶持范围、"三名工程"资助范围、临床重点专科建设财政补助范围。	市卫生健康委,市财政局
	17	加快香港中文大学(深圳)医院、前海泰康国际医院、萨米医疗中心等国际化医院建设。	市建筑工务署,市卫生健康委
	18	支持深港口岸经济带罗湖先行区、坪山香港名医诊疗中心的建设发展。	市卫生健康委,罗湖区政府、坪山区政府
	19	在国际医院或名医诊疗中心工作的人才,符合条件的可按规定享受我市相关人才政策待遇。	市人力资源保障局,市卫生健康委
	20	争取广东省有关部门支持,取消社会办医疗机构乙类大型医用设备配置规划及配置许可。	市卫生健康委
	21	加快推动香港名中医诊疗中心、深澳中医药创新研究院等服务平台建设。支持市中医院打造粤港澳大湾区中医药临床传承创新中心。	市卫生健康委
	22	修订《深圳经济特区医疗条例》,健全与医疗服务跨境衔接等相配套的政策法规体系。	市卫生健康委

深圳市区域空间生态环境评价管理办法（试行）

（深府规〔2022〕2号）

第一章　总　则

第一条　为优化和完善生态环境保护制度，健全源头预防体系，实施区域空间生态环境评价分类管理制度，推动深圳高质量发展不断迈上新台阶，根据《中共中央　国务院关于支持深圳建设中国特色社会主义先行示范区的意见》《深圳经济特区生态环境保护条例》，制定本试行办法。

第二条　本试行办法适用于深圳市行政区域陆域范围的区域空间生态环境评价及管理。

第三条　本试行办法所称区域空间生态环境评价（下称区域环评），是指由区人民政府（含大鹏新区管委会，下同）组织，以改善区域生态环境质量和保障区域生态安全为核心，以深圳市"三线一单"生态环境分区管控体系为基础，衔接国民经济和社会发展规划、国土空间规划、产业规划等内容，划定生态环境管控区域评价单元（下称评价单元），对评价单元的生态环境影响进行系统评价，提出区域空间生态环境管理要求，指导区域空间合理开发的方法与制度。

本试行办法所称评价单元，是指基于《深圳市"三线一单"生态环境分区管控方案》（深府〔2021〕41号）划定的环境管控单元，综合考虑区域功能属性，为实施差异化、精细化管理，进一步划定的不同类型的评价区域。

本试行办法所称区域空间生态环境管理清单（下称管理清单），是指以生态环境质量不断改善、环境管理水平不断提高为目标，从产业引入、功能布局、污染管控、生态保护、风险防控、绿色发展等方面，提出覆盖评价单元的管理要求和对策建议。

第四条　区域环评工作应当坚持客观、公开、公正、科学的原则，遵守有关法律法规、标准和技术规范，确保区域环评工作成果真实、客观、全面和规范。

第五条　市人民政府统筹全市区域环评工作。

区人民政府组织实施辖区的区域环评工作，制定管理清单并监督实施。

市生态环境主管部门对区域环评和建设项目环境管理实施统一监督管理，对区域环评成果组织技术审查。

市发展改革、规划和自然资源、工业和信息化、科技创新、住房建设、交通运输、城管和综合执法、水务、财政、市场监督管理等部门，在各自职责范围内负责区域环评和建设项目管理有关工作。

第六条　市、区人民政府应当将区域环评工作所需经费列入本级预算。

第二章　编制与发布

第七条　市生态环境主管部门负责制定区域空间生态环境评价技术导则及评价单元划定指南，为划定评价单元及开展区域环评工作提供技术依据。

第八条　区人民政府应制定辖区区域环评工作计划，组织发展改革、规划和自然资源、工业和信息化、科技创新、生态环境等有关部门及街道办事处成立区域空间生态环境评价领导工作组（下称工作组）。

工作组应定期召开工作会议，建立信息共享机制，组织开展评价单元划定、区域环评报告和管理清单编制等工作，研究解决工作过程中的重大问题和事项。工作组办公室设在市生态环境部门派出机构。

第九条　区域环评工作可通过政府采购方式，委托技术机构提供技术支持。

第十条　区人民政府指定工作组中有关部门在深圳市"三线一单"生态环境分区管控体系基础上，依据评价单元划定指南，综合考虑区域的战略定位、国土空间规划、产业集聚程度和发展方向、生态环境信访投诉等内容，划定功能明确、边界清晰、全域覆盖的评价单元。

第十一条　区人民政府指定工作组中有关部门依据区域空间生态环境评价技术导则，选取包含若干个完整评价单元的区域编制区域环评报告。根据《深圳市"三线一单"生态环境分区管控方案》，通过调查区域生态环境、能源利用、污染排放和产业经济等现状，结合区域国土空间、产业发展和能源利用等政策规划发展定位，统筹区域生态环境保护、资源开发和能源利用等管理要求，明确区域经济发展主要环境影响和生态保护主要制约问题，提出区域生态环境持续改善的对策建议。

第十二条　区人民政府指定工作组中有关部门依据区域环评报告制定管理清单，为环境保护工作提供差异化、精细化的清单式管理依据。管理清单应充分衔接国土空间分区规划、专项规划、详细规划或其他规划。管理清单内容包括区域内评价单元划定情况、区域环境质量状况、区域环境质量改善对策和建议，以及各评价单元内针对建设项目的管理要求。针对环境质量较差、发展条件受限的评价单元，可在管理清单中提出重点行业的污染防治最佳可行技术执行要求，并可制定更加严格的污染物排放管控要求。

第十三条　区人民政府应建设专门的环境信息公开平台（专栏）。在环境信息公开平台（专栏）公示区域环评报告（公示稿）和管理清单（草案）并征询相关部门和公众意见，时间不少于30日。公示期间，任何组织和个人都可以书面形式提出意见或者建议。

报送审查的区域环评报告中应附具对公众意见采纳与不采纳情况及其理由的说明。有关单位、专家和公众的意见与管理清单有重大分歧的，区人民政府应指定工作组中有关部门采取专家论证会、座谈会、听证会等形式开展深度公众参与。

第十四条　区域环评报告和管理清单编制完成后，由区人民政府报市人民政府区域环评审查组（下称审查组）审查。

市人民政府指定市生态环境主管部门召集市发展改革、规划和自然资源、工业和信息化、水务、交通运输、住房建设等有关部门代表和专家组成审查组，对区域环评报告和管理清单开展技术审查。审查组应当出具书面审查意见。

审查组中专家人数不得少于审查组总人数的二分之一。参与区域环评工作成果编制的专家，不得作为该成果审查组的成员。

第十五条　审查组的成员应当客观、公正、独立地提出书面审查意见。

审查意见应当包括下列内容：

（一）基础资料、数据的真实性和有效性；

（二）评价方法的适当性；

（三）环境影响识别、预测和评价的可靠性；

（四）生态环境改善对策和建议的科学性和合理性；

（五）管理清单的科学性和合理性；

（六）公众意见采纳与不采纳情况及其理由的说明的合理性。

审查意见应当经审查组四分之三以上成员签字同意。审查组成员有不同意见的，应当如实记录和反映。

第十六条　有下列情形之一的，审查组应当对区域环评工作成果提出不予通过的意见：

（一）基础资料、数据失实的；

（二）评价方法选择不当的；

（三）对环境影响的分析、预测和评估不准确、不深入，需要进一步论证的；

（四）评价单元划定不合理，管理清单存在严重缺陷的；

（五）评价结论不明确、不合理或者错误的；

（六）不采纳公众意见的理由明显不合理的；

（七）内容存在其他重大缺陷或者遗漏的。

区人民政府应根据审查组意见对区域环评工作成果进行修改，重新报审。

第十七条　区域环评报告和管理清单经审查通过后，管理清单由区人民政府报市人民政府批准。

第十八条　管理清单经批准后，由区人民政府在环境信息公开平台（专栏）公布实施。

第十九条　区域环评原则上5年更新一次。

管理清单发布未满5年，但确需调整的，应由区人民政府编制管理清单的补充意见，经审查组审查通过并报市人民政府批准后公布实施。

管理清单实施后，区人民政府应定期组织跟踪评价，将评价结果报市生态环境主管部门。

第三章　实施与应用

第二十条　市、区人民政府及其有关部门编制涉及空间利用、产业布局、区域开发等规划，开展相关建设等活动时，应当衔接管理清单要求。管理清单涉及空间管控的内容应按要求及时汇交至市"多规合一"信息平台，供全市各部门共享使用。

第二十一条　区域环评内容已涵盖相关规划的，规划环境影响评价可科学合理应用区域环评成果。

第二十二条　区域环评范围涵盖产业园区规划且区域环评内容符合产业园区规划环评有关要求的，产业园区规划可科学合理应用区域环评成果。

第二十三条　市生态环境主管部门根据污染物产生量、排放量以及环境危害程度等因素，制定深圳市区域空间生态环境评价重点项目环境影响审批名录（下称重点项目环境影响审批名录），将污染物排放量较大、生态环境影响较重的建设项目纳入审批管理。

第二十四条　在已公布管理清单的区域，纳入重点项目环境影响审批名录的建设项目实施审批管理，建设单位应依法组织开展建设项目环境影响评价，编制环境影响评价文件报送有审批权的生态环境主管部门审批。

未纳入重点项目环境影响审批名录的建设项目实施清单管理，建设单位无需进行环境影响评价，执行所在评价单元的管理清单有关规定，按管理清单要求在环境信息公开平台（专栏）进行信息公开。

第二十五条　区发展改革、规划和自然资源、工业和信息化、科技创新等部门及街道办事处对评价单元内新立项或者新引进项目应衔接管理清单。

街道办事处应指导辖区内排污单位和工业园区运营管理单位执行管理清单有关规定。

第二十六条　涉及土地开发的建设项目，应按要求于开工建设前在施工现场设置公告，公告内容包括项目名称、建设内容、施工期及运营期主要产排污情况及污染防治设施建设情况、生态保护对策、施工单位及排污单位联系方式等。

第二十七条　未纳入重点项目环境影响审批名录的建设项目，按照管理清单有关规定需配套建设环境保护设施的，环境保护设施必须与主体工程同时设计、同时施工、同时投产使用。

第二十八条　排污单位按照固定污染源排污许可分类管理名录规定进行排污许可管理。纳入排污许可管理的排污单位，应当按照规定申领排污许可证；未纳入排污许可管理的排污单位，无需申领排污许可证，但是其排放的污染物应当符合国家和地方污染物排放标准及管理清单要求，并按照有关规定进行排污登记。

排污单位应当通过全国排污许可证管理信息平台提交排污许可证申请表，申请取得排污许可证。未纳入重点项目环境影响审批名录的建设项目，排污许可证申请表中无需提供建设项目环境影响报告书（表）批准文件，但是应当提供开工前的承诺书及其公开过程相关材料。

第二十九条　未纳入重点项目环境影响审批名录的建设项目，生态环境主管部门主要结合群众投诉举报情况开展事中执法检查。主要监管检查内容为建设项目是否属于管理清单范围；建设项目公示情况与实际情况的相符性；生态保护工程和设施、污染防治和处置设施、其他环境保护设施建设和运行情况；相关环境管理制度落实情况等。

第三十条　生态环境主管部门应当将已纳入排污许可管理的建设项目纳入"双随机、一公开"监管对象库，按比例抽取开展执法检查。主要监管检查内容为建设项目是否属于管理清单范围；管理清单的执行情况；污染物排放情况；污染防治设施运行情况；排污许可制度执行情况；相关环境管理制度落实情况等。

对未纳入排污许可管理的建设项目，生态环境主管部门主要结合群众投诉举报情况开展事后执法检查。主要监管检查内容为建设项目是否属于管理清单范围；管理清单的执行情况；污染物排放情况；污染防治设施运行情况；相关环境管理制度落实情况等。

第四章　监督与保障

第三十一条　在已公布管理清单的区域，未纳入重点项目环境影响审批名录的建设项目，未执行管理清单有关规定的，由生态环境主管部门依法处理。

第三十二条　技术机构应当建立和完善质量控制体系，技术机构及其主要负责人对其出具的数据、报告等文件的真实性和准确性负责。

编制单位和编制人员依据《建设项目环境影响报告书（表）编制监督管理办法》（生态环境部令第9号）有关规定被列入"黑名单"的期限内，区人民政府不得委托其从事区域环评报告编制工作。鼓励具有区域环评报告或规划环境影响报告书编制经验的单位参与区域环评，鼓励取得环境影响评价工程师职业资格证书且在环境影响评价信用平台建立诚信档案的人员作为区域环评报告的编制主持人。

第三十三条　审查组的专家在区域环评成果审查中弄虚作假或者有失职行为，造成区域环评工作成果严重失实的，取消其专家资格；审查组的部门代表有上述行为的，依法依规给予处分。

第三十四条　任何组织和个人有权对排污单位违反管理清单的行为向生态环境主管部门、综合执法部门及相关主管部门进行举报。接受举报的部门应当依法处理，并按照有关规定对调查结果予以反馈，同时为举报人保密。

第三十五条　鼓励区人民政府建设区域环评咨询服务电子信息系统，为建设项目选址和日常环境管理提供咨询服务，完善区域环评的便利性和惠民性。

第五章　附　则

第三十六条　本试行办法自 2022 年 1 月 15 日起施行，有效期 3 年，由市生态环境主管部门解释。

第三十七条　深汕特别合作区可参照本试行办法执行。

◆ 部门制度成果

深圳市工业用地使用权转让暂行办法

（深规划资源规〔2022〕1号）

第一条　为落实《深圳建设中国特色社会主义先行示范区综合改革试点实施方案（2020—2025年）》，盘活存量低效工业用地，优化土地要素市场化配置，规范工业用地使用权转让行为，根据《国务院办公厅关于完善建设用地使用权转让、出租、抵押二级市场的指导意见》（国办发〔2019〕34号）等规定，结合我市实际，制定本办法。

第二条　本办法适用于深圳市行政区域内以协议出让方式取得的工业用地使用权转让行为。

建设用地使用权出让合同（以下简称出让合同）或不动产登记证书约定土地性质为非商品性质、限自用或不得转让的工业用地，不适用本办法。

第三条　本办法所称工业用地包括普通工业用地（M1）和新型产业用地（M0），仓储用地（W1）和物流用地（W0）可参照执行。

第四条　市规划和自然资源部门负责工业用地使用权转让的土地二级市场管理和监督等工作。市规划和自然资源部门派出机构负责工业用地使用权转让条件审核。

市发展改革、科技创新、工业和信息化、交通运输等产业主管部门负责指导各区开展工业用地使用权转让涉及的产业准入、资格审核和产业监管等工作。

市政府相关部门各司其职，密切配合，共同做好工业用地使用权转让相关服务工作。

各区政府（含新区管理机构，下同）负责工业用地使用权转让涉及的产业准入、资格审核和产业监管等工作。

第五条　工业用地使用权转让应统一通过土地二级市场信息化平台（以下简称土地二级市场平台）开展。土地二级市场平台汇集市场供需信息，提供政策咨询、公开竞价交易、转让合同备案等服务，开展土地二级市场统计、监测等工作。

工业用地使用权转让双方可通过土地二级市场平台等渠道发布和获取市场供需信息；可自行协商交易，也可通过土地二级市场平台公开竞价交易。

第六条　按本办法规定转让的工业用地使用权，应当符合下列条件：

（一）按照出让合同约定已经支付全部土地价款，并取得不动产登记证书；

（二）涉及土地闲置的，已按照闲置土地有关规定处置完毕；

（三）涉及违法建筑的，已按违法建筑有关规定处置完毕；

（四）涉及依法查封或者有权机关以其他形式禁止转让的，已经有权机关书面同意；

（五）涉及共有土地使用权和地上建筑物、其他附着物的，已经其他共有人书面同意；

（六）涉及抵押的，已书面告知抵押权人，但当事人另有约定的，按照其约定；

（七）不存在权属争议；

（八）法律、法规规定的其他条件。

除出让合同另有约定外，工业用地使用权限整体转让，转让时其地上建筑物、构筑物和其他附着物等一并转让。

第七条　探索实行预告登记转让制度。未完成开发投资总额 25% 的工业用地，按照"先投入后转让"的原则，允许转让双方签订工业用地使用权转让合同后，依法办理预告登记，待开发投资达到转让条件时，再办理不动产转移登记手续。受让人可作为申报主体，凭不动产预告登记证明、转让人委托书及其他必要材料向发展改革、规划和自然资源、生态环境、住房建设等部门申请办理建设项目相关报建手续。

第八条　工业用地使用权转让时，转让人应分别向市规划和自然资源部门派出机构和区产业主管部门申请审核。市规划和自然资源部门派出机构和区产业主管部门在审核时，应当实现审核信息的互联互通。

市规划和自然资源部门派出机构在收到转让申请材料后应出具审核意见；涉及超过出让合同约定的开竣工期限等问题的，应当提出下一步完善用地手续等意见。

区产业主管部门在收到转让申请材料后应出具审核意见，并拟定产业发展监管协议作为转让合同的附件。

第九条　工业用地使用权转让的受让人应当属于现行深圳市产业结构调整优化和产业导向目录中从事鼓励发展类项目的企业或市、区政府投资设立的承担产业用房建设运营管理职能的平台公司。

各区政府应根据辖区产业发展实际情况，结合全年限监管的要求，在前款基础上制定各区统一的受让人资格条件和产业发展监管协议样本，并通过土地二级市场平台发布。各区政府可根据辖区产业发展变化进行适时调整。

自行协商达成交易的受让人或参与公开竞价交易的竞买人均应取得区产业主管部门出具的符合资格条件批复。

第十条　转让双方自行协商达成交易的，应共同通过土地二级市场平台提出转让申请，填报相关转让信息，上传相关部门出具的审核意见和受让人资格条件批复，并依法如实申报转让价格。

土地二级市场平台应按程序完成工业用地使用权转让合同备案及生成电子监管号；受让

人再凭转让合同等材料与区产业主管部门签订产业发展监管协议。

第十一条 转让人拟通过公开竞价交易确定受让人的，转让人应向土地二级市场平台提出转让申请，填报相关转让信息和相关部门出具的审核意见，并申报公开竞价交易的转让底价。

土地二级市场平台应按程序组织开展公开竞价交易，确定受让人，完成工业用地使用权转让合同备案及生成电子监管号；受让人再凭转让合同等材料与区产业主管部门签订产业发展监管协议。

第十二条 转让人或受让人向土地二级市场平台申请开发投资总额核验时，应提交具有专业资质评估（审计）机构出具的关于开发投资总额已完成25%以上的评估（审计）报告，土地二级市场平台依据提交的评估（审计）报告出具备案回执。

第十三条 工业用地使用权转让交易完成后，转让双方应凭转让合同和所附产业发展监管协议等材料向不动产登记机构申请办理工业用地使用权转移登记手续。

未完成开发投资总额25%的工业用地，转让双方应凭转让合同和所附产业发展监管协议等材料向不动产登记机构申请办理预告登记手续；待完成开发投资总额25%以上后，转让双方凭开发投资总额核验备案回执向不动产登记机构申请办理预告登记转本登记手续。

第十四条 工业用地使用权转让涉及的相关税费按照税费政策规定征收。

第十五条 市规划和自然资源、市场监管、税务及产业主管等部门应建立沟通协作机制，加强对涉地股权转让的联合监管，防止通过股权转让的方式变相实施土地使用权转让交易。

新供应产业用地的土地使用权出让合同和产业监管协议中应当明确约定建设用地使用权以及附着于该土地上的建（构）筑物及其附属设施不得通过股权转让或变更的方式变相转让。

第十六条 市规划和自然资源部门应加强土地二级市场秩序监管，转让双方在转让过程中有违法违规和失信行为的，应当依法纳入失信行为黑名单。

第十七条 转让双方通过土地二级市场平台申报的转让价格或公开竞价的成交价格比标定地价低20%以上的，市土地储备机构可行使优先购买权。

第十八条 土地二级市场平台提供公益性公开竞价交易服务，不向工业用地使用权转让双方收取任何费用。

第十九条 深汕特别合作区工业用地使用权转让可参照本办法执行。

属于《深圳经济特区高新技术产业园区条例》规定的高新区范围内工业用地使用权转让，按照该条例执行。

本市行政区域内已办理不动产登记的工业楼宇及其配套用房的转让，按照我市工业楼宇转让有关规定执行。

除本办法另有规定外，工业用地使用权转让涉及城市更新、土地整备或工业区块线的，按照我市有关政策规定执行。

第二十条　本办法自印发之日起施行，有效期三年。

深圳市关于建设香蜜湖国际风投创投街区的若干措施

（深金监发〔2022〕18 号）

　　创业投资是创新链和价值链衔接的核心环节，是经济高质量发展和创新引领的重要引擎。为深入贯彻党中央、国务院决策部署，全面落实《中共中央 国务院关于支持深圳建设中国特色社会主义先行示范区的意见》等文件精神，进一步优化本市创业投资发展环境，支持福田香蜜湖率先建设国际化、市场化、品牌化的国际风投创投街区，集聚全球顶级创新资本要素资源，完善"基础研究＋技术攻关＋成果产业化＋科技金融＋人才支撑"全过程创新生态体系，推动更高水平的科技创新和资本要素融合，助力深圳打造全球创新资本形成中心和国际科技创新中心，制定以下措施。

一、总体要求

　　（一）指导思想。以习近平新时代中国特色社会主义思想为指导，全面贯彻落实党的十九大和十九届历次全会及中央经济工作会议精神，深入贯彻习近平总书记对广东、深圳系列重要讲话和重要指示批示精神，以金融服务科技创新为核心，着眼世界前沿技术和未来科技需求，促进资本要素和科技创新深度融合，力争将香蜜湖国际风投创投街区建设成为深圳国际风投创投中心的"福田样板"，为奋力建设好中国特色社会主义先行示范区，创建社会主义现代化强国的城市范例，率先实现社会主义现代化提供强有力的金融支撑。

　　（二）发展目标。到 2025 年，基本建成国际化、市场化、品牌化的资本聚集区，街区辐射范围内实现国内行业排名前 100 私募创投机构不少于 10 家，QFLP、QDIE、WFOE PFM 试点机构不少于 50 家，撬动社会资本全面覆盖深圳 20 个战略性新兴产业集群和 8 大未来产业等关键领域，初步形成具有国际影响力的创业投资业态。

　　到 2035 年，对外开放的体制机制更加完善，营商环境达到世界一流水平，集聚专业化、国际化、创新型资产管理人才，构筑产业协同联动、市场互联互通、创新驱动支撑的发展模式，建成全球资源配置能力强、创新策源能力强、协同发展带动能力强的高质量发展引擎，改革创新经验在全国推广。

　　（三）实施范围。福田区是深圳传统金融强区，已发展成为全国三大金融中心区之一，具有打造区域性风投创投街区的基础和优势。香蜜湖国际风投创投街区以深南大道南侧的车公庙片区、北侧的东海社区部分街区为策源地，以香蜜湖新金融中心为核心引擎，福田 CBD 为基础，聚焦"香蜜湖"品牌，整体上是以深南大道为主干、若干条支干呈鱼骨状排列，逐步打造成粤港澳大湾区最大规模的风投创投集聚区。产业空间主要包括香蜜湖片区和车公庙片区，其中，香蜜湖片区总用地面积 140.4 万平方米，供应产业用地约 35 万平方米、产业空间约 240 万平方米；车公庙片区推动更新项目 5 个，成片连片改造试点 1 个，可释放约 210 万平方米的产业空间，用于孵化"专精特新"企业、集聚风投创投机构及打造医疗、教育等配套基础设施。

二、面向国际，促进全球创新资本开放合作

（四）集聚和培育头部风投创投机构。在香蜜湖国际风投创投街区内，大力培育和引进以服务科技创新、实体产业为导向的知名风投创投主体，健全对接国际、联通港澳、服务湾区的市场体制机制。市区联动、主动服务，对知名风投创投机构实施"靶向招商"，建立"一对一"专项联系对接机制，在市级风投创投专项政策基础上，区级配套制定引导基金、专项资金、低成本空间、产业项目和人才等全方位支持方案和工作措施。（责任单位：福田区政府、市地方金融监管局）

（五）优化创业投资准入便利化水平。市地方金融监督管理局联合福田区开发建设私募投资综合化信息服务平台（即"好人举手"平台），通过区块链、大数据等手段，稳妥推进私募基金会商服务标准建设，建立健全市场监管、金融监管等部门信息互联互通机制。为符合条件的基金管理人和基金产品开辟绿色通道，提供"一站式"商事登记注册、试点资格、行业自律和优惠政策等政府服务，提升市场准入、募资、退出等便利化程度。依法依规对风投创投机构和从业人员开展信用管理，强化守信激励和失信惩戒作用，全方位提高风投创投街区投资便利化水平。（责任单位：市地方金融监管局、深圳证监局、市市场监管局、福田区政府）

（六）对接全球顶级金融资源要素。高起点规划香蜜湖新金融中心，争取全球知名交易所、家族财富办公室等设立办事机构，接洽欧美风投资本、中东主权财富基金等国际化资本，在聚集区布局产业基金。大力发展以深圳证券交易所为核心的资本市场，支持建设深圳证券交易所科技成果与知识产权交易中心，打造融合技术成果和知识产权、金融衍生品、外汇、银行间同业拆借、金融数据等金融要素交易的聚集平台。（责任单位：深圳证券交易所、福田区政府、市地方金融监管局）

（七）先行先试跨境及创新试点业务。研究支持外资资产管理机构用同一个主体开展QFLP 和 QDIE 试点，鼓励试点机构在深设立全球或区域管理中心，开展跨境双向投资管理。探索在深圳市联合评审机制框架内，允许福田区参与推动辖区内 QFLP、QDIE、WFOE PFM试点工作。有序推进契约型私募基金投资企业商事登记业务试点，探索可变资本等新形态、新模式。积极争取金融资产投资公司依法依规在区域内设立专业投资子公司，开展不以债转股为目的的股权投资、直接投资等业务。鼓励创投机构与银行、担保、保险等金融服务机构开展合作，积极开展贷款＋外部直投、投保联动等金融服务模式创新。探索社保基金、年金依法

依规开展权益类投资试点。（责任单位：市地方金融监管局、人民银行深圳中支、国家外汇管理局深圳分局、深圳证监局、深圳银保监局、福田区政府）

（八）建立覆盖全生命周期的政策性母基金群。市区组建覆盖天使投资、创业投资、并购重组投资的母基金体系，按照"全球化遴选顶级管理人、全球化引进硬科技、全球化招募合伙人、全球化让渡属地收益"的经营理念，引导社会资本投早投小投科技和长期价值投资，探索建立政策性母基金对子基金在项目投资过程中的让利机制。积极争取中央财政和央企设立的国家级母基金落地。依规推动保险资金以及符合条件的主权基金、养老基金等长期资金参与政策性母基金组建运作。探索联合深港澳金融机构、科技产业龙头及政府出资平台，组建创新合作市场化母基金，打造跨境母基金集聚地。（责任单位：市地方金融监管局、市财政局、福田区政府）

三、聚焦硬科技项目，打通产业培育链条

（九）实施早期项目投孵联动"深港通"工程。聚焦人工智能、健康医疗、金融科技、智慧城市、物联网、能源新材料等港澳优势领域，建设"创新＋创业＋创投＋创客"四创联动的天使荟创业孵化空间，以香蜜湖国际风投创投街区为中心，推动形成"众创空间—孵化器—加速器—专业园区"的完整孵化链条。探索发起设立八大未来产业领域的母基金。（责任单位：市科技创新委、市地方金融监管局、深圳天使母基金、福田区政府）

（十）加强前沿科学研究的产学研联动。依托河套深港科技创新合作区平台优势，聚焦医疗科技、人工智能及大数据、机器人、微电子、金融科技等六大创新方向，引入香港及国际高校优势学科重点项目，支持"卡脖子"技术攻关及前沿技术和产品的科技研发，培育一批科技创新型种子企业和国家顶级实验室。支持发展科研院所基金，面向海内外筹措资金从事创业投资活动。以市区引导基金、天使荟为服务平台，通过整合天使、创投、私募、银行、保险、上市服务等，为深港"专精特新"高成长性早期项目搭建国际性、多层次、多元化、高效率的投融资服务平台，推动行业专家、科学家、政府专家参与基金管理和成果转化。（责任单位：市科技创新委、市发展改革委、市工业和信息化局、市地方金融监管局、福田区政府）

（十一）推动中小企业转型升级。通过非标、定制、投贷联动等方式，为企业提供创业全周期的投融资对接机会和孵化加速服务。加快综合服务体系建设，鼓励各类机构为"专精特新"企业推出专项产品和提供优质精准服务，推动产生一批"小巨人"企业。充分发挥风投创投引导功能，拓宽中小企业融资渠道，卡位强链补链关键环节，优先推动符合条件的中小企业上市融资。（责任单位：市工业和信息化局、市中小企业服务局、市科技创新委、深圳银保监局、市地方金融监管局、福田区政府）

四、共建共享，集聚生态资源要素

（十二）构筑联动深港澳风投创投联盟的载体阵地。联络深港澳及周边的基金产业园、

基金小镇或股权投资基地，建立空间合作资源网络和创投联盟。优选境内外顶级创投机构、产业资本、高校、科研平台、技术转移机构、国际孵化器等加入深港澳天使投资联盟。（责任单位：市科技创新委、市地方金融监管局、福田区政府）

（十三）搭建风投创投街区创新资源共享平台。探索风投创投的资源共享生态，促进深港澳科研机构、产业方、专业服务机构的资源整合、开放共享。市区联动建设香蜜湖国际风投创投街区综合服务平台，联合香蜜湖产融创新／上市加速器，常态化举办项目路演、资源对接、沙龙会议、技能培训等活动。加强与深圳证券交易所创新创业投融资服务平台（V-Next）合作，为创新创业企业提供全周期、多方位的融资和培育服务，打造跨境投融资对接服务的国际品牌。（责任单位：市地方金融监管局、深圳证券交易所、福田区政府）

（十四）吸引国际高端专业中介服务机构等集聚。提升专业机构服务能力，重点引进境内外知名中介机构、媒体机构、研究机构、资信评估机构、专业市场调查机构等。鼓励深圳私募基金业协会、深圳市创业投资同业公会等行业自律组织建立专业机构服务质量评价机制。（责任单位：福田区政府、市商务局、市地方金融监管局）

五、强化闭环，丰富退出渠道机制

（十五）推进与深圳证券交易所建立更紧密的上市合作机制。充分发挥香蜜湖产融创新／上市加速器的作用，在企业融资、上市培育等全流程做好专业化服务；鼓励中介机构更早进入被投企业上市辅导阶段；发挥深圳证券交易所的规则引导作用，鼓励企业尽早健全现代企业制度，提高上市审核和备案效率。（责任单位：深圳证监局、市发展改革委、市中小企业服务局、市地方金融监管局、深圳证券交易所）

（十六）探索推进创业投资份额转让试点业务。争取深圳私募股权和创业投资基金份额转让平台落地，建立基金监管规则与交易制度，引导社会资本发起设立私募股权二级市场基金（即 S 基金）参与 PE、VC 基金份额转让，推动私募股权和创业投资股权份额二级交易市场发展，健全私募股权和创业投资基金退出机制。（责任单位：深圳证监局、市地方金融监管局、福田区政府）

六、优化服务，打造宜居宜业环境

（十七）促进国际创投及科研人才集聚。制定吸引和集聚国际高端人才的政策措施。探索建设博士后流动站、培训实习基地等，支持创投行业组织、科研院所等加强风投创投专业人才培养，鼓励深圳高等院校开展风投创投专业培训。积极引进清华大学经济管理深圳研究院、香港大学经管学院、深圳高等金融研究院等知名经管类高等院校。（责任单位：市地方金融监管局、市人力资源保障局、市科技创新委、市教育局、福田区政府）

（十八）完善风投创投政策配套支持。福田区出台配套扶持政策，对入驻创投机构提供专属政策支持及配套服务，对入驻区域内创投机构给予租金补贴支持，创投机构投资退出时给予

投资退出奖励，探索争取公司制创投企业税收优惠等政策。（责任单位：福田区政府、深圳市税务局）

（十九）整合优质产业空间资源，优化配套教育医疗基础设施。在香蜜湖等片区建设高品质风投创投专业楼宇，通过政府租金补贴等配套支持，吸引一批头部创投机构落地。同时，规划打造私募证券、金融科技、总部经济等特色产业专业楼宇。提速教育、医疗、养老等系列公配建设，规划建设多所顶尖国际学校、国际幼儿园及高水平医院。引进国内外时尚品牌及精品特色咖啡馆、餐厅、酒吧，打造创投人才宜居生活区。（责任单位：福田区政府）

七、保障措施

（二十）注重市区联动。市区联合成立香蜜湖国际风投创投街区建设工作专班，全面推进香蜜湖国际风投创投街区建设，负责组织协调相关部门，研究制定政策措施，加强与国家相关部委沟通，协同推进税收政策、金融试点等重大事项，做好街区规划布局、项目引进、人财物保障等工作。建立定期工作调度协调机制，确保各相关单位按照职责分工共同推进香蜜湖国际风投创投街区建设，各项工作任务分解到位、落实到事、责任到人。（责任单位：市地方金融监管局、福田区政府）

（二十一）深化宣传推广。建立香蜜湖国际风投创投街区政策环境、发展动态常态化宣传发布机制，探索建设创投文化博物馆，支持行业组织、高等院校、研究机构等发布全球创业投资发展态势和创新趋势研究成果。开展具有全球影响力的天使峰会、创投论坛、大讲堂、创业训练营等，进一步加大对深圳创新创业的宣传推广力度。（责任单位：福田区政府）

（二十二）做好总结评估。福田区要建立健全香蜜湖国际风投创投街区建设工作绩效评估机制，广泛收集市场主体对相关工作及成效的评价意见，及时上报工作进展情况及存在问题。市地方金融监管局要认真研究、指导街区建设工作中的新情况、新问题，不断总结提炼，以点带面、点面结合促进全市风投创投高质量发展，并探索形成可复制、可推广的典型经验。市地方金融监管局会同福田区结合年度绩效评估对本措施进行适当调整，报市政府批准后实施。（责任单位：市地方金融监管局、福田区政府）

关于促进深圳风投创投持续高质量发展的若干措施

（深金监规〔2022〕3号）

为深入贯彻中共中央办公厅、国务院办公厅《深圳建设中国特色社会主义先行示范区综合改革试点实施方案（2020—2025年）》、中共深圳市委《关于制定深圳市国民经济和社会发展第十四个五年规划和二〇三五年远景目标的建议》文件精神，进一步促进创新资本服务深圳先行示范区创新发展战略，打造国际风投创投中心，特制定如下措施。

一、发展目标

以习近平新时代中国特色社会主义思想为指导，全面贯彻党的十九大和十九届二中、三中、四中、五中、六中全会精神，按照党中央、国务院决策部署，抢抓粤港澳大湾区、中国特色社会主义先行示范区重大历史机遇，坚持高质量发展理念，促进创业投资与科技创新的深度融合，撬动更多社会资本持续加大对我市七大战略性新兴产业（20大产业集群）、八大未来产业等关键领域的投资力度，不断完善"基础研究＋技术攻关＋成果产业化＋科技金融＋人才支撑"全过程创新生态链，推动更高水平的科技创新和资本要素融合，逐步形成全球创新资本形成中心。

二、优化市场准入和治理机制

（一）优化市场准入环境。优化完善风投创投机构的商事登记程序，按照相关监管规定统一规范名称和经营范围。私募基金管理人在初次开展资金募集、基金管理等私募基金业务活动前，应当按照规定在中国证券投资基金业协会完成登记。私募基金管理人应当在商事登记名称中标明"私募基金""私募基金管理""创业投资"字样，并在经营范围中标明"私募投资基金管理""私募证券投资基金管理""私募股权投资基金管理""创业投资基金管理"体现受托管理私募基金特点的字样。建立完善市场监管、金融监管等部门之间的私募基金登记注册信息互联互通机制。为符合条件的基金管理人和私募基金产品开辟绿色通道，提升市场准入、募资、退出等便利化程度。

（二）健全行业治理机制。开发建设私募投资企业综合信息服务平台（即"好人举手"平台，以下简称信息服务平台），以信息披露、数据治理和信用监管为核心，将辖区从事风投创投业务的企业纳入监测预警范围，建立"信息披露—风险预警—公示及联合惩戒"为一体的信用信息管理体系；依托城市大数据中心推动信息服务平台与市场监管商事登记系统、发改部门创业投资企业备案平台等系统互联互通；建立非正常经营投资企业公示常态化机制，依照商事登记管理规定采取除名或依职权注销登记措施；鼓励风投创投机构在区域性股权市场进行股权托管，穿透识别实际控制人和最终受益人；指导商业银行加强账户行为监管；探索建立私募基金独立清退机制，依法打击各类非法金融活动；依托居民金融素养提升工程，加大对投资者金融风险防范意识教育，树立正确投资理念和风险防范意识。

三、鼓励各类市场主体在深发展

（三）吸引风投创投机构在深落户。对新设立或新迁入的股权投资、创业投资企业，按其自设立之日起三年内，实际投资深圳区域非上市企业的累计每满人民币 4 亿元（或等值外币）的，给予其管理企业奖励人民币 500 万元，单笔奖励最高金额不超过人民币 2000 万元。

对新设立或新迁入的实际管理规模达人民币 100 亿元（或等值外币）的私募证券投资基金管理企业，给予奖励人民币 300 万元；实际管理规模达人民币 200 亿元（或等值外币）的私募证券投资基金管理企业，给予奖励人民币 500 万元。

（四）扶持重点风投创投机构发展。对上一完整会计年度营业收入（含投资收益）达到人民币 2 亿元以上且同比增长 10% 以上，或利润总额达到人民币 2 亿元以上的股权投资、创业投资企业及股权投资、创业投资管理企业，按其上一年度项目退出时产生投资收益的 5% 对其管理企业给予奖励，每家管理企业奖励最高金额不超过人民币 2000 万元。

同一管理企业不能重复申请享受，该奖励与本措施第三条奖励不能同时享受。

（五）引导风投创投投早投小投科技。支持股权投资、创业投资企业加大对本市种子期、初创期科技创新企业的投资力度，对投资本市种子期、初创期科技创新企业 2 年以上的，按实际投资额的 10% 对其管理企业给予奖励，每投资 1 家企业最高奖励人民币 100 万元，被投企业存在关联关系的仅允许申请一次奖励，单个股权投资、创业投资管理企业年度累计奖励不超过人民币 500 万元。

种子期、初创期科技创新企业原则上须同时满足以下条件：一是投资决策时被投企业设立时间不超过 5 年；二是从业人数不超过 300 人，资产总额或年销售收入不超过人民币 5000 万元；三是符合深圳市扶持和鼓励发展的战略性新兴产业、未来产业和其他市政府重点发展的产业。具体认定标准另行制定。

该奖励与本措施第三条、第四条奖励不能同时享受。

（六）激发天使投资活力。培育天使投资人、天使投资基金、天使＋孵化等各类市场主体。研究天使投资划型标准，探索对天使投资人建立差异化监管措施。支持公益性天使投资协会等自律组织发展，对举办的重大论坛活动、调研课题等给予支持。鼓励各区（新区）根据实际情况发起设立、参与天使投资引导基金及创投引导基金，探索建立风险分担及让利机制。

（七）优化空间保障和人才奖励。符合条件的新设立或新迁入股权投资、创业投资管理企业和股权投资、创业投资企业，对购买自用办公用房，按购房价格的 1.5% 给予补贴，最高补贴金额不超过人民币 500 万元，获得补贴的办公用房 5 年内不得对外租售；对其本部租赁自用办公用房（含本部配套经营用房）的，新注册或新迁入后 3 年内每年按房屋租金市场参考价的 30% 给予补贴。对入驻经市政府认定的产业基地或金融重点楼宇的，自入驻之日起，在新注册或新迁入后 3 年内每年按房屋租金市场参考价的 40% 给予补贴。若新租赁自用办公用房的价格低于房屋租金市场参考价，则按其实际租价为基准给予租房补贴。

符合深圳市产业发展与创新人才奖申报条件的创业投资管理企业和创业投资企业，可根据当年度深圳市产业发展与创新人才奖申报指南申报创新人才奖。

（八）健全市区联动招商机制。统筹形成市区协作、产业发展部门联动机制，对于我市重点引进的重大产业基金、重点优质项目，积极创造条件，做好政府各部门与风投创投企业、创新项目的对接服务。探索建立风投创投机构向各部门推荐专项资金支持项目机制。对全球头部风投创投机构实施"靶向招商"，以市区联动形式制定行动方案，支持各区制定特色化政策措施，叠加市区政策优势，加大支持力度。

四、推动募投管退联动发展

（九）高品质规划国际风投创投集聚区。全市统筹布局、整体规划，全面推进国际风投创投集聚街区建设，构建"绿色通道、国际投资、生态管理、退出阶梯"四大国际化服务平台，吸引国外头部机构"走进来"，培育优质本土创投机构"走出去"，集聚全球高端创新资源。支持条件成熟的区（新区）建设风投创投园区、基金小镇、创投小镇等创业投资集聚示范区，制定专项扶持政策，提供全方位"一站式"服务，吸引风投创投企业入驻，打造一批标杆国际生态样板示范区。

（十）拓宽募资对接渠道。推动建立覆盖天使投资、创业投资、并购重组投资的政策性母基金体系，引导社会资本投向高新技术产业、战略性新兴产业、未来产业科技创新类项目。支持保险资金、家族财富公司等各类社会资本参与发起设立母基金。鼓励项目制专项子基金发展。推动风投创投机构通过发行企业债券、并购重组等方式做优做强。争取银行业金融机构开展投贷联动业务试点，鼓励保险资金依法依规扩大股权投资比例。鼓励本市金融机构与风投创投企业开展投贷联动、投债联动，推广投、贷、保联动等多种创新模式。充分发挥政府性融资担保基金功能作用，解决初创型企业首贷问题。

（十一）丰富退出渠道。支持深圳证券交易所资本市场建设，充分发挥其核心地位优势，探索优秀风投创投企业上市安排。鼓励风投创投企业的被投机构通过上市、挂牌、并购及协议转让等方式拓宽退出渠道。支持 S 基金（股权转受让基金）市场创新发展，引入国际专业中介服务机构，组建 S 基金相关协会或研究机构。探索开展私募股权份额转让试点。支持本市有条件的产业集团与风投创投企业对接，打通产业链创新成果转化渠道。借鉴可变资本公司等先进成熟可推广经验，探索私募基金业务新形态。

（十二）畅通创新产业投资渠道。依托深圳证券交易所等，建立联通风投创投企业与科技创新种子项目、金融机构及创业板等市场板块的信息对接机制，建立科技创新种子项目孵化与筛选服务、债权融资服务、股权融资服务、信息增值服务等全方位一体化的科技金融服务体系。对风投创投企业投资培育的本市新兴产业领域创业企业所提供的新业态、新技术、新模式，鼓励市各有关部门和国有企事业单位积极应用。支持国有创投标杆企业发展，探索建立行政免责容错机制。引导风投创投企业优先投向我市产业部门认可的具有完善补充我市产业链关键环节作用的企业。

（十三）有序推动创新开放。借助前海深港现代服务业合作区和河套深港科技创新合作区先行先试契机，依法依规推进区内资本可兑换，促进跨境双向流动。扩大外商投资股权投资企业（QFLP）试点，深化合格境内投资者境外投资（QDIE）试点，适度提高投资额度，提升境外投资便利化。推进外商独资私募证券投资机构（WFOE PFM）试点，引入国际知名资产管理机构集聚。支持风投创投企业发行创投专项债券及大湾区跨境人民币专项债券，拓展风投创投企业海外中长线资金来源，引入境外资金设立人民币创业投资母基金。

（十四）优化政府基金管理体系。围绕我市"十四五"产业规划布局，建立市区联动、相互衔接、各有侧重的政府引导基金管理体系，加强信息交流和项目资源共享，对各类引导基金功能定位、区域布局及行业发展中的重大问题进行统筹协调。优化市政府投资引导基金管理和服务模式，探索对子基金管理人的公开遴选模式，建立动态绩效评价机制，提高子基金运作效率。依托政府投资引导基金形成综合化科技金融服务体系。

五、完善国际化法治化营商环境

（十五）提升创投法治化理念。建立符合国际惯例的私募基金纠纷调解中心，加强对创业创新早期知识产权保护，加强对投资者教育和保护，鼓励运用法治化手段解决争端，加强金融监管部门、司法部门的衔接，建立多元化的金融纠纷调解机制，注重争议解决的公平与效率。充分发挥国际仲裁组织在争议解决中的作用。

（十六）优化信用环境和中介服务体系。进一步健全风投创投机构和从业人员信用记录管理制度。推动机构信用信息纳入本市公共信用基础数据库，依法依规进行社会公示。依法依规加快建立风投创投机构严重失信名单制度，实施守信联合激励和失信联合惩戒。推动信用信息在政府引导基金评审、产业扶持政策申请审核等环节中的运用。进一步加强中介服务机构在法律、财务、咨询、评估、评价、托管、担保等方面的重要作用，支持中介服务机构为风投创投企业提供尽职调查、项目评估、技术经纪、信息服务、财务及法律咨询等服务，逐步健全中介机构服务体系。

（十七）强化组织保障和督导落实。市地方金融监督管理局负责推动各项工作的统筹落实和日常工作，可结合国家先行示范区和综合改革授权清单的总体部署要求，依法依规、适时调整政策的支持范围、支持对象和支持标准，报请市政府批准同意后实施，做好规范性文件立改废的衔接工作。市地方金融监督管理局要强化并组织协调人民银行深圳市中心支行、深圳银保监局、深圳证监局等部门形成协同工作机制。市发展改革委、市财政局、市国资委、市科技创新委、市人力资源保障局、市市场监管局等职能部门和产业部门，依据各自职能配合推进国际风投创投中心建设。各区政府、前海管理局要高度重视，针对性制定促进辖区风投创投发展的政策及方案，明确责任部门，落实措施条款和保障资金。

六、其他说明事项

（十八）本措施适用范围为注册地、税务征管关系及统计关系均在深圳，且在中国证券投资基金业协会完成登记备案，并接入深圳私募基金信息服务平台的私募投资机构。

本措施所称创业投资管理企业、股权投资管理企业是指受创业投资企业、股权投资企业委托，以股权投资、创业投资管理为主要经营业务的企业。

本措施所称创业投资企业、股权投资企业是指依法设立并以创业投资、股权投资为主要经营业务的企业。

本措施所称私募证券投资基金管理企业是指依法设立并以管理私募证券投资基金为主要经营业务的企业。

（十九）享受我市各类扶持政策的风投创投机构应当承诺主要经营地及投资活动地保持于深圳当地，且5年内不得迁出深圳，若迁址至深圳以外地区，须退还相关财政资助奖励，并按当期贷款市场报价利率（LPR）计息。享受本措施奖励或补贴的企业及个人不履行承诺的义务，或者存在弄虚作假情况的，须退还相关财政资助奖励，并按当期贷款市场报价利率（LPR）计息。本措施规定的企业或其法定代表人、实际控制人、高级管理人员等在企业经营过程中存在严重失信、违规行为的，不再享受本措施规定的各项资金补贴和扶持政策，已获得奖励或补贴的，须退还相关财政资助奖励，并按当期贷款市场报价利率（LPR）计息，并依据相关规定予以处罚。

（二十）享受本措施各项资金补贴和扶持政策的机构应满足以下条件：

股权投资、创业投资企业注册资本（认缴出资金额）不低于人民币1亿元，实收资本不低于人民币5000万元。股权投资、创业投资管理企业实收资本应不低于人民币1000万元。对于外商投资股权投资企业，由外商投资股权投资企业试点办法另行规定实施。

私募证券投资基金管理企业实收资本不低于人民币1000万元且管理资产在人民币1亿元以上。

（二十一）本措施由市地方金融监管局负责解释。各区政府（新区管委会）、深汕合作区管委会结合辖区实际，可制定本辖区风投创投发展政策。

（二十二）本措施涉及奖补条款具体实施以配套申报操作指引为准。

（二十三）本措施自 2022 年 4 月 7 日起施行，有效期 5 年。

深圳市开展合格境内投资者境外投资试点工作的管理办法

（深金监规〔2021〕2号）

第一章 总 则

第一条 为贯彻落实《中共中央 国务院关于支持深圳建设中国特色社会主义先行示范区的意见》（中发〔2019〕32号）、《中国人民银行 中国银行保险监督管理委员会 中国证券监督管理委员会 国家外汇管理局关于金融支持粤港澳大湾区建设的意见》（银发〔2020〕95号）等文件要求，进一步推进金融对外开放和跨境投资创新，促进和引导本市合格境内投资者境外投资有序发展，根据《中华人民共和国证券投资基金法》、《私募投资基金监督管理暂行办法》（中国证券监督管理委员会令第105号）、《证券期货经营机构私募资产管理业务管理办法》（中国证券监督管理委员会令第151号）等有关规定，制定本办法。

第二条 本办法所称的境外投资主体管理企业，是指在本市依法发起设立境外投资主体并受托管理其境外投资业务的企业。

本办法所称的境外投资主体，是指在本市依法由境外投资主体管理企业发起，由合格境内投资者参与投资设立的并以外汇或人民币方式流出进行境外投资的投资主体。

本办法所称的合格境内投资者，是指经境外投资主体管理企业审核通过的参与投资设立境外投资主体的境内自然人、机构投资者等。

本办法所称的试点主体，是指境外投资主体管理企业和境外投资主体。

第三条 深圳市合格境内投资者境外投资试点工作由市地方金融监督管理局会同市商务局、前海深港现代服务业合作区管理局、中国人民银行深圳市中心支行、国家外汇管理局深圳市分局、中国证券监督管理委员会深圳监管局、市市场监督管理局等单位建立联合会商工作机制，各有关单位按照国家有关规定，结合各自职责，共同推进本市合格境内投资者境外投资试点工作，协调解决试点管理有关问题。

深圳市合格境内投资者境外投资试点工作联系部门设在市地方金融监督管理局。

注册或拟注册在深圳市前海深港现代服务业合作区、中国（广东）自由贸易试验区深圳前海蛇口片区的试点主体由前海地方金融监督管理局按本办法协调推进相关试点工作，其余各有关单位根据各自职能负责相关管理工作。

第二章　试点条件

第四条　境外投资主体管理企业可由外国投资者参与设立，分为外资境外投资主体管理企业和内资境外投资主体管理企业两种类型。外资境外投资主体管理企业和内资境外投资主体管理企业均可发起设立境外投资主体。

境外投资主体管理企业可以采用公司制、合伙制等形式，境外投资主体可以采用公司制、合伙制、契约制、私募资产管理计划等形式，具体适用《中华人民共和国公司法》《中华人民共和国合伙企业法》《中华人民共和国证券投资基金法》《私募投资基金监督管理暂行办法》《证券期货经营机构私募资产管理业务管理办法》等相关规定。

第五条　申请试点的境外投资主体管理企业及境外投资主体应当符合相关监管部门关于试点主体命名要求。

第六条　境外投资主体须按照《中华人民共和国证券投资基金法》《私募投资基金监督管理暂行办法》《证券期货经营机构私募资产管理业务管理办法》等有关规定发起设立，完成相应登记、备案程序，并按照相关外汇管理规定办理外汇登记、资金汇兑等事宜。

第三章　试点运作

第七条　境外投资主体管理企业可从事以下业务：

（一）发起设立投资于境外的投资主体；

（二）受托管理境外投资主体的投资业务并提供相关服务。

第八条　境外投资主体投资范围包括：境外非上市企业股权和债权、境外上市企业非公开发行和交易的股票和债券、境外私募股权投资基金和私募证券投资基金等。

境外投资主体境外投资应遵守有关境外投资法律、法规、规章等相关规定，所投项目应符合国家政策导向，不得协助境内个人境外购房、转移资产等。涉及法律、法规、规章等规定境外投资应当履行相关程序的，从其规定。

第九条　境外投资额度的核定和使用遵循下列原则：

（一）境外投资额度在综合考量境外投资项目投向、境外投资主体管理企业经营效率、合规运营等情况的基础上进行核定；

（二）境外投资额度应当在获批之日起 12 个月内使用，逾期未使用之额度失效；

（三）境外投资主体获批之境外投资额度不得转让；

（四）境外投资额度使用应遵守国家外汇管理相关规定。

第十条　境外投资主体按照《中华人民共和国证券投资基金法》《私募投资基金监督管理暂行办法》《证券期货经营机构私募资产管理业务管理办法》等有关规定办理托管。资金托管人为境外投资主体开立专用托管账户，专项保管境外投资资金。在资金汇出时，专用托管账户跨境净汇出资金的规模不得超过核准额度，专用托管账户跨境汇出、汇入币种结构应总体一致。

资金托管人可根据业务需要委托一家境外具有托管资质的机构为境外投资主体办理境外资金托管相关事项。境外资金托管机构为境外投资主体开立境外托管账户，境外投资主体境外投资资金通过境外托管账户划往境外投资项目，境外托管账户收支范围限于与境内托管账户之间的资金划转以及境外投资主体境外投资项下相关收支。

第十一条　资金托管人应履行的职责包括但不限于：

（一）为境外投资主体开设托管账户，安全保管境外投资主体银行账户内资金；

（二）合格境内投资者以外汇形式划入托管账户的，其所获境外投资本金以及收益应原路划回原外汇账户；

（三）办理境外投资主体的有关跨境收汇、付汇和结售汇业务，按相关规定进行国际收支申报；

（四）按照有关法律法规、投资管理协议的约定执行境外投资主体管理企业的指令，及时办理清算、交割事宜；

（五）按照有关规定保存专用账户所涉资金汇出、汇入、结售汇和资金境内划转等有效凭证；

（六）对境外投资主体的资金用途实行"境外延伸"，即对境外投资主体境外投向延伸至最终项目，并确保实际投资项目与报备项目一致，未转投其他项目；

（七）确保在资金汇出时，专用账户跨境净汇出资金的规模不得超过核准额度；

（八）相关监管部门规定的其他职责。

第十二条　境外投资主体管理企业可委托一家具有资质的外包服务机构，负责境外投资主体的份额登记、估值核算等工作。

第四章　试点管理

第十三条　境外投资主体由证券期货经营机构作为境外投资主体管理企业发起设立，以私募资产管理计划形式进行运作的，应当按照《证券期货经营机构私募资产管理业务管理办法》《证券期货经营机构私募资产管理计划备案管理办法（试行）》等有关规定，办理私募资产管理计划备案手续。

境外投资主体由私募基金管理人作为境外投资主体管理企业发起设立，以私募基金形式进行运作的，应当按照《私募投资基金监督管理暂行办法》《私募投资基金管理人登记和基金备案办法（试行）》等有关规定，办理私募基金管理人登记和私募基金备案手续。

境外投资主体以其他形式发起设立并运作的，应当按照国家法律、法规、规章等有关规定，办理相应登记、备案手续。

第十四条　为协调服务和推进试点主体规范运作、健康发展，市地方金融监督管理局会同有关部门和单位引导试点主体、资金托管人通过信息服务平台报送运营数据及相关信息。

第十五条　试点主体须持续合法合规运营，市地方金融监督管理局会同有关部门和单位采取有效方式开展联合监管和动态监管，加强地方金融风险防控，打击违法违规金融活动。

试点主体违反国家法律、法规、规章或本办法规定的，有关部门和单位根据相应职责进行查处；构成犯罪的，依法移送司法机关追究刑事责任。

第五章　附　则

第十六条　香港特别行政区、澳门特别行政区、台湾地区的投资者、定居在国外的中国公民在本市投资设立境外投资主体管理企业，参照本办法关于外国投资者的相关规定执行。法律、行政法规或者国务院另有规定的，从其规定。

第十七条　本办法由市地方金融监督管理局负责解释。

第十八条　本办法自 2021 年 5 月 7 日起施行，有效期为 5 年。原《深圳市人民政府办公厅关于转发市金融办关于开展合格境内投资者境外投资试点工作的暂行办法》(深府办函〔2014〕161 号) 同时废止。

深圳市外商投资股权投资企业试点办法

（深金监规〔2021〕1号）

第一章　总　则

第一条　为贯彻落实《中共中央 国务院关于支持深圳建设中国特色社会主义先行示范区的意见》（中发〔2019〕32号）、《国务院关于进一步做好利用外资工作的意见》（国发〔2019〕23号）、《深圳建设中国特色社会主义先行示范区综合改革试点实施方案（2020—2025年）》等文件要求，进一步推动本市金融业新一轮高水平对外开放和扩大利用外资规模、提升利用外资质量，促进和引导本市外商投资股权投资企业规范有序发展，根据《中华人民共和国外商投资法》《私募投资基金监督管理暂行办法》（中国证券监督管理委员会令第105号）等有关规定，制定本办法。

第二条　本办法所称的外商投资股权投资管理企业，是指在本市依法由外国的自然人、企业或者其他组织（以下称"外国投资者"）参与投资设立的，以发起设立股权投资企业，或受托管理股权投资企业为主要经营业务的企业。

本办法所称的外商投资股权投资企业，是指在本市依法由外国投资者参与投资设立的，以非公开方式向投资者募集资金，为投资者的利益进行股权投资活动的企业。

本办法所称的试点企业，是指外商投资股权投资管理企业和外商投资股权投资企业。试点企业的组织形式，适用《中华人民共和国公司法》《中华人民共和国合伙企业法》等法律的规定。

第三条　深圳市外商投资股权投资企业试点工作由市地方金融监督管理局会同市发展和改革委员会、市商务局、市市场监督管理局、前海深港现代服务业合作区管理局、中国人民银行深圳市中心支行、国家外汇管理局深圳市分局、中国证券监督管理委员会深圳监管局等单位建立联合会商工作机制，各有关单位按照国家有关规定，结合各自职责，共同推进本市外商投资股权投资企业试点工作，协调解决试点管理有关问题。深圳市外商投资股权投资企业试点工作联系部门设在市地方金融监督管理局。

拟注册在深圳市前海深港现代服务业合作区、中国（广东）自由贸易试验区深圳前海蛇口片区的试点企业由前海地方金融监督管理局按本办法协调推进相关试点工作，其余各有关单位根据各自职能负责相关管理工作。

第四条　外商投资股权投资管理企业可以发起设立或受托管理外商投资股权投资企业及

内资私募股权、创业投资基金；内资私募股权、创业投资基金管理人可以发起设立或受托管理外商投资股权投资企业。

第二章　试点条件

第五条　申请试点的外商投资股权投资管理企业和外商投资股权投资企业应当注册在深圳，名称应当加注"私募"字样，并符合相关监管部门关于试点企业命名要求。除试点企业外，其他外商投资企业不得在名称中使用"股权投资管理""股权投资"等字样。

第六条　外商投资股权投资管理企业和外商投资股权投资企业应当按照《中华人民共和国外商投资法》《私募投资基金监督管理暂行办法》等有关规定发起设立、注册登记，并应当符合中国证券投资基金业协会（以下称"基金业协会"）关于私募基金管理人登记和私募基金备案要求。

第七条　外商投资股权投资管理企业和外商投资股权投资企业的外国投资者用于出资的货币应当为可自由兑换的货币、境外人民币或其在中国境内获得的人民币利润或因转股、清算等活动获得的人民币合法收益，中国投资者应当以人民币出资。

第三章　试点运作

第八条　外商投资股权投资管理企业可从事如下业务：

（一）发起设立股权投资企业；

（二）受托管理股权投资企业的投资业务并提供相关服务；

（三）股权投资咨询。

外商投资股权投资管理企业应根据《私募投资基金监督管理暂行办法》以及基金业协会相关自律规则，遵循专业化运营原则，主营业务清晰，不得兼营与私募基金管理无关或存在利益冲突的其他业务。

第九条　外商投资股权投资企业可依法在境内开展以下业务：

（一）投资非上市公司股权；

（二）投资上市公司非公开发行和交易的普通股，包括定向发行新股、大宗交易、协议转让等；

（三）可作为上市公司原股东参与配股；

（四）为所投资企业提供管理咨询；

（五）中国证券监督管理委员会或基金业协会允许的其他业务。

第十条　试点企业应当遵守国家有关外商投资的法律、法规、规章等相关规定。外商投资准入负面清单规定禁止投资的领域，不得进行投资；外商投资准入负面清单规定限制投资的领域，应当符合负面清单规定的条件；外商投资准入负面清单以外的领域，按照内外资一致的原则实施管理。

第十一条　外商投资股权投资企业可参与投资境内私募股权、创业投资基金，应当符合国家有关外商投资的法律、法规、规章等相关规定，鼓励所投资的私募股权、创业投资基金直接投资于实体经济企业。

第十二条　试点企业应当按照相关外汇管理规定，办理外汇登记、账户开立、资金汇兑、信息报送等事宜。

第十三条　外商投资股权投资企业按照《私募投资基金监督管理暂行办法》以及基金业协会相关要求办理托管。

第十四条　试点企业可采取股权转让、减资、清算等国家法律法规允许的方式退出被投资企业，并按照《中华人民共和国公司法》《中华人民共和国合伙企业法》等相关规定进行利润分配、减资和解散清算。

第四章　试点管理

第十五条　试点企业应当按照《私募投资基金监督管理暂行办法》和《私募投资基金管理人登记和基金备案办法（试行）》等有关规定，在基金业协会办理私募基金管理人登记和私募基金备案手续。

未完成私募基金管理人登记的外商投资股权投资管理企业，不得发起设立或受托管理外商投资股权投资企业或内资私募股权、创业投资基金。

市地方金融监督管理局会同有关部门和单位对试点企业办理私募基金管理人登记和私募基金备案情况进行定期公示。

第十六条　为协调服务和推进试点企业规范运作、健康发展，市地方金融监督管理局会同有关部门和单位引导试点企业、托管银行接入深圳私募基金信息服务平台，通过信息服务平台报送企业数据及相关信息。

第十七条　试点企业应当持续合法合规运营，市地方金融监督管理局会同有关部门和单位采取有效方式开展联合监管和动态监管，加强地方金融风险防控，打击以股权投资、私募基金名义从事非法集资等违法违规金融活动。

试点企业违反国家法律、法规、规章或本办法规定的，有关部门和单位根据相应职责进行查处；构成犯罪的，依法移送司法机关追究刑事责任。

第五章　附　则

第十八条　香港特别行政区、澳门特别行政区、台湾地区的投资者、定居在国外的中国公民在本市投资设立股权投资企业和股权投资管理企业，参照本办法关于外国投资者的相关规定执行。法律、行政法规或者国务院另有规定的，从其规定。

第十九条　本办法由市地方金融监督管理局负责解释。

第二十条　本办法自 2021 年 2 月 8 日起施行，有效期 3 年。原《关于印发〈深圳市外商投资股权投资企业试点办法〉的通知》（深金规〔2017〕1 号）同时废止。

深圳市国资委授权放权清单（2020 年版）

（深国资委〔2020〕120 号）

一、对各直管企业的授权放权事项

1. 直管企业制定或调整年度投资计划，无需报市国资委备案或审批。

2. 授权直管企业继续按照企业发展战略适度开展与主业紧密相关的商业模式创新业务，市国资委对其视同主业投资管理。

3. 授权直管企业在五年发展规划中研究提出拟培育发展的新业务领域，报市国资委同意后，视同主业管理。待发展成熟后，可向市国资委申请将其调整为主业。

4. 授权直管企业将以下境外投资事项视同境内投资进行管理：1. 在香港地区、澳门地区成立的直管企业及所属企业在本地区的主业投资。2. 直管企业投资行为发生在香港地区、澳门地区，但被投标的主要资产和经营活动在境内（80% 以上营业收入来自境内）；项目退出或终止时，应在三个月内制定资金后续安排，如无明确资金后续用途的，应按原出资路径返回直管企业。

5. 市属国有创业投资企业所持创业企业股权不纳入企业国有资产产权登记范围。

6. 直管企业及所属企业所持有的国有产权变动，由直管企业决定或批准（涉及保障城市运行和民生福利的国计民生等重要关键领域的控股权变动或者具有重要战略意义的产权变动事项除外）。

7. 授权直管企业审核所属企业的产权登记信息。

8. 授权直管企业决定或批准本部及所属企业之间的协议增资事项。

9. 授权直管企业对除市国资委直接委托评估机构以外的资产评估项目进行备案。

10. 直管企业决定国有参股非上市企业与非国有控股上市公司的资产重组事项。

11. 直管企业审批国有股东所持有上市公司股份在集团内部的无偿划转、非公开协议转让事项。

12. 直管企业审批国有参股股东所持有上市公司国有股权公开征集转让、发行可交换公司债券事项。

13. 直管企业审批未导致上市公司控股权转移的国有股东通过证券交易系统增持、协议受让、认购上市公司发行股票等事项。

14. 直管企业审批未触及证监会规定的重大资产重组标准的国有股东与所控股上市公司进行资产重组事项。

15. 直管企业审批国有股东通过证券交易系统转让一定比例或数量范围内所持有上市公司股份事项，同时应符合国有控股股东持股比例不低于合理持股比例的要求。

16. 直管企业审批未导致国有控股股东持股比例低于合理持股比例的公开征集转让、发行可交换公司债券及所控股上市公司发行证券事项。

17. 直管企业合理确定本部担保规模，制定担保风险防范措施，决定集团内部担保事项。除市国资委批准外，不得向无产权关系的企业进行担保。

18. 直管企业制定债务风险管理制度，合理安排长短期负债比重，强化对所属企业的资产负债约束，建立债务风险动态监测和预警机制。

19. 直管企业决定本部及所属企业资产减值准备财务核销。

20. 直管企业按会计准则规定决定会计政策和会计估计变更。

21. 直管企业审批限额以下的对外捐赠事项，事后报市国资委备案。限额以上捐赠标准调整为：直管企业及所属企业定点扶贫和对口支援任务以外的捐赠单笔金额（价值）100万元以上，或对同一受益人（单位）的当年累计捐赠总额200万元以上，或年度累计捐赠总额300万元以上。

22. 授权直管企业决定本部发行短期债券、中长期票据。对于直管企业发行的中长期债券，市国资委仅审批发债额度，在额度范围内的发债不审批。

23. 支持直管企业所属企业整体市场化选聘的职业经理人实行市场化薪酬分配制度，可以采取多种方式探索完善中长期激励机制。

24. 对已建立完善薪酬总额决定机制的商业类和部分符合条件的公益类直管企业实行薪酬总额预算备案制管理。

25. 直管企业审批所属企业长效激励约束方案（上市公司股权激励计划除外）。

26. 支持直管企业在符合条件的所属企业开展多种形式的长效激励，激励的实际收益水平与价值贡献、市场对标相衔接。

27. 直管企业本部年金总体方案报市国资委事后备案，直管企业审批所属企业制定的具体年金实施方案。

28. 授权直管企业董事会根据企业负责人薪酬管理有关制度和高管人员薪酬考核管理办法，决定高管人员薪酬分配，结果报市国资委备案。

29. 授权直管企业董事会对高管人员进行考核评价。

30. 授权行业周期性特征明显、经济效益年度间波动较大或者存在其他特殊情况的直管企业，薪酬总额预算可以探索按周期进行管理，周期最长不超过三年，周期内的薪酬总额增长应当符合薪酬与效益联动的要求。

31. 支持市属商业类企业按照市场化选聘、契约化管理、差异化薪酬、市场化退出的原则，积极推进经营班子成员市场化选聘及任期制、契约化管理。力争到 2022 年，市属商业类企业经营班子成员基本实现市场化选聘及任期制、契约化管理。

二、对国有资本投资、运营公司的授权放权事项

32. 授权国有资本投资、运营公司按照国有产权管理规定决定或批准国有资本投资、运营公司之间的非上市企业产权无偿划转、非公开协议转让、非公开协议增资、产权置换等事项。

33. 授权董事会按照同股同价、同进同出原则审批所属创业投资企业、创业投资管理企业等新产业、新业态、新商业模式类企业的跟投事项，有关事项的开展情况按年度报市国资委备案。

三、对对标淡马锡综合改革企业的授权放权事项

34. 授权投控公司决定不超过 3000 万美元或等值外币的境外投资；与非国有经济主体进行合资、合作或交易且国有经济主体没有实际控制权，不超过 2 亿元的投资；取消资产负债率超过 70% 时投资项目需上报市国资委审批的要求；市国资委审批的投资额为占公司净资产 20%以上。

35. 授权投控公司决定境外单笔不超过 3000 万美元、年度总额不超过 1 亿美元或等值外币的贷款担保。

四、对上市公司的授权放权事项

36. 将直管企业权限范围内的国有产权公开交易事项决策权限下放至非直管上市公司。

37. 对于经市国资委同意的股权激励计划，控股上市公司履行相关决策程序后实施。

深圳市个人破产管理人名册管理办法（试行）

（深破产事务规〔2022〕1号）

第一条　为了规范个人破产管理人（以下简称管理人）名册的编制及管理，提高个人破产案件办理质量和效率，根据《深圳经济特区个人破产条例》（以下简称《条例》）及有关规定，制定本办法。

第二条　本办法适用于本市管理人名册的编制和管理。

前款所称管理人，是指符合《条例》及本办法规定，经市破产事务管理部门认可并纳入管理人名册的机构或者个人。

第三条　管理人名册的编制和管理遵循公平、公正、公开、择优选取、动态调整的原则。

第四条　市破产事务管理部门履行下列与管理人名册相关的编制和管理职责：

（一）确定管理人资质，制定管理人评审标准；

（二）组织开展申报、评审、确认、发布等工作；

（三）对管理人名册进行动态管理；

（四）组织开展管理人业务培训和考核评价。

法律、会计、金融等主管部门、行业协会以及相关单位，应当为管理人名册编制及管理工作提供必要的协助。

第五条　管理人名册包括机构管理人名册和个人管理人名册。

市破产事务管理部门可以根据本市个人破产案件办理需要，确定管理人规模，分批编制管理人名册并进行动态管理。

第六条　律师事务所、会计师事务所以及其他具有法律、会计、金融等专业资质的机构，申请编入机构管理人名册的，应当符合下列基本条件：

（一）依法成立二年以上（含二年）；

（二）拥有十名以上（含十名）具有法律、会计、金融等专业资质的专职从业人员。

第七条　编入机构管理人名册的机构中，取得专业资质后连续从事相应工作满五年的律师、注册会计师以及其他具有法律、会计、金融等专业资质的个人，经所在机构推荐可以申请编入个人管理人名册。

第八条　机构或者个人有下列情形之一的，市破产事务管理部门不予纳入管理人名册：

（一）因故意犯罪受过刑事处罚；

（二）曾被吊销相关执业证书或者专业资质；

（三）受到有关主管部门行政处罚或者行业协会纪律处分未逾三年；

（四）因妨害破产程序受到人民法院处罚未逾三年；

（五）因涉嫌违纪违法正在接受有关机关审查调查；

（六）从管理人名册中除名未逾三年；

（七）提供虚假申报材料或者有其他弄虚作假行为；

（八）法律、行政法规规定或者人民法院、市破产事务管理部门认为不宜担任管理人的其他情形。

第九条　市破产事务管理部门组织开展管理人名册编制工作，应当通过深圳市个人破产信息公开平台等发布管理人名册编制公告。公告包含下列内容：

（一）申报条件；

（二）申报材料、途径及截止期限；

（三）评审程序及评审标准；

（四）管理人履职要求及相应责任；

（五）其他需要说明的事项。

第十条　申请编入管理人名册的机构和个人（以下简称申报人）应当按照管理人名册编制公告要求，明确申报类别并提交相应申报材料。

申报材料符合要求的，进入管理人名册初审程序；申报材料不符合要求的，申报人应当按照市破产事务管理部门要求一次性补正全部材料。

市破产事务管理部门可以委托有关行业协会、专业机构等协助接收申报人提交的申报材料。

第十一条　市破产事务管理部门组织成立管理人名册初审小组，根据评审标准对申报人进行评分，差额形成管理人名册初审名单。

评审标准由市破产事务管理部门根据有关基本情况、专业能力、办理破产成本、履职便利程度、履职计划、表彰荣誉等因素确定。

第十二条　市破产事务管理部门组织成立评审委员会，对管理人名册初审名单进行表决或者综合评审，形成管理人名册公示名单。条件成熟且确有必要的，评审委员会还可以通过笔试、面试等方式对申报人进行综合评审。

评审委员会可以由市破产事务管理部门、人民法院、有关主管部门、行业协会代表以及专家学者等组成，成员为单数且不少于七人。

第十三条　市破产事务管理部门应当将管理人名册公示名单通过深圳市个人破产信息公

开平台等进行公示，公示期不少于十日。

公示期内，任何单位或者个人对管理人名册公示名单有异议的，应当以书面方式实名提出，并提供相应线索或者材料。

市破产事务管理部门收到异议后应当组织调查核实，并将有关情况以书面方式反馈异议提出人。异议成立且申报人确实不符合规定条件的，市破产事务管理部门不予纳入管理人名册。

第十四条　公示期结束后，市破产事务管理部门确认并形成管理人名册，通过深圳市个人破产信息公开平台等予以发布，并送人民法院、有关主管部门、行业协会等单位。

管理人名册自市破产事务管理部门发布之日起生效。

市破产事务管理部门发布管理人名册时，可以同时发布管理人的基本情况、联系方式、履职情况等信息，为债权人推荐管理人提供便利和参考。

第十五条　市破产事务管理部门应当组织对管理人进行业务培训，提高管理人办理个人破产案件的质量和效率。

第十六条　管理人有下列情形之一的，市破产事务管理部门应当暂停其任职资格：

（一）怠于履行或者不当履行管理人职责；

（二）因涉嫌违纪违法正在接受有关机关审查调查；

（三）累计三次被人民法院采取更换管理人措施；

（四）在年度考核评价中被评定为不合格；

（五）法律、行政法规规定或者人民法院、市破产事务管理部门认为应当暂停管理人任职资格的其他情形。

暂停管理人任职资格的期限为一年，因接受审查调查被暂停管理人任职资格的，期限至有关审查调查结束之日止。有关期限届满或者审查调查结束且管理人不存在违纪违法情形的，市破产事务管理部门应当恢复管理人任职资格。

第十七条　管理人有下列情形之一的，市破产事务管理部门应当将其从管理人名册中除名：

（一）因故意犯罪受到刑事处罚；

（二）注销或者被吊销相关执业证书或者专业资质；

（三）受到有关主管部门行政处罚或者行业协会纪律处分；

（四）因违纪违法被有关机关处理；

（五）因妨害破产程序受到人民法院处罚；

（六）累计三次被暂停管理人任职资格；

（七）累计三次无正当理由拒绝有关单位提出、指定其为管理人人选或者辞去管理人职务；

（八）累计三次在年度考核评价中被评定为不合格；

（九）无民事行为能力或者限制民事行为能力；

（十）申请退出管理人名册；

（十一）法律、行政法规规定或者人民法院、市破产事务管理部门认为应当除名的其他情形。

第十八条　管理人不符合《条例》及本办法规定条件的，应当主动向市破产事务管理部门报告。

市破产事务管理部门负责对管理人资质条件进行抽查检查。有关主管部门、行业协会以及其他相关单位发现管理人存在本办法第八条、第十六条、第十七条规定情形的，应当及时通报市破产事务管理部门。

管理人被暂停任职资格或者从管理人名册中除名的，市破产事务管理部门应当及时公告，对管理人名册进行调整或者标注，并通报人民法院、有关主管部门、行业协会等单位。

第十九条　市破产事务管理部门应当定期对管理人进行考核评价，加强监督管理，督促管理人依法履行职责。有关考核评价具体办法，由市破产事务管理部门另行制定。

第二十条　本办法所称"具有法律、会计、金融等专业资质"的专职从业人员或者个人，是指具有律师、注册会计师等执业资格，或者具有国家职业资格目录规定的法律、会计、金融相关职业资格的个人。

第二十一条　本办法自 2022 年 9 月 1 日起施行，有效期 3 年。

深圳市个人破产信息登记与公开暂行办法

（深破产事务规〔2021〕1号）

第一章　总　则

第一条　为规范个人破产信息登记、公开及相关活动，提升个人破产案件办理的透明度和公信力，根据《中华人民共和国个人信息保护法》《深圳经济特区个人破产条例》（以下简称《条例》）及其他有关规定，制定本办法。

第二条　本办法适用于个人破产信息登记、公开及相关管理活动。

本办法所称个人破产信息，是指以电子或者其他方式记录的个人破产管理人（以下简称管理人）、债务人、债权人、利害关系人等与个人破产程序有关的信息。

本办法所称数据，是指任何以电子或者其他方式对信息的记录。

第三条　个人破产信息登记遵循合法、及时、客观、准确原则；个人破产信息公开遵循合法、正当、必要、诚信原则。

个人破产信息涉及国家秘密、商业秘密、个人隐私的，市破产事务管理部门应当依法处理并确保数据安全。

第四条　市破产事务管理部门履行下列职责：

（一）建立健全个人破产信息登记、公开制度；

（二）编制个人破产数据归集目录，归集、处理个人破产数据；

（三）建立、管理个人破产信息登记与公开平台（以下简称个人破产信息平台），开展个人破产信息登记、公开及相关管理工作；

（四）按照有关规定向人民法院、有关部门共享个人破产信息，向公共信用信息平台等征信机构提供个人破产信息。

人民法院以及协助办理个人破产事务的政府部门、金融机构、征信机构应当依法履行相关职责，并向市破产事务管理部门提供履行职责中获取、制作的与个人破产案件办理相关的数据。

第五条　市破产事务管理部门应当按照本办法规定通过个人破产信息平台公开个人破产信息。

人民法院指定的管理人可以通过个人破产信息平台公开与其履行职责相关的信息。

第二章　个人破产信息登记

第六条　市破产事务管理部门应当编制个人破产数据归集目录。个人破产数据归集目录包括下列类别：

（一）人民法院发送市破产事务管理部门的法律文书，包括破产程序中的各类公告、决定及其他裁判文书；

（二）管理人依据《条例》及其他有关规定履行职责并报送市破产事务管理部门的数据，包括管理人依据人民法院有关规定公开的法律文书、履行职责时形成的相关数据；

（三）债务人依据《条例》及其他有关规定向市破产事务管理部门申报的数据，包括个人破产基本情况、重大事项、考察期或者重整计划执行期的相关数据；

（四）市破产事务管理部门履行职责形成的数据，包括监督债务人履行义务、管理人履行职责形成的数据，以及开展个人破产府院联动相关工作形成的数据；

（五）有关部门和金融、征信等机构提供的数据，包括通过监督检查及其他方式形成的与个人破产案件办理有关的数据；

（六）个人破产案件办理形成的其他数据。

向市破产事务管理部门报送、提供的有关数据应当及时、准确、完整。

第七条　市破产事务管理部门应当自获取或者制作本办法第六条规定数据之日起5个工作日内归集数据，并登记下列个人破产信息：

（一）个人破产案件基本信息：

1.案号、申请时间、受理时间、申请人、债务人、破产程序；

2.管理人（名称或者姓名、负责人、联系人及联系方式、地址）、管理人更换；

3.债权人名册、债权数额、债权性质；

4.行为限制、任职资格限制、解除行为限制；

5.破产程序转换、破产程序终结、破产宣告；

6.债务人财产、债权申报、豁免财产清单、财产分配方案以及债务人依法承担的赡养费、抚养费和扶养费数额；

7.重整计划、和解协议；

8.免责考察期、重整计划执行期、和解协议执行期以及延长免责考察期、延长重整计划执行期；

9.免除未清偿债务、撤销免除未清偿债务；

10.债务人因违反《条例》规定被人民法院训诫、拘传、罚款、拘留、追究刑事责任情况；

11.债务人经人民法院确认的权利和义务履行情况；

12.市破产事务管理部门发布的与个人破产案件有关的公告、通知等；

13. 其他相关信息。

（二）管理人信息：

1. 管理人名称或者姓名、案件负责人；

2. 案件联系人及联系方式、案件办理团队其他成员及联系方式、地址；

3. 管理人报酬；

4. 管理人依据《条例》及有关规定开展调查核实等履行职责情况；

5. 市破产事务管理部门管理、监督管理人履行职责情况；

6. 管理人因违反《条例》规定被人民法院训诫、拘传、罚款、拘留、追究刑事责任的情况；

7. 其他相关信息。

（三）债权人信息：

1. 债权人名册、各债权人债权额、债权性质；

2. 各债权人名称或者姓名、法定代表人或者负责人、住所、联系人及联系方式，自然人债权人身份证号码及性别等；

3. 委托代理人及联系方式；

4. 债权人申报债权的相关数据；

5. 债权人因违反《条例》规定被人民法院训诫、拘传、罚款、拘留、追究刑事责任的情况；

6. 其他相关信息。

（四）债务人及相关人员信息：

1. 债务人、债务人配偶及子女、共同生活的近亲属、被扶养人、共同抚养人、财产管理人等人员的姓名、性别、身份证号码、联系方式、地址；

2. 考察期、重整计划执行期、和解协议执行期债务人的支出方案；

3. 债务人依法承担的赡养费、抚养费和扶养费及支付时间；

4. 债务人雇用人员信息：姓名、身份证号码、联系方式、工资数额及支付方式、支付记录、社保缴纳证明；

5. 债务人涉及的诉讼、仲裁、执行案件；

6. 考察期内债务人每月申报的个人收入、支出和财产状况等信息，重整计划执行期债务人每月收入、支出以及债务清偿的情况；

7. 债务人接受管理人监督的情况；

8. 债务人接受市破产事务管理部门管理、监督的情况；

9. 债务人因违反《条例》规定被人民法院训诫、拘传、罚款、拘留、追究刑事责任的情况；

10.债务人违反《条例》规定或者未按照《条例》规定履行义务，但未被人民法院处罚的情况；

11.其他相关信息。

（五）利害关系人信息：

1.名称或者姓名、法定代表人或者负责人、住所、联系人、联系方式，自然人利害关系人身份证号码及性别；

2.与个人破产案件存在利害关系的证明材料；

3.利害关系人因违反《条例》规定被人民法院训诫、拘传、罚款、拘留、追究刑事责任的情况；

4.其他相关信息。

（六）其他与个人破产案件相关的信息。

第八条　归集数据所记载的个人破产信息不一致的，市破产事务管理部门登记个人破产信息时应当以人民法院公告、决定及其他裁判文书、公证机构公证书记载信息为准，但是涉及社保、社会救助、人口、婚姻状况、不动产登记、机动车登记、子女教育、金融账户等信息的，以相关主管部门提供的信息为准。

前款之外的其他信息不一致的，市破产事务管理部门以下列排序在前的数据记载的信息为准：

（一）市破产事务管理部门监督检查形成的数据；

（二）管理人履行职责形成的数据；

（三）债权人、债务人、利害关系人向市破产事务管理部门提交或者申报的数据。

第三章　个人破产信息公开

第九条　个人破产信息采用主动公开和依申请公开的方式。

个人破产案件社会影响较大或者有其他需要社会公众广泛知晓情形的，市破产事务管理部门可以通过报刊、广播、电视等新闻媒体公开。

第十条　市破产事务管理部门应当建立健全个人破产信息公开审查机制，指定工作人员负责审查和管理，不得公开未经审查的个人破产信息。

第十一条　市破产事务管理部门应当依法对拟公开的个人破产信息进行审查。

涉及国家秘密或者个人隐私的，依照相关法律、法规规定处理；涉及商业秘密的，查阅人应当签署保密协议并依法承担保密义务。

第十二条　本办法第七条第一项信息由市破产事务管理部门通过个人破产信息平台主动公开。市破产事务管理部门应当自登记上述个人破产信息之日起 5 个工作日内进行审查并按照下列规定处理后公开：

（一）自然人住址、工作单位、身份证号码、电子邮箱等信息隐匿关键内容；

（二）自然人种族、民族、宗教信仰、生物识别、特定身份、医疗健康、金融账户、行踪轨迹、通讯方式、车牌号码、动产或者不动产权属证书编号等信息不予公开；

（三）未成年人、债务人配偶以及与债务人共同生活的近亲属、被扶养人、其他扶养义务人的个人信息不予公开；

（四）法人和非法人组织的金融账户、车牌号码、动产或者不动产权属证书编号等信息不予公开。

第十三条　本办法第七条第二项至第六项信息实行依申请公开。个人破产案件的管理人、债务人、债权人、利害关系人可以向市破产事务管理部门申请查阅相关案件个人破产信息。

前款规定的个人破产信息，金融机构、征信机构可以依据法律、法规的规定，向市破产事务管理部门申请查阅。

市破产事务管理部门应当设置个人破产信息查阅场所，配备相应的设施、设备，为有关部门、金融机构以及相关个人破产案件的管理人、债务人、债权人、利害关系人等查阅个人破产信息提供便利。

第十四条　向市破产事务管理部门申请查阅个人破产信息的，申请人应当提交书面申请材料，详细列明查阅事项并说明查阅的必要性及正当理由。

市破产事务管理部门应当自收到书面申请之日起3个工作日内决定是否提供查阅并告知申请人。

申请人查阅个人破产信息时，除复制申请人本人的信息外，不得对查阅内容拍照或者复制。

第十五条　债务人可以按照下列规定向市破产事务管理部门申请终止公开本办法第七条第一项规定的个人破产信息：

（一）债务人基于转移财产、恶意逃避债务等不正当目的申请破产，或者在申请破产时有虚假陈述、提供虚假证据等妨害破产程序行为，被人民法院裁定不予受理或者驳回申请满3年的；

（二）人民法院裁定不予免除债务人未清偿债务满3年的，或者债务人被人民法院裁定撤销免除未清偿债务满3年的；

（三）重整计划、和解协议因债务人不执行或者不能执行，或者债务人存在欺诈行为被人民法院裁定终止执行满3年的；

（四）人民法院裁定免除债务人未清偿债务满1年的；

（五）重整计划、和解协议执行期届满后，债务人全面履行责任和义务满1年的；

（六）债务人申请破产，因不符合受理条件被人民法院裁定不予受理或者驳回申请满1年的；

（七）债权人申请债务人破产，人民法院裁定不予受理或者驳回申请的，相关裁定生效后债务人可以向市破产事务管理部门申请终止公开其个人破产信息；

（八）其他个人破产信息自市破产事务管理部门公开之日起满1年的，但债务人其他信息按照本条规定尚不符合终止公开情形的除外。

前款情形自人民法院裁判文书生效之日起计算，或者自债务人被认定有相关行为之日起计算；债务人相关行为处于持续状态的，自行为终止之日起计算。

本办法第七条第一项规定的个人破产信息自终止公开之日起纳入依申请公开范围。管理人、债务人、债权人、利害关系人可以依据本办法规定向市破产事务管理部门申请查阅个人破产信息。

第十六条　向市破产事务管理部门申请终止公开个人破产信息的，申请人应当提交书面申请并附生效法律文书。

市破产事务管理部门应当自收到书面申请之日起10个工作日内进行审查。符合本办法规定的，应当在10个工作日内终止公开信息并告知申请人；不符合本办法规定的，继续公开信息并告知申请人。

第四章　个人破产信息监管

第十七条　市破产事务管理部门应当依法建立个人破产信息档案工作责任制，依法健全档案管理制度。

市破产事务管理部门应当加强个人破产信息安全管理，完善个人破产信息传输、使用及保存等制度。

第十八条　个人破产信息归集、登记、公开或者更正、补充、删除相应信息的，市破产事务管理部门应当保存相关记录。

依申请公开个人破产信息的，市破产事务管理部门应当保存查阅记录，记载查阅主体、时间和内容。

第十九条　市破产事务管理部门发现公开的信息不完整、不准确或者不符合本办法规定的，应当及时更正、补充。

第二十条　人民法院、相关部门和机构发现向市破产事务管理部门提供的个人破产信息不完整、不准确的，应当及时向市破产事务管理部门重新提供。

管理人、债务人、债权人、利害关系人发现个人破产信息平台公开的个人破产信息不准确的，应当凭生效法律文书或者其他有效证明材料向市破产事务管理部门申请更正、补充。

有本条第一款、第二款规定情形的，市破产事务管理部门应当自收到材料之日起10个工作日内更正、补充并更新公开的个人破产信息，及时告知人民法院、相关部门、机构和申请人。

第二十一条　债务人提供虚假、变造材料的，或者隐匿、毁弃、伪造或者变造财务凭证、印章、信函文书、电子文档等材料物件的，或者申报基本信息、重大事项不真实、不全面的，依据《条例》规定追究责任。

第五章 附 则

第二十二条 本办法自 2022 年 1 月 10 日起施行，有效期 3 年。

深圳市知识产权行政执法技术调查官管理办法（试行）

（深市监规〔2022〕8号）

第一章　总　则

第一条　为规范知识产权行政执法技术调查官的选任和管理，进一步提升知识产权行政执法效能，根据《深圳经济特区知识产权保护条例》《知识产权强国建设纲要（2021—2035年）》《关于强化知识产权保护的意见》《关于技术调查官参与专利、集成电路布图设计侵权纠纷行政裁决办案的若干规定（暂行）》等法规、文件的规定，结合深圳市知识产权行政执法工作实际，制定本办法。

第二条　本办法适用于深圳市行政区域内知识产权行政执法技术调查官（以下简称技术调查官）的选任和管理等工作。

第三条　技术调查官属于行政执法辅助人员，负责在行政执法工作中对案件涉及的技术问题提供咨询、出具技术调查意见和其他必要技术协助。

第四条　市市场监管局（市知识产权局）负责技术调查官的选任和管理。

第二章　选　任

第五条　技术调查官主要从中国（深圳）知识产权保护中心、高等院校、企业、科研机构、行业协会等组织机构相关领域的专业技术人员中遴选，任期3年。技术调查官相关工作经费按规定纳入部门预算管理。

第六条　技术调查官采取个人自荐、单位推荐的方式产生。

（一）采取个人自荐方式的，应当经本人所在单位审核同意；

（二）采取单位推荐方式的，应当事先征得被推荐人同意。

第七条　市市场监管局（市知识产权局）审核确定技术调查官人选后，在市市场监管局（市知识产权局）官方网站予以公示，公示时间不少于5个工作日。

公示期内任何单位或个人对拟选任的技术调查官有异议的，可以书面形式实名向市市场监管局（市知识产权局）提出，市市场监管局（市知识产权局）自异议受理之日起15个工作日内复核并作出复核结论。

公示无异议或异议不成立者，对技术调查官予以选任，录入技术调查官名录库。异议成立的，不予选任。

第八条　案件涉及重大、疑难、复杂的技术问题，可紧急定向邀请国家、省知识产权部门及市中级人民法院技术调查官名录库中人员，或从高等院校、科研机构、企事业单位、行业协会中聘请相关技术领域具有副高以上职称的专家提供咨询。

第九条　担任技术调查官应当符合以下条件：

（一）具有普通高等院校理工科专业本科以上学历；

（二）具有中级以上专业技术资格或具有 5 年以上相关专业技术领域生产、管理、审查或研究工作经验。具有副高级以上专业技术职称或同等专业水平者优先。

第十条　具有以下情形之一的，不得选任为技术调查官：

（一）受过刑事处罚或涉嫌犯罪司法程序尚未终结的；

（二）正在被行政拘留或强制隔离戒毒的；

（三）公职人员因违法违纪被国家机关、事业单位开除或辞退的；

（四）曾因违纪违法被解除劳动合同的；

（五）有其他依法不适合从事技术调查官工作情形的。

第十一条　技术调查官不再符合选任条件、主动申请退出或存在其他不宜担任技术调查官情形的，解除聘任关系，将其从技术调查官名录库移出。

第三章　工作规则

第十二条　市市场监管局及各辖区监管局可以根据案件办理实际需要，申请从技术调查官名录库指派技术调查官参与行政执法，具体流程指引另行制定；申请从国家、广东省知识产权部门技术调查官名录库调派技术调查官的，按国家、广东省的相关规定执行。

其他行政执法部门需要调派技术调查官的，可依托技术调查官系统平台按流程办理，或直接联系中国（深圳）知识产权保护中心办理。

第十三条　技术调查官在行政执法活动中履行下列职责：

（一）对技术事实的争议焦点以及调查范围、顺序、方法等提出意见；

（二）参与调查取证；

（三）参与询问、口头审理；

（四）协助行政执法办案人员组织鉴定人、相关技术领域的专业人员提出意见；

（五）提出技术调查意见；

（六）列席合议组有关会议；

（七）完成其他相关工作。

第十四条　参与行政执法活动的技术调查官确定或变更后，应当在 3 个工作日内告知当事人，并依法告知当事人有权申请技术调查官回避。

第十五条　具有下列情形之一的，技术调查官应当自行回避；技术调查官没有回避的，当事人及其代理人有权要求其回避：

（一）是本案当事人或当事人近亲属的；

（二）本人或其近亲属与本案有利害关系的；

（三）担任过本案证人、代理人的；

（四）其他可能影响对案件公正办理的。

技术调查官的回避由合议组组长或行政执法办案机构负责人决定。

第十六条　技术调查官参与调查取证的，应当事先查阅相关技术资料，就调查取证的范围、步骤和注意事项等提出建议。

第十七条　技术调查官参与询问、口头审理时，可以向当事人及其他相关人员发问。

第十八条　技术调查官应当在案件合议或调查终结前就案件所涉技术问题提出技术调查意见。

技术调查意见由技术调查官独立出具并签名，不对外公开，当事人可依法申请查阅。

第十九条　技术调查意见应当载明以下内容：

（一）案号、案由、当事人情况等案件基本信息；

（二）案件所涉技术问题的归纳；

（三）针对有争议的技术问题出具意见和理由，并应当对当事人现有技术抗辩等主张予以回应；

（四）相关参考资料内容和出处；

（五）其他与案件技术问题相关的必要内容。

技术调查官提出的技术调查意见作为合议组或办案机构认定技术事实的参考。

第二十条　技术调查官参加合议的，对案件合议结果不具有表决权。

技术调查官参与行政裁决活动的，应当在裁决文书上署名。

第四章　监督管理

第二十一条　技术调查官应当遵守以下工作要求：

（一）严格遵守法律法规，廉洁自律，认真履行职责；

（二）客观、中立，在工作期限内独立作出技术调查意见；

（三）仅对参与的案件所涉及的专业技术问题发表意见，不对事实认定、法律适用和裁决结果发表意见；

（四）严格保守参与行政执法活动中知悉的案件秘密、商业秘密等秘密信息，未经批准不得披露、评价案件信息及办案情况。

第二十二条　技术调查官在履行职责过程中违反与行政执法工作有关的法律法规及相关规定，贪污受贿、徇私舞弊，故意出具虚假、误导或重大遗漏的不实技术调查意见的，依法追究责任；构成犯罪的，依法追究刑事责任。

第五章　附　则

第二十三条　本办法由市市场监管局（市知识产权局）负责解释。

第二十四条　本办法自 2022 年 12 月 1 日起施行，有效期 3 年。

深圳市扶持金融科技发展若干措施

（深金监规〔2022〕1号）

为贯彻落实《粤港澳大湾区发展规划纲要》《中共中央 国务院关于支持深圳建设中国特色社会主义先行示范区的意见》《深圳建设中国特色社会主义先行示范区综合改革试点实施方案（2020—2025年）》《中华人民共和国国民经济和社会发展第十四个五年规划和2035年远景目标纲要》以及中国人民银行金融科技相关发展规划等文件精神，按照市场主导、政府引导的原则，坚持创新驱动发展，抢抓金融科技发展机遇，加快金融科技产业升级，助力深圳打造全球金融科技中心，为深圳建设中国特色社会主义先行示范区提供金融支撑，制定本措施。

一、吸引金融科技类企业在深集聚发展

（一）对于国家金融监管部门及其直属机构来深发起设立的清算中心、数据中心、科研中心、测评中心和服务中心等重要机构，实收资本在2亿元（含）以上的，给予2000万元的一次性落户奖励；对于本市引进的其他具有创新性、开拓性或有利于粤港澳大湾区和先行示范区建设的金融科技重点项目、系统重要性机构、基础设施和平台（基地），经市人民政府认定后，给予1000万元的一次性落户奖励。相关机构获得落户奖励后，不再重复享受开办费等其它经费支持。

（二）鼓励聚焦投资金融科技类企业的优质股权投资企业在深发展，促进金融科技类企业与股权投资企业对接。支持股权投资企业按照《深圳市支持金融企业发展的若干措施》（深金监规〔2022〕2号）以及创投风投相关专项扶持政策等享受落户、产业用房、管理费收入奖励等优惠政策。鼓励深圳市天使投资引导基金与社会资本合作依法依规发起设立支持金融科技发展的子基金，发挥市场资源配置作用和财政资金引导放大作用，吸引更多资本投资金融科技项目。

（三）鼓励深圳市金融科技类企业创新发展，做大做强。支持优质金融科技类企业上市融资。支持金融科技类企业通过发行债券、资产证券化等方式，拓宽融资渠道。支持符合条件的金融科技类企业按照《深圳市鼓励总部企业高质量发展实施办法》（深府规〔2021〕5号）的规定申请总部企业认定，并向市发展改革部门申请总部企业落户奖、贡献奖、租房与购房补助等政策。支持深圳市金融科技类总部企业申请产业用地、科技研发投入补助。

（四）打造金融科技发展集聚区。依托全市金融科技龙头企业和具有较好发展基础的金融

科技专业园区（楼宇），在梅彩片区、深圳湾科技生态园、香蜜湖新金融中心、前海深港现代服务业合作区等区域支持建设、认定若干市级金融科技产业园区（楼宇），打造全市金融科技展示窗口和特色名片。

二、全力提升深圳金融科技全球影响力

（五）市人民政府每年举办金融科技节，期间举办金融科技大赛、金融科技论坛和金融科技展。对于金融科技大赛，以市场化加政府补贴的方式对经费予以保障，市人民政府按照经审计举办费用的50%给予不超过300万元的举办经费支持，对于大赛中获奖并选择落地深圳的项目给予合计1000万元的奖金支持，并在创业空间、创业服务、资金资助等方面提供一系列的配套扶持政策。

（六）对于在金融科技节期间举办的、经事前备案和事后审计的论坛及其他大型交流活动，按照经审计举办费用的50%对承办方给予总计不超过400万元的举办经费支持。

（七）依托现有的深圳国际金融博览会举办深圳金融科技成果展示交易会，按照经审计举办费用的50%对承办方给予总计不超过200万元的举办经费支持。建设深圳金融科技成果展示交易中心，吸引国内外企业长期合作或投资入驻，打造全球优质金融科技产品发布高地。

三、全力培育金融科技领军企业

（八）加强金融科技领军企业支持与培育，根据金融科技类企业的营收、融资、贡献、科研水平和影响力，定期遴选发现一批金融科技领域重点企业，纳入市领导挂点服务制度，协调解决重点企业经营发展中的突出问题。优先支持领军企业参与政企数据对接、金融风险识别、预警和处置等政企合作项目。

（九）鼓励持牌金融机构运用科技手段优化业务，推进在智慧银行建设、智能投资顾问、资产配置、风险管理、普惠金融、绿色金融等方面创新应用。

（十）在银行、保险、证券、基金等传统金融领域，培育一批具备互联网特性的新型持牌金融机构，带动金融业数字化转型升级，全面提升金融业服务能效。

（十一）培育一批为持牌金融机构提供科技服务，业务模式成熟、技术水平高的金融科技专精特新企业，支持符合条件的金融科技类企业按照《深圳市工业和信息化局专精特新中小企业遴选办法》（深工信规〔2020〕12号）的规定申请专精特新企业认定。对通过认定的专精特新企业，在融资服务、创新帮扶、专题培训等方面进行重点扶持，并优先推荐国家专精特新"小巨人"和省专精特新中小企业认定。对通过国家专精特新"小巨人"企业和省专精特新企业认定的金融科技类企业，可按深圳市《关于推动制造业高质量发展坚定不移打造制造强市的若干措施》（深府规〔2021〕1号）的相关规定，分别向市工业和信息化局申请最高不超过50万元和20万元的奖励。

四、扶持金融科技重点项目

（十二）加快推动政府数据、公共数据的融合应用，打造一体化的金融主题数据库，服务监管科技应用。推动监管科技能力不断升级，持续迭代更新现有的金融风险监测预警系统，不断提高对新兴非法金融活动的探知能力。以扶优限劣为导向，搭建阳光公示平台，引导优质私募基金企业主动披露信息。

（十三）推动金融业关键信息基础设施的信息技术应用创新，对于在深圳市设立的金融业信息技术应用创新攻关基地，协调给予场地、启动资金、运营经费等支持，并积极推动创新成果的推广应用。

（十四）依托深圳金融科技研究院等载体，积极对接中国人民银行，深化数字人民币的研发应用与国际合作。吸引数字人民币相关的重大基础设施落地深圳，培育数字人民币产业生态。

（十五）积极鼓励智能合约技术在数字人民币领域的融合应用，率先建设基于数字人民币的智能合约公共平台，服务数字人民币的全场景应用，打造新型商贸流通形态。

（十六）推动中国人民银行数字货币研究所贸易金融区块链平台和境外贸易金融平台的联动合作，鼓励优质外贸企业积极参与，丰富应用场景，探索人民币国际化和贸易便利化的落地场景。

（十七）鼓励供应链金融发展，降低中小微企业融资成本，提升供应链金融服务实体经济效能。支持供应链金融企业守正创新，运用隐私计算、区块链等前沿技术，探索数据融合共享应用。

（十八）推动金融科技关键技术攻关。支持科研院所和金融科技机构持续推动人工智能、区块链、数据库、分布式技术、隐私计算等关键基础技术的研发与金融应用，提升金融产品、金融服务、金融监管的基础技术支撑能力。

五、营造良好的金融科技生态环境

（十九）鼓励金融科技类企业参加本市金融创新奖评选。加速推进金融科技应用及监管相关试点工作，对纳入中国人民银行、中国证监会等国家金融监管部门金融科技相关试点的金融科技项目，从技术安全性和经济社会效益等方面进行论证，在审慎可控的前提下支持扩大范围进行推广。

（二十）加大监管科技和合规科技支持力度。支持金融监管机构运用科技手段创新监管模式，提升监管能力。鼓励各类金融机构独立或与科技企业合作开展合规科技研发及创新应用，降低合规成本，提高合规管理自动化、智能化水平。支持开展金融科技安全相关业务的机构或企业发展；探索建设金融信息基础设施管理平台，增加数字化监管能力建设，加强对金融科技类企业的风险监测预警。

（二十一）优化科技治理体系。支持建立金融科技行业组织和专业智库，加强在金融科技伦理规制、行业自律等方面的研究，规范行业发展。完善数据质量和数据权属治理体系，建立技术、信息、数据安全标准。

（二十二）推动粤港澳大湾区金融科技融合发展。充分发挥深港澳金融科技联盟等组织作用，加强金融科技空间载体建设，强化金融科技类企业培育，定期举办金融科技交流活动，并开展金融科技相关研究。

（二十三）鼓励运用金融科技创造社会价值。探索金融科技与绿色金融融合发展，在绿色金融关键环节加强金融科技应用。利用金融科技手段优化碳排放监测、报告与核查体系，提高排放权交易市场运行效率，为深圳实现碳达峰碳中和目标贡献力量。

六、加大金融科技人才培养和引进力度

（二十四）支持相关机构开办"深港澳金融科技师"专题培训，对于经事前备案和事后审计的项目，按照经审计开办费用的50%给予支持，每个培训项目最高不超过100万元，每年安排不超过300万元。

（二十五）不断完善"深港澳金融科技师"专才计划，提升专才计划的知名度和影响力。每年安排不超过200万元，对致力于完善更新项目知识体系、编写更新出版翻译课程与课件、开发和完善培训内容、完善升级配套系统、宣传推广的机构进行奖励补贴。

（二十六）对2021年1月1日后通过"深港澳金融科技师"二级考试、取得"深港澳金融科技师"职业资格证书且在本市金融机构、金融科技类企业全职工作合计满2年的，每人给予1万元人民币的一次性奖励补贴，每年安排不超过300万元。

（二十七）积极对接"百千万"金融人才培养工程，提高金融科技人才在"百千万"工程中的占比。鼓励在深高校设立金融科技专业，培养金融科技专业人才。鼓励本市金融科技机构与高校合作设立大学生实习基地，认定一批市级金融科技大学生实习基地。鼓励建立在深金融科技专业人才供需接洽平台。

（二十八）鼓励与全球金融中心城市开展金融科技人才培养及交流合作，支持符合条件的金融科技机构申请博士后工作站、创新实践基地，鼓励在站博士后开展课题研究和技术成果转换。鼓励金融科技类企业、行业协会定期举办金融科技人才节、人才季等活动，吸引优秀金融科技人才集聚深圳。

七、提供优质的金融科技公共服务

（二十九）进一步推动政府数据在金融领域的开放、共享及应用。积极应用区块链、多方安全计算、隐私计算等技术，打造地方金融信息基础设施，在保护数据隐私和安全的前提下，为金融机构提供安全便利的数据环境，推动政府数据、社会数据和金融数据的融合应用。

（三十）加强大数据信用体系建设，鼓励持牌征信机构利用科技手段出具信用报告，为金

融机构提供便捷的信用查询方式。鼓励相关部门与持牌征信机构在信用记录归集、信用信息共享、信用大数据分析、信用风险预警、失信案例核查、失信行为跟踪监测等方面开展合作。

（三十一）优化金融科技配套服务体系。加强金融科技生态体系建设，鼓励会计、法律、咨询、评估、评级等中介机构专业化、高端化发展，为金融科技类企业提供优质的专业服务。

八、其他

（三十二）强化央地合作、市区联动，积极争取国家金融监管部门在深圳先行先试金融科技创新前沿试点项目，鼓励各区参照本措施制定辖区内扶持金融科技发展专项措施。

（三十三）获得本措施奖励和补贴的相关机构及个人，不得重复享受市级同类型奖励、补贴或补助。享受本措施奖励、补贴或补助的相关机构，应当承诺注册及主要经营活动地保持于深圳，15 年内不迁离本市，提前迁离本市的应按要求退回全部奖励、补贴、补助及其法定孳息，本市另有规定除外。

（三十四）依照本措施申报扶持政策的，应如实申报。接受财政资助奖励的金融科技类企业应助力服务实体经济，防范化解金融风险。对于弄虚作假，骗取奖励、补贴、补助的，市地方金融监督管理局定期公示，追回拨付的奖励、补贴、补助及其法定孳息，取消其三年内申请奖励、补贴、补助的资格；构成犯罪的，移送司法机关追究刑事责任。

（三十五）本措施所涉及的法律法规政策，若有修订或废止，以最新规定为准。

（三十六）本措施所指的"不超过"包含本数。

（三十七）本措施由市地方金融监督管理局负责解释。

（三十八）本措施自 2022 年 4 月 7 日起实施，有效期 5 年。

关于加强深圳市银行业绿色金融专营体系建设的指导意见（试行）

（深金监规〔2021〕3号）

第一章 总 则

第一条 为贯彻落实《深圳经济特区绿色金融条例》（以下简称《深圳绿金条例》），鼓励银行业金融机构设立专门开展绿色金融业务的法人机构、分支机构、营业部、事业部等（以下统称"绿色金融机构"），建立健全本市绿色金融组织体系，结合本市实际，制定本指导意见。

第二条 本指导意见所称绿色金融，是指为支持应对气候变化、环境改善、资源节约高效利用和生态系统保护等经济活动所提供的金融服务。

第三条 本指导意见所称绿色金融专营体系，是指经市地方金融监管局、人民银行深圳市中心支行和深圳银保监局共同认定的，各银行业金融机构在我市设立的绿色金融机构。

第四条 市地方金融监管局会同人民银行深圳市中心支行、深圳银保监局等有关部门，依照本指导意见在各自权限范围内指导我市绿色金融专营体系建设。

第二章 建设要求

第五条 参与绿色金融专营体系建设的银行总（分）行应当自上而下建立标准化的绿色金融业务流程和有效的风险管理机制；有条件的银行业金融机构可以设立专门的绿色金融业务中后台支持部门或者岗位。具体措施包括但不限于以下几项：

（一）单列绿色信贷规模。总（分）行每年应当安排专项绿色信贷规模，优先满足绿色领域企业和项目的融资需求。在调控信贷规模的情况下，优先保障绿色金融机构的业务需求；

（二）单列绿色信贷审批通道。总（分）行应当开辟独立的绿色信贷审批通道，设置专门的绿色信贷审批岗位，提高审批效率；

（三）单列绩效考核。总（分）行应当建立科学合理的绿色金融绩效考核机制，突出对绿色金融的正向激励；

（四）单列资金价格和风险权重。总（分）行探索对绿色金融机构设置差异化的资金价格和风险管理政策，如：对绿色融资项目提供优惠的资金成本价格，包括贷款利率和手续费等；提高对绿色金融机构的绿色信贷风险资产不良容忍度等。

第六条 绿色金融机构原则上应当满足以下建设要求：

（一）经营规划：制定未来三年绿色金融发展规划；

（二）人力资源：成立专门的绿色金融团队，负责人具有两年以上绿色金融相关业务经验，配有不少于 2 名具备金融、环境等复合型知识的专职绿色金融客户经理，并根据业务发展及时增配人员；

（三）经营规模：绿色金融机构的绿色融资余额占该绿色金融机构全部公司业务融资余额的比重不低于 25%，且绿色融资余额较年初增速原则上不低于该绿色金融机构各项贷款增速的 120%；

（四）产品创新：在总（分）行的指导下，持续创新绿色金融产品，提升绿色金融服务质效，积极总结绿色金融典型案例。

第七条 绿色金融机构在开展经营活动时应当落实以下过程控制要求：

（一）绿色运营：积极建设节约型机构，推行绿色办公，践行绿色发展理念，实现绿色低碳运行；

（二）制度建设：按照国家金融监管部门的要求，参照国际公认的绿色信贷管理模式，完善绿色信贷管理制度，配套绿色信贷专项规模，对客户的环境和社会风险进行分类，开展相应风险评估，建立绿色信贷客户名单，开辟绿色信贷快速审批通道；

（三）绿色投资评估：按照《深圳绿金条例》"第四章投资评估"规定，建立绿色投资评估制度，充分利用金融科技，加强对投资项目的绿色效益跟踪评价，对相关投资项目进行投资前评估和投资后管理；

（四）风险评估：创新使用环境压力测试和情景分析等方法和工具，对自身在气候变化、环境监管和可持续发展等压力情况下面临的信用风险、市场风险和其他金融风险进行量化分析；

（五）授信管理：对拟授信客户进行严格的合规审查，针对不同行业客户特点，制定环境和社会方面的合规风险审查清单，确保客户提交的文件和相关手续的合规性、有效性和完整性，符合实质合规要求。根据客户面临的环境和社会风险的性质和严重程度，确定合理的授信权限和审批流程。对环境和社会表现不合规的客户，应当不予授信；

（六）重大环境和社会风险客户管理：对存在重大环境和社会风险的客户实行名单制管理，要求其采取风险缓释措施，包括制定并落实重大风险应对预案，建立充分、有效的利益相关方沟通机制，寻求第三方分担环境和社会风险等；

（七）环境信息披露：按照《深圳绿金条例》"第五章环境信息披露"规定执行；

（八）统计监测：按照国家金融监管部门和地方金融监管部门关于绿色金融统计的相关要求，建立绿色融资统计制度，重点统计、分析绿色融资余额比重、违约率、绿色资产分布和质量，以及绿色融资的环境效益等。

第三章 扶持政策

第八条 经认定为绿色金融机构或者下设分支机构被认定为绿色金融机构的银行业金融机构总（分）行，可以享受以下支持政策：

（一）人民银行深圳市中心支行强化货币政策工具引导，运用货币政策工具优先支持绿色金融机构；

（二）各银行的绿色金融专营体系建设情况将作为加分项纳入人民银行深圳市中心支行、深圳银保监局对各银行的绿色金融绩效评估体系；

（三）市、区人民政府及各部门在选择合作金融机构和开展绿色金融相关试点工作时，可以将绿色金融机构建设情况作为参考依据之一；

（四）市、区人民政府的绿色企业（项目）、绿色融资主体及相关政务数据将优先与绿色金融机构对接；

（五）绿色金融创新项目可以申请我市金融创新奖贡献奖或者特色奖，单个项目最高可以奖励100万元；

（六）市、区人民政府可以结合财政情况，通过贷款贴息、融资担保、绿色金融人才培养和引进、绿色债券奖补等方式给予绿色金融机构支持；

（七）绿色金融机构创新示范意义较好的绿色金融产品和服务案例，将编制成册面向各方宣传推广。

第四章 申报与存续管理

第九条 绿色金融机构的申报与认定：

（一）申报：市地方金融监管局将于每年4月启动绿色金融机构申报工作，全市有意向的银行业金融机构可以提出申报，具体申报要求以通知为准；

（二）认定：市地方金融监管局、人民银行深圳市中心支行、深圳银保监局自收齐申报材料后2个月内对申请材料进行集中审核，审核通过后将由三方共同认定，经认定的绿色金融机构名单将同步对外公布。

第十条 绿色金融机构的评估、核查及存续：

（一）评估：绿色金融机构自认定后次年起，每年3月31日前须向市地方金融监管局、人民银行深圳市中心支行、深圳银保监局同时提交上一年度运营情况报告，内容包括但不限于：自身绿色金融业务规模，对标本指导意见"建设要求"的相关落实情况，绿色金融产品、服务创新情况，绿色金融发展典型案例等；

（二）核查：市地方金融监管局会同人民银行深圳市中心支行、深圳银保监局对绿色金融机构提交的材料进行审核，必要时选择部分机构现场调研其发展情况，核查过程控制在1个月内；

（三）存续：经审核通过的，其绿色金融机构资质存续，审核不通过的，将取消其绿色金融机构资质，资质审核结果将通知各相关绿色金融机构。绿色金融机构对资质审核结果有异议的，可以提出申诉，市地方金融监管局会同人民银行深圳市中心支行、深圳银保监局调查核实，并根据核查结果取消或者保留其存续资质。

第十一条　绿色金融机构应当如实报送有关材料，对弄虚作假，骗取、套取绿色金融机构扶持资金的将严肃追究责任。

第五章　附　则

第十二条　本指导意见中绿色融资余额的计算口径根据银保监会办公厅《关于绿色融资统计制度有关工作的通知》（银保监办便函〔2020〕739号）的统计标准执行。

第十三条　纳入统计范围的行业包括以下九大类：

（一）节能环保产业；

（二）清洁生产产业；

（三）清洁能源产业；

（四）生态环境产业；

（五）基础设施绿色升级；

（六）绿色服务；

（七）绿色贸易融资；

（八）绿色消费融资；

（九）采用国际惯例或者国际标准的境外项目等。

第十四条　纳入统计范围的业务品种包括以下四大类：

（一）绿色信贷（不含零售信贷）；

（二）表内绿色债券投资；

（三）绿色银行承兑汇票；

（四）绿色信用证等。

第十五条　本指导意见中所涉及的部分名词释义如下：

（一）全部公司业务融资余额，是指以下业务品种的余额总和：1.表内信贷（不含个人信贷）；2.表内债券投资；3.银行承兑汇票；4.信用证。

（二）绿色信贷所指的贷款，即对借款人融出货币资金形成的资产，主要包括贷款（不含个人贷款）、贸易融资（产业链和供应链融资）、票据融资、融资租赁、从非金融机构买入返售资产、透支、各项垫款等。

（三）表内绿色债券投资，是指银行业金融机构使用自有资金投资的非金融企业绿色债券，绿色债券口径参照人民银行《绿色债券支持项目目录（2021年版）》，但不包括绿色金融债券、绿色信贷资产证券化产品。

（四）绿色银行承兑汇票，是指由银行机构开立的，专项用于支持纳入统计的 [1]—[9] 类行业的绿色装备、绿色产品、环保药剂、绿色农林牧渔产品贸易，以及采购绿色服务的银行承兑汇票，纳入统计的绿色银行承兑汇票只包括银行开立的第一手银行承兑汇票。

（五）绿色信用证，是指由银行机构开立的，专项用于支持纳入统计的 [1]—[9] 类行业的绿色装备、绿色产品、环保药剂、绿色农林牧渔产品贸易，以及采购绿色服务的信用证，纳入统计的绿色信用证只包括银行开立的第一手银行信用证。

第十六条　本指导意见关于绿色金融相关统计口径、名词释义根据中国人民银行、中国银保监会或者深圳市人民政府相关最新标准执行，如有变化，以具体通知为准。

第十七条　财务公司、信托公司、金融租赁公司等其他非银行金融机构可以参照本指导意见执行。

第十八条　本指导意见由市地方金融监督管理局负责解释。

第十九条　本指导意见自 2021 年 7 月 1 日起施行，试行期 2 年。

深圳市国际职业资格视同职称认可目录（2022 年）

（深人社发〔2022〕26 号）

各有关单位、个人：

根据《粤港澳大湾区发展规划纲要》《中共中央 国务院关于支持深圳建设中国特色社会主义先行示范区的意见》的决策部署，为进一步推进国际专业人才就业便利化，促进国际职业资格与职称有效衔接，经研究，现印发《深圳市国际职业资格视同职称认可目录（2022 年）》（以下简称《目录》）。

持有《目录》内国际职业资格证书的专业人才，不限国籍、户籍，从事与资格证书相一致或相近的专业技术工作，且在深圳工作一年以上的，可按规定条件申报评审高一层级的职称，其境外从业经历可视同境内从业经历。视同职称不再另行换发职称证书，仅用于申报高一层级职称评审，具体申报要求以我市 2022 年度职称申报通知为准。

特此通知。

深圳市人力资源和社会保障局

2022 年 5 月 31 日

深圳市国际职业资格视同职称认可目录（2022 年）

序号	国际职业资格名称	译名	颁证单位（国家／地区）	视同职称	所属职称系列
1	Institute of Electrical and Electronics Engineers Member	国际电气和电子工程师协会会员	电气和电子工程师协会（Institute of Electrical and Electronics Engineers）	工程师	工程技术人才
2	AICP(The American Institute of Certified Planners) Certification	美国注册规划师	美国规划协会（American Planning Association）	工程师	工程技术人才
3	LEED AP Building Design +Construction(LEED AP BD+C)	美国绿色建筑认证专家（LEED 绿色建筑设计和施工）	美国绿色建筑委员会（U.S. Green Building Council）	工程师	工程技术人才
4	Science and Technology Project Management Consultant	国际注册科技项目咨询管理咨询师	美国认证协会（American Certification Institute ）	工程师	工程技术人才
5	Certified Safety Professional	美国注册安全工程师	美国注册安全师委员会（Board of Certified Safety Professionals）	工程师	工程技术人才
6	Member of the Royal Town Planning Institute	英国皇家注册规划师	英国皇家城市规划师协会RTPI（Royal Town Planning Institute）	工程师	工程技术人才
7	BREEAM Accredited Professional	英国绿色建筑BREEAM特许从业专家	英国建筑研究院(Building Research Establishment）	工程师	工程技术人才
8	BREEAM INC Assessor	BREEAM国际新建筑评估师	英国建筑研究院（BRE, Building Research Establishment）	工程师	工程技术人才
9	BREEAM In-Use Assessor	BREEAM运营评估师	英国建筑研究院（BRE,Building Research Establishment）	工程师	工程技术人才
10	Registered Planner.Australia	澳大利亚注册规划师	澳大利亚规划协会（Planning Institute of Australia）	工程师	工程技术人才
11	Shenzhen Hongkong Macau FinTech Professional Programme	深港澳金融科技师（二级）	深圳市金融科技协会 香港中国金融协会有限公司 澳门金融学会	工程师	工程技术人才
12	Registered Professional Planner	注册专业规划师	香港规划师注册管理局	工程师	工程技术人才
13	Registered Architec	注册建筑师	香港建筑师注册管理局	工程师	工程技术人才
14	Registered Professional Engineer(Structural)	注册专业工程师（结构）	香港工程师注册管理局	工程师	工程技术人才
15	Registered Professional Engineer (Geotechnical)	注册专业工程师（岩土）	香港工程师注册管理局	工程师	工程技术人才
16	Registered Professional Engineer(Civil)	注册专业工程师（土木）	香港工程师注册管理局	工程师	工程技术人才
17	Registered Professional Engineer (Electrical)	注册专业工程师（电机）	香港工程师注册管理局	工程师	工程技术人才
18	Registered Professional Engineer (Building Service)	注册专业工程师（屋宇设备）	香港工程师注册管理局	工程师	工程技术人才
19	Registered Professional Surveyor(Quantity Surveying Division)	注册专业测量师（工料测量组）	香港测量师学会	工程师	工程技术人才
20	Registered Professional Surveyor(Building Surveying Division)	注册专业测量师（建筑测量组）	香港测量师学会	工程师	工程技术人才
21	Registered Professional Surveyor(General Practice Division)	注册专业测量师（产业测量组）	香港测量师学会	工程师	工程技术人才

续表

序号	国际职业资格名称	译名	颁证单位（国家／地区）	视同职称	所属职称系列
22	Authorized Signatory of the Registered General Building Contractor or the Registered Specialist Contractor	注册承建商的获授权签署人	香港屋宇署	工程师	工程技术人才
23	Security Officer	安全主任	香港劳工处	工程师	工程技术人才
24	Security Supervisor	安全督导员	香港劳工处	助理工程师	工程技术人才
25	Urbanista	城市规划师	澳门建筑工程及城市规划专业委员会	工程师	工程技术人才

备注：

一、视同为初级职称的，申报中级职称时需符合以下学历资历要求：

1.取得相应的国际职业资格证书2年以上；

2.本科毕业后从事相关专业技术工作5年以上；硕士研究生毕业后从事相关专业技术工作2年以上；博士研究生毕业。

二、视同为中级职称的，申报高级职称时需符合以下学历资历要求：

1.取得相应的国际职业资格证书2年以上；

2.本科毕业后从事相关专业技术工作10年以上；硕士研究生毕业后从事相关专业技术工作7年以上；博士研究生毕业后从事相关专业技术工作2年以上。

深圳市境外职业资格便利执业认可清单

（深人社发〔2021〕53号）

各有关单位、个人：

根据《粤港澳大湾区发展规划纲要》《中共中央 国务院关于支持深圳建设中国特色社会主义先行示范区的意见》《深圳建设中国特色社会主义先行示范区综合改革试点实施方案（2020—2025年）》的决策部署，按照"实施高度便利化的境外专业人才执业制度"的工作要求，为加快构建同国际通行规则相衔接的专业服务体系，推动境外专业人才执业便利，助力打造世界一流营商环境，我们共同研究制定了《深圳市境外职业资格便利执业认可清单》（以下简称《清单》），允许持有《清单》内境外职业资格的专业人员按照相关实施办法在深圳市备案登记后执业，提供专业服务。

特此通知。

深圳市人力资源和社会保障局　国家税务总局深圳市税务局

深圳市住房和建设局　深圳市规划和自然资源局

深圳市卫生健康委员会　中华人民共和国深圳海事局

深圳市文化广电旅游体育局　深圳市前海深港现代服务业合作区管理局

2021年12月30日

深圳市境外职业资格便利执业认可清单（共计 20 项）

序号	境外职业资格证书名称	国家（地区）	领域	对应国家职业资格证书名称	实施办法
1	香港税务师	香港	税务	税务师	《港澳涉税专业人士在中国（广东）自由贸易试验区深圳前海蛇口片区执业管理暂行办法》（国家税务总局深圳市税务局公告2021年第1号）
2	澳门会计师	澳门	税务	税务师	《港澳涉税专业人士在中国（广东）自由贸易试验区深圳前海蛇口片区执业管理暂行办法》（国家税务总局深圳市税务局公告2021年第1号）
3	注册建筑师	香港	建筑	注册建筑师 监理工程师	《深圳市前海深港现代服务业合作区香港工程建设领域专业人士执业备案管理办法》（深前海规〔2020〕7号）；《广东省住房和城乡建设厅关于香港工程建设咨询企业和专业人士在粤港澳大湾区内地城市开业执业试点管理暂行办法》（粤建规范〔2020〕1号）
4	注册专业工程师（结构）	香港	建筑	注册结构工程师 监理工程师	《深圳市前海深港现代服务业合作区香港工程建设领域专业人士执业备案管理办法》（深前海规〔2020〕7号）；《广东省住房和城乡建设厅关于香港工程建设咨询企业和专业人士在粤港澳大湾区内地城市开业执业试点管理暂行办法》（粤建规范〔2020〕1号）
5	注册专业工程师（岩土）	香港	建筑	注册土木工程师	《深圳市前海深港现代服务业合作区香港工程建设领域专业人士执业备案管理办法》（深前海规〔2020〕7号）；《广东省住房和城乡建设厅关于香港工程建设咨询企业和专业人士在粤港澳大湾区内地城市开业执业试点管理暂行办法》（粤建规范〔2020〕1号）
6	注册专业工程师（土木）	香港	建筑	注册土木工程师 监理工程师	《深圳市前海深港现代服务业合作区香港工程建设领域专业人士执业备案管理办法》（深前海规〔2020〕7号）
7	注册专业工程师（电机）	香港	建筑	注册电气工程师	《深圳市前海深港现代服务业合作区香港工程建设领域专业人士执业备案管理办法》（深前海规〔2020〕7号）；《广东省住房和城乡建设厅关于香港工程建设咨询企业和专业人士在粤港澳大湾区内地城市开业执业试点管理暂行办法》（粤建规范〔2020〕1号）
8	注册专业工程师（屋宇设备）	香港	建筑	注册公用设备工程师	《深圳市前海深港现代服务业合作区香港工程建设领域专业人士执业备案管理办法》（深前海规〔2020〕7号）；《广东省住房和城乡建设厅关于香港工程建设咨询企业和专业人士在粤港澳大湾区内地城市开业执业试点管理暂行办法》（粤建规范〔2020〕1号）
9	注册专业测量师（工料测量组）	香港	建筑	造价工程师	《深圳市前海深港现代服务业合作区香港工程建设领域专业人士执业备案管理办法》（深前海规〔2020〕7号）；《广东省住房和城乡建设厅关于香港工程建设咨询企业和专业人士在粤港澳大湾区内地城市开业执业试点管理暂行办法》（粤建规范〔2020〕1号）
10	注册专业测量师（建筑测量组）	香港	建筑	监理工程师	《深圳市前海深港现代服务业合作区香港工程建设领域专业人士执业备案管理办法》（深前海规〔2020〕7号）；《广东省住房和城乡建设厅关于香港工程建设咨询企业和专业人士在粤港澳大湾区内地城市开业执业试点管理暂行办法》（粤建规范〔2020〕1号）
11	注册专业测量师（产业测量组）	香港	建筑	房地产估价师	《深圳市前海深港现代服务业合作区香港工程建设领域专业人士执业备案管理办法》（深前海规〔2020〕7号）；《广东省住房和城乡建设厅关于香港工程建设咨询企业和专业人士在粤港澳大湾区内地城市开业执业试点管理暂行办法》（粤建规范〔2020〕1号）
12	注册承建商的获授权签署人	香港	建筑	建造师	《深圳市前海深港现代服务业合作区香港工程建设领域专业人士执业备案管理办法》（深前海规〔2020〕7号）

序号	境外职业资格证书名称	国家（地区）	领域	对应国家职业资格证书名称	实施办法
13	注册专业规划师	香港	规划	注册城乡规划师	《深圳市前海深港现代服务业合作区香港工程建设领域专业人士执业备案管理办法》（深前海规〔2020〕7号）；《广东省自然资源厅关于港澳籍注册城市规划专业人士在广东省执业备案有关事项的通知》（粤自然资函〔2021〕206号）
14	城市规划师	澳门	规划	注册城乡规划师	《广东省自然资源厅关于港澳籍注册城市规划专业人士在广东省执业备案有关事项的通知》（粤自然资函〔2021〕206号）
15	香港医师	香港	医疗	医师	《香港、澳门特别行政区医师在内地短期行医管理规定》（卫生部令第62号）；《香港和澳门特别行政区医师获得内地医师资格认定管理办法》（卫医政发〔2009〕33号）
16	澳门医师	澳门	医疗	医师	《香港、澳门特别行政区医师在内地短期行医管理规定》（卫生部令第62号）；《香港和澳门特别行政区医师获得内地医师资格认定管理办法》（卫医政发〔2009〕33号）
17	外国医师	外国	医疗	医师	《外国医师来华短期行医暂行管理办法》（中华人民共和国卫生部令第24号）
18	高级船员	外国（与我国签署船员证书互认协议国家）	海事	船员资格	《中华人民共和国海船船员适任考试和发证规则》（中华人民共和国交通运输部令2020年第11号）；《1978年海员培训、发证和值班标准国际公约》
19	香港导游或领队	香港	文化旅游	导游	《深圳前海深港现代服务业合作区港澳导游及领队执业备案暂行规定》（深前海规〔2021〕6号）
20	澳门导游	澳门	文化旅游	导游	《深圳前海深港现代服务业合作区港澳导游及领队执业备案暂行规定》（深前海规〔2021〕6号）

深圳前海深港现代服务业合作区港澳导游及
领队执业备案暂行规定

（深前海规〔2021〕6号）

第一章　总　则

第一条　为进一步扩大深圳前海深港现代服务业合作区（以下简称前海合作区）对香港特别行政区、澳门特别行政区（以下简称香港、澳门）服务领域开放，促进港澳导游及领队等旅游从业人员便捷有序来前海提供服务，根据《深圳经济特区前海深港现代服务业合作区条例》有关规定，制定本暂行规定。

第二条　本暂行规定的适用对象是持有香港有效导游证或者领队证的香港永久性居民中的中国公民，持有澳门有效导游工作证的澳门永久性居民中的中国公民（以下简称港澳从业人员）。

第三条　本暂行规定适用于港澳从业人员在前海合作区的备案、执业及相关管理活动。

第四条　港澳从业人员符合规定条件、经培训及执业备案，可以在前海合作区范围内为游客提供向导、讲解以及相关旅游服务。

第二章　备案资格及相关程序

第五条　港澳从业人员在前海合作区申请执业备案，应当具备以下条件：

（一）拥护"一国两制"，遵守基本法及维护国家安全的法律；

（二）港澳永久性居民中的中国公民；

（三）具有香港导游、领队执业资格，澳门导游执业资格；

（四）经岗前培训合格；

（五）已与在前海合作区注册的旅行社订立劳动合同；

（六）未患有甲类、乙类及其他可能危害旅游者人身健康安全的传染性疾病；

（七）未受过刑事处罚（过失犯罪的除外）。

第六条　港澳从业人员申请在前海合作区执业备案的程序包括报名、岗前培训及备案。

执业备案有效期届满前3个月内及届满后6个月内，港澳从业人员可以申请执业备案续期，可续期次数不限。续期条件、材料、程序参照首次执业备案程序，但无须再次参加岗前培训。

第三章　岗前培训

第七条　前海管理局根据工作安排在网站上发布岗前培训报名通知，并根据港澳从业人员报名数量组织岗前培训。前海管理局应当在培训前1个月将培训形式（线下/线上）、课程安排、培训时间及地点等信息通知港澳从业人员。

为确保培训质量及符合新冠疫情防控要求，前海管理局可以动态调整每期培训人数，港澳从业人员按"先报名先培训"原则轮候参训。

第八条　岗前培训内容主要包括政策与法规、导游基础知识、前海合作区概况及主要旅游景区景点讲解、导游应变能力、港澳及内地导游服务对比与交流等。岗前培训时间不少于24小时（安排在3个工作日进行），其中理论培训不少于16小时，前海合作区专项讲解培训不少于8小时。

第九条　岗前培训考核包含笔试及面试。考核的重点是旅游政策法规、前海合作区概况及主要旅游景区讲解以及导游应变能力。

前海管理局应当及时将考核结果通知港澳从业人员。考核合格的，成绩有效期为1年，超期未申请执业备案或者考核不合格的，可以重新轮候参训。

第四章　执业备案

第十条　岗前培训合格的港澳从业人员可以申请执业备案。前海管理局应当在受理之日起20个工作日内完成执业备案审查（不含证件制作及送达时间），并制发深圳前海深港现代服务业合作区港澳导游执业证（以下简称执业证件）。

第十一条　执业证件系港澳从业人员经备案在前海合作区从事向导、讲解及相关旅游服务的证明文件。

执业证件有效期与港澳从业人员的港澳导游证或者领队证有效期保持一致（即最长为3年），有效期届满后港澳从业人员不得在前海合作区开展执业活动。执业证件有效期内，港澳从业人员的港澳导游证或者领队证被暂停或者撤销的，其执业备案同时暂停或者撤销，执业证件暂停或者失效。

第五章　申请材料

第十二条　港澳从业人员申请在前海合作区执业备案的，应当在岗前培训报名时提交以下材料：

（一）港澳导游及领队等旅游从业人员在前海合作区执业备案申请表、拥护基本法声明、未受过刑事处罚声明原件；

（二）港澳居民居住证或者港澳居民来往内地通行证（回乡证）复印件；

（三）有效港澳导游证或者领队证复印件；

（四）与在前海合作区注册的旅行社订立的《劳动合同》复印件；

（五）身体健康证明原件（由港澳政府批准设立的医疗机构出具的健康证明或者由内地二级甲等及以上医院出具的健康证明，需于申请提交日前 6 个月内以中文开具，明确载明或者所载内容足以证明"未患有甲类、乙类及其他可能危害旅游者人身健康安全的传染性疾病"条件）；

（六）本人近期同一底片两寸免冠正面蓝底彩照原件。

前款第四项材料在报名时未具备的，港澳从业人员可以先参加岗前培训，在执业备案前补交相应材料。

第十三条　申请材料按以下规定进行核验：

（一）港澳从业人员应当在规定期限内亲自至前海管理局提交申请材料，并提交第十二条第二项、第三项材料原件进行核验；

（二）港澳从业人员无法亲自提交申请材料的，可以通过当地 EMS 承办商寄送至指定地址，其中第十二条第二项、第三项材料需经香港、澳门律师（中国委托公证人）公证，并加盖中国法律服务（香港、澳门）有限公司香港、澳门公证文书转递专用章。

第六章　执业监管

第十四条　港澳从业人员应当接受注册地在前海合作区的旅行社的委派，方可在区内执业，为游客提供向导、讲解及相关旅游服务，不得私自从事导游活动。

第十五条　港澳从业人员在前海合作区开展执业活动，应当佩戴执业证件，遵守内地旅游业相关法律、法规、规章的规定，遵守职业道德，引导游客健康、文明旅游。

第十六条　前海管理局与市、区政府旅游主管部门建立执业备案及监管信息共享通报机制。

辖区政府旅游主管部门参照内地旅游业相关法律、法规、规章的规定，对港澳从业人员在前海合作区范围内的从业活动实施监督管理，对其违法行为依法予以处罚，并将处罚结果通报前海管理局。

第十七条　港澳从业人员未经执业备案，在前海合作区从事导游或者领队活动的，由辖区政府旅游主管部门依照内地旅游业相关法律、法规、规章关于未取得导游证或者不具备领队条件而从事导游、领队活动的规定予以处罚。

第十八条　港澳从业人员在前海合作区的执业活动违反内地旅游业相关法律、法规、规章规定，依法应当被处以吊销导游证的，由辖区政府旅游主管部门通报前海管理局。前海管理局接到通报立即撤销其执业备案，并在前海管理局网站公示。

第十九条　前海管理局将港澳从业人员的执业情况在前海管理局网站予以公示。

港澳从业人员有违法行为或者对前海合作区旅游业发展有突出贡献，符合公共信用信息纳入标准的，依法将相关信用信息纳入前海合作区相关信用信息系统及市公共信用信息系统。

第二十条　加强各方执业监管合作。前海管理局可以应香港旅游事务署、澳门旅游局协查函提供港澳从业人员执业情况及执业信用信息，也可以应香港旅游业议会、澳门相关行业协（议）会申请提供。

前海管理局定期复核港澳从业人员港澳导游证或者领队证有效情况，发现有关证件被暂停或者撤销的，及时暂停或者撤销其前海合作区旅游从业人员执业备案，在前海管理局网站公示并通报市、区政府旅游主管部门。

第二十一条　港澳从业人员培训、证件等费用由前海管理局负责，不得向港澳从业人员收取。

第二十二条　前海管理局工作人员在港澳导游及领队执业备案工作中不履行职责或者不正确履行职责的，依法依纪追究相应责任；涉嫌职务犯罪的，依法移送监察机关处理。

第七章　附　则

第二十三条　本暂行规定所称的"内""以上"，包括本数。

本暂行规定所称的"前海合作区"，范围为中共中央、国务院印发的《全面深化前海深港现代服务业合作区改革开放方案》确定的区域。

第二十四条　本暂行规定由深圳市前海深港现代服务业合作区管理局会同深圳市文化广电旅游体育局解释。

第二十五条　本暂行规定自 2022 年 1 月 25 日起施行，有效期 3 年。

深圳港客运码头旅客国际中转区管理办法（试行）

（深口规〔2021〕2号）

第一条　为落实《深圳建设中国特色社会主义先行示范区综合改革试点首批授权事项清单》提出的"支持深圳在客运码头设置旅客国际中转区、优化出入境手续，以及延长口岸通关时间"的改革事项，规范深圳港客运码头国际中转区的管理和旅客国际中转业务经营，维护海港客运口岸的公共安全和秩序，依据《中华人民共和国港口法》《中华人民共和国出境入境管理法》等法律、法规，结合深圳港客运码头口岸的实际情况，制定本办法。

第二条　本办法所称的客运码头旅客国际中转区，是指在深圳港客运码头口岸限定区范围内为搭乘港澳航线客船、国际航线邮轮的旅客，提供国际中转、口岸通关、候船与上下船服务以及办理相关业务手续的场所。

第三条　深圳港客运码头旅客国际中转区的建设、运营及其相关管理活动，适用本办法。

第四条　市口岸主管部门是深圳港口岸的行政主管部门，负责本办法的组织实施以及旅客国际中转区的验收启用。

市港航主管部门是深圳港客运码头的行政主管部门，负责码头旅客国际中转区的建设相关行业管理工作。

海关、边检、海事以及本市其他有关行政管理部门在各自职责范围内，协同实施本办法。

第五条　客运码头旅客国际中转区由客运码头经营单位负责立项施工建设、申报验收启用和日常经营管理。

第六条　客运码头旅客国际中转区的建设，应当符合深圳港客运码头布局规划、港区控制性详细规划，以及国家和本市港口设施建设的有关规定。

客运码头旅客国际中转区设施设备、口岸查验基础设施应当符合国家有关规定和口岸查验基础设施建设标准。

第七条　客运码头旅客国际中转区正式启用前，需报请市口岸主管部门组织进行验收。验收通过后，市口岸主管部门应当在十个工作日内批复正式启用。申请设置客运码头旅客国际中转区，除满足本办法第六条相关要求外，还应具备以下条件：

（一）国际中转区域所在码头生产运行所需审批手续履行完毕。

（二）国际中转区域所在码头已建立规范安全运行机制及配套管理制度。

（三）国际中转区域相关场地设施满足口岸查验单位执法执勤、备勤办公等需要。

第八条　边检部门依法对国际中转旅客实施出入境边防检查，办理边检查验手续。

海关部门依法对国际中转旅客行李物品实施监管，除海关部门认为必要的以外，一般不予查验。

海事部门依法对出入境船舶进行监管。

第九条　市口岸主管部门牵头，海关、边检、海事等查验单位支持，建立常态化通关保障机制，为客运码头邮轮以及港澳线客运船舶提供便利通关保障。

第十条　客运码头经营单位应按照相关主管部门要求建立国际中转旅客信息提前报送机制。客运船舶和邮轮公司按照口岸查验单位、交通主管部门以及其他相关政府主管部门的要求，在船舶开航前或到港前报送中转旅客名单。

第十一条　客运码头经营单位应对旅客国际中转区安全生产管理制定生产安全事故、预防自然灾害、公共卫生事件和社会安全等应急预案，并定期组织演练。应急预案应当报海事部门备案。

第十二条　客运码头经营单位、旅客国际中转业务经营单位以及客运船舶、邮轮公司应加强行业自律，依法诚信经营。

客运码头经营单位、旅客国际中转业务经营单位如存在违法违规经营情形，市口岸主管部门在商查验单位同意后，对客运码头旅客国际中转区予以暂停运作或者关闭处理。

第十三条　客运码头旅客国际中转区域应符合口岸限定区的封闭管理要求，区域内通关、治安和卫生检疫管理要求按照有关法律规定执行。

第十四条　本办法由市口岸主管部门负责解释。

第十五条　本办法自 2022 年 1 月 1 日起施行，有效期至 2024 年 12 月 31 日。

关于支持开展天然气贸易 助力打造天然气贸易枢纽城市的若干措施

（深发改规〔2022〕11号）

为贯彻落实市委、市政府关于天然气高质量发展战略决策部署，高标准建设前海天然气贸易集聚区、大鹏液化天然气走廊和盐田国际船舶保税 LNG 加注中心，助力我市打造成为具有国际影响力的天然气贸易枢纽城市，特制定以下措施。

一、搭建天然气贸易新平台

（一）打造天然气贸易企业总部基地

依托我市和前海合作区总部企业支持政策，面向全球启动招商计划，吸引国内外知名天然气贸易企业将亚太总部、订单中心、结算中心落户前海，并为企业落户提供政策咨询、法律咨询、人才招聘、工商税务登记、危化品许可证办理等"一站式"服务。支持在前海合作区打造天然气贸易企业总部大楼，对入驻的年贸易额达到1亿元以上的天然气贸易企业按照其实际支付租金的50%给予支持，单个企业年度最高补贴500万元，补贴期限为3年。（责任单位：前海管理局、市发展改革委、市财政局）

（二）打造天然气贸易结算中心

支持天然气贸易企业在深圳天然气交易中心进行交易，对在前海经营的卖方企业按其在平台交收金额的万分之三给予奖励，单个企业年度最高奖励不超过600万元。鼓励企业到交易中心进行线上挂牌报价，对于年度发起挂牌不低于50个交易日的报价客户，可按照其在平台最终交收金额的万分之一给予额外奖励，单个企业年度最高奖励不超过100万元。积极推动天然气交易中心参与广东省管网作为国家管网市场化运营试点，并支持其联合金融机构开展仓单融资、供应链金融等金融创新服务。（责任单位：前海管理局、市发展改革委、市财政局）

二、营造天然气贸易新环境

（三）支持天然气贸易企业做大做强

对在前海经营且年贸易额达到1亿元以上的天然气贸易企业，按照其上一年度在深圳纳统的贸易增加值的10%给予奖励，单个企业年度奖励金额最高不超过3000万元。对市政府重点引进的且对我市天然气贸易枢纽城市建设有重要推动作用的企业，可以"一事一议"方式予以支持。（责任单位：前海管理局、市发展改革委、市财政局）

（四）加大高端人才引进和培养

对在前海经营且年贸易额达到 20 亿元以上的天然气贸易企业，其高管团队（不超过 5 人）可依条件享受我市产业发展与创新人才奖、前海境外高端人才和紧缺人才税收优惠等人才政策。（责任单位：市人力资源和社会保障局、前海管理局）

（五）进一步简化许可审批体制

市、区两级应急管理部门加强天然气纯贸易企业申办危险化学品经营许可证的指导，在确保安全的前提下，进一步压缩办理时限，针对天然气纯贸易企业危险化学品经营许可证的核发（新领、延期）事项实行告知承诺制，针对危险化学品经营许可证的核发（变更、注销）事项实行秒批制，吸引更多天然气贸易企业落户前海。（责任单位：市应急管理局、各区政府、大鹏新区管委会、深汕特别合作区管委会）

三、探索天然气贸易新模式

（六）支持发展 LNG 航运新业务

积极引进国内大型船舶企业及其子公司，支持其打造自主可控的 LNG 专业海事运输体系，结合采用离岸（FOB）定价模式，进一步提升 LNG 跨境贸易议价能力，降低 LNG 运输成本。对在我市经营的企业新建、新购自有运力且船龄不满 5 年的大型 LNG 运输船给予连续三年奖励，其中 8 万立方米及以上等级的每船每年奖励 500 万元，16 万立方米及以上等级的每船每年奖励 1000 万元。对在前海实际开展 LNG 船舶租赁业务的 SPV 项目公司，租期不低于 5 年，按照同等标准予以奖励。（责任单位：市交通运输局、前海管理局、市发展改革委、市财政局）

（七）打造 LNG 集散分拨和多式联运中心

发挥大鹏新区 LNG 走廊基础设施优势，科学规划建设 LNG 外输转运快速通道，支持行业龙头企业提供 LNG 小型船舶、罐箱、槽车等多式联运服务，建立与湾区周边城市点对点运输机制，提升我市天然气的分销转运能力。对在我市经营且以深圳港为始发港，开通珠江三角洲水域运营的 LNG 运输航线，年度 LNG 运输量达到 20 万吨及以上的企业按照 1 元 / 吨的标准给予奖励，每条航线年度奖励金额不超过 500 万元，奖励期限为 3 年。（责任单位：大鹏新区管委会、市公安交警局、市交通运输局、市财政局）

（八）大力发展 LNG 加注业务

对在盐田区经营并在深圳港从事 LNG 加注业务的企业，保税 LNG 加注按照其船舶实际加注量给予 200 元 / 吨的奖励，每年最高奖励不超过 1000 万元；非保税 LNG 加注按照上述标准的 50% 予以奖励，每年最高奖励不超过 500 万元。（责任单位：盐田区政府、市交通运输局、市发展改革委、市财政局）

四、形成天然气消费新格局

（九）推动重型货车、环卫车辆等采用清洁动力

对燃油动力更新置换为 LNG 动力的重型货运车辆（含港口内拖车），给予 5 万元 / 每辆的补贴。对港区内使用 LNG 拖车每辆车每月资助 0.1 万元。在生活垃圾转运服务招标采购中，支持更新采购 LNG 转运车。（责任单位：市交通运输局、市工业和信息化局、市城管和综合执法局、市财政局）

（十）支持船舶运输使用 LNG 清洁能源

对使用 LNG 为动力的新建、新购、改造的深圳籍船舶，按照《深圳市交通运输专项资金绿色交通建设领域港航部分资助资金实施细则》相关规定予以奖励。（责任单位：市交通运输局）

五、其他

（一）本措施第一、二、三、六（LNG 船舶租赁业务）项所需资金，按市本级与前海合作区 7∶3 比例列支，由前海管理局统一支付；本措施第八项所需资金，按市本级与盐田区政府 7∶3 比例列支，由盐田区政府统一支付；本措施第六（新建、新购船）、七、九、十项由市本级财政列支，由市有关单位支付；本市 LNG 加注企业上缴税收市级分成的50% 划拨大鹏新区管委会使用。

（二）同时符合市、区及前海合作区相关支持政策的，采取"择优不重复"的原则，不得重复享受。

（三）本措施第二、三项同样适用于在大鹏新区经营的天然气贸易企业，并由大鹏新区管委会负责实施。

（四）本措施第三项中"对市政府重点引进的且对我市天然气贸易枢纽城市建设有重要推动作用的企业"是指已与深圳市政府签订战略合作协议的企业。

（五）本措施第六项中船舶等级四舍五入以整数计（如舱容 7.5 万立方米的船舶为 8 万立方米等级，舱容 15.5 万立方米的船舶为 16 万立方米等级）。

（六）针对开展国际航行船舶保税燃料油加注业务且年供应量达到 3 万吨以上的企业，参照第八项保税 LNG 加注奖励标准的 50% 进行补贴，即按照其实际加注量给予 100 元 / 吨奖励，每年最高不超过 500 万元，由盐田区政府负责实施。

（七）本措施涉及的奖励金的申领具体办法和细则，由责任单位在本措施颁布之日起三个月内完成制定并公布执行。

（八）本文件自 2022 年 10 月 28 日起施行，至 2025 年 12 月 31 日止。

深圳市国际航行船舶保税液化天然气加注业务试点管理办法

（深发改规〔2022〕12 号）

第一章 总 则

第一条 根据《深圳建设中国特色社会主义先行示范区综合改革试点实施方案（2020—2025 年）》（中办发〔2020〕29 号）首批授权事项清单提出的"在深圳水域试点开展国际航行船舶保税液化天然气加注业务"的要求，为加快深圳市国际航行船舶保税液化天然气业务发展，规范保税液化天然气加注经营行为，结合有关法律法规，特制定本办法。

第二条 本办法所称国际航行船舶保税液化天然气加注是指在深圳水域通过船舶为国际航行船舶提供保税液化天然气加注的经营行为。本办法所称国际航行船舶，是指出入中华人民共和国关境在国际航线运营的船舶。本办法所称保税液化天然气，是指由海关实施保税监管的国际航行船舶用液化天然气。

第三条 市发展改革委牵头推动保税液化天然气加注试点业务，可视情况出台具体实施细则，推动口岸各单位开展制度创新，并做好保税液化天然气加注试点业务事中事后监管，统筹推进保税液化天然气加注业务运营管理、信息化建设与数据分析、企业服务等工作。市商务局、市生态环境局、市交通运输局、市应急管理局、深圳海关、深圳海事局、深圳边检总站等部门和单位按照职责做好保税液化天然气加注业务试点及环保、安全监督相关工作。

第二章 申报流程

第四条 申请开展保税液化天然气加注业务试点的企业应向市发展改革委提交以下材料：

（一）企业申请文件；

（二）持有液化天然气加注船的相关证明文件，租赁船舶开展加注业务的，应提供液化天然气加注船的租赁合同；液化天然气加注船舶须安装实时定位设备、质量流量计等设备，未安装实时定位设备、质量流量计的提供期限内安装相关设施的承诺书；

（三）提交保税液化天然气加注商业计划书，明确保税液化天然气采购渠道、仓储物流、交付方式以及供应保税船用液化天然气的目标市场和主要客户等；

（四）提交安全生产计划书和环境保护计划书，明确开展液化天然气加注业务事前、事中的环保和安全措施，具备安全应急能力。

第五条 市发展改革委收到申请后，在申请人材料齐全，所交文件真实有效，符合相关法律法规规定的情况下，应根据"总量控制、稳妥推进"原则，予以批复试点。试点期限由批复部门根据实际情况确定。

第三章　经营规范

第六条　企业获批同意开展保税液化天然气加注业务试点的，应按照海关、海事、边检、交通运输、生态环境、应急管理等部门要求开展相关业务。

第七条　保税液化天然气加注试点企业应严格遵守相关法律、法规、规章及技术规范的规定，遵守天然气市场的相关管理要求。

第八条　保税液化天然气加注试点企业应按照国际公约要求和国际船用液化天然气的质量标准和船舶供受燃料管理规程，按质保量开展供应业务，并建立燃料进、销、存和出入库的管理台账，保留证明保税液化天然气来源和销售去向的凭证、票据。

第九条　保税液化天然气加注试点企业应建立完善的质量、安全和环境保护管理制度。严格按照《水上液化天然气加注作业安全监督管理办法》《液化气体船舶安全作业要求》等要求开展船舶加注作业。对加注液化天然气的火灾危险性进行安全评估，提出具体加注过程中的消防安全措施。严格执行《中华人民共和国海洋环境保护法》，不得违法排放船舶污染物。

保税液化天然气加注试点企业应当定期组织开展隐患排查治理，按照《水上液化天然气加注站／船应急响应计划编制要求》（JT/T1320-2020）建立健全具有针对性和可操作性的应急预案和现场处置方案，定期进行应急演练和评估，配备相应船舶 LNG 加注事故应急设备，必要时提出修订意见并不断完善。切实加强相关人员安全教育培训，提升作业人员安全意识、业务素质和应急处置能力。

第四章　监督管理

第十条　市发展改革委应建立定期检查及不定期抽查制度，建立企业的信用档案制度，设立并公布举报电话、电子邮箱或新媒体平台等方式，接受对违反本办法行为的举报和投诉，并将有关情况按职责报送相关部门处理。

第十一条　海关、海事、边检、交通运输、生态环境、应急管理等部门按照各自职责，加强对保税液化天然气加注行为的事中和事后监督检查，对保税液化天然气加注试点企业的违法违规行为进行查处，并按规定将查处情况向社会公开。加注作业所在水域辖区政府应统筹辖区各部门做好加注过程中的监督管理，强化应急管理和安全保障，并配合市发展改革委对加注企业开展定期检查及不定期抽查。

第十二条　保税液化天然气加注业务试点企业在经营过程中发生违法、违规行为，或出现安全事故、环境污染的，由相关行政管理部门按照法律、法规、规章规定进行处罚。

第五章 附 则

第十三条 该办法具体实施由市发展改革委负责解释。

第十四条 本办法自 2022 年 11 月 10 日起施行,有效期两年。

深圳市区域空间生态环境评价重点项目环境影响审批名录（试行）

（深环规〔2022〕1号）

第一条　为实施区域空间生态环境评价分类管理，根据《深圳经济特区生态环境保护条例》《深圳市区域空间生态环境评价管理办法（试行）》的有关规定，参照《建设项目环境影响评价分类管理名录（2021年版）》《深圳市建设项目环境影响评价审批和备案管理名录（2021年版）》，结合深圳市产业特点，制定本名录。

第二条　本名录适用于深圳市已完成区域空间生态环境评价的区域，未完成区域空间生态环境评价的区域执行《深圳市建设项目环境影响评价审批和备案管理名录（2021年版）》。

第三条　市生态环境部门及各派出机构或其他审批部门按照审批权限依法对纳入本名录的建设项目环境影响报告书（表）实施审批。未纳入本名录的建设项目无需进行环境影响评价，应当执行区域空间生态环境管理清单有关规定。

第四条　本名录所称环境敏感区是指依法设立的各级各类保护区域和对建设项目产生的环境影响特别敏感的区域，分为生态敏感区和人居敏感区两类。

生态敏感区主要包括下列区域：

（一）国家公园、自然保护区、风景名胜区、世界文化和自然遗产地、海洋特别保护区、饮用水水源保护区（一级、二级）；

（二）除（一）外的生态保护红线管控范围，永久基本农田、基本草原、自然公园（森林公园、地质公园、海洋公园等）、重要湿地、天然林，重点保护野生动物栖息地，重点保护野生植物生长繁殖地，重要水生生物的自然产卵场、索饵场、越冬场和洄游通道，天然渔场，水土流失重点预防区和重点治理区、沙化土地封禁保护区、封闭及半封闭海域。

人居敏感区主要包括下列区域：以居住、医疗卫生、文化教育、科研、行政办公、市级大型宗教场所为主要功能的区域，以及文物保护单位。

本名录所列涉及生态敏感区指建设项目占用、穿越、跨越生态敏感区；涉及人居敏感区指建设项目环境影响范围内存在人居敏感区。

第五条　本名录所列建设项目的建设内容涉及两个及以上项目类别时，其环境影响评价类别按照其中单项等级最高的确定；建设内容不涉及主体工程的改（扩）建项目，其环境影响评价类别按照改（扩）建的工程内容确定。

第六条 本名录未做规定但对生态环境有影响的新兴产业类建设项目，其环境影响评价类别报生态环境部认定，是否纳入本名录由市生态环境部门确定。

第七条 本名录自 2022 年 1 月 24 日起施行，有效期 3 年，由市生态环境部门负责解释。

◆ **其他制度成果**

深圳证券交易所关于北京证券交易所上市公司向创业板转板办法（试行）

（深证上〔2022〕219 号）

第一章　总　则

第一条　为了规范北京证券交易所（以下简称北交所）上市公司向深圳证券交易所（以下简称本所）创业板转板相关事宜，保护投资者合法权益，根据《中华人民共和国公司法》《中华人民共和国证券法》《中国证监会关于北京证券交易所上市公司转板的指导意见》等相关法律、行政法规、部门规章和规范性文件，制定本办法。

第二条　北交所上市公司（以下简称转板公司）向本所创业板转板（以下简称转板）相关事宜，适用本办法。

第三条　转板公司申请转板，应当向本所提交转板申请文件。

本所对转板公司的转板申请文件进行审核（以下简称转板审核），认为转板公司符合转板条件和信息披露要求的，作出同意上市的决定；认为转板公司不符合转板条件或信息披露要求的，作出不同意上市的决定。

第四条　转板公司应当诚实守信，依法充分披露投资者作出价值判断和投资决策所必需的信息，保证转板申请文件和信息披露真实、准确、完整，简明清晰、通俗易懂，不得有虚假记载、误导性陈述或者重大遗漏。

转板公司应当按保荐人、证券服务机构要求，依法向其提供真实、准确、完整的业务运营、财务会计及其他资料，配合相关机构开展尽职调查和其他相关工作。

第五条　转板公司的控股股东、实际控制人、董事、监事、高级管理人员等相关主体应当诚实守信，保证转板申请文件和信息披露的真实、准确、完整，依法审慎作出并履行相关承诺。

前款规定的相关主体应当依法配合相关机构开展尽职调查和其他相关工作，不得指使或者协助转板公司进行虚假记载、误导性陈述或者重大遗漏等违法违规行为，不得损害投资者合法权益。

第六条　保荐人及其保荐代表人应当诚实守信、勤勉尽责，保证转板报告书及其出具的上市保荐书等文件的真实、准确、完整。

保荐人应当严格遵守依法制定的业务规则和行业自律规范的要求，严格执行内部控制制度，充分了解转板公司经营情况和风险，对转板申请文件进行全面核查验证，对转板公司是否符合转板条件和信息披露要求独立作出专业判断，审慎作出推荐决定。

第七条　会计师事务所、律师事务所等证券服务机构及相关人员应当诚实守信、勤勉尽责，保证转板报告书中与其专业职责有关的内容及其出具文件的真实、准确、完整。

证券服务机构应当严格遵守法律法规、中国证监会依法制定的监管规则、执业准则、职业道德守则、本所依法制定的业务规则及其他相关规定，建立并保持有效的质量控制体系和投资者保护机制，严格执行内部控制制度，对与其专业职责有关的业务事项进行核查验证，履行特别注意义务，对其他业务事项履行普通注意义务，审慎发表专业意见。

第八条　本所依据法律、行政法规、部门规章、规范性文件、本办法及本所其他相关规定，对下列机构和人员在转板中的相关活动进行自律监管：

（一）转板公司及其董事、监事、高级管理人员；

（二）转板公司控股股东、实际控制人及其相关人员；

（三）保荐人、保荐代表人及保荐人其他相关人员；

（四）会计师事务所、律师事务所等证券服务机构及其相关人员。

前款规定的机构和人员应当积极配合本所转板审核等工作，接受本所自律监管并承担相应的法律责任。

第九条　本所作出同意转板公司上市的决定，不表明本所对转板申请文件及所披露信息的真实性、准确性、完整性作出保证，也不表明本所对该转板公司的投资价值或投资者的收益作出实质性判断或者保证。

转板公司在创业板上市后，因公司经营与收益的变化引致的投资风险，由投资者自行负责。

第十条　转板公司在创业板上市后，应当遵守法律、行政法规、部门规章、规范性文件、《深圳证券交易所创业板股票上市规则》（以下简称《上市规则》）以及本所其他规定。

第二章　转板条件

第十一条　转板公司申请转板，应当在北交所连续上市一年以上。

转板公司在北交所上市前，已在全国中小企业股份转让系统（以下简称全国股转系统）原精选层挂牌的，原精选层挂牌时间与北交所上市时间合并计算。

第十二条　转板公司申请转板，应当符合以下条件：

（一）《创业板首次公开发行股票注册管理办法（试行）》（以下简称《注册办法》）规定的发行条件；

（二）公司及其控股股东、实际控制人不存在最近三年受到中国证监会行政处罚，因涉嫌违法违规被中国证监会立案调查且尚未有明确结论意见，或者最近十二个月受到全国中小企业股份转让系统有限责任公司、北交所公开谴责等情形；

（三）股本总额不低于3000万元；

（四）股东人数不少于1000人；

（五）社会公众持有的公司股份达到公司股份总数的25%以上；公司股本总额超过4亿元的，社会公众持股的比例达到10%以上；

（六）董事会审议通过转板相关事宜决议公告日前六十个交易日（不包括股票停牌日）通过竞价交易方式实现的股票累计成交量不低于1000万股；

（七）市值及财务指标符合《上市规则》规定的上市标准，具有表决权差异安排的转板公司申请转板，表决权差异安排应当符合《上市规则》的规定；

（八）本所规定的其他上市条件。

转板公司所选的上市标准涉及市值指标的，以向本所提交转板申请日前二十个、六十个和一百二十个交易日（不包括股票停牌日）收盘市值算术平均值的孰低值为准。

本所可以根据市场情况，对转板条件和具体标准进行调整。

第十三条　转板公司应当符合《注册办法》等规定的创业板定位。

第三章　转板审核内容与方式

第十四条　本所转板审核遵循依法合规、公开透明、便捷高效的原则，提高审核透明度，明确市场预期。

本所转板审核实行电子化审核，申请、受理、问询、回复等事项通过本所发行上市审核业务系统办理。

第十五条　本所发行上市审核机构对转板申请文件进行审核，出具审核报告。

本所创业板上市委员会（以下简称上市委员会），对发行上市审核机构出具的审核报告和转板申请文件进行审议，提出审议意见。

第十六条　本所对转板条件的审核，重点关注下列事项：

（一）转板公司是否符合本办法规定的转板条件；

（二）保荐人和律师事务所等证券服务机构出具的上市保荐书、法律意见书等文件中是否就转板公司符合转板条件逐项发表明确意见，且具备充分的理由和依据。

本所对前款规定的事项存在疑问的，转板公司应当按照本所要求作出解释说明，保荐人及证券服务机构应当进行核查，并相应修改转板申请文件。

第十七条　本所在信息披露审核中，重点关注转板公司的信息披露是否达到真实、准确、完整的要求，是否符合转板报告书内容与格式的要求；转板申请文件及信息披露内容是否包含对投资者作出投资决策有重大影响的信息，达到投资者作出投资决策所必需的水平，是否一致、合理和具有内在逻辑性；转板申请文件披露的内容是否简明易懂，便于一般投资者阅读和理解。

第十八条 本所对转板申请文件进行审核，通过提出问题、要求回答问题等多种方式，督促转板公司及其保荐人、证券服务机构完善信息披露，真实、准确、完整地披露信息，提高信息披露质量。

本所对转板申请文件的信息披露进行审核时，可以视情况在审核问询中对转板公司、保荐人及证券服务机构，提出下列要求：

（一）解释和说明相关问题及原因；

（二）补充核查相关事项；

（三）补充提供新的证据或材料；

（四）修改或更新信息披露内容。

第四章 转板程序

第十九条 转板公司申请转板，董事会应当依法就转板事宜作出决议，并提请股东大会批准。股东大会决议至少包括下列事项：

（一）转入的交易所及板块；

（二）转板的证券种类和数量；

（三）以取得本所同意上市决定为生效条件的股票在北交所终止上市事项；

（四）决议的有效期；

（五）对董事会办理本次转板具体事宜的授权；

（六）其他必须明确的事项。

第二十条 转板公司申请转板，应当聘请同时具有保荐业务资格和本所会员资格的证券公司作为上市保荐人，并与保荐人签订保荐协议，明确双方权利和义务。

保荐人应当根据《证券发行上市保荐业务管理办法》等相关规定，履行上市保荐职责，向本所提交上市保荐书。上市保荐书的内容应当包括：

（一）本次转板的基本情况；

（二）逐项说明本次转板是否符合本办法规定的转板条件；

（三）对在创业板上市后持续督导工作的具体安排；

（四）保荐人及其关联方与转板公司及其关联方之间的利害关系及主要业务往来情况；

（五）是否存在可能影响公正履职情形的说明；

（六）相关承诺事项；

（七）中国证监会或本所要求的其他事项。

第二十一条 转板公司应当委托保荐人通过本所发行上市审核业务系统提交下列转板申请文件：

（一）转板报告书、上市保荐书、审计报告、法律意见书、公司章程、股东大会决议等申请文件；

（二）本所要求的其他文件。

转板申请文件的内容与格式应当符合中国证监会和本所的相关规定。

转板申请文件中提交的财务报告应当已在法定期限内披露。申请文件中与转板公司公开发行并进入原精选层申请报告期间或公开发行并在北交所上市申请报告期间重合事项，保荐人可依据时任保荐人意见等尽职调查证据发表专业意见。转板公司进入原精选层或在北交所上市后发生事项，保荐人可依据转板公司已公开披露信息等尽职调查证据发表专业意见。保荐人在引用相关意见和公开披露信息时，应对所引用的内容负责。

第二十二条　本所收到转板申请文件后，在五个工作日内对申请文件的齐备性进行审查，作出是否受理的决定，告知转板公司及保荐人，并在本所网站公示。

存在下列情形之一的，本所不予受理转板公司的转板申请文件：

（一）转板申请文件不齐备且未按要求补正；

（二）转板公司存在尚未实施完毕的股票发行、重大资产重组、股票回购等事项；

（三）上市保荐人、证券服务机构及其相关人员因证券违法违规被采取认定为不适当人选、限制业务活动、一定期限内不接受其出具的相关文件等相关措施，尚未解除；或者因转板、首次公开发行并上市、上市公司发行证券、并购重组业务涉嫌违法违规，或者其他业务涉嫌违法违规且对市场有重大影响正在被立案调查、侦查，尚未结案。

第二十三条　转板申请文件一经受理，转板公司及其控股股东、实际控制人、董事、监事和高级管理人员，以及与本次转板相关的保荐人、证券服务机构及其相关人员即须承担相应的法律责任。

第二十四条　本所受理转板申请文件当日，转板公司应当在本所网站披露转板报告书、上市保荐书、审计报告和法律意见书等文件。

本所受理转板申请后至本所作出同意上市的决定前，转板公司应当按照本办法及本所相关规定，对上述申请文件予以更新并披露。

第二十五条　本所在转板审核中，发现转板申请文件存在重大疑问且转板公司及其保荐人、证券服务机构回复无法作出合理解释的，可以对转板公司及其保荐人、证券服务机构进行现场检查，对保荐人开展现场督导。

第二十六条　本所发行上市审核机构收到转板公司及其保荐人、证券服务机构对本所审核问询的回复后，认为不需要进一步审核问询的，将出具审核报告并提交上市委员会。

上市委员会召开审议会议，对本所发行上市审核机构出具的审核报告及转板公司转板申请文件进行审议，通过合议形成符合或不符合转板条件和信息披露要求的审议意见。

第二十七条　本所结合上市委员会的审议意见，作出是否同意上市的决定。

本所作出决定后，及时通知转板公司，通报北交所，并报中国证监会备案。

第二十八条　本所自受理转板申请之日起两个月内，作出是否同意上市的决定。但转板公司及其保荐人、证券服务机构回复本所审核问询的时间不计算在内。转板公司及其保荐人、证券服务机构回复本所审核问询的时间总计不超过三个月。

中止审核、请示有权机关、落实上市委员会意见、暂缓审议、处理会后事项、实施现场检查、开展现场督导、要求进行专项核查并要求转板公司补充修改申请材料等情形，不计算在前款规定的时限内。

第二十九条　在本所受理转板申请至在创业板上市前，发生重大事项的，转板公司及其保荐人应当及时向本所报告并作出公告，并按要求更新转板申请文件。转板公司的保荐人、证券服务机构应当持续履行尽职调查职责，并向本所提交专项核查意见。

第三十条　在本所作出同意上市的决定后至在创业板上市前，发生重大事项，对转板公司是否符合转板条件或者信息披露要求产生重大影响的，转板公司应当暂缓上市；本所发现转板公司存在上述情形的，有权要求转板公司暂缓上市。转板公司及其保荐人应当将上述情况及时报告本所并作出公告，说明重大事项相关情况及公司将暂缓上市。

本所发行上市审核机构可对转板申请重新进行审核，并视情况提交上市委员会审议。本所经审核认为相关重大事项导致转板公司不符合转板条件或者信息披露要求的，将撤销同意上市的决定。

第三十一条　转板的申请与受理、审核机构审核、上市委员会会议、会后事项、审核中止与终止、复审等相关事宜，本办法未作规定的，参照适用《深圳证券交易所创业板股票发行上市审核规则》（以下简称《审核规则》）及本所其他相关规定。

第五章　上市安排

第三十二条　本所同意上市的决定自作出之日起六个月内有效，转板公司应在决定有效期内在创业板上市交易。暂缓上市不计算在决定有效期限内。

转板公司在创业板上市前，应当按照中国证券登记结算有限责任公司的相关规定办理转板证券登记相关业务，并与本所签订上市协议，明确双方的权利、义务和有关事项。上市相关程序及要求参照适用《上市规则》关于创业板首次公开发行股票上市的相关规定。

第三十三条　转板公司控股股东、实际控制人及其一致行动人自公司在创业板上市之日起十二个月内不得减持或者委托他人管理其直接和间接持有的转板前股份，也不得提议由公司回购该部分股份。上述限售期满后六个月内，控股股东、实际控制人及其一致行动人减持股份的，不得导致公司控制权发生变更。

转板公司无控股股东、实际控制人的，应当参照控股股东、实际控制人进行股份限售的股东范围，参照适用创业板首次公开发行股票上市的相关规定，股份限售期为公司在创业板上市之日起十二个月。

转板公司董事、监事、高级管理人员自公司在创业板上市之日起十二个月内不得减持转板前股份。

第三十四条　转板公司在创业板上市时未盈利的，在实现盈利前，控股股东、实际控制人及其一致行动人自公司在创业板上市之日起三个完整会计年度内，不得减持转板前股份；自公司在创业板上市之日起第四个和第五个完整会计年度内，每年减持的转板前股份不得超过公司股份总数的 2%。

转板公司在创业板上市时未盈利的，在实现盈利前，董事、监事、高级管理人员自公司在创业板上市之日起三个完整会计年度内，不得减持转板前股份；在限售期间内离职的，应当继续遵守本款规定。

转板公司实现盈利后，前两款规定的股东可以自当年年度报告披露后次日起减持转板前股份，但应当遵守《上市规则》关于股份变动管理的其他规定。

第三十五条　转板公司股东所持股份在公司申请转板时有限售条件且在创业板上市时限售期尚未届满的，该部分股份的剩余限售期自公司在创业板上市之日起连续计算直至限售期届满。

第三十六条　转板公司控股股东、实际控制人、董事、监事、高级管理人员以及其他有关股东应当承诺遵守第三十三条至第三十五条的相关规定。

第三十七条　保荐人持续督导期间为转板公司在创业板上市当年剩余时间及其后两个完整会计年度；转板公司提交转板申请时已在北交所连续上市两年以上的，保荐人持续督导期间为转板公司在创业板上市当年剩余时间及其后一个完整会计年度。转板公司在北交所上市前，已在原精选层挂牌的，原精选层挂牌时间与北交所上市时间合并计算。

持续督导期届满，如有尚未完结的保荐工作，保荐人应当继续完成。

第三十八条　转板公司股票在创业板上市首日的开盘参考价为其股票在向本所申报转板前最后一个有成交交易日的收盘价。

转板公司股票在创业板上市后的交易、融资融券、股票质押回购及约定购回交易、投资者适当性管理等相关事宜，参照适用本所关于按照《注册办法》发行上市股票的相关规定。

转板公司股东未开通创业板交易权限的，可以继续持有或者卖出转板公司股票，不得买入转板公司股票。

第六章　自律管理

第三十九条　本所在转板审核中，可以根据本办法及本所相关规则采取下列自律监管措施：

（一）书面警示；

（二）约见谈话；

（三）要求限期改正；

（四）要求公开更正、澄清或者说明；

（五）本所规定的其他自律监管措施。

第四十条 本所在转板审核中，可以根据本办法及本所相关规则实施下列纪律处分：

（一）通报批评；

（二）公开谴责；

（三）六个月至五年内不接受转板公司提交的发行上市申请文件；

（四）三个月至三年内不接受保荐人、证券服务机构提交的发行上市申请文件、信息披露文件；

（五）三个月至三年内不接受保荐代表人及保荐人其他相关责任人员、证券服务机构相关责任人员签字的发行上市申请文件、信息披露文件；

（六）公开认定转板公司董事、监事、高级管理人员三年以上不适合担任上市公司董事、监事、高级管理人员；

（七）本所规定的其他纪律处分。

第四十一条 保荐人报送的转板申请在一年内累计两次被本所不予受理的，自第二次收到本所相关文件之日起三个月后，方可向本所报送新的转板申请。

本所作出不同意上市的决定的，自决定作出之日起六个月后，转板公司方可再次向本所提交转板申请。

第四十二条 本所在转板审核中采取自律监管措施和纪律处分的具体情形及标准，参照适用《审核规则》等相关规定。

第四十三条 监管对象不服本所给予第四十条第二项至六项的纪律处分决定的，可以按照《深圳证券交易所上诉复核委员会工作细则》向本所提出复核申请。

第四十四条 本所在转板审核中，发现转板公司及其控股股东、实际控制人、保荐人、证券服务机构及其相关人员等涉嫌证券违法行为的，将依法报中国证监会查处。

第七章 附 则

第四十五条 本办法相关用语的含义，依照《上市规则》《审核规则》确定。

第四十六条 本办法的制定和修改须经本所理事会审议通过，报中国证监会批准。

第四十七条 本办法由本所负责解释。

第四十八条 本办法自发布之日起施行。

深交所科技成果与知识产权交易中心交易规则（试行）

第一章 总 则

第一条 为了推动技术要素市场建设，规范在深交所科技成果与知识产权交易中心有限责任公司（以下简称科交中心）进行的交易，维护交易秩序，保障交易各方的合法权益，发挥市场在资源配置中的决定作用，根据《中华人民共和国促进科技成果转化法》等有关规定，制定本规则。

第二条 本规则适用于在科交中心进行的交易，包括科技成果的转让、许可、作价入股，技术开发、咨询等服务的购买，以及科交中心规定的其他交易行为。

第三条 科交中心提供的交易方式包括挂牌交易、协议交易，以及科交中心规定的其他交易方式。

挂牌交易是指，科交中心按照交易方的申请，发布交易项目，征集交易意向，最后促成交易方签订交易协议的交易方式。法律法规对特定标的的挂牌交易有特殊规定的，从其规定。

协议交易是指，科交中心按照交易方的申请和依法订立的协议出具交易凭证的交易方式。

第四条 科交中心按照本规则对交易方提交的各项申请进行完备性核对。科交中心不代为履行应当由交易方承担的任何义务，不为交易方提供任何形式的担保。交易方应当自行承担交易风险。

第五条 科交中心制定并公布交易相关规则、细则、指引等规定。

第六条 交易方在科交中心从事交易，应当遵守法律法规和科交中心业务规则，遵循自愿平等、诚实信用和公平公正的原则，不得侵犯他人的合法权益，不得损害社会公共利益。

第二章 市场参与主体

第七条 科交中心的市场参与主体包括交易方、服务机构，以及科交中心规定的其他主体。

第八条 交易方包括转让方、意向受让方和受让方。

转让方是指，向科交中心提出交易申请，经科交中心同意后，启动交易项目的交易方。意向受让方是指，有意向与转让方就交易项目进行交易的交易方。受让方是指，与转让方就交易项目签订交易协议的交易方。

第九条 服务机构是指，向科交中心提出申请，经科交中心同意后，在科交中心为交易方提供下列服务的法人或者非法人组织：

（一）技术经纪服务；

（二）评估服务；

（三）法律服务；

（四）财务顾问服务；

（五）专利代理、运营服务；

（六）路演服务；

（七）科交中心规定的其他服务。

第十条　交易方可以自行或者委托服务机构进行交易。委托服务机构进行交易的，应当与服务机构签订委托合同。

同一个交易项目的转让方和意向受让方不得委托同一个服务机构；同一个交易项目的多个意向受让方不得委托同一个服务机构。

第十一条　交易方应当按照科交中心的规定提交交易所需材料，并对所提交材料的真实性、准确性、完整性负责。委托服务机构进行交易的，服务机构应当对委托方提交材料的真实性、准确性、完整性进行核实。

第三章　挂牌交易

第十二条　挂牌交易按照受理交易申请、发布交易项目、登记受让意向、组织交易签约、出具交易凭证等程序进行。

第十三条　转让方在科交中心进行挂牌交易，应当向科交中心提出交易申请，并提交下列材料：

（一）项目基本情况和主要交易需求；

（二）转让方主体资格证明文件；

（三）转让方相关内部决策文件；

（四）法律法规或者科交中心规定的其他材料。

第十四条　科交中心对申请材料进行完备性核对，并决定是否发布交易项目。决定发布的，科交中心对交易项目予以发布，并征集受让意向。

第十五条　转让方应当在申请材料中明确交易项目的发布期限。发布期限按工作日计算，遇法定节假日顺延。法律法规对发布期限另有规定的，从其规定。

第十六条　交易项目的发布内容包括下列事项：

（一）项目基本情况；

（二）发布期限；

（三）交易条件和价格确定方式；

（四）对交易有重大影响的相关信息；

（五）科交中心规定的其他事项。

第十七条　转让方在交易项目发布期间，需要变更发布内容的，应当向科交中心提出申请，经科交中心同意后予以变更。

第十八条　交易项目在发布期间未征集到符合条件的意向受让方的，转让方可以向科交中心申请延长发布期限；未申请延长发布期限的，交易项目的发布到期自行终结。

第十九条　意向受让方可以在交易项目发布期间，向科交中心提出受让申请，并提交下列材料：

（一）受让申请基本信息；

（二）意向受让方主体资格证明文件；

（三）法律法规或者科交中心规定的其他材料。

第二十条　科交中心对申请材料进行完备性核对。符合完备性要求的，科交中心通过后由转让方进行确认。转让方确认的，意向受让方获得交易资格。

第二十一条　交易项目发布期间，意向受让方可以到科交中心查阅项目相关信息和材料。意向受让方可以自行或者委托服务机构开展尽职调查。

第二十二条　产生获得交易资格的意向受让方的，科交中心根据交易项目发布内容中规定的价格确定方式，协助或者组织相关方确定价格，签订交易协议。意向受让方在与转让方签订交易协议后成为受让方。

第二十三条　交易方之间的交易资金交收，可以自行完成，也可以委托科交中心以其他方式完成。

第二十四条　交易方可以申请科交中心出具交易凭证。

交易凭证是指，科交中心根据交易方的申请，出具的证明交易过程符合科交中心相关规定的书面文件。

第二十五条　转让方和受让方之间的法律关系由双方签订的交易协议确定，不因交易凭证的出具而改变。科交中心不因出具交易凭证为交易方提供任何形式的担保。

第四章　协议交易

第二十六条　交易方在科交中心进行协议交易，应当符合下列要求：

（一）协议依法生效；

（二）协议各方为自然人或者依法设立并有效存续的法人或者非法人组织；

（三）依据相关规定须经相关审批后方可进行的交易，已经获得有权机关的批准；

（四）科交中心认定的其他要求。

第二十七条　交易方在科交中心进行协议交易，应当由交易各方共同向科交中心提出交易申请，并提交下列材料：

（一）交易各方的主体资格证明文件；

（二）交易各方之间签订的协议；

（三）交易各方的相关内部决策文件；

（四）科交中心规定的其他材料。

第二十八条　科交中心对申请材料进行完备性核对，并决定是否出具交易凭证。

第二十九条　交易方在科交中心进行协议交易，应当遵守法律法规和科交中心业务规则的相关规定，不得违反交易方之间作出的承诺。

交易方应当保证向科交中心提交的办理材料真实、准确、完整，确保材料合法合规，并自行承担协议交易的风险和与之有关的法律责任，如办理材料存在不真实、不准确、不完整或者不合法合规等情形，交易方须承担由此引起的法律后果。

交易方对因协议交易引发的任何风险，自行承担责任。

第五章　交易中止和终结

第三十条　交易中止是指，在交易进程中，出现严重影响交易正常进行的情形时，科交中心暂停该交易的行为。

交易终结是指，在交易进程中，出现严重影响交易正常进行的情形，科交中心判断相关情形无法消除时，终结该交易的行为。

第三十一条　相关主体可以申请科交中心中止、终结相关交易；科交中心也可以主动中止、终结相关交易。

第三十二条　相关主体申请科交中心中止、终结相关交易的，应当向科交中心提交合法有效的证明材料。科交中心经过判断，决定中止和中止期限或者决定终结。相关主体应当对所提交证明材料的真实性、准确性、完整性负责。

第三十三条　科交中心主动中止、终结相关交易的，应当在做出决定前，通知相关交易方，说明理由并进行沟通。

第三十四条　交易中止期限届满，导致中止的情形尚未消除的，相关主体可以申请科交中心延长中止期限。导致中止的情形消除后，科交中心应当及时恢复交易。

第六章　交易管理

第三十五条　交易过程中禁止下列行为：

（一）以权属不清的标的进行交易；

（二）超越权限擅自交易；

（三）对市场参与方进行欺诈、胁迫；

（四）市场参与方之间恶意串通；

（五）向科交中心提供虚假资料、隐瞒重大事项；

（六）对科交中心工作人员施加不当影响；

（七）损害第三方或者社会公共利益；

（八）法律法规和科交中心禁止的其他行为。

第三十六条　市场参与方涉嫌从事前条被禁止行为的，科交中心可以通过询问、约谈了解情况。确有从事的，科交中心可以对相关市场参与方采取下列措施：

（一）警告；

（二）通报批评；

（三）公开谴责；

（四）暂停或者限制业务权限；

（五）取消业务资格；

（六）科交中心规定的其他措施。

第三十七条　交易的相关材料由科交中心存档，存档期限二十年。

第七章　附　则

第三十八条　科交中心制定交易服务收费项目和标准，并依法公示。

第三十九条　本规则由科交中心负责解释。

第四十条　本规则自发布之日起施行。

深交所科技成果与知识产权交易中心服务机构管理规则（试行）

第一条 为了规范深交所科技成果与知识产权交易中心有限责任公司（以下简称科交中心）服务机构业务活动，维护良好的市场环境，保障各方合法权益，根据《深交所科技成果与知识产权交易中心交易规则（试行）》等相关规定，制定本规则。

第二条 本规则适用于科交中心对服务机构的管理。

第三条 服务机构在科交中心开展业务，应当遵守法律、行政法规、部门规章、规范性文件和科交中心业务规则，诚实守信，规范运作，接受科交中心的监督和管理。服务机构应当在科交中心审慎开展业务，对自身及客户交易行为进行管理，防范违规交易行为，维护科交中心交易秩序。

第四条 科交中心按照本规则，以及科交中心其他业务规则的相关规定，对服务机构进行管理。

第五条 经依法设立，提供下列服务的法人或者非法人组织，可以申请成为科交中心服务机构：

（一）技术经纪服务；

（二）评估服务；

（三）法律服务；

（四）财务顾问服务；

（五）专利代理、运营服务；

（六）路演服务；

（七）科交中心规定的其他服务。

第六条 申请成为科交中心服务机构，应当具备下列条件：

（一）取得营业执照；

（二）具有完善的风险管理及内部控制制度；

（三）具有合格的经营场所和业务设施；

（四）具有与所申请业务相关的专业资质；

（五）具有良好的诚信记录；

（六）承认并遵守科交中心业务规则；

（七）科交中心规定的其他条件。

第七条　申请成为科交中心服务机构，应当按照科交中心规定的方式和要求，提交下列文件：

（一）营业执照；

（二）公司章程或者合伙协议；

（三）与所申请业务相关的专业资质证明；

（四）科交中心要求提交的其他文件。

第八条　申请机构的申请文件齐备的，科交中心予以受理，并自受理之日起十个工作日内作出是否同意的决定。科交中心决定同意的，与申请机构签订《科交中心服务机构合作协议》。申请机构自协议签订次日起，获得科交中心服务机构资格。

第九条　服务机构可以主动申请终止服务机构资格。申请应当按下列程序进行，经科交中心同意并公告后生效：

（一）服务机构向科交中心提交终止服务机构资格的申请；

（二）服务机构的申请文件齐备的，科交中心予以受理，并自受理之日起十五个工作日内作出是否同意终止服务机构资格的决定；

（三）科交中心同意终止服务机构资格的，通知服务机构办理相关手续，并予以公告。

第十条　服务机构资格发生终止的，不影响其在资格终止前在科交中心签订的业务合同的履行。

第十一条　科交中心服务机构享有下列权利：

（一）在科交中心开展业务；

（二）使用科交中心提供的业务平台；

（三）参加科交中心组织的业务培训和交流活动；

（四）科交中心规定的其他权利。

第十二条　服务机构应当采取有效措施，妥善保存客户资料、委托记录等文件资料，防止出现遗失、毁损、伪造、篡改等情况。

第十三条　服务机构应当对客户信息资料保密，法律、行政法规、部门规章、规范性文件另有规定的除外。

第十四条　服务机构应当按照科交中心规定及时缴纳服务机构相关费用。

第十五条　服务机构不得将科交中心服务机构资格出借他人使用，不得为他人违法违规使用科交中心服务机构资格提供便利。

第十六条　未经科交中心书面同意，服务机构不得利用科交中心名义对外从事任何活动。

第十七条　服务机构应当设代表一名，负责组织、协调服务机构与科交中心的各项业务往来和联络事宜。

代表应当由服务机构的高级管理人员或者服务机构指定的其他人员担任。

第十八条　科交中心建立对服务机构的综合评价体系，对服务机构进行分类分级管理。

科交中心对遵守和执行相关管理规定表现突出的服务机构，可以采取适当形式给予表彰或者激励。

第十九条　服务机构发生下列情形的，应当自发生之日起十个工作日内向科交中心报备：

（一）法定代表人、住所、注册资本、经营范围、出资人、主要业务负责人等发生变更；

（二）办理业务过程中发生影响服务机构开展业务的诉讼；

（三）科交中心要求报备的其他事项。

第二十条　服务机构有下列情形的，科交中心可以视情节轻重予以通报、暂停服务机构使用科交中心全部或者部分服务，或者终止服务机构资格：

（一）服务机构不再符合科交中心规定的服务机构资格条件；

（二）服务机构提交的资格申请材料虚假、隐匿或者不完整，经通知后不予以改正的；

（三）违反相关法律法规或者科交中心业务规则，给科交中心、交易方或者其他服务机构造成严重损失的；

（四）科交中心规定的其他情形。

科交中心应当将处理决定通知相关服务机构，并在科交中心网站上予以公告。

第二十一条　服务机构对处理决定有异议的，可以自收到处理通知之日起五个工作日内申请科交中心复核，复核期间该处理决定不停止执行。

第二十二条　科交中心制定服务机构相关费用项目和标准，并予以公示。

第二十三条　本规则由科交中心负责解释。

第二十四条　本规则自发布之日起施行。

加强个人破产申请与审查工作的实施意见

第一条　为规范个人破产申请，正确实施《深圳经济特区个人破产条例》（以下简称"条例"），依法、及时受理个人破产案件，公正、高效审查个人破产申请，防止个人破产程序滥用，防范破产欺诈行为，弘扬社会主义核心价值观，制定本指引。

第二条　申请人向人民法院提出个人破产申请，应当遵循诚实信用原则，秉持善意，恪守承诺，充分、如实披露相关信息。

第三条　申请人提出个人破产申请前，应当经过破产事务管理部门的专门面谈辅导，并按照要求提交材料，完成申请个人破产信息采集表。

面谈辅导阶段的材料与陈述，经破产事务管理部门提交人民法院后，人民法院在破产申请审查阶段和破产案件审理阶段可以直接作为证据予以采信，利害关系人有相反证据或者确有错误的除外。

申请人在面谈辅导中提供虚假、变造资料，申报不实信息，作虚假陈述或者误导性陈述，导致人民法院作出裁判的，依法承担相应的法律责任。

第四条　人民法院审查个人破产申请与破产事务管理部门的辅导工作有效衔接，便利申请人申请个人破产，保障个人破产办理工作顺利进行。

第五条　申请人提出个人破产申请，应当仔细阅读条例第二十一条至第二十四条关于债务人应当承担的义务及遵守限制消费行为的决定、第四十条至第四十二条关于涉及债务人财产处分行为的特别规定、第九十七条、第九十八条关于不得免除债务的情形、第一百零三条关于通过欺诈手段获得免除未清偿债务的裁定可申请撤销、第十二章法律责任等规定，全面了解启动破产程序的法律后果以及对其个人、家庭的影响，并向人民法院确认已理解相关内容。

第六条　债务人向人民法院提出个人破产申请，应当提交下列材料：

（一）个人破产申请书。需载明拟申请的破产程序、债务人基本情况、破产原因及经过说明等内容。其中，破产原因及经过说明包括负债过程、款项用途与流向、债务未能偿还的原因等；

（二）债务人身份、居住地、职业、收入、社保、纳税状况、征信记录等方面的证明材料；

（三）债务人家庭成员及其近亲属基本信息、配偶职业及收入等情况说明；

（四）个人财产、共同财产清册。载明本人财产、与他人共有的财产，以及财产种类、数额、存放地点等；

（五）个人债务、共同债务清册。载明债权人名称及联系方式、与债权人的关系，以及欠各债权人的债务本金、利息、违约金（注明计算利息、违约金的截止时间）、有无财产担保等；

（六）债务人承担赡养、抚养、扶养义务的情况说明。载明被赡养人、被抚养人、被扶养人姓名及其与债务人的关系，有无其他赡养、抚养、扶养义务人，以及债务人应当承担义务的份额等；

（七）合法雇用他人的名单、工资支付和社保缴纳情况，以及证明材料；

（八）申请破产前两年内处置价值五万元以上财产或者发生五万元以上交易的情况说明，以及证明材料；

（九）破产事务管理部门出具的申请人完成面谈辅导证明；

（十）申请人诚信承诺书；

（十一）人民法院认为应当提交的其他材料。

债务人申请个人破产重整及和解的，还应当提交重整、和解计划或者可行性报告。

第七条　债权人向人民法院申请对债务人进行个人破产清算，应当提交下列材料：

（一）个人破产清算申请书。载明申请人、被申请人基本情况、申请债务人破产清算的事实和理由；

（二）申请人、被申请人的身份信息资料；

（三）被申请人的居住情况和与债务人最后一次联络情况；

（四）申请人单独或者共同持有被申请人到期债权五十万元以上的证明材料。载明债权人名称及联系方式、与债务人的关系，以及欠债权人的债务本金、利息、违约金（注明计算利息、违约金的截止时间）、有无财产担保等；

（五）经书面或者法定程序要求债务人清偿债务的证明等相关材料；

（六）破产事务管理部门出具的申请人完成面谈辅导证明；

（七）申请人诚信承诺书；

（八）人民法院认为应当提交的其他材料。

第八条　申请人应当在完成面谈辅导后的三十日内，向人民法院提交个人破产申请。

申请人一般应当通过"深破茧"个人破产网上办理平台递交申请，确有困难的，也可以向人民法院立案窗口递交书面申请材料。申请人向人民法院递交的申请材料以及申报信息，在内容上应当与其向破产事务管理部门提供的材料和申请个人破产信息采集表保持一致。

申请人提交的材料不符合条例和本意见要求的，人民法院应当一次性书面告知申请人在指定期限内补正。申请人在指定期限内没有补正，或者经补正后材料仍不符合要求的，人民法院不予立案。

第九条　债务人应当结合自身资产状况、清偿债务能力，依法合理选择重整、和解或者破产清算程序清理个人债务。

债务人申请个人破产清算的，应当丧失清偿债务能力且清偿能力难以恢复。债务人不符合前述情形的，人民法院可以对个人破产清算申请不予立案。

第十条　债务人和债权人同时向人民法院提出个人破产申请，人民法院以债务人为申请人进行立案审查，债权人提交的申请材料作为证据材料附卷。

第十一条　申请人为债务人的个人破产申请审查案件，人民法院登记立案时，在个人破产信息公开平台予以公告。

申请人为债权人的个人破产申请审查案件，经人民法院通知债务人答辩或者听证并受理破产申请后，在个人破产信息公开平台予以公告。

第十二条　人民法院对个人破产申请进行审查，发现案情复杂，需要进一步调查的，可以通知相关人员进行听证调查。

申请人经人民法院通知，无正当理由未参加听证的，按照撤回破产申请处理。

第十三条　人民法院审查个人破产申请，一般以书面调查的方式进行。

有以下情形之一的，应当进行听证调查：

（一）债务人开办的个体工商户、个人独资企业尚在经营的；

（二）配偶一方申请个人破产，可能涉及夫妻双方共同财产、共同债务处理情形的；

（三）债权人或者其他利害关系人对破产申请提出异议并且提供相应理由和依据的。

第十四条　人民法院进行听证调查，通知下列人员参加，并予以公告：

（一）申请人、被申请人；

（二）对破产申请提出异议的债权人、其他利害关系人；

（三）人民法院认为应当参加听证的其他人员。

人民法院未通知参加听证的债权人、其他利害关系人，可以申请参加听证调查。

第十五条　个人破产自然人债务人应当符合"在深圳经济特区连续居住一年以上，且参加深圳社会养老保险或者医疗保险连续满三十六个月"的条件，从申请人提出个人破产申请当月起往前计算。

第十六条　人民法院通知已知债权人、债务人以及其他利害关系人，以电子送达方式为主。不能通过电子送达方式送达的，采用其他送达方式送达。

向债务人出借款项的债权人形式上表现为融资平台，又无法查明实际借款人的，人民法院向融资平台送达，即视为送达。

第十七条　人民法院裁定受理个人破产申请的，应当向申请人、债务人送达民事裁定书，并将限制债务人消费行为决定、个人破产程序义务告知书等文件送达债务人，通知破产事务管理部门，并在个人破产信息公开平台予以公告。

第十八条　人民法院裁定不予受理个人破产申请的，应当向申请人、债务人送达民事裁定书，并通知破产事务管理部门。

关于建立破产信息共享与状态公示机制的实施意见

（深中法发〔2021〕17 号）

为推进破产制度综合试点改革，完善市场主体退出机制，提升市场要素配置水平，完善社会信用体系建设，加快打造市场化、法治化、国际化营商环境，深圳市中级人民法院、深圳市市场监督管理局与深圳市破产事务管理署，根据各自职能，合作建立破产信息共享与状态公示机制，结合工作实际，制定本意见。

一、工作目标与适用范围

1.在破产信息共享、破产状态公示、信用修复等方面建立常态化、高效率的协同机制。构建破产信息共享以及破产状态公示机制，实现破产信息多渠道归集、多平台联动公开，及时更新公示企业和个人破产状态。深入推进信用承诺制度，完善与破产程序相关的信用修复机制，完善信用体系建设，促进公平竞争。

2.破产信息是指企业破产程序、企业强制清算程序以及个人破产程序中的程序节点、行为处罚、管理人履职、事项办理等经信用信息主体同意或者依法律法规公开的信息。

二、信息共享与状态公示

3.市中级人民法院、市市场监督管理局、市破产事务管理署共同制作破产信息共享与公开清单，推动破产信息列入公共信用信息资源目录。

4.市中级人民法院、市市场监督管理局、市破产事务管理署共同推动深圳法院"破茧"破产综合应用系统、市公共信用信息管理系统与市个人破产信息登记与公开平台的对接，通过政务信息资源共享平台交换信息，实现破产信息和债务人信用信息的共享。

5.市中级人民法院、市市场监督管理局、市破产事务管理署根据各自职能对破产信息实行联动公开，及时公示企业、个人破产状态：

（1）市中级人民法院根据司法公开要求，在"全国企业破产重整案件信息网"以及"深圳个人破产案件信息网"公开企业和个人破产案件审判信息；

（2）市市场监管局在"深圳信用网"公开企业和个人的破产信用信息，供公众查询；

（3）市破产事务管理署根据《深圳经济特区个人破产条例》的规定，在市个人破产信息登记与公开平台公开个人破产信息。

6.在破产清算程序终结或者重整程序、和解程序终止前，企业债务人如需办理企业事项登记变更手续，应当经人民法院同意或者由破产管理人申请，市市场监管局方可予以办理。

7. 企业董事、监事或者其他高级管理人员违反忠实义务、勤勉义务，致使所在企业破产，被人民法院判令承担相应责任的，破产管理人凭生效法律文书向市市场监管局登记相关人员的任职资格限制。

8. 个人债务人因宣告破产被限制任职资格或者任职资格限制被依法解除的，市市场监管局应当根据人民法院推送的生效法律文书，及时登记或者解除登记个人的任职资格限制。

三、信用承诺与信用核查

9. 参与破产程序的企业或者个人债务人、破产管理人应当就诚信参与破产程序，履行法定义务等作出信用承诺，并签署诚信承诺书。探索推行法定代表人、股东、负责人、董事在商事主体设立或者变更登记环节，就配合破产程序、履行法定义务作出信用承诺，并签署诚信承诺书。

10. 信用信息主体的信用承诺应当依法向社会公示，接受社会监督。信用承诺信息及履约践诺情况，应当反馈至市公共信用信息管理系统，记入相关主体诚信记录。

11. 市市场监管局根据人民法院、市破产事务管理署办理破产需要，共享债务人信用信息，依法协助核查债务人信用情况，提供《企业公共信用信息查询报告》以及协助查询《个人公共信用报告》等信息。

四、信用修复与权益保护

12. 信用信息主体符合以下条件的，可以申请信用修复：

（1）重整计划草案经人民法院裁定批准，企业通过存续经营或者新设企业实现重整的，或者和解协议经人民法院裁定认可，经企业债务人或者破产管理人申请，由市市场监管局标注重整或和解信息，说明情况；

（2）个人债务人已通过免责考察期或者重整计划执行完毕，人民法院裁定免除其未清偿债务的，或者在个人破产和解程序中，人民法院裁定认可和解协议的，经债务人申请或者破产管理人申请，由市市场监管局标注免责信息、说明和解情况；

（3）企业或个人债务人及其他破产程序参与人在破产程序中受到人民法院处罚后，主动更正失信行为，积极配合破产程序，经当事人申请且人民法院出具相关法律文书的，市市场监管局应当在深圳信用网上停止公示相关处罚信息。

13. 因转移财产、破产欺诈、虚构债务等严重妨害破产程序的失信行为，受到人民法院处罚或者免责裁定被依法撤销的，相关信息应当自决定作出之日起公示 3 年。

14. 符合信用修复条件的信用信息主体，可以凭生效法律文书向市市场监管局申请信用修复，市市场监管局应当在十个工作日内予以办理，必要时市中级人民法院、市破产事务管理署应当予以协助。

15. 信用信息主体发现公开的破产信息有误或者未及时更新的，有权向公示平台管理单位提出异议。

16. 异议申请人身份核查无误、异议申请材料齐全的，公示平台管理单位应当予以受理，及时更正；如异议信息确与信息来源不一致的，应当转交信息提供单位予以核查，信息提供单位在收到核查通知后应当及时跟进处理，书面反馈核查结果并附相关证明材料，公示平台管理单位依据反馈结果对异议申请进行处理。

异议申请处理完成后，公示平台管理单位将处理结果告知申请人。

五、附则

17. 市中级人民法院、市市场监督管理局、市破产事务管理署可根据合作开展情况和遇到的问题，完善相关内容，推动工作有序开展。

18. 本意见经各方签署自 2021 年 8 月 18 日起生效。

深圳市中级人民法院关于加强数字经济知识产权
司法保护的实施意见

（深中法发〔2022〕3号）

为贯彻落实党中央、国务院关于发展数字经济的决策部署和深圳先行示范区综合改革试点工作，保障数字经济主体的合法权益，妥善处理数字经济知识产权案件，助力深圳建设国家数字经济创新发展试验区和全球数字先锋城市，提出如下意见：

一、总体要求

1. 指导思想。以习近平新时代中国特色社会主义思想为指导，全面贯彻落实习近平法治思想，深入贯彻党的十九大和十九届历次全会精神，紧紧围绕建设粤港澳大湾区、中国特色社会主义先行示范区和实施综合改革试点等要求以及深圳市国民经济和社会发展第十四个五年规划和二○三五年远景目标纲要的工作部署，深入开展新型知识产权法律保护试点工作，倡导科技创新与科技伦理的协调发展，不断探索新类型数字化知识产权财产权益法律保护新模式，大力提升数字经济知识产权保护水平，为深圳数字经济高质量发展提供司法保障和服务。

2. 基本原则。坚持服务大局，忠实履行司法保护职责，把加强数字经济知识产权保护作为服务党和国家工作大局的重要任务，着力解决数字经济发展中出现的突出问题以及群众反映强烈、社会舆论关注的重点问题，把握好保护数据权益和促进数据应用的关系。坚持全面保护，以构建新发展格局为目标，严格保护创新成果，依法惩治涉数字经济知识产权犯罪，推动完善行政监管，形成全链条知识产权保护合力。坚持公平竞争，维护公平合理的市场竞争秩序，兼顾数据开发应用、消费者权益和公共安全，合理分配数字经济主体的权利义务，既打击侵权，又防范数据垄断，促进数字经济健康有序发展。坚持平等保护，坚持权利平等、机会平等和规则平等，平等保护数字经济主体，坚持不同的所有制性质、规模和经营方式的主体法律地位平等，推动形成开放合作的数字生态，妥善解决国际平行诉讼，积极参与互联网法治全球治理，通过司法裁判推动完善知识产权保护和利用的国际规则和标准。

二、保护数字经济创新创意成果

3. 加强数字发明创造保护。加强大数据、人工智能、区块链、云计算、5G移动通信技术、网络安全等新兴数字产业发明创造的知识产权司法保护力度，促进数字技术创新应用。结合数字产业的特点，准确界定权利要求保护范围，考量专利的技术贡献，兼顾社会公众信赖利益，使侵权损害赔偿数额体现数字发明创造的市场价值。妥善审理权属纠纷，充分考虑技术研发具有的连续性特点，兼顾用人单位合法权利和劳动者的择业自由，准确判断数字成果的权利归属。

4.加强集成电路布图设计保护。探索完善集成电路布图设计司法保护规则，促进芯片等电子产业发展。准确界定集成电路布图设计保护对象，完善举证规则，权利人应明确其主张的集成电路三维配置的独创点，提供该独创点不属于常规设计的证据，并证明独创性部分应能独立地执行某种电子功能。

5.加强计算机软件保护。加强工业软件等关键核心技术的保护力度，妥善处理计算机软件开发合同纠纷和侵权纠纷，保障软件行业发挥数字经济领头羊作用。在计算机软件著作权侵权判断中，遵循"接触加实质性相似"标准，不以源代码比对作为侵权判断的必备条件和必需环节。准确判断开源软件的著作权人，明确开源协议属性，合理确定商业合理使用范围。根据特定计算机软件生命周期短，产业迭代升级快等特点，综合考量软件的性质功能、知名度、开发成本、推广成本、侵权情节等因素确定侵权赔偿数额。

6.加强数字商业秘密保护。对符合商业秘密构成要件的企业经营数据信息、数据库系统、编程算法等数字财产权益，根据数字经济商业秘密的秘密性、价值性和保密性的特点，界定商业秘密的内容和保密措施的合理性，尤其是云存储环境下保密措施的合理性，合理分配举证责任，细化举证责任转移、证据妨碍排除规则。妥善处理因员工离职引发的数据商业秘密案件，兼顾用人单位合法权利和劳动者的择业自由。根据被诉侵权人的故意和情节轻重情形积极审慎适用惩罚性赔偿，保护数字商业秘密的市场价值。

7.加强数字文化成果保护。妥善处理互联网领域文化创作及传播的著作权保护新问题，准确判断短视频、体育赛事转播、表情包、字体、延时摄影等数字化成果的作品属性，妥善处理涉网络游戏、数字音乐、网络文学、网盘搜索、在线教育、图解电影、配音软件、视频直播、共享会员等著作权纠纷，探索完善数据库著作权保护规则。积极审慎适用行为保全，提高保全的精准性，及时有效遏制通过信息网络传播侵权作品的行为。

8.加强商业标识保护。根据数字经济的特点，准确判断被诉侵权标识对应的商品或服务类别，根据该商品或服务的功能、用途、消费群体和服务目的等，综合考虑商品或服务的实质性特点。科学合理界定互联网环境下商标权权利边界与保护范围，保护经营主体正当使用通用名称的权利，处理好商标权人、市场主体和社会公众之间的利益关系。

三、维护数字市场公平竞争

9.加强个人信息保护。促进规范个人信息的获取和使用行为。结合社会一般合理认知，判断个人信息收集行为是否遵循合法、正当、必要和诚实信用原则，是否符合用户的合理预判，综合考量识别场景、识别主体、识别效果、识别作用等要素判断相关信息是否具有"识别性"。依法规制未经同意将获取的个人数据与其他服务或第三方服务的个人数据合并使用，或者以合并个人数据为目的诱导、强迫用户登录并使用其他服务的行为。坚决制止过度采集、使用个人信息。

10. 促进数据依法合理有效利用。合理划分数据权益权属及边界，依法保护数据提供者、收集者和其他从事数据生产、分析主体的合法权益，促进数据合法有序开放、获取、流通与运用，促进公共数据的开发和利用，防范企业以从事公共服务为名获取并垄断公共数据。依法保护数据经营者在合法收集数据的基础上，充分利用数据、资金、人才、用户和技术等资源进行技术或商业模式的创新形成的竞争优势。根据数据的可获取性、可替代性、异质性和周期性特点确定数据价值。

11. 规制不当获取数据行为。依法规制经营者利用爬虫等技术手段，通过影响用户选择或者其他不正当方式，实施流量劫持、不当干扰、恶意不兼容等妨碍、破坏其他经营者合法提供的网络产品或者服务正常运行的行为。依法阻遏使用非法手段破坏数据主体的技术措施，违反行业普遍遵循的规则或商业惯例不当获取数据行为。

12. 制止仿冒混淆。依法惩治通过电子商务平台提供假冒、盗版等侵权商品或服务的行为。遏制经营者擅自使用他人有一定影响的 App 或小程序名称、网店装潢、软件用户界面、具备一定知名度并起到识别商品来源作用的游戏角色、装备、场景、表情包等元素，引人误认为是他人商品、服务或者与他人存在特定联系的混淆行为。依法规制将他人商业标识作为竞价排名关键词，使用引人误解的推广链接标题、描述，导致他人合法权益受到损害的行为。

13. 净化网络环境。依法阻遏经营者编造、传播虚假信息或者误导性信息，损害竞争对手商业信誉、商品声誉的商业诋毁行为。依法遏制经营者以不正当手段虚增网站访问量、视频播放量、广告点击量、网店浏览量、商品成交量与评价量等各类数据指标的方式欺骗、误导消费者，或帮助经营者实施上述虚假交易行为，或者为虚假交易行为提供便利条件。

四、加强平台治理及反垄断

14. 倡导平等、公平、开放原则。推进平台公平竞争示范作用，强化超大型平台经营者的义务，倡导平台平等对待平台自身和平台内经营者，提供具有可操作性的服务，为符合条件的其他经营者或用户获取服务提供便利。加强反垄断、反恶意炒作、反不正当竞争司法审判，依法审理网络等重点领域不正当竞争案件，明确不正当竞争行为判断标准，防范应对资本无序扩张。

15. 促进平台治理。合理确定平台责任，平衡平台、用户和第三方利益。引导平台遵循合理审慎原则，综合考虑权利性质、侵权行为，根据平台服务类型和服务内容，依靠技术能力和技术条件，采取必要措施制止侵权行为。

16. 探索平台算法规制。重点关注合成类、个性化推送类、排序精选类、检索过滤类、调度决策类等互联网信息服务中广泛适用的算法，倡导算法推荐服务提供者遵循公平、公正、透明的原则，遵守商业道德和科技伦理，维护消费者和其他经营者的合法权益，充分发挥算法服务正能量传播作用，弘扬社会主义核心价值观。依法制止平台利用算法屏蔽信息、过度推荐、操纵榜单或者检索结果排序、控制热搜或精选等破坏正常市场秩序的行为。

17. 准确界定互联网平台相关市场。考虑数字经济特点，通过需求替代分析和供给替代分析，综合考量平台功能、商业模式、用户群体、市场性质、技术壁垒、转移成本等因素，准确界定相关商品或服务市场。综合考虑多数用户选择商品的实际区域、用户的语言偏好和消费习惯、不同区域竞争约束程度等因素，准确界定相关地域市场。

18. 依法规制垄断协议。综合考虑经营者的市场力量、相关市场竞争状况、对其他经营者进入相关市场的阻碍程度、对消费者利益和创新的影响等因素，依法规制排除、限制竞争的协议、决定或者其他协同行为。依法制止经营者通过固定价格、分割市场、限制产（销）量、限制新技术或新产品、联合抵制交易等横向垄断协议或者经营者与交易相对人通过固定转售价格、限定最低转售价格等纵向垄断协议，排除、限制竞争的行为。探索完善分析判断经营行为是否阻碍实现积极的竞争效果或者社会经济效果的司法规则。

19. 惩治滥用市场支配地位行为。结合数字经济的特点，综合考虑经营者的市场份额以及相关市场竞争状况、经营者控制市场的能力、经营者的财力和技术条件、其他经营者进入相关市场的难易程度等因素，准确认定经营者是否具有市场支配地位。依法规制经营者通过不公平价格行为、无正当理由低于成本销售、拒绝交易、限定交易、搭售或者附加不合理交易条件、差别待遇等行为，以排除、限制竞争的行为。

五、积极应对新型纠纷

20. 加强前沿问题研究。密切观察数字经济发展情况，跟踪全球数字经济知识产权保护新动向，以新型知识产权法律保护试点工作为契机，研究数字领域知识产权纠纷新情况、新问题、新需求，为构建符合行业特点和行业惯例的数字经济知识产权司法保护机制提供理论支撑。

21. 探索人工智能生成物、虚拟现实应用等知识产权保护规则。研究人工智能、增强现实、虚拟现实等技术的特点，探索构建人工智能、虚拟现实等新型技术产生的知识产权纠纷解决路径，鼓励促进创新技术应用，平衡不同利益主体之间的法律关系，维护数字经济市场秩序。

22. 妥善处理标准必要专利纠纷。审慎应对涉 5G、物联网等通信领域标准必要专利纠纷，坚持诚实信用原则和公平、合理、无歧视原则，充分考虑权利人对创新的贡献，平衡权利人、实施者与社会公众的利益，平等保护国内外企业合法权益。完善标准必要专利纠纷禁诉令制度的裁判规则，维护我国司法主权和国家安全。

23. 探索完善跨境知识产权保护规则。充分考虑网络经济的特点以及因地缘关系产生的知名度辐射影响，加强粤港澳大湾区知名商业标识的法律保护。研究跨境电商对知识产权保护的地域性特征造成的影响，探索推进我国知识产权法律域外适用，切实保护我国公民、企业合法权益。

六、深化审判机制创新

24. 推进知识产权证据制度改革。探索在现有法律框架下，建立契合数字经济规律和知识产权审判规律的举证责任分配制度，完善证据披露、证据妨碍排除和优势证据规则，着力解决新型知识产权案件"举证难"问题。探索部分涉数据知识产权案件适用举证责任转移制度，明确可以适用举证责任转移的具体情形。

25. 完善技术事实查明机制。面对前沿复杂的数字技术难题，不断完善多元化技术事实查明机制，在发明、计算机软件、集成电路布图设计、技术秘密等技术性较强的案件的审理中，通过"1+2+3"模式，即"技术调查官"+"技术背景的人民陪审员"和"外聘专家咨询委员会"+"国家知识产权局专利局广东审查协作中心""专家意见"和"司法鉴定"，相互交叉佐证，快速解决技术争议焦点，缩短复杂技术案件审理周期，提升审判质效。

26. 深化知识产权审判机制改革。深入总结"三合一"审判机制改革经验成果，发挥"三合一"司法保护典型案例的指引作用，进一步强化数字经济知识产权全链条保护，促进形成侵权案件民事、刑事、行政一体追究制度。促进数字领域知识产权行政执法和司法裁判标准统一，完善知识产权行政执法和司法衔接机制，加强与公安机关、检察机关的沟通协调，形成知识产权保护合力。优化"精审＋快审＋速裁"审理模式，缩短信息网络传播权纠纷及电子商务领域混淆行为等案件的审理周期，提升整体司法保护效能。

27. 构建数字化多元纠纷化解机制。不断推进多元化纠纷化解机制，构建"以司法引领推动多元共治，以信息协同智能多元化解"的深圳司法方案，通过线上线下相结合的方式，对诉前调解案件实现在线阅卷、E键确认送达、远程视频对接、大数据类案推送、人工智能辅助调解等集约化管理，以数字化的方式化解数字纠纷。

七、保障措施

28. 加强组织实施。将数字经济知识产权保护工作纳入深圳法院司法体制综合配套改革和服务保障营商环境创新试点工作一体推进，助力完善数字经济治理体系，两级法院及各相关部门密切配合，形成合力，确保各项实施意见统筹推进，切实落地见效。

29. 完善协同机制。加强与党委、政府的沟通，加强与市公安局、检察院、市场监督管理局、海关、市发展和改革委员会、工业和信息化局、网信办、科技创新委员会以及知识产权保护中心、深圳国际仲裁院等单位的沟通合作，推动形成知识产权保护的整体合力。

30.加强司法宣传。普及数字经济知识产权保护的法律常识，增进社会对数字经济知识产权保护的了解和认同。编辑发布涉数字经济知识产权典型案例，充分发挥司法裁判的指引和示范作用，增强全社会自觉遵守知识产权保护规则的法律意识。

深圳市中级人民法院关于技术调查官参与知识产权案件诉讼活动的工作指引（试行）

（深中法发〔2021〕16号）

为规范技术调查官工作，根据《中华人民共和国民事诉讼法》《中华人民共和国刑事诉讼法》《中华人民共和国行政诉讼法》《最高人民法院关于知识产权民事诉讼证据的若干规定》《最高人民法院关于技术调查官参与知识产权案件诉讼活动的若干规定》等法律、司法解释及《深圳经济特区知识产权保护条例》的规定，结合我市审判工作实践，制定本指引。

第一条【案件类别】本指引适用于本院审理的专利、植物新品种、集成电路布图设计、技术秘密、计算机软件、垄断等专业技术性较强的知识产权民事、刑事和行政案件。

第二条【工作职责】技术调查官协助查明技术事实并开展调研指导等工作，履行下列职责：

（一）对技术事实的争议焦点以及调查范围、顺序、方法等提出建议；

（二）参与调查取证、勘验、保全；

（三）参与询问、听证、庭前会议、开庭审理；

（四）提出技术调查意见；

（五）协助法官组织鉴定人、相关技术领域的专业人员提出意见；

（六）列席合议庭评议、专业法官会议等有关会议；

（七）协助开展案件调解工作；

（八）协助进行案件审判工作总结、实务调研，参与制定规范性文件；

（九）参与梳理、编报典型案例及案件发改情况；

（十）完成其他相关工作。

第三条【工作要求】技术调查官参与案件诉讼活动时，应遵守以下要求：

（一）严格遵守法律法规，廉洁自律，认真履行职责；

（二）客观、中立，在工作期限内独立作出技术调查意见；

（三）仅对参与的案件所涉及的专业技术问题发表意见，不对事实认定、法律适用和裁判结果发表意见；

（四）严格保守在参与诉讼过程中接触的审判秘密、商业秘密等秘密信息，未经批准不得披露、评价案件信息及审理情况。

第四条【管理机构】本院知识产权法庭负责技术调查官的日常管理，指派技术调查官参与案件诉讼活动，提供技术咨询，召开技术调查官联席会议。

第五条【技术调查官联席会议】技术调查官联席会议由知识产权法庭负责人召集。

技术调查官联席会议负责总结技术类案件工作经验，讨论重大、疑难、复杂案件的技术问题和其他有关问题。

根据案件审理需要，合议庭成员、法官助理、技术咨询专家、专家陪审员等可列席技术调查官联席会议。

技术调查官联席会议应制作会议记录并交由参加会议的全体成员审核签名，原件随案件副卷归档，复印件由知识产权法庭归档备案。

第六条【联席会议讨论案件的范围】具有下列情形之一的案件，应当提交技术调查官联席会议讨论：

（一）技术事实认定涉及重大、疑难、复杂、新类型技术问题的；

（二）因技术事实被上级法院改判、发回重审或者上级法院指令再审的；

（三）判定规则、尺度有待统一或者在技术事实认定方面具有普遍指导意义的。

具有下列情形之一的案件，可以提交技术调查官联席会议讨论：

（一）承办法官或技术调查官认为需要提交讨论的；

（二）技术调查官与技术咨询专家、专家陪审员等意见分歧较大的；

（三）其他需要提交讨论的情形。

第七条【技术调查官的指派】承办法官根据案件审理需要书面申请指派技术调查官参与诉讼活动。

知识产权法庭收到技术调查官申请后，应在二个工作日内指派技术调查官，并及时通知承办法官。技术调查官的指派，应综合考虑案件所涉技术领域、技术调查官的技术背景及工作量等情况。

承办法官应当至少在开庭一周前，向技术调查官提供诉讼材料，包括但不限于涉案专利文件、起诉状、答辩状、有关证据等。

承办法官认为受指派技术调查官不能胜任相关工作或者存在不适宜参与诉讼活动等情形，确需另行指派的，应当书面提出申请并说明理由，报本院知识产权法庭负责人审批。

第八条【两名或多名技术调查官】有下列情形之一的，可以指派两名或多名技术调查官：

（一）技术方案重大、疑难、复杂；

（二）技术方案涉及多个技术领域；

（三）确有必要申请的其他情形。

知识产权法庭可确定一名主办技术调查官，其他技术调查官为协办技术调查官。主办技术调查官负责统筹协调受指派技术调查官的工作。

技术调查意见由主办技术调查官撰写。出具技术调查意见前，由主办技术调查官组织所有参与诉讼活动的技术调查官就技术事实查明问题进行合议并将各技术调查官的意见如实记入技术调查意见，供合议庭参考。

第九条【申请调派技术调查官】同时满足下列条件的，可以通过本院知识产权法庭向最高人民法院知识产权法庭申请调派技术调查官：

（一）在专利、植物新品种、集成电路布图设计、技术秘密、计算机软件、垄断等专业技术性较强的知识产权案件中，确有技术事实需要技术调查官辅助查明的；

（二）本院没有技术领域匹配且不具有回避情形的技术调查官；

（三）本院无法通过咨询技术专家、召开技术研讨会等替代方式查明有关技术事实的。

第十条【技术调查官的回避】技术调查官存在下列情形之一的，应当回避：

（一）是本案当事人或者当事人、诉讼代理人近亲属的；

（二）本人或者其近亲属与本案有利害关系的；

（三）本人或者其近亲属持有本案非上市公司当事人的股份或者股权的；

（四）与本案当事人、诉讼代理人有其他关系，可能影响案件公正审理的；

（五）担任过本案的证人、鉴定人、辩护人、诉讼代理人、翻译人员的；

（六）担任过涉案专利授权确权行政程序审查员的；

（七）参与过本案其他审判程序或参与过行政执法、刑事侦查及审查起诉阶段程序的；

（八）接受当事人、诉讼代理人请客送礼，或者违反规定会见当事人、诉讼代理人的，或者有其他不正当行为，可能影响公正审理的。

技术调查官发现存在回避事由的，应当及时书面报告承办合议庭审判长，并报知识产权法庭备案。

当事人申请技术调查官回避的，由承办合议庭审判长在申请提出之日起三日内，以口头或者书面形式作出决定。

申请人对决定不服，可在接到决定时申请复议一次。当事人申请复议的，承办合议庭审判长应当在三日内作出复议决定，并通知复议申请人。复议期间，被申请回避的技术调查官不停止参与本案的工作。

承办合议庭审判长决定技术调查官回避的，承办法官可申请另行指派技术调查官。

第十一条【启动程序】技术调查官协助承办法官对当事人提交的调查取证、勘验或证据保全申请进行审查，协助承办法官通过询问当事人等方式明确当事人要求调查取证、勘验或证据保全的内容，提出是否需要启动调查取证、勘验或证据保全程序的意见。

技术调查官经查阅案件材料，认为需要进行调查取证或勘验的，也可提出启动调查取证或勘验程序的意见，供合议庭参考。

第十二条【准备事项】调查取证、勘验或证据保全前，技术调查官应协助梳理案件技术争议焦点，确认调查取证、勘验或证据保全的目的，协助拟定对象清单、方法和步骤，对其中可能存在的技术难点和重点进行预先评估，协助拟定对策方案，准备相关材料。

技术调查官应提前确认调查取证、勘验或证据保全所需的特殊设备及环境要求。

第十三条【调查询问】调查取证、勘验或证据保全时，技术调查官应示明身份，明确调查、勘验或证据保全的具体内容，协助开展询问，必要时可要求被调查、勘验或保全的当事人或其技术人员予以说明。

第十四条【证据固定】被调取的证据一般应为原件，提供原件有困难的，可以提供经核对无误的复制件。

涉技术方案的证据保全，可采取制作现场勘验笔录、绘图、拍照、录音、录像、复制设计和生产图纸等方式固定证据。

固定电子证据应注意保护现场，防止正在运行的系统或程序破坏数据。

被保全证据易腐烂、变质、不易保管的，在采取现场提取、封存措施的同时，还应以拍照、摄像、现场勘验等方式固定。

第十五条【笔录制作】调查、勘验、保全笔录一般由法官助理制作，技术调查官应对其中记录的相关技术内容的准确性、完整性进行审核。

对易腐烂、变质、不易保管的证据进行勘验或保全，应完整记录工作流程、步骤、相关参数和环境数据。

涉计算机数据的笔录，应完整体现数据来源和制作过程。

摘录被调查单位制作的与案件技术争议焦点相关的文件或者材料，应详细注明摘录内容出处，并加盖制作单位或者保管单位的印章。

第十六条【物证封存】技术调查官应与当事人明确封存证据的型号、体积、具体状态等，经当事人确认无异后，由技术调查官、法官助理及当事人在封条上签字并注明时间。

封存电子证据应注意程序文件的名称、大小、文件类型、版本号、存放的文件等所有与目标程序有关的信息。

在医院、化工厂等具有传染性、危险性或放射性的特定场所保全特定专业设备的，应采取必要的防护措施及合适的封存设备。

第十七条【物证保管及转移】技术调查官应根据物证的不同情况，提出物证保管及转移意见。

对于不宜在法院保管的物证，应当要求申请人明确保管条件、提供合适的保管环境，明确因保管不善造成的后果由保管人承担。

技术调查官指导法官助理对物证进行 3D 扫描，确保相关技术内容完整呈现。

第十八条【庭前准备】技术调查官应在庭审前做好以下准备工作：

（一）确定案件所涉及的技术事实与技术问题；

（二）向合议庭介绍技术背景知识；

（三）确定焦点技术问题；

（四）确定技术事实调查发问的方法、内容、顺序等；

（五）确定当庭勘验物证需要的工具、设备；

（六）其他相关工作。

第十九条【身份告知】审判长在宣布合议庭组成人员、法官助理、书记员名单时，一并宣布技术调查官姓名，并告知当事人有权申请回避。

第二十条【法庭调查】经审判长同意，技术调查官围绕需要查明的技术事实开展调查，包括：

（一）涉案权利要求的内容，包括相应技术特征的含义、说明、功能、效果、创新点等；

（二）涉案技术方案的背景知识，包括技术背景、技术原理、公知常识，相关领域的技术标准及相关产品的使用场景等；

（三）被诉侵权技术方案的内容；

（四）被诉侵权技术方案与涉案专利的技术比对；

（五）确定争议技术特征；

（六）现有技术及抵触申请的确定及其与被诉侵权技术方案的比对；

（七）其他技术事实。

技术调查官不应在庭审中对技术事实的认定进行表态。

第二十一条【庭后工作】庭审结束后，技术调查官应进行以下工作：

（一）协助速录员核对、校正、完善庭审笔录中涉及的技术事实和技术观点；

（二）撰写技术调查意见；

（三）列席案件评议或专业法官会议，发表技术意见；

（四）协助合议庭校对、校正、完善裁判文书中的技术描述和技术评述内容。

第二十二条【技术调查意见】技术调查意见应包括以下内容：

（一）案件基本信息；

（二）原告请求保护的权利要求的范围、技术特征及其分解；

（三）被诉侵权技术方案的内容；

（四）技术问题的分析与说明，包括争议技术特征、相同或等同的技术特征、不同的技术特征；

（五）其他应说明的问题。

技术调查意见应在合议庭评议前提交。

第二十三条【技术调查意见的采纳】合议庭参考技术调查意见认定技术事实。合议庭不采纳技术调查意见的，应在合议笔录中作出说明。

第二十四条【技术咨询】有下列情形之一的，由知识产权法庭向国家知识产权局专利局专利审查协作广东中心或本院知识产权技术咨询委员会提出技术咨询申请：

（一）技术方案重大、疑难、复杂；

（二）技术方案涉及多个技术领域；

（三）案件涉及新类型问题或社会影响较大；

（四）当事人对鉴定意见提出异议；

（五）技术调查官联席会议无法形成一致意见；

（六）合议庭认为需要技术咨询；

（七）其他确有必要咨询的情形。

技术咨询一般采取书面咨询方式，因案情需要，还可以采用面谈咨询、专家论证会咨询、电话咨询、邮件咨询等方式。

第二十五条【专家陪审员】知识产权法庭可在具有相关技术背景的人民陪审员中随机抽选确定陪审员参与案件审理。

第二十六条【技术鉴定】当事人申请技术鉴定的，由技术调查官协助合议庭确定需鉴定的问题及材料。

技术调查官对鉴定机构出具的鉴定结论提出意见。

第二十七条【多元化技术事实查明机制】合议庭可根据案件审理需要和技术问题难度选择一种或多种技术事实查明机制。

合议庭意见与技术调查官意见或者技术调查官联席会议意见不一致的，可以向国家知识产权局专利局专利审查协作广东中心或本院知识产权技术咨询委员会进行技术咨询。

承办法官与专家陪审员意见不一致的，应申请指派技术调查官进行技术调查。技术调查官意见与专家陪审员意见不一致的，可以向国家知识产权局专利局专利审查协作广东中心或本院知识产权技术咨询委员会进行技术咨询。

当事人对技术鉴定结论有异议的，应申请指派技术调查官进行技术调查。技术调查官意见与鉴定意见不一致的，可以向国家知识产权局专利局专利审查协作广东中心或本院知识产权技术咨询委员会进行技术咨询。

深圳市人民检察院知识产权技术调查工作规范（试行）

（深检办发〔2021〕8号）

第一章 总 则

第一条 为落实《深圳市人民代表大会常务委员会关于加强新时代检察机关法律监督工作推动法治城市示范建设的决定》，强化知识产权保护，服务保障粤港澳大湾区国际科技创新中心、深圳先行示范区、创新创业创意之都建设工作大局，规范我市检察机关知识产权技术调查工作，确保我市检察机关知识产权检察工作的公正、高效，根据相关法律、法规及司法解释的规定，结合我市检察机关知识产权检察工作实际，制定本规范。

第二条 本规范所称技术调查，是指在知识产权刑事、民事及行政诉讼过程中，为查明案件事实，检察机关依职权开展调查或委托具有专门知识的人，对相关领域专业技术问题进行解释、说明、提供专业意见，以帮助检察人员正确理解、把握相关领域专业技术问题，辅助办案的活动。

本规范所称技术调查官，是指受检察官指派利用专业技术知识，参与知识产权案件办理，协助检察官查明知识产权案件涉及的技术问题的司法辅助人员。

本规范所称专家辅助人，是指受深圳市人民检察院聘请，运用专门知识，对知识产权刑事、民事及行政诉讼过程中涉及的相关领域专业技术问题进行解释、说明、提供专业意见的专家、学者。

第三条 技术调查工作由检察官组织指挥检察官助理、技术调查官、专家辅助人开展。

第四条 技术调查工作应当遵循科学、独立、客观、公正的原则，遵守职业道德，不受任何单位和个人的干涉。

第五条 技术调查不是检察机关办理知识产权案件的必经程序，对涉及相关领域的专业技术问题，检察机关也可以根据需要直接委托鉴定部门进行鉴定。

第六条 深圳市人民检察院知识产权检察办公室负责知识产权技术调查工作的统筹和管理。

第二章 技术调查官的任职条件、工作职责与回避

第七条 技术调查官由深圳市人民检察院面向社会招录、招聘或选调产生。

第八条 技术调查官应当具备以下条件：

（一）普通高等学校理工科专业本科及以上学历；

（二）具有副高级以上专业技术资格，或者具有相应资历和经验；

（三）具有良好的职业道德和操守；

（四）未受过刑事处罚或开除公职处分；

（五）配偶、父母、子女非深圳地区执业律师；

（六）身体健康，能够胜任工作。

第九条　技术调查官工作职责：

（一）通过勘验、检查、提取、保全等方式，协助检察官提取固定证据、查明知识产权案件涉及的技术事实；

（二）利用专门知识开展案件的技术审查，协助检察官解决技术问题；

（三）协助检察官选择、联系知识产权专家辅助人提供专业技术意见，或者协助检察官联系鉴定机构，对鉴定目的和鉴定方向提出意见；

（四）列席检察官联席会议、检察委员会会议，参加案件听证会、庭前会议、法庭审理等活动，协助检察官说明技术问题；

（五）其他检察官依职权委托开展的技术调查工作。

第十条　技术调查官有下列情形之一的，应当自行回避，当事人及法定代理人也有权要求其回避：

（一）是本案的当事人或者当事人、诉讼代理人、辩护人的近亲属的；

（二）本人或者近亲属与本案有利害关系的；

（三）担任过本案的诉讼代理人、辩护人、证人、鉴定人、翻译人员的；

（四）其他可能影响调查客观性的情形。

技术调查官是否回避，由承办案件检察院的检察长决定。

对技术调查官的回避决定作出以前和复议期间，技术调查官不得停止技术调查工作。

对驳回申请回避的决定，当事人及其法定代理人可以申请复议一次。

第三章　专家辅助人的选任、权利、义务与回避

第十一条　专家辅助人原则上由深圳市人民检察院面向社会特定领域聘请产生，由深圳市人民检察院设立知识产权专家辅助人名册。

第十二条　深圳市人民检察院充分发挥深圳市知识产权法律保护研究中心、前海知识产权检察研究院的作用，酝酿提名专家辅助人初步人选，必要时可在征求知识产权局或其他行政主管部门、相关行业协会、高校、科研院所的意见后确定。

第十三条　专家辅助人应当具备以下条件：

（一）具有高级专业技术职称，或者具有相应资历和经验，具有较高的专业水平；

（二）具有良好的职业道德和操守；

（三）未受过刑事处罚或开除公职处分；

（四）身体健康，能够胜任技术调查工作。

第十四条 具备专家辅助人条件、自愿接受深圳市人民检察院委托从事技术调查的专业技术人员亦可申请入选知识产权专家辅助人名册，申请时应当向深圳市人民检察院提交申请书和以下材料：

（一）单位介绍信；

（二）专业资格证书；

（三）主要业绩证明；

（四）其他必要的文件、资料等。

第十五条 专家辅助人初步人选经深圳市人民检察院审查后进行公示，公示时间不少于七个工作日。

公示期届满后，由深圳市人民检察院检察委员会确定人选，并向社会公布。

第十六条 专家辅助人由深圳市人民检察院颁发聘书，聘期五年，可以连续聘任。

第十七条 专家辅助人对所委托调查工作无正当理由予以推托，或在接受调查委托后无故拖延履行职责，或所出具调查意见故意背离客观事实、违反科学、公正原则，或违反本规范其他规定，不适合担任专家辅助人的，可提前解聘。

第十八条 专家辅助人享有以下权利：

（一）了解与所调查的专业技术问题有关的情况和资料；

（二）独立发表意见，并有权保留不同意见；

（三）获得相应报酬；

（四）为开展调查工作所应享有的其他权利。

第十九条 专家辅助人应当承担以下义务：

（一）检察机关发起调查委托后，如确有客观原因，不能接受委托的，应当书面说明理由；

（二）客观、公正地发表调查意见，按照检察机关委托要求，在规定的期限内完成调查事项，出具调查意见书，并在结案前全程辅助检察机关办案；

（三）不与案件当事人、诉讼代理人或其他利害关系人私下接触或联系；不得向当事人、诉讼代理人或其他利害关系人收取任何费用；

（四）不得向他人透露受委托事项、讨论内容、争议问题以及调查意见等有关情况；

（五）不得泄露调查过程中所知悉的工作秘密；

（六）不得披露或利用在调查工作中获悉的国家秘密、商业秘密或个人隐私；

（七）不得利用所获得的非公开信息为本人或他人直接或者间接谋取利益，不得以深圳市人民检察院聘任专家的身份从事诉讼代理或营利活动；

（八）妥善保管有关资料，并在完成调查工作后退还检察机关。

第二十条　专家辅助人有下列情形之一的，应当自行回避，当事人及法定代理人也有权要求其回避：

（一）是本案的当事人或者当事人、诉讼代理人、辩护人的近亲属；

（二）本人或者近亲属与本案有利害关系的；

（三）担任过本案的诉讼代理人、辩护人、证人、鉴定人、翻译人员的；

（四）其他可能影响调查客观性的情形。

专家辅助人是否回避，由承办案件检察院的检察长决定。

对专家辅助人的回避决定作出以前和复议期间，专家辅助人不得停止技术调查工作。

对驳回申请回避的决定，当事人及其法定代理人可以申请复议一次。

第四章　技术调查工作程序

第二十一条　知识产权案件的承办检察官认为需要技术调查官或专家辅助人协助的，可以提出需求，明确调查的事项、目的和要求，经部门负责人审批同意后，启动技术调查程序。

技术调查工作设立专用的文书和编号，通过案件管理系统和智慧知识产权检察辅助系统统一管理。

第二十二条　技术调查工作可以由技术调查官自行完成，也可以由技术调查官和专家辅助人共同完成。

第二十三条　技术调查官可以自行完成技术调查工作的，应当自行完成。

第二十四条　因技术问题复杂，需要委托专家辅助人共同办理的，技术调查官应当出具书面意见，提议委托专家辅助人共同办理。

书面意见包括技术调查的主要技术问题、争议焦点、调查范围、顺序、方法，及专家辅助人的选定或专家辅助人小组的组成等，由承办检察官报部门负责人审批同意后，委托专家辅助人开展技术调查工作。

技术调查官应当在案件办理的全程，保持与专家辅助人的联系，协助检察官查明技术事实。

第二十五条　根据有关专业技术问题的复杂疑难程度，检察机关可以委托一名专家辅助人进行技术调查，也可委托多名专家辅助人组成小组进行。

专家辅助人小组一般由三名或五名专家辅助人组成，检察机关可指定其中一人为召集人，召集人负责组织小组开展调查工作，起草（或安排他人起草）技术调查意见书，并全程辅助办案。

委托调查时应考虑所涉及专门性问题所属领域及相关专家辅助人的业务专长。

　　第二十六条　委托调查应当采用书面形式。承办检察官应当明确调查的事项、目的和要求，并由技术调查官将委托书及相关资料及时送交专家辅助人或专家辅助人小组。

　　第二十七条　专家辅助人不以摇珠方式产生，但原则上应当根据所调查的问题涉及领域，在知识产权专家辅助人名册中相应领域按照先后顺序选定。

　　确因客观原因无法从知识产权专家辅助人名册中选定合适的专家辅助人的，可以通过其他途径临时选定其他专业人士。

　　第二十八条　专家辅助人或专家辅助人小组开展调查工作，需要向当事人了解情况或要求补充提交材料的，应当向检察机关提出，由检察机关转递。

　　第二十九条　技术调查工作应提交书面的技术调查意见或制作技术调查笔录。

　　技术调查意见书应当写明调查内容、技术意见及理由。

　　委托开展的技术调查工作，专家辅助人意见有分歧的，应当记录每位专家辅助人所发表的意见，并由专家辅助人签字确认。

　　第三十条　技术调查意见应当在全面掌握相关技术资料、进行认真研究分析的基础上客观作出。

　　技术调查官、专家辅助人或专家辅助人小组可以对案件涉及的专业技术问题发表意见并作出相应的解释和说明，但不对案件的办理和法律适用发表意见。

　　第三十一条　技术调查官应当对专家辅助人的技术调查意见进行审核，出具技术审查意见，并签字确认，供检察官参考。

　　技术审查意见书应当包括以下内容：

　　（一）知识产权双方当事人技术方案；

　　（二）相关参考内容和出处；

　　（三）技术方案的比对意见；

　　（四）技术审查结论。

　　技术审查意见的陈述和比对意见应当尽可能达到非专业技术人员能够理解的程度。必要时可以借助图形、音像、视频、模型等技术手段或相关实验来完成。

　　第三十二条　具有以下情形的，可以终止技术调查程序：

　　（一）因无法获取必需的材料导致调查工作无法进行的；

　　（二）案件全案移送其他检察机关或有关部门的；

　　（三）其他导致调查工作无法进行或无需进行的。

　　属于上述情形（一）的，专家辅助人或专家辅助人小组应函告检察机关，检察机关对调查程序是否终止作出决定。属于情形（二）、（三）的，由承办案件检察院办案部门检察官联席会议讨论并报部门负责人决定是否终止调查程序，并告知专家辅助人或专家辅助人小组。

第三十三条　承办检察官应当全面审查技术调查意见、技术审查意见，综合参考行政机关、审判机关的相关技术调查或咨询意见及其他证据和事实，确定是否参考或采纳技术调查意见、技术审查意见。

检察官审查过程应纳入案件管理系统及智慧知识产权检察辅助系统进行管理。

第三十四条　专家辅助人有下列情形之一的，检察机关不参考或采纳其意见：

（一）应当回避而没有回避；

（二）向当事人、诉讼代理人或其他利害关系人收取费用；

（三）因与当事人、诉讼代理人、辩护人或其他利害关系人私下接触而可能影响其意见的客观性；

（四）其他足以导致技术调查意见不能被采信的情况。

第三十五条　承办检察官根据办案实际，需要技术调查官、专家辅助人或专家辅助人小组参加听证、庭前会议、出庭等继续查明技术问题，辅助查明案件事实的，技术调查官、专家辅助人或专家辅助人小组应当办理。

第三十六条　作出技术调查委托时，检察机关应当根据所调查专业技术问题的复杂疑难程度确定完成技术调查意见的时间及应当支付的报酬。

技术调查报酬参照《深圳市市级机关培训费管理办法》（深财行〔2017〕75号）第十条关于师资费的标准支付，工作量特别大的，可适当增加报酬，但应当由案件承办检察官出具意见层报主管副检察长审批。专家辅助人因调查工作需要而支出的交通、住宿等其他合理费用另行计算。

技术调查报酬由作出委托的检察院支付。

技术调查报酬列入本单位年度预算。

第五章　附　则

第三十七条　本市各基层检察院在办理知识产权案件过程中需要启动技术调查工作的适用本规范。必要时，深圳市人民检察院可以指派技术调查官参与诉讼活动。

第三十八条　本规范与有关法律、法规或司法解释不一致的，以法律、法规或司法解释为准。

第三十九条　本规范由深圳市人民检察院检察委员会负责解释。

第四十条　本规范自公布之日起施行。

深圳市中级人民法院关于知识产权民事侵权纠纷
适用惩罚性赔偿的意见（试行）

（深中法发〔2020〕33号）

为规范适用知识产权侵权纠纷惩罚性赔偿，根据《中华人民共和国民法典》、《中华人民共和国商标法》、《中华人民共和国反不正当竞争法》等法律、最高人民法院有关司法解释及《深圳经济特区知识产权保护条例》的规定，结合我市审判工作实践，制定本意见。

第一条【适用对象】本意见适用于侵权人具有故意且情节严重的知识产权民事侵权纠纷。

第二条【基本原则】适用知识产权侵权惩罚性赔偿，应坚持以下原则：

（一）依法适用原则；

（二）补偿为主、惩罚为辅的损害赔偿原则；

（三）比例协调原则；

（四）保护权利人合法权益与维护公共利益相一致的原则。

第三条【不告不理】权利人未依法提出惩罚性赔偿请求的，人民法院不应主动适用惩罚性赔偿。

一审判决侵权人承担民事赔偿责任后，权利人在二审期间另行提出要求侵权人承担惩罚性赔偿责任的，不予支持。

权利人未提出惩罚性赔偿请求，法院判决侵权人承担民事赔偿责任后，权利人以要求侵权人承担惩罚性赔偿责任为由申请再审的，予以驳回。

第四条【举证责任】权利人对其主张侵权人承担惩罚性赔偿责任负有举证义务，最迟应当在一审法庭辩论终结前明确赔偿数额的具体计算方法。

第五条【证明步骤】权利人主张惩罚性赔偿请求的，应当证明以下事实：

（一）侵权行为是否成立；

（二）侵权人是否存在主观故意；

（三）侵权行为是否属于情节严重；

（四）惩罚性赔偿的基数能否确定。

第六条【"故意"的认定原则】本意见所指"故意"，是指侵权人主观上明知自己的行为会导致侵权结果的发生，而希望或放任这种结果发生。

侵权人因过失导致侵权的，一般不构成"故意"。

第七条【故意的认定因素】侵权人故意的认定，人民法院可以考虑以下因素：

（一）侵权人或者其控股股东、法定代表人等在生效判决作出后，重复或变相重复实施相同侵权行为；

（二）侵权人或者其控股股东、法定代表人等经权利人多次警告或受到行政机关处罚后，仍继续实施侵权行为；

（三）权利人与侵权人之间存在劳动、劳务关系，或者具有代理、许可、经销、合作等关系，或者进行过磋商，侵权人明知他人知识产权存在；

（四）侵权人收到权利人警告函后无正当理由继续实施相关行为；

（五）侵权人在相同或类似商品上使用权利人驰名商标；

（六）侵权人抢注权利人驰名商标，或商标注册申请被认为与在先商标近似，驳回后继续使用；

（七）侵权人采取措施掩盖侵权行为、伪造或毁灭侵权证据等行为；

（八）其他情形。

第八条【情节严重的认定因素】侵权行为具有下列情形之一的，可以认定为"情节严重"：

（一）主要以侵权为业；

（二）侵权行为的持续时间较长；

（三）侵权获利数额巨大或给权利人造成重大经济损失；

（四）侵权行为对权利人的商誉、市场份额等合法权益造成严重损害；

（五）侵权行为对消费者人身安全、生态环境等消费者利益或公共利益造成侵害；

（六）侵权行为对行业或者社会造成严重不良影响；

（七）侵权人拒不履行法院作出的行为保全裁定、书证提出裁定等法律文书的；

（八）其他情节严重的情形。

第九条【惩罚性赔偿的基数计算】确定惩罚性赔偿的基数包括：

（一）权利人因被侵权所受到的损失；

（二）侵权人因侵权所获得的利益；

（三）许可使用费的合理倍数。

惩罚性赔偿的基数不包括权利人的维权合理开支。

第十条【权利人损失的计算】确定权利人因被侵权所受到的损失时，可考虑以下因素：

（一）权利人商品销售减少量或侵权商品销售量与权利人商品单位利润的乘积；

（二）权利人商品价格下降数与权利人商品单位利润与该商品销售数量的乘积；

（三）权利人因用户数量下降所导致的损失；

（四）权利人为其所诉请保护的知识产权已实际支出的研发成本；

（五）权利人为修复商誉已实际支出的合理广告费；

（六）其他因素。

第十一条【侵权人获利的计算】确定侵权人因侵权所获利益时，可考虑以下因素：

（一）侵权产品销售量与该产品单位利润的乘积；侵权产品单位利润无法查明的，按照权利人商品的单位利润计算；

（二）侵权人的营业利润与被诉产品所占比重与该产品销售数量的乘积；

（三）侵权人自认的销售数量及价格；

（四）公证书显示的产品销售数量、评价数量及价格；

（五）侵权人被行政管理部门查处的侵权产品数量及价格；

（六）侵权人相关专用账户的资金流水情况；

（七）侵权人纳税情况、增值税开具及认证情况；

（八）侵权人网站、宣传资料、年度报告等公开披露的相关数据；

（九）其他因素。

第十二条【单位利润的计算】确定单位利润时，可考虑以下因素：

（一）当事人或其关联公司在官网、年报等公开宣传的利润率；

（二）国家行政主管部门、行业协会、第三方商业平台等发布的统计报告或者行业报告显示的行业利润中间数；

（三）同类产品的可比较利润率。

第十三条【合理许可使用费的计算】认定合理许可使用费时，可考虑以下因素：

（一）有无签订许可合同，许可合同是否备案；

（二）许可合同是否实际履行，有无支付凭证；

（三）许可合同的对象、许可的方式、范围、权限与被诉侵权行为的关联性；

（四）许可人与被许可人之间是否存在亲属关系、关联关系等利害关系或交叉许可等特殊商业关系；

（五）许可费是否受到外在因素的影响，如许可人或被许可人受到破产清算、并购重组或涉及重大诉讼等。

（六）其他因素。

第十四条【合理确定知识产权的贡献度】确定赔偿基数时，应考虑专利、商标、著作权、商业秘密等不同的知识产权对产品的贡献程度。

同一被诉侵权产品同时侵犯数个知识产权的，应对涉案知识产权对产品的贡献程度进行区分，合理扣除其他权利产生的价值。

一般以最小可销售单位计算实际损失或侵权获利。

第十五条【裁量确定赔偿基数】在侵权行为可分的情况下，计算侵权损害赔偿时，既存在可以较为精确计算权利人损失或者侵权人获益的部分，又存在难以计算权利人损失或者侵权获益的部分的，可以对前者适用以权利人损失或者侵权人获益计算赔偿，该部分可适用惩罚性赔偿。对后者适用法定赔偿，该部分不能适用惩罚性赔偿。

经当事人举证、法庭调查取证等方式仍无法精确计算权利人因被诉侵权行为所遭受的实际损失、侵权人因侵权所获利益，亦无可参考适用的许可费时，可根据在案证据概括计算确定惩罚性赔偿的赔偿基数。

第十六条【知识产权侵权纠纷裁量确定赔偿基数的考量因素】裁量确定知识产权侵权纠纷惩罚性赔偿的基数时，应综合考虑以下因素：

（一）权利人请求保护的权利的创造性、显著性、知名度；

（二）权利人产品或作品的市场价格、销售数量、利润情况的变化情况以及涉案权利的贡献程度；

（三）被诉产品或作品的市场价格、销售数量、用户评价数量、利润情况以及所涉权利对被诉产品或作品利润的贡献程度；

（四）侵权人的经营类型、经营方式、经营规模、线下店铺的地段及档次、线上店铺的关注量、收藏量、会员数量；

（五）权利人用户数量下降导致的会员费、点播费等损失情况；

（六）权利人商誉、社会评价的降低程度；

（七）其他因素。

第十七条【侵害商业秘密纠纷裁量确定赔偿基数的考量因素】裁量确定侵害商业秘密纠纷惩罚性赔偿的基数时，应综合考虑以下因素：

（一）商业秘密的许可使用费、转让费；

（二）商业秘密的种类及创新程度；

（三）技术秘密的研发成本、经营信息的获取成本；

（四）商业秘密在终端产品所占的比重；

（五）商业秘密可保持竞争优势的时间及权利人的合理预期收益；

（六）其他因素。

第十八条【赔偿倍数的确定原则】赔偿倍数的确定应与侵权人的主观恶意程度及情节严重程度相适应。

惩罚性赔偿的倍数应在法定倍数范围内，可以不是整数。

第十九条【赔偿倍数的确定依据】赔偿倍数的确定，可综合考虑以下因素：

（一）侵权人的恶意程度；

（二）权利人所受损害情况；

（三）侵权人的获利情况；

（四）侵权行为对行业或社会造成的不良影响；

（五）裁量确定赔偿基数的情况；

（六）其他因素。

第二十条【先行判决】对于侵权事实清楚、能够认定侵权行为成立，但案件标的额较高、赔偿基数较难确定的案件，可以依法先行判决停止侵权。确定赔偿金额需要对相关财务数据、会计资料等交双方认可的专家进行评估或提交司法鉴定等方式查明赔偿基数的，可以在后判决确定。

第二十一条【惩罚性赔偿与行政罚款、刑事罚金的关系】侵权人以其同一侵权行为已受到行政罚款或刑事罚金处罚为由，请求抵销惩罚性赔偿的基数的，一般不予支持。侵权人已被处以刑事罚金或行政罚款的，在确定赔偿倍数时，可酌情予以考虑。

第二十二条【法定赔偿的惩罚性因素】侵权人侵权行为成立，且侵权主观故意明显、侵权行为严重或主要以侵权为业的，权利人未提出惩罚性赔偿请求或提出惩罚性请求但惩罚性赔偿基数无法确定的，在法定赔偿限额内，以接近或者达到最高限额确定法定赔偿数额。

第二十三条【适用范围】本意见适用于深圳市中级人民法院和下辖基层法院。

【冲突适用】深圳两级法院已出台的相关制度与本意见不一致的，按照本意见执行。

【解释主体】本意见由深圳市中级人民法院审判委员会负责解释。

【实施期限】本意见自发布之日起实施。

港澳涉税专业人士在中国（广东）自由贸易试验区
深圳前海蛇口片区执业管理暂行办法

（国家税务总局深圳市税务局公告 2021 年第 1 号）

第一条　按照内地与香港特别行政区、澳门特别行政区（以下简称"港澳"）相关服务贸易协议精神，为促进深圳与港澳建立更紧密涉税专业服务贸易，助力粤港澳大湾区建设，营造市场化、法治化、国际化的营商环境，依据《中华人民共和国税收征收管理法》及其实施细则、《涉税专业服务监管办法（试行）》（国家税务总局公告 2017 年第 13 号发布，2019 年第 43 号修改）等规定，制定本办法。

第二条　本办法所称港澳涉税专业人士，是指取得香港税务师或澳门核数师、会计师资格的港澳永久性居民。

第三条　国家税务总局深圳市税务局（以下简称"深圳市税务局"）负责对港澳涉税专业人士在中国（广东）自由贸易试验区深圳前海蛇口片区（以下简称"深圳前海蛇口片区"）执业相关事项进行管理。

第四条　港澳涉税专业人士在深圳前海蛇口片区执业应符合以下条件：

（一）遵守国家法律法规；

（二）接受香港税务学会、澳门税务学会行业自律管理；

（三）取得香港税务师或澳门核数师、会计师资格满 3 年且连续 3 年从事涉税专业服务；

（四）最近 3 年未因执业行为不当受到所在地区主管部门行政处罚或行业惩戒。

第五条　符合执业条件的港澳涉税专业人士在深圳前海蛇口片区执业前需进行执业登记。执业登记应向深圳市税务局报送以下纸质资料：

（一）香港或澳门永久性居民身份证复印件；

（二）香港税务师或澳门核数师、会计师资格证书复印件；

（三）香港税务学会或澳门税务学会出具的港澳从业经历相关证明及推荐函；

（四）执业承诺函。

对已获得香港税务师服务深圳前海深港现代服务业合作区执业培训考核合格证书者，其本人无需再次报送以上资料，由香港税务学会统一提供资料，深圳市税务局统一进行执业登记。

第六条　已进行执业登记的港澳涉税专业人士在内地从事涉税专业服务需加入在深圳注册的涉税专业服务机构，从事专业税务顾问、税收策划、涉税鉴证、纳税情况审查业务需加入在深圳注册的税务师事务所或在深圳发起设立税务师事务所。

第七条　已进行执业登记的港澳涉税专业人士发起设立税务师事务所应当符合下列条件：

（一）登记注册在深圳前海蛇口片区；

（二）合伙人或股东至少应有一名已进行执业登记的港澳涉税专业人士；

（三）合伙人或股东之一由内地税务师事务所担任；

（四）合伙人或者股东中税务师（含已进行执业登记的港澳涉税专业人士）占比应高于百分之五十；

（五）符合国家税务总局关于税务师事务所行政登记的其它相关规定。

第八条　已进行执业登记的港澳涉税专业人士和发起设立的税务师事务所自愿纳入深圳市注册税务师协会团体和个人执业会员管理，接受行业自律管理和继续教育。

第九条　深圳市税务局按照国家税务总局涉税专业服务监管相关制度规定对发起设立的税务师事务所和已进行执业登记的港澳涉税专业人士进行监管，开展实名信息采集、业务信息采集、信用评价和信息公告。港澳涉税专业人士发起设立的税务师事务所应当在报送年度总体情况报告时，同时向深圳市税务局报送本所内全部港澳涉税专业人士从事涉税专业服务情况。

第十条　深圳市税务局与香港税务学会、澳门税务学会建立执业情况信息共享机制，定期反馈已执业登记的港澳涉税专业人士执业情况。香港税务学会、澳门税务学会应及时向深圳市税务局通报已执业登记的港澳涉税专业人士在港澳受到行政处罚或行业惩戒等情况。

第十一条　深圳市税务局建立港澳涉税专业人士涉税诉求和意见快速响应机制，提供便利化服务。

第十二条　本办法自发布之日起施行，操作指引详见附件。《香港注册税务师服务深圳前海深港现代服务业合作区管理暂行办法》（深圳市国家税务局深圳市地方税务局 2012 年第 17 号公告发布，国家税务总局深圳市税务局 2018 年第 2 号公告修改）同时废止。

深圳海关关于对深圳市内游艇自由行实行
免担保政策的公告

（深关公告〔2022〕1号）

根据《国务院关于同意在深圳市暂时调整实施有关行政法规规定的批复》（国函〔2022〕15号），现就深化实施中国（广东）自由贸易试验区深圳前海蛇口片区粤港澳游艇自由行政策公告如下：

对深圳市内以游艇自由行方式进境游艇，游艇所有人或其委托的代理人免于为游艇向海关提供担保。深圳海关此前发布的公告规定与本公告不一致的，以本公告为准。

本公告自发布之日起施行。

特此公告。

深圳海关

2022年8月17日

附录

首批授权事项创造的 60 个 "全国第一"

1. "创业板改革并试点注册制" 首次将资本市场增量与存量改革同步推进。

2. "深市主板与中小板合并" 率先实现交易所两个不同上市板块间的合并。

3. "私募基金商事登记服务创新和全流程一体化监管" 率先实施。

4. 打造了全国规模及影响力最大的旗舰级天使母基金。

5. 率先开放 "外资管内资" (外资发起设立管理人同时向境内外募资)、"内资管外资" (内资发起设立管理人同时向境外募资) 等模式。

6. 推动合格境内投资企业 (QDIE) 获批全国最高 100 亿美元的投资额度。

7. 全国基础设施 REITs 首批试点数量和覆盖领域双第一。

8. 发行全国首单清洁能源行业基础设施公募 REITs——鹏华深圳能源 REIT。

9. 发行全国首批保障性租赁住房基础设施公募 REITs——红土深圳安居 REIT。

10. 发行全国首批基础设施公募 REITs——博时蛇口产园 REIT、平安广州广河 REIT、红土创新盐田港 REIT、中航首钢绿能 REIT。

11. 首创为特定线路的轨道、洞体、站点全部完成土地确权，办理完全产权证，为申报基础设施公募 REITs 试点项目做好准备。

12. 成立首家全国性的科技成果与知识产权交易中心，并率先建立 "职务科技成果服务专区"。

13. 实现全国首单场内跨境数据交易。

14. 成立全国首个数据要素社会组织——深圳市数据要素发展协会。

15. 率先建设完成全流程线上数据交易平台。

16. 率先打造全覆盖、全要素、全链条阳光采购智慧监督平台。

17. 率先打造国资国企 "数字画像、全景可视" 的智慧绩效管理平台。

18. 出台全国首部个人破产地方性法规——《深圳经济特区个人破产条例》。

19. 成立全国首个专门破产事务管理机构——深圳市破产事务管理署，率先实行破产审判权与破产事务管理权相分离。

20. 上线全国首个个人破产办理综合系统 "深破茧"。

21. 率先开展内地与香港跨境破产试点合作，认可和协助香港破产程序。

22. 率先开展预重整实践，首次对上市公司成功预重整。

23. 首创歇业登记制度、除名制度和依职权注销制度。

24. 发布全国首例知识产权行政禁令。

25. 出台全国首个加强数字经济知识产权司法保护的实施意见。

26. 出台全国首个知识产权侵权惩罚性赔偿的指导意见。

27. 首创"全流程嵌入式"技术调查官工作模式,相关经验获得国家发展改革委和国家知识产权局推广。

28. 出台全国首个其他组织举办事业单位的规范文件。

29. 出台全国首个行政复议领域地方标准 ——《行政复议服务保障规范》。

30. 通过"i深圳"率先推行"掌上复议"。

31. 出台全国首部数据领域基础性、综合性法规 ——《深圳经济特区数据条例》。

32. 出台全国首部关于智能网联汽车管理的法规 ——《深圳经济特区智能网联汽车管理条例》。

33. 出台全国首部人工智能产业专项法规 ——《深圳经济特区人工智能产业促进条例》。

34. 率先实现无人机配送外卖到小区。

35. 获准首批开展高新技术和"专精特新"企业外债便利化试点。

36. 出台全国首部绿色金融领域法规 ——《深圳经济特区绿色金融条例》。

37. 出台全国首部覆盖科技创新全生态链的地方性法规 ——《深圳经济特区科技创新条例》。

38. 率先构建高度便利化的境外专业人才执业制度。

39. 出台全国首部以仲裁机构为特定对象的地方人大法规 ——《深圳国际仲裁院条例》。

40. 成立全国首个证券仲裁机构 —— 中国(深圳)证券仲裁中心,是全球第一个由国际仲裁机构与证券交易所共建的证券仲裁平台。

41. 首批开展跨国公司本外币一体化资金池业务试点。

42. 首批开展本外币合一银行结算账户体系试点。

43. 首发离岸人民币地方政府债券,且豁免香港利得税。

44. 率先以地方政府名义在境外发行绿色债券。

45. 创建国内首个具有国际中转功能的海港客运口岸,并出台相关管理条例。

46. 率先在自贸区(港)以外试点推行国际船舶登记主体外资股比不受限制。

47. 率先提出在深圳国际船舶上任职的外籍船员免办就业证。

48. 签发首艘中国旗豪华邮轮"招商伊敦"号船舶登记证书。

49. 签发全国首份外籍船员适任证书。

50. 香港大学深圳医院成为"港澳药械通"首个试点医疗机构，率先使用临床急需、已在港澳上市的药品和医疗器械。

51. 出台"港澳药械通"首份监管配套指引《深圳市市场监督管理局对临床急需进口药品医疗器械监督管理工作指引（试行）》。

52. 发布全国首个经国际认证的医院评审标准 ——《医院质量国际认证标准（中国）》（2021 版）。

53. 率先允许港澳医疗专业技术人员经备案后多点执业。

54. 率先开展港澳医师职称评价和职业资格认可，首批 37 名港籍医生获评内地正高级职称。

55. 香港大学深圳医院率先实现香港公费医疗和电子病历过境使用。

56. 发布全国首部中小学工程建设地方标准 ——《中小学校项目规范》。

57. 率先在法规层面提出实行区域空间生态环境评价分类管理制度。

58. 率先打造基于可视化城市空间数字平台的"智能选址"区域环评服务平台。

59. 国内首艘、全球最大 C 型罐式 LNG 加注船"新奥普陀"号入籍深圳。

60. 推动"海洋石油 301"船完成加注功能改造，成为全球最大液化天然气运输加注船。

首批授权事项制度创新成果清单

一、国务院关于同意在深圳市暂时调整实施有关行政法规规定的批复

2022年3月17日，国务院发布《国务院关于同意在深圳市暂时调整实施有关行政法规规定的批复》（国函〔2022〕15号）（以下简称《批复》），提出在深圳市暂时调整实施《中华人民共和国海关事务担保条例》《中华人民共和国进出口关税条例》《中华人民共和国船舶登记条例》《地质灾害防治条例》4部行政法规的有关规定。其中，与深圳综合改革试点首批授权事项清单密切相关的有以下3项。

1.暂时调整实施《中华人民共和国海关事务担保条例》第五条和《中华人民共和国进出口关税条例》第四十二条

《批复》暂时调整实施《中华人民共和国海关事务担保条例》第五条和《中华人民共和国进出口关税条例》第四十二条有关货物、物品暂时进口，需提供相应担保的规定，是落实深圳综合改革试点首批授权清单关于"扩大港口、航运业务对外开放"的具体措施。该调整对深圳市内游艇自由行实行免担保政策，在提高游艇通关时效的同时降低通关成本，将进一步促进游艇产业及相关上下游产业的快速发展，有效拉动相关投资和居民消费。

2.暂时调整实施《中华人民共和国船舶登记条例》第二条

《批复》暂时调整实施《中华人民共和国船舶登记条例》第二条有关限制船舶营业主要在中国境内的企业外资股比的规定，是落实深圳综合改革试点首批授权清单关于"深化国际船舶登记制度改革"的具体措施。该调整允许在深圳依法设立的企业，对其所有的船舶在深圳进行国际船舶登记，企业的外资股比不受限制，增强了国际航行船舶（包括中资外籍船舶）来我国登记的吸引力，将进一步壮大中国船队规模，树立"中国前海"的国际船舶登记新坐标，推进深圳全球海洋中心城市建设，并拉动粤港澳大湾区港口城市群航运经济发展。

3.暂时调整实施《地质灾害防治条例》第二十二条、第三十六条

《批复》暂时调整实施《地质灾害防治条例》第二十二条、第三十六条有关由省级以上人民政府国土资源主管部门负责地质灾害防治单位资质审查的规定，是落实深圳综合改革试点首批授权清单关于"优化生态环境管理机制"的具体措施。通过调整相关行政法规的规定，对单位注册所在地在深圳的从事地质灾害危险性评估和承担专项地质灾害治理工程勘查、设计、施工和监理的单位甲、乙级资质，由深圳市规划和自然资源部门负责审批与管理。该调整提高了审批效率，有效遏制了资质申报和从业过程中人员挂靠、业绩造假等问题，将进一步优化营商

环境，激发市场主体活力。

二、广东省支持深圳综合改革试点取得的制度成果

1.《关于支持实施深圳建设中国特色社会主义先行示范区综合改革试点的若干措施》（2021年4月9日省委常委会会议审议通过，4月25日以广东省委、省人民政府名义印发）

2.《广东省人民政府关于将一批省级行政职权事项调整由广州、深圳市实施的决定》（2021年1月15日十三届广东省人民政府第128次常务会议审议通过，自2021年3月15日起施行）

三、深圳综合改革试点首批授权事项清单相关的地方性法规

1.《深圳经济特区数据条例》（2021年6月29日深圳市第七届人民代表大会常务委员会第二次会议通过，自2022年1月1日起施行）

2.《深圳经济特区数字经济产业促进条例》（2022年8月30日深圳市第七届人民代表大会常务委员会第十一次会议通过，自2022年11月1日起施行）

3.《深圳经济特区优化营商环境条例》（2020年10月29日深圳市第六届人民代表大会常务委员会第四十五次会议通过，自2021年1月1日起施行）

4.《深圳经济特区商事登记若干规定》（2020年10月29日深圳市第六届人民代表大会常务委员会第四十五次会议修订，自2021年3月1日起施行）

5.《深圳经济特区细胞和基因产业促进条例》（2022年12月29日深圳市第七届人民代表大会常务委员会第十四次会议通过，自2023年3月1日起施行）

6.《深圳经济特区人工智能产业促进条例》（2022年8月30日深圳市第七届人民代表大会常务委员会第十一次会议通过，自2022年11月1日起施行）

7.《深圳经济特区智能网联汽车管理条例》（2022年6月23日深圳市第七届人民代表大会常务委员会第十次会议通过，自2022年8月1日起施行）

8.《深圳经济特区绿色金融条例》（2020年10月29日深圳市第六届人民代表大会常务委员会第四十五次会议通过，自2021年3月1日起施行）

9.《深圳经济特区医疗条例》（2022年6月23日深圳市第七届人民代表大会常务委员会第十次会议修订通过，自2023年1月1日起施行）

10.《深圳经济特区生态环境保护条例》（2021年6月29日深圳市第七届人民代表大会常务委员会第二次会议通过，自2021年9月1日起施行）

四、深圳综合改革试点首批授权事项清单相关的市政府制度成果

1.《关于进一步规范和发展事业单位、社会团体及企业等组织利用国有资产举办事业单位的通知》

2.《深圳市关于进一步促进科技成果产业化的若干措施》

3.《关于加快推动医疗服务跨境衔接的若干措施》

4.《深圳市区域空间生态环境评价管理办法（试行）》

五、深圳综合改革试点首批授权事项清单相关的部门制度成果

1.《深圳市承接永久基本农田以外的农用地转为建设用地审批工作指引（试行）》

2.《深圳市工业用地使用权转让工作规则（试行）》

3.《深圳市工业用地使用权转让暂行办法》

4.《深圳市关于建设香蜜湖国际风投创投街区的若干措施》

5.《关于促进深圳风投创投持续高质量发展的若干措施》

6.《深圳市开展合格境内投资者境外投资试点工作的管理办法》

7.《深圳市外商投资股权投资企业试点办法》

8.《深圳市国资委授权放权清单（2020年版）》

9.《深圳市个人破产管理人名册管理办法（试行）》

10.《深圳市个人破产信息登记与公开暂行办法》

11.《深圳市知识产权行政执法技术调查官管理办法（试行）》

12.《关于市区两级人民政府办理行政复议案件职责划分的暂行规定》

13.《深圳市扶持金融科技发展若干措施》

14.《关于加强深圳市银行业绿色金融专营体系建设的指导意见（试行）》

15.《深圳市国际职业资格视同职称认可目录（2022年）》

16.《深圳市境外职业资格便利执业认可清单》

17.《深圳前海深港现代服务业合作区港澳导游及领队执业备案暂行规定》

18.《深圳港客运码头旅客国际中转区管理办法（试行）》

19.《深圳市国际航行船舶保税液化天然气加注业务试点管理办法》

20.《关于支持开展天然气贸易 助力打造天然气贸易枢纽城市的若干措施》

21.《深圳市国际航行船舶保税燃料油经营管理试行办法》

22.《深圳市市场监督管理局临床急需进口港澳药械监督管理工作指引（试行）》

23.《深圳市区域空间生态环境评价重点项目环境影响审批名录（试行）》

24.《深圳市区域空间生态环境评价单元划定指南（试行）》《深圳市区域空间生态环境评价技术指南（试行）》

六、深圳综合改革试点首批授权事项清单相关的其他制度成果

1.《深圳证券交易所关于北京证券交易所上市公司向创业板转板办法（试行）》

2.《深交所科技成果与知识产权交易中心交易规则（试行）》

3.《深交所科技成果与知识产权交易中心服务机构管理规则（试行）》

4.《加强个人破产申请与审查工作的实施意见》

5.《关于建立破产信息共享与状态公示机制的实施意见》

6.《行政复议服务保障规范 第1部分：案件办理》《行政复议服务保障规范 第2部分：文书撰写制作》《行政复议服务保障规范 第3部分：案件管理》《行政复议服务保障规范 第4部分：人员管理及硬件设施》

7.《深圳市中级人民法院关于加强数字经济知识产权司法保护的实施意见》

8.《深圳市中级人民法院关于技术调查官参与知识产权案件诉讼活动的工作指引（试行）》

9.《深圳市人民检察院知识产权技术调查工作规范（试行）》

10.《深圳市中级人民法院关于知识产权民事侵权纠纷适用惩罚性赔偿的指导意见（试行）》

11.《港澳涉税专业人士在中国（广东）自由贸易试验区深圳前海蛇口片区执业管理暂行办法》

12.《深圳海关关于对深圳市内游艇自由行实行免担保政策的公告》

中共深圳市委　深圳市人民政府关于表彰
深圳综合改革试点突出贡献奖先进集体的决定

（深委〔2022〕39 号）

2020 年，在深圳经济特区建立 40 周年之际，以习近平同志为核心的党中央作出支持深圳实施综合改革试点的重大决策，以清单批量授权方式，一揽子推出 27 条改革举措和 40 条首批授权事项。一年多来，我市坚持以习近平新时代中国特色社会主义思想为指导，深刻领会党中央战略意图，在国家有关部委和广东省委、省政府的支持推动下，坚决扛起综合改革试点主体责任，首批 40 条授权事项全面落地实施，重点领域和关键环节改革成效持续显现。

为隆重表彰在深圳综合改革试点中表现突出的先进典型，进一步健全改革的正向激励机制，市委、市政府决定，授予市前海管理局等 19 个集体"深圳综合改革试点突出贡献奖"。希望受到表彰的集体珍惜荣誉、再接再厉，充分发挥模范带头作用，不断为全市改革事业作出新的更大贡献。

市委、市政府号召，全市各级各部门要以先进典型为榜样，牢记嘱托、感恩奋进、起而行之，永葆"闯"的精神、"创"的劲头、"干"的作风，用足用好深圳综合改革试点关键一招，努力创造更多可复制可推广的重大制度成果，不断交出更加优异的新时代改革答卷!

附件：深圳综合改革试点突出贡献奖获奖名单

附件

深圳综合改革试点突出贡献奖获奖名单
（19个，排名不分先后）

1. 市人才工作局
2. 市人大常委会法工委
3. 市发展改革委法规监督处
4. 市科技创新委政策法规处
5. 市公安局出入境管理支队
6. 市社会组织管理局
7. 市司法局行政复议处
8. 市财政局国库处
9. 市人力资源保障局专业技术人员管理处
10. 市规划和自然资源局自然资源开发利用处
11. 市生态环境局应对气候变化处
12. 市商务局保税经济处
13. 市卫生健康委体改和基层处
14. 市国资委综合改革处
15. 市地方金融监管局监管二处
16. 市前海管理局
17. 深圳国际仲裁院研究处
18. 深圳证券交易所
19. 中国人民银行深圳市中心支行

大事记

2020 年 10 月 11 日，中共中央办公厅、国务院办公厅向社会公布《深圳建设中国特色社会主义先行示范区综合改革试点实施方案（2020—2025 年）》。

2020 年 10 月 13 日，广东省召开全省支持深圳开展建设中国特色社会主义先行示范区综合改革试点工作部署推进会，时任省委书记李希主持会议并讲话。

2020 年 10 月 14 日，深圳经济特区建立 40 周年庆祝大会隆重举行，习近平总书记发表重要讲话。

2020 年 10 月 18 日，国务院新闻办举行深入学习贯彻习近平总书记在深圳经济特区建立 40 周年庆祝大会上的重要讲话精神，扎实推动深圳综合改革试点落地见效发布会，国家发展改革委、科技部、自然资源部、中国证监会等单位的领导出席发布会，并答记者问。

2020 年 10 月 18 日，《深圳建设中国特色社会主义先行示范区综合改革试点首批授权事项清单》公开发布。

2020 年 10 月 29 日，深圳市第六届人民代表大会常务委员会第四十五次会议召开，《深圳经济特区绿色金融条例》《深圳经济特区商事登记若干规定（修订）》等法规经审议通过。

2020 年 11 月 1 日，《深圳经济特区科技创新条例》正式实施。

2020 年 11 月 2 日，香港大学深圳医院试点开展医疗专业技术人员正高级职称认定工作。

2020 年 11 月 5 日，《深圳经济特区绿色金融条例》正式印发。

2020 年 11 月 20 日，深圳天使母基金荣获国务院第七次大督查通报表扬。

2020 年 12 月 11 日，市人力资源保障局批准设立 TCL 华星光电技术有限公司等 5 家企业博士后工作站分站。

2020 年 12 月 11 日，深圳市委全面深化改革委员会第十四次会议召开，听取市委改革办关于深圳综合改革试点总体进展情况汇报和有关单位牵头的项目推进情况汇报，《港澳涉税专业人士在中国（广东）自由贸易试验区深圳前海蛇口片区执业管理暂行办法》《深圳企业博士后科研工作站分站设立和撤销工作实施方案》等经审议并原则通过。

2020 年 12 月 11 日，深圳市外国人就业居留事务服务中心正式启用，同步上线"外国人综合服务管理平台"，实现了外籍人员工作许可和工作居留并联审批，审批时限从 15 个工作日压缩至 7 个工作日。

2020 年 12 月 16 日，独立非营利性第三方医院评审评价组织——深圳市卫健医院评审评价研究中心正式注册成立。

2021 年 1 月 5 日，美团无人机配送外卖在深圳坪山试点运行。

2021 年 1 月 11 日，深圳市委全面深化改革委员会第十五次会议召开，听取有关单位牵头的综合改革试点项目推进情况汇报，《深圳国际仲裁院关于建设粤港澳大湾区国际仲裁中心的改革方案》《深圳市关于进一步促进科技成果产业化的若干措施》等经审议并原则通过。

2021 年 2 月 1 日，广东省政府印发《广东省人民政府关于将一批省级行政职权事项调整由广州、深圳市实施的决定》，将 103 项省级行政职权事项调整由深圳市实施。

2021 年 2 月 3 日，《深圳市推进高度便利化的境外专业人才执业制度实施方案》正式印发，推进金融、税务、建筑等 11 个专业领域境外人才执业便利。

2021 年 2 月 22 日，《深圳企业博士后工作站分站设立和撤销工作实施方案》印发。

2021 年 2 月 24 日，承接广东省委托用地审批权、完善自然资源资产交易及监管机制、建设项目用地用林用海审批机制等改革实施方案获自然资源部原则同意。

2021 年 2 月 26 日，深圳证券交易所正式发布《关于全国中小企业股份转让系统挂牌公司向创业板转板上市办法（试行）》，新三板挂牌公司转板上市制度安排顺利落地。

2021 年 3 月 1 日，深圳市破产事务管理署正式挂牌运作。

2021 年 3 月 1 日，"深破茧"个人破产综合应用系统正式上线运行。

2021 年 3 月 1 日，全国首部个人破产法《深圳经济特区个人破产条例》正式实施。

2021 年 3 月 1 日，《深圳经济特区商事登记若干规定》修订实施。

2021 年 3 月 16 日，全国首家本外币一体化资金池试点落地深圳，深圳传音控股股份有限公司成为全国首家开展跨国公司本外币一体化资金池试点的企业。

2021 年 4 月 2 日，深圳市委全面深化改革委员会第十八次会议召开，《关于鼓励干部投身改革攻坚实施"百名干部破百题"行动的工作方案》经审议并原则通过。

2021 年 4 月 5 日，深圳市政府印发《关于加快推动医疗服务跨境衔接若干措施的通知》。

2021 年 4 月 6 日，经中国证监会批准，深圳证券交易所主板与中小板正式合并。

2021 年 4 月 15 日，深圳市委全面深化改革委员会第十九次会议召开，传达中央改革办、国家发展改革委体改司对深圳综合改革试点工作的意见建议，研究部署下一步工作。

2021 年 4 月 16 日，"首批'港澳药械通'交接活动"仪式顺利举办，首批进口药品和医疗器械运抵香港大学深圳医院投入使用。

2021 年 4 月 23 日，深圳海事局为豪华邮轮"招商伊敦"号签发国际船舶登记所有权证书、国籍证书和最低安全配员证书。

2021 年 4 月 24 日，粤港澳大湾区国际仲裁中心交流合作平台暨中国（深圳）知识产权仲裁中心正式挂牌。

2021年4月25日，广东省委、省政府印发《关于支持实施深圳建设中国特色社会主义先行示范区综合改革试点的若干措施》，推出6个方面22项举措为深圳开展综合改革试点创造条件。

2021年4月27日，深圳市第七次党代会召开，提出结合综合改革试点重大机遇，以先行示范引领发展新跨越。

2021年5月11日，深圳市委全面深化改革委员会第二十次会议召开，《深圳市贯彻落实〈国企改革三年行动方案（2020—2022年）〉的实施方案》经审议并原则通过。

2021年5月11日，最高人民法院发布《关于开展认可和协助香港特别行政区破产程序试点工作的意见》，市中级法院成为内地与香港跨境破产的首批试点法院。

2021年5月23日，国务院国有企业改革领导小组办公室印发《关于推广区域性国资国企综合改革试验第一批经验成果的通知》，向全国推广"深圳推动国有企业构建与市场地位和业绩贡献相匹配的长效激励约束机制"等经验做法。

2021年6月10日，深圳市委全面深化改革委员会第二十一次会议召开，研究部署深圳市贯彻落实《中共广东省委广东省人民政府关于支持实施深圳建设中国特色社会主义先行示范区综合改革试点的若干措施》任务分工。

2021年6月15日，深圳市委全面深化改革委员会第二十二次会议召开，《深圳市国际航行船舶保税燃料油经营管理试行办法》《深圳国际仲裁院与深圳证券交易所共建中国（深圳）证券仲裁中心改革方案》等经审议并原则通过。

2021年6月17日，市国资委召开国企改革三年行动推进会，推动深圳国企改革走深走实。

2021年6月18日，首批深圳市国际航行船舶保税燃料油经营牌照正式颁发，深圳市盐田港集团有限公司、中石化中海深圳船舶燃料有限公司两家公司获颁深圳市国际航行船舶保税燃料油经营牌照。

2021年6月21日，首批基础设施领域公募REITs产品在沪深交易所上市，博时招商蛇口产业园、红土创新盐田港仓储物流等4只基础设施公募REITs在深圳证券交易所上市，约占全国首批试点项目数的二分之一。

2021年6月29日，深圳市国际航行船舶保税燃料油首单加注业务在盐田港试点成功。

2021年7月15日，深圳综合改革试点攻坚推进大会召开，国家发展改革委副主任连维良发来贺信，时任市委书记王伟中、国家发展改革委体改司司长徐善长出席会议并讲话。

2021年7月21日，国家发展改革委印发《关于推广借鉴深圳经济特区创新举措和经验做法的通知》，推广党的十八大以来深圳经济特区的创新举措和经验做法，共5方面47条。

2021年7月22日，市中级法院出台《关于技术调查官参与知识产权案件诉讼活动的工作指引（试行）》，在全国首创技术调查官"全流程嵌入式"工作模式。

2021 年 8 月 5 日，深圳首次为在深工作的港籍医生直接认定颁发正高级职称证书，37 位港籍医生获得证书，成为全国首批获得正高级职称的港籍医生。

2021 年 8 月 6 日，深圳市委全面深化改革委员会第二十三次会议召开，《深圳市行政复议体制改革实施方案》等经审议并原则通过。

2021 年 8 月 17 日，国家发展改革委召开 8 月份例行新闻发布会，时任国家发展改革委新闻发言人孟玮指出，深圳综合改革试点取得了阶段性成效，改革的受益面不断扩大。

2021 年 8 月 30 日，深圳 4 家公立中医医疗机构启动招聘港澳中医师试点工作。

2021 年 9 月 1 日，《深圳经济特区生态环境保护条例》正式施行，从法规层面明确了深圳实行区域空间生态环境评价分类管理制度。

2021 年 9 月 8 日，市卫生健康委印发《深圳市专科医师规范化培训试点工作方案》，探索建立与国际接轨、获国内认可的专科医师规范化培训体系。

2021 年 10 月 8 日，深圳在香港发行离岸人民币地方政府债券路演顺利完成，标志着首发境外地方政府债启动。

2021 年 10 月 9 日，时任市委书记、市委全面深化改革委员会主任王伟中主持召开第 38 次市委书记专题会议，研究深圳综合改革试点有关事项。

2021 年 10 月 12 日，深圳市政府在香港通过簿记建档成功发行 50 亿元离岸人民币地方政府债券。

2021 年 10 月 12 日，深圳在港发行离岸人民币地方政府债券发布会在深港两地双会场连线举行，香港特别行政区时任行政长官，财政部、中国人民银行、国务院港澳办领导，市委书记、市长等领导出席发布会。

2021 年 10 月 14 日，国务院新闻办举行深圳综合改革试点实施一周年进展成效发布会，国家发展改革委、科技部、司法部、自然资源部等部委领导及广东省政府、深圳市政府有关领导出席会议，介绍深圳综合改革试点实施一周年主要进展情况，对试点成效给予充分肯定。

2021 年 10 月 15 日，盐田区法院受理综合改革试点后的首宗以区政府为被告的行政案件。

2021 年 10 月 20 日，深圳市离岸人民币地方政府债券在香港联合交易所挂牌上市。

2021 年 11 月 1 日，中国（深圳）证券仲裁中心在深圳揭牌。

2021 年 11 月 4 日，市交通运输局批准深圳华安液化石油气有限公司增加 LNG 加注船舶装船作业资质，华安公司成为粤港澳大湾区首家具备 LNG 加注船舶装船作业资质的港口企业。

2021 年 11 月 9 日，翰博高新材料（合肥）股份有限公司转创业板获深圳证券交易所受理，成为第一家获受理的精选层转板公司。

2021 年 11 月 18 日，时任市委常委、秘书长陶永欣主持召开深圳综合改革试点工作推进会，市发展改革委、市科技创新委、市公安局等 14 个单位汇报综合改革试点工作推进情况。

2021年12月3日，国家发展改革委体改司会同有关中央国家机关、市委改革办组织召开"落实深圳综合改革试点首批授权事项清单"工作推进会，专题研究要素市场化配置方面首批授权事项推进落实工作，会议由时任体改司司长徐善长主持。

2021年12月15日，市中级法院审理全国首例香港跨境破产协助案，认可和协助香港破产程序。

2021年12月28日，国资国企综合改革试验（深圳）基金签约暨基金管理公司揭牌仪式在深圳举行。

2022年1月11日，依托"深圳自然资源资产市场平台"试点完成光明区迳口社区36.07亩已转为国有的永久基本农田8年租赁期的租赁权招标。

2022年2月12日，深圳市委全面深化改革委员会第二十四次会议召开，听取关于深圳综合改革试点首批清单事项落实情况的汇报，《深圳市全面深化破产制度综合改革实施方案》《"深圳综合改革试点突出贡献奖"建议获奖名单》等经审议并原则通过。

2022年2月16日，《医院质量国际认证标准（中国）》（2021版）获得国际医疗质量协会外部评审会权威认证。

2022年2月22日，国务院印发《关于同意在深圳市暂时调整实施有关行政法规规定的批复》。

2022年3月27日，市地方金融监管局印发《深圳市契约型私募基金投资企业商事登记试点实施方案》及《契约型私募基金投资企业商事登记操作指引》，在全国率先实施契约型基金登记试点。

2022年4月19日，国家发展改革委召开4月份新闻发布会，时任国家发展改革委政研室副主任、委新闻发言人孟玮表示，深圳综合改革试点首批40条授权事项已全面落地实施，重点领域和关键环节改革成效持续显现。

2022年4月22日，市中级法院出台《关于加强数字经济知识产权司法保护实施意见》，是全国首个从司法角度保护数字经济知识产权的实施意见。

2022年4月23日，国务院国企改革领导小组办公室印发《关于2021年度地方国企改革三年行动重点改革任务评估情况的通报》，深圳第二次获评A级，获通报表扬。

2022年6月23日，市人大常委会通过《深圳经济特区医疗条例》修订稿，率先允许港澳医疗专业技术人员经备案后多点执业。

2022年7月19日，深圳证券交易所科技成果与知识产权交易中心有限责任公司注册成立。

2022年7月22日，全国首个行政复议领域的地方标准《行政复议服务保障规范》正式出台。

2022年7月29日，蛇口邮轮母港国际旅客中转区（一期）项目通过验收，成为国内首个具有国际中转功能的海港客运口岸。

2022 年 8 月 10 日，生态环境部等九部门印发《关于公布气候投融资试点名单的通知》，深圳市福田区入选试点。

2022 年 8 月 11 日，十堰市泰祥实业股份有限公司正式转板至深圳证券交易所创业板上市，成为全国第一家从北京证券交易所转板创业板的上市公司。

2022 年 9 月 1 日，国务院国有企业改革领导小组办公室印发《"能上能下""能进能出" 30 个微案例》，深圳国际控股有限公司有关改革经验向全国推广。

2022 年 9 月 16 日，国内首艘 C 型罐式专用 LNG 加注船"新奥普陀"号顺利交付，并入籍深圳。

2022 年 9 月 19 日，深圳证券交易所创业板 ETF 期权和中证 500ETF 期权正式上市交易。

2022 年 9 月 22 日，深圳携手粤港澳大湾区其他城市在前海发布《医院质量国际认证标准（中国）》（2021 版）。

2022 年 9 月 27 日，宝安区沙井街道暨国际会展城片区区域空间生态环境评价成果在全市率先通过技术审查。

2022 年 10 月 13 日，国家发展改革委发布《关于推广借鉴深圳综合改革试点首批授权事项典型经验和创新举措的通知》，18 条典型经验和创新举措在全国推广。

2022 年 10 月 26 日，国务院知识产权战略实施工作部际联席会议办公室公布"知识产权强国建设第一批典型案例"，深圳"创立技术调查官'全流程嵌入式'模式，提供司法辅助"等做法入选，作为广东省高级人民法院建立健全多元化技术事实查明机制的内容，供全国参考借鉴。

2022 年 10 月 31 日，深圳市政府再次在香港通过簿记建档成功发行 50 亿元离岸人民币地方政府债券。

2022 年 11 月 8 日，深圳市离岸人民币地方政府债券再次在香港联合交易所挂牌上市。

2022 年 11 月 8 日，深圳证券交易所科技成果与知识产权交易中心正式揭牌成立。

2022 年 11 月 15 日，深圳数据交易所正式揭牌成立。

2022 年 11 月 15 日，"海洋石油 301" LNG 运输船完成加注功能改造，成为全球最大液化天然气运输加注船。

2022 年 11 月 22 日，深圳中石油国际液化天然气加注有限公司在盐田港成功试点深圳市国际航行船舶液化天然气首船加注业务。

后记

目前，深圳综合改革试点取得阶段性成效，首批40条授权事项已全面落地实施，综合改革试点的政策红利不断释放，引领作用更加凸显，示范效应逐步显现。回顾综合改革试点推进落实工作，总结首批授权事项清单改革成果经验，使命光荣，责任重大。深圳市委改革办在本书编写过程中，自始至终得到市委、市人大常委会、市政府、市政协、各区各部门、专家智库的大力支持。王伟中、孟凡利、覃伟中等省市领导同志非常关心本书编写工作，陶永欣、郑红波同志精心指导本书编写，卢文鹏、张茜、孙华明等同志全程组织书稿编撰工作。

在这里，我们要感谢市委组织部、市委宣传部、市委政法委、市委编办、市委军民融合办、市委金融办、市人大常委会法工委、市中级法院、市检察院、市发展改革委、市教育局、市科技创新局、市工业和信息化局、市公安局、市民政局、市司法局、市财政局、市人力资源和社会保障局、市规划和自然资源局、市生态环境局、市住房建设局、市交通运输局、市商务局、市文化广电旅游体育局、市卫生健康委、市国资委、市市场监管局、市统计局、市医保局、市口岸办、市政务服务和数据管理局、市前海管理局、盐田区、市社会组织管理局、市通信管理局、深圳国际仲裁院、深圳海关、深圳海事局、深圳市邮政管理局、深圳证券交易所、人民银行深圳市分行、深圳证监局等深圳综合改革试点改革任务责任单位在本书编写过程中给予的帮助。感谢深圳市索迪经济研究院和深圳出版社对本书编写做出的贡献。

本书力求准确记录深圳综合改革试点首批授权事项清单落实情况，但难免存在一些不足之处，恳请读者批评指正。

《深圳综合改革试点首批授权事项清单落实情况概述》编写组

2023年12月